国家社科基金项目
批准号：04XZW011

西北民俗文化研究丛书　赵宗福　主编

青海多元民俗文化圈研究

赵宗福　等著

中国社会科学出版社

图书在版编目（CIP）数据

青海多元民俗文化圈研究／赵宗福等著．—北京：中国社会科学出版社，
2012.12

（西北民俗文化研究丛书）

ISBN 978 - 7 - 5161 - 2614 - 1

Ⅰ.①青…　Ⅱ.①赵…　Ⅲ.①民族文化—研究—青海省

Ⅳ.①K280.44

中国版本图书馆 CIP 数据核字（2013）第 097180 号

出 版 人	赵剑英	
选题策划	刘　艳	
责任编辑	刘　艳	
责任校对	吕　宏	
责任印制	戴　宽	

出　　版	中国社会科学出版社	
社　　址	北京鼓楼西大街甲 158 号（邮编 100720）	
网　　址	http://www.csspw.cn	
	中文域名:中国社科网　　010 - 64070619	
发 行 部	010 - 84083685	
门 市 部	010 - 84029450	
经　　销	新华书店及其他书店	

印　　装	三河市君旺印装厂	
版　　次	2012 年 12 月第 1 版	
印　　次	2012 年 12 月第 1 次印刷	

开　　本	710 × 1000　1/16	
印　　张	22.5	
插　　页	2	
字　　数	388 千字	
定　　价	59.00 元	

总　序

赵宗福

2011 年秋天，在印第安纳举行的美国民俗学会年会和在潍坊举行的中国民俗学会年会上，我提出了推进"地方民俗学"的学术设想，意在实实在在地发展繁荣区域民俗文化学事业。

中国民俗文化不仅源远流长，而且由于地域辽阔，民族众多，文化样式繁多，民俗文化更是丰富多彩，多元一体是中国民俗文化的一大特色。正因为此，钟敬文先生在 20 世纪 90 年代就总结出了中国民俗学的独特性格是"多民族的一国民俗学"①。即使是分布区域很广，人数近十亿的汉族，也由于极为广泛的分布与地方化，其民俗文化也具有极强的地方性。所以各地民俗文化的地方性特点极其明显，不可一概而论，或者说一言以蔽之，需要更有针对性地对具体对象进行研究。这就需要有地方民俗学的存在。我理解的"多民族的一国民俗学"就是我国诸多地方民俗学的整体概括。

由于各地的民俗学研究队伍状况和学术兴趣点不同，逐渐就形成了富有地域性的学术个性和研究倾向，形成了不同风格的地方民俗学。特别是已经成立了地方民俗学学会和有高校民俗学学科点的地区，往往在学会或学科点的主导下，基本上有自己的学术侧重点和表述风格，成果也相对集中在某些方面。如青海民俗学界的成果往往集中在 6 个世居民族的民俗文化和在青海具有代表性的民俗文化上，古老的昆仑神话、多民族民歌花儿与花儿会、土族狂欢节纳顿、藏族史诗格萨尔、热贡文化、各民族婚礼以及歌舞风情等等，是当地学者特别关注的研究对象。这也说明事实上具有

---

① 钟敬文：《建立中国民俗学派》，黑龙江教育出版社 1999 年版，29 页。

地域特色的"地方民俗学"是客观上已经存在的。

但是，不论地方民俗学如何发展与繁荣，都不可能与全国民俗学界绝缘，孤立地闭关而自得其乐。而是作为中国民俗学的有机组成部分，自愿地聚集在中国民俗学的大旗之下，至少与国内同行频繁交流，相互切磋，共同进步。同时，不同风格、多彩多姿的地方民俗学，也有力地支撑了中国民俗学这座学科大厦，丰富了中国民俗学的学术内涵，其地位贡献是不可忽视的。

正是以上这种局面，才形成了真正意义上的中国民俗学学科建设与学科繁荣。这里借用日本学者佐野贤治教授的一句话："21 世纪的民俗学应当在乡土、国家、世界三者的关联中推进自己的学科研究。"[①] 我暂且把他说的"乡土"理解为地方民俗学。就是说中国民俗学的繁荣发展离不开地方层面的民俗学研究和民俗文化土壤，同时也离不开国家层面如中国民俗学会及其相关学科点的整体发展规划、组织协调和引领指导，以及世界前沿的学术眼光和理论方法创新。

事实上三者之间是相互交叉甚至融汇的，因为民俗文化资源是大家共享的，同时地方的民俗文化所面临的问题和价值基本上也是全国性的甚至是国际性的。所以对某一地方的民俗文化研究不仅仅是本地区的学者，往往有外地（特别是北京）甚至国外的学者来直接研究，其成果既是全国性的，也是地方性的。比如青海的花儿、格萨尔、黄南六月会、土族纳顿会等，国内外的学者都在研究，而且与地方学者相互借鉴，甚至相互合作，共同建构起了青海民俗文化研究的事业。

民俗文化是我们的父老祖辈们在生产生活中创造的最具有历史底蕴和生活气息的文化。她既是历史的，也是现实的，还是未来的；既是传统的，也是现代的，更是我们的文化 DNA。自从我们降临到这个世界上，就被自己所处的民俗文化所熏染、所教化、所塑造，最终把我们社会化成了一个民族文化的享用者、传承者和创造者。而我们作为民俗文化工作者，不仅仅是一个个民俗生活者和文化传承者，还是一个个民俗文化的田野者、探索者、诠释者，我们肩负着重要的历史责任和学术使命。

———————————

① 佐野贤治、何彬：《地域社会与民俗学—"乡土研究"与综合性学习的接点》，《民间文化论坛》2005 年第 4 期。

地方民俗学者研究的对象虽然大多是地方的民俗文化，但其意义不凡。一是科学地挖掘地方民俗文化内涵，弘扬地方优秀传统文化，为保护发展民族文化传统尽到一个地方学者的责任；二是通过民俗学的学术资源，参与和支持地方文化建设，发挥民俗文化在构建和谐社会与促进文明进步方面无可替代的作用；三是通过民俗研究与学科建设业绩，推助中国民俗学科的发展和国家学术事业的繁荣。这就是作为一个地方民俗学者对民俗文化应有的情感认知和责任担当。

作为地方民俗学者要真正实现以上的目标，首先必须要遵循学术规范，追求学术品质。唯其如此，方有可能以优异的业绩来实现学术愿望，否则就只能是理想上的巨人，成果上的矮子。

学术品质基于学术规范，而学术规范对学术来说就是道德品格，学术与非学术的最大区别在于是否遵循学术规范。就跟一个人一样，对社会对他人没有诚信，没有感恩之情，没有敬畏之心，没有正确的耻辱感和是非观，这个人就不可能是一个有道德的人，他所做的事情也就不可能真正有益于社会，他也不可能得到绝大多数人的认同。所以，人品是一个有道德的人的基本保证，而学术规范就是学术品质的基本保证。我们的民俗文化研究必须要自觉遵守学术规范，不断提升学术品质。

这些年来，由于整个社会大环境的影响，学术浮躁之风盛行，一些人把天下利器当成了"不食人间烟火"的玄学游戏，从概念到概念，不切实际，洋洋数十万言，管用的没几句；有的人把学问当成了坑蒙拐骗的黑市场，复制加粘贴，抄袭加改编，洋洋万言不见一个文献出处，不见自己一点个人见解，人云亦云，甚或以讹传讹，严重影响了社会科学应有的学术严肃性和文化软实力。这种现象自然也不免污染到了民俗学界，"民俗主义"乃至伪学术甚至部分地占据了神圣的学术殿堂。这是值得警惕防范的。我们主张在民俗文化研究中要"仰望星空，脚踏实地"，提倡经世致用的学术价值取向和扎实严谨的学风文风，坚决反对学术不端，严格遵守学术伦理。我相信学问无愧我心，公道自在人心。

在我们的民俗文化研究中，不仅要自觉遵守学术规范，还要大力鼓励学术创新精神。文化的发展繁荣要靠创意，科学的发展繁荣要靠理论观点方法的创新。创新是人文科学的使命和责任，人力、物力、财力的投入必须要有理论观点上的新收获，没有创新的科研过程实际上就是一种资源的全方位浪费，甚至是一种犯罪。所以我们的地方民俗学者必须要始终不渝地追求学术创新，以创新的高质量的成果来为民俗学学科建设和文化强国建设增光添彩。具体地说，就是要坚持立足地方民俗文化的实际，放眼国内国际的学术语境，以地方民俗文化研究为内核，运用学科前沿的理论方法，推出一批代表地方学术水平乃至在全国具有一定影响，能够经得起实践和历史检验的民俗文化调查研究的优秀成果，让我们的民俗文化研究走出地区，走向全国，在国内外学术平台有一席之地，从而体现出地方民俗学者应有的价值。

青海民俗学会推出这套《西北民俗文化研究丛书》，就是以严谨的学术态度，在学术规范和学术品质上下功夫，试图从较高学术层次来展示青海地方民俗学的业绩，同时也从地方民俗学层面来为中国民俗学学术事业添砖加瓦，共同推进"多民族的一国民俗学"建设。

青海是中华民族文明的发祥地之一，是中华民族文化的交融地之一，是中华民族精神的展现地之一。① 而以昆仑文化为主体的多元一体民族民俗文化就是这三个"之一"的鲜活表征。从古老的昆仑神话到丰富多彩的各类非物质文化遗产，都给世人留下了神圣、神奇、神秘而令人神往的大美青海印象，同时也彰显出了极为丰厚的文化内涵和十分鲜明的文化特色。因此历来得到学人们的关注和重视，至少在唐宋以来的大量古籍文献中就有对青海民俗事象的诸多记载，而在 20 世纪前叶，出现了像杨希尧的《青海风土记》、逯萌竹的《青海花儿新论》、李得贤的《少年漫谈》等民俗志记录和评论文章。新中国成立后，民族民俗文化得到了空前的重视，英雄史诗《格萨尔王传》、青海花儿、藏族拉伊、各民族民间叙事诗、民间故事、民间歌谣以及其他民俗文化的搜集整理出版卓有成效，至今惠及学界。特别是改革开放的 30 多年里，不仅整理出版了"民族民间文化十套集成"等大型资料丛书，而且高层次高质量的学术研究成果也不断涌现，呈现出了前所未有的繁荣局面。尤其是近年来，青海民俗学者先后推出了《青海花儿大典》、《昆仑神话》、《土族民间信仰解读》以及《青海省非物质文化遗产丛书》等一批富有特色的成果；还连续举办了"昆仑文化与西王母神话国际学术论坛"、"昆仑神话与世界创世神话国际

---

① 《强卫在全省文化改革发展大会上的讲话》，《青海日报》2011 年 12 月 1 日第 1 版。

学术论坛"、"昆仑神话的现实精神与探险之路国际学术论坛"、"格萨尔与世界史诗国际学术论坛"、"土文化国际学术研讨会"等高端学术会议。而青海民族大学民族学学科点、青海师范大学民俗学学科点的建设，为青海民俗文化研究队伍的学历层次提升、学术成果的规范起了重要的作用。

特别是我们多年来对昆仑神话和昆仑文化的研究与论证，得到了青海省委省政府的认可和采纳。2011 年 11 月召开的全省文化改革发展大会上，把青海文化定位为"以昆仑文化为主体的多元一体文化"，正式开启了建设青海文化名省的新征程。这既是对青海民俗学界研究成果的认同，同时也为青海民俗文化的研究带来了历史性的发展机遇。

于是，青海省民俗学会在 2012 年 5 月应运而正式成立。中国民俗学会、美国民俗学会、日本民俗学会、中国社会科学杂志社、台湾"中国民俗学会"、"中华民俗文化研究会"、中国少数民族文学学会、中国艺术人类学会等国内外 50 多家学术单位以贺信贺函方式进行了支持。学会的成立，为青海民俗文化研究从零散无依、各自为阵形成学术合力、走向集约化发展奠定了良好的学术环境和组织基础。

青海省民俗学会是目前青海省各学会中学历层次和学术阵容最强大的学会，目前有会员 100 多人，其中拥有民俗学或相近专业的硕士博士学位者近 80 人。理事会 27 人中，博士 8 人，硕士 16 人。在地方学会队伍中，这无疑是一支专业素养很高、学术研究潜力很大的难得的精良部队。如何调动全体成员的积极性，真正形成具有团队精神的地方民俗学学术力量，充分展现他们民俗文化研究的优势，发挥为地方文化建设服务的功能，为中国民俗学学科建设和中国的学术大厦实实在在地尽一份力量，这是我重点思考的问题。

青海的民俗文化是青海乃至国家的重要文化资源，是青海文化软实力的组成部分，发展文化产业离不开民俗文化，"非遗"保护离不开民俗文化，建设文化名省离不开民俗文化，建设新青海也离不开民俗文化。青海民俗文化的研究任重而道远，民俗学会当然要顺应时代，乘势而上，发挥自己的学科优势和学术优势，在文化名省建设中积极进取，做出应有的贡献。

在我看来，青海民俗学会作为本土的地方民俗学会，首先立足于青海的民俗文化实际，以青海民俗文化为研究对象，以田野作业为基本功，深入基层调查研究，推出为地方文化建设服务的调查研究力作，这是毋庸置疑的。但是，立足于青海不等于学术视野局限于青海地域，而是要把青海民俗文化放置在全国乃至全世界的民俗学学术视野中。惟其如此，才能做出具有国内国际水准的学术成果来，也才能真正建设好具有青海特色的地方民俗学，在学坛上才能赢得话语份额。事实证明，没有自己的学术话语，就没有相应的学术竞争能力和文化输出能力，就不可能成为一个有实力的学科或学术团体。所以，必须立足青海民俗文化实际，面向国内外民俗学领域，追踪本学科前沿，了解相关学科及整个学术界的发展动态，兼容并蓄，提升品质，努力形成具有青海特色的理论表述风格和学术研究实绩，不断增强学术软实力，不断赢得学术话语权，真正树立起青海地方民俗学者的形象，树立起以昆仑文化为主体的多元一体民俗文化形象。

正是出于这样的思考，自学会成立之日起，我就把学会的奋斗目标定为立足青海，放眼国内国际学术语境，努力推进具有青海特色的地方民俗文化研究。也就是在采用民俗文化学及其相关学科的普遍性学术理论方法的同时，坚持青海民俗文化研究的本土化与民族化，致力于青海特色、民族特色、时代特色的民俗文化研究，以独到而不俗的学术业绩来形成具有青海特色的地方民俗学。这样的定位也得到了同仁们一致的认同。

按照学会"开展学术活动，追求卓越品质"的原则，学会对学术发展做出了具体安排。一是以不同形式不同规模开展民俗文化田野工作，摸清青海民俗文化家底，重点研究具有代表性的民俗文化事象；二是每年至少召开一次年会，选择某一主题进行民俗文化研讨，力求推出一批新成果；三是积极参与青海省各级各类学术活动，多方位地为地方文化建设服务；四是积极策划主办或者协办全国性乃至国际性的学术会议，借以提升学术层次和学会影响力；五是积极与其他学会合作开展民俗文化调查和学术研究。同时提出集中力量办几件学术实事。其中之一就是在会员成果中精心遴选组织，争取由国家级出版社出版"民俗文化研究丛书"。这套丛书就是根据这一思路，从会员中的国家社科基金项目结项课题、优秀的硕博论文和个别确有前期研究基础的自选项目中筛选，然后统一规划，统一目标，并根据出版社和编辑的要求进行修改完善，再统一推荐出版。我们的目标是做成一套具有较高品质和学术含量的纯学术丛书，计划出版20本左右。

需要说明的是，这并非是简单的把大家的成果集中出版。这些年来，我们以学会筹备组和青海师范大学民俗学学科点、青海省社会科学院为核心，每年积极组织省内民俗学者高标准地策划申报国家社科基金项目，从选题确定到申报文本写定，从获批立项到开题论证，做了大量艰苦细致的工作。比如在 2012 年青海民俗学者获批国家基金项目 10 余项，几乎无一例外地是通过我们的"民间"形式组织学者反复开会论证申报文本的，一遍遍地修改完善，个别文本甚至经过了三到五次论证才完成，最后以学者所属各单位的"官方"程序上报获批。这就是有同仁开玩笑的"辛苦归我们，荣誉归别人。"作为民间团体的工作，不仅仅是开会的费用，还有到处找会议场所、邀请专家学者、牺牲大家的休息时间、一次次地修改和打印文本，其中的酸甜苦辣，只有当事者才能体会到。当然天道酬勤酬善，多年来我们帮助策划论证后申报的民俗文化方面的项目也几乎是"无一漏网"地被获批立项。几年来的会员课题研究中，我们也是多次以不同形式参与讨论，甚至相互合作，共同完成。而一些优秀硕博论文，也基本都是在学会学术骨干的指导或协助下完成的。因此，可以问心无愧地说，我们组织出版这套丛书，在一定意义上是青海民俗学会（前期为筹备组）多年来学术成果的一次集中展示，也是我们从一个侧面对"多民族的一国民俗学"做出的一点微薄贡献。

丛书的策划在青海民俗学会成立之前就已经开始，我在 2011 年 5 月应中国社会科学出版社领导的邀请赴该社座谈中，就提出了出版青海民俗文化研究丛书的设想，得到社长总编们的赞同，回青海后与同仁们开始商量具体的丛书规划。之后在曹宏举副社长的关心下，我与编辑刘艳女士多次沟通协商，同时各位同仁按规划进行撰写或修改。2012 年 5 月，我拜访了赵剑英社长和曹宏举副总编，正式汇报丛书立意和学术标准以及进展情况，两位领导听后大加鼓励，于是进入了正式实施阶段。在编辑出版过程中，刘艳女士认真负责，一丝不苟，专业素养和敬业精神令人钦佩；宏举副总编多次过问，具体指导，关心支持学术事业和西部文化的情怀也让我感动。所以我当然无法脱俗地要真诚感谢中国社会科学出版社的领导和刘艳女士，同时也感谢多年来与我兄弟姐妹般亲密合作的青海民俗学界同仁和本丛书的各位作者。

2012 年 9 月 20 日于西宁上滨河路 1 号

目　　录

绪　　论

一　研究目的与意义

　　民俗文化圈是人类不同民族或族群在所居住的生态环境、生产生活方式和历史文化环境中逐渐形成的，具有鲜明的地域民族特色和社会文化功能。在具有多民族文化的我国，各区域各民族的民俗文化圈丰富多彩，特别是多民族地区，民俗文化与多民族的团结进步、社会文化的和谐发展密切相关，意义重大，是值得关注和研究的。但是迄今为止，学术界在这方面的研究还几乎是空白，这是令人遗憾的。本书以青海多民族地区的多元民俗文化圈为研究对象，试图从理论与实践上进行全方位的探索，以具体研究过程来构建起研究民俗文化圈的理论体系。

　　青海与西藏、新疆、甘肃、四川四省区接壤，是黄河、长江以及澜沧江等大河的发源地，也是我国重要的生态屏障。青海同时拥有青南高寒区（青南高原）、西北干旱区（柴达木盆地）和东部季风区（河湟谷地）三大自然区，以及农业和牧业两种经济形态。青海地区历来是中华多民族文化的交融地之一，"处于中原、西藏、西域、北方草原民族四大文化圈的交融地带"①。自古至今十几个民族先后在青海繁衍生息，其主流是和睦共处，共生共荣。正是这里的自然生态、民族文化、人文风情等具有多元共生的突出特征，孕育了青海多元民俗文化圈的形成。尤其是元明清以来，汉族、藏族、土族、回族、撒拉族、蒙古族等六个民族和藏传佛教、

---

① 班班多杰：《和而不同：青海多民族文化和睦相处经验考察》，《中国社会科学》2007 年第 6 期。

伊斯兰教、儒释道等三大文化圈共生并存、和谐发展的格局，在中国多民族地区具有一定的典型性和启示性。而这一格局又使各民族的民俗文化形成了以信仰为核心的三大民俗文化圈，呈现出了和而不同、各具特色的民族文化形态。而在新中国成立后，由于民族宗教政策的落实和现代化建设发展的影响，各民族之间的文化认同感日益加强，民俗文化的互渗互融更趋明显。民俗文化是广大的民众创造、传承和享用的文化，也是覆盖面极广、弥散于人们日常生活的方方面面的文化，尤其是作为民族民俗文化，还是最富有历史情感、最具有群众基础的文化。因此，青海多元民俗文化圈在民族团结进步、社会和谐发展中发挥了重要作用。这些历史与现实的成功经验是需要我们认真总结和弘扬的。

但也不容忽视的是，由于民族历史长期的情感积淀与国际大环境复杂性的影响，民俗文化乃至民族文化之间的某些不和谐仍然存在着。如果引导得好，未来多民族地区的社会文化建设将更加和谐健康，反之则会放大负面影响，妨碍多民族多宗教多元文化的和谐发展，甚至有可能导致社会矛盾和文化冲突，影响边疆地区的长治久安。因此，我们有必要在总结历史和现实的成功经验的基础上，更加着眼于多民族地区社会文化的未来发展，就如何合理利用和保护多元民俗文化圈资源，从而促进区域文化社会的建设，从理论与实践上作出思考和阐述。

研究的学术意义主要体现在：

（1）就中国学界来说，利用文化圈、祭祀圈、信仰圈等概念及其理论方法研究中国文化实际的较多，同时也有学者提出了"民俗文化圈"的设想，并做了一些有益的学术尝试。但整体上来看，尚未见到以某一区域的多元民俗文化圈为研究对象的系统性著作。本书则把研究视角瞄准在多民族地区的多元民俗文化圈这一中国文化实际上，首次提出青海民俗文化分为三个民俗文化圈的观点，并总结其多元共存、和谐共生的文化特征，力图以历时与共时比较、内部与外部比较的视角，对青海地区三大民俗文化圈进行全方位的系统深入研究论述。因此，本书对于多民族区域中多元民俗文化圈的整体性研究具有学术的开拓意义。

（2）以往学界往往在文化圈等概念的理解与使用上不尽一致，特别是对中国的民俗文化圈事象的研究寥寥无几，或者仅仅限于概念的辨析，或者仅仅是使用其术语对某一文化事象做某一方面的解读，尚未以多元民俗文化圈为个案做深入系统的归纳分析研究。本书则以此为具体对象展开全方位的研究，力图整体概括和再现中国多民族地区多元民俗文化圈的演化规律，从学术实践来提升文化圈研究的水平，丰富民俗文化圈理论，以裨益于民俗学和民族文化学的学科建设。因此研究成果具有推进学科建设的价值。

（3）本书以宗教文化整合下的多民族民俗文化圈为立题之本，突破了以往学界仅从单一民族或文化事象进行宗教文化和民俗生活研究的窠臼。同时采用文献梳理与田野调查相结合、民俗文化学与民族文化学相结合、比较学与主题学相结合的方法，综合性地将相关史学文献、民俗文献、民间口传与田野民俗志等相关资料结合历史与现状地梳理和讨论，并从民俗学、文化人类学、宗教文化学等多学科角度，以更为开阔的学科与学术视角，来认识多民族多元文化并存区域文化格局与民族关系。理论方法上具有一定的学术创新。

研究的现实意义则主要体现在：

（1）首次对青海的民族民俗文化进行文化圈视角的研究，全面梳理总结、分析归纳，研究其内部与外部互动下的发展演化规律，特别是多民族文化和睦相处、和美共荣的内在机制和成功经验。研究成果对准确认识多民族多宗教多元文化并存发展地区的规律与特征，积极弘扬优秀传统文化，促进民族团结进步，维持社会和谐稳定，建设中华多元一体民族文化格局有着重要而直接的借鉴意义。

（2）在总结梳理多元民俗文化圈和睦共处、和美共荣成功经验的同时，也客观地分析了文化圈之间的相互排斥现象及其成因，特别是细致全面地分析研究民俗文化圈与社会文化建设发展的关系，就未来的发展中如何充分利用丰富的民俗文化圈资源，进一步建设以昆仑文化为主体的多元一体民族文化格局，建设文化名省，实现文化自强进行研究论述，予以战略性思考并提出具体举措对策建议。这不仅对青海地区的文化发展有直接资政的意义，而且对全国其他多民族地区的文化发展也有一定的现实意义。

二　学术史述评

关于民俗文化圈的研究起步很晚，但是对文化圈的研究却由来已久，近二十多年来对祭祀圈、信仰圈的研究也颇多成果，特别是在青海各民族的民俗文化研究方面论著甚多。下面就依次做一简要回顾与反思。

（一）文化圈理论的兴起与学术实践

发端于德奥历史学派的文化圈理论，滥觞于其创始人拉策尔（F. Ratzel）[1]，确立于其弟子弗洛贝尼乌斯（L. Frobenius）、格雷布纳（F. Grabner）、安卡曼（B. Ankermann）诸人。他们于 1904 年在柏林举办人类学、民族学、史前学学者参加的学术会议，会上他们三人分别就埃塞俄比亚和非洲文化圈与文化层进行演讲，这是文化圈研究成立的标志。[2]之后，他们还分别出版发表过《非洲文化的起源》、《大洋洲的文化圈和文化层》、《非洲的文化圈与文化层》等论著。特别是格雷布纳在 1911 年出版的《民族学方法论》一书，首先比较系统地阐述了文化圈研究的理论与方法，以至于一些人误以为文化圈的概念是格雷布纳在这一年才正式提出的。格氏在此书中特别强调了文化圈的地理概念，并把文化圈界定为一个地理的空间范围，认为在这个空间内存在和分布着大小不等而彼此相关的文化丛，从地理空间上看，与特定文化丛相结合的空间就是文化圈。而"文化圈只表明地理上外显的文化关联，其内容是文化丛。文化圈本身并不迁移，而从文化圈中移动出去或被借入的只是文化成分"。同时，维也纳大学教授施密特（W. Schimidt）通过对东南亚、南美、澳大利亚文化的研究，发表《南美的文化圈与文化丛》等论著，大力推进民族文化史的研究方法，进一步分析了文化圈与文化丛的关系，提出了"连续的标准"和"亲缘关系程度标准"等，丰富和发展了文化圈理论方法。而这些理论方法也就成了当时和后来一些传播论学者研究民族文化源流的基本原理。

文化圈与传播论研究中，值得注意的还有英国曼彻斯特学派的"文化中心论"，其代表人物是史密斯（G. Smith）。他们把世界文化看成是一个一个源头的大文化圈，认为所有人类文化"都是从埃及尼罗河流域

---

① 戴裔煊：《西方民族学史》，社会科学文献出版社 2001 年版，第 259 页。

② 孟慧英：《西方民俗学史》，中国社会科学出版社 2006 年版，第 103 页。乌丙安：《民俗学原理》，辽宁教育出版社 2001 年版，第 295 页。

的文化传播开去而形成的"①。这种泛埃及主义的极端传播论虽然一度以其新颖而风靡一时，但是很快被学界所批评指责，至今坚持者已寥寥无几。

文化圈理论从 20 世纪前叶被介绍到中国，诸多概念和方法为学界熟知并应用到学术实践中。尤其是近二十年间，文化圈理论被广泛使用。如麻国庆《全球化：文化的生产与文化认同——族群、地方社会与跨国文化圈》② 对当下全球华语语境中出现的跨国文化圈现象进行了研究，乌丙安《非物质文化遗产保护中文化圈理论的应用》③ 从学理上对如何利用文化圈理论促进非物质文化遗产保护做了思考，孟慧英《文化圈学说与文化中心论》④ 则对文化圈理论发展中的文化中心主义及其影响进行了反思。学界还提出了诸如"中华文化圈"、"儒家文化圈"、"藏传佛教文化圈"、"藏文化圈"、"藏族文化圈"、"萨满教文化圈"、"汉文化圈"、"汉字文化圈"、"游牧文化圈"、"东方伦理文化圈"、"旅游文化圈" 等概念，不一而足。而更多的则用于区域文化的概括与区分，比如有人把世界文化分为五大文化圈，即佛教文化圈、汉字文化圈、基督教文化圈、伊斯兰教文化圈和游牧文化圈⑤；也有人根据文化特点把我国区域文化分为东北部文化圈、游牧文化圈、黄河流域文化圈、长江流域文化圈、青海文化圈、云南文化圈、闽台文化圈等 7 个文化圈⑥；还有更多的则是把某一区域作为文化圈对其文化源流和特征进行解读，如东北亚文化圈、青藏文化圈、云南文化圈、岭南文化圈，等等。诸如此类的文化圈分法和研究，且不论是否尽皆合理，但至少说明了文化圈理论在我国学界的广泛影响。当然针对学界滥用或误用文化圈概念的现象，也有学者提出不同看法，认为从中国民族文化的实际出发，应该用文化区域板块理论来研究区域文化，

---

① 孟慧英：《西方民俗学史》，中国社会科学出版社 2006 年版，第 103 页。乌丙安：《民俗学原理》，辽宁教育出版社 2001 年版，第 302 页。

② 麻国庆：《全球化：文化的生产与文化认同——族群、地方社会与跨国文化圈》，《北京大学学报》2000 年第 4 期。

③ 乌丙安：《非物质文化遗产保护中文化圈理论的应用》，《江西社会科学》2005 年第 1 期。

④ 孟慧英：《文化圈学说与文化中心论》，《西北民族研究》2005 年第 1 期。

⑤ 史维忠：《世界五大文化圈的互动》，《贵州民族研究》2002 年第 4 期。

⑥ 《我国七大文化圈》，《湖南林业》2002 年第 2 期。

而不要用文化圈的概念。① 但这样的声音似乎并未得到回应。

　　具体到利用文化圈理论研究青海地区，学界基本上关注藏文化圈，而且把青海纳入青藏高原或藏传佛教的大范围内予以观照。如丹珠昂奔《〈格萨尔王传〉与藏族文化圈》②、王璐《应该加强对周边藏区乃至藏区周边的研究——从西藏、藏区、藏文化圈谈起》③、尕藏才旦《高原地理与青藏文化圈》④、扎洛《菩提树下——藏传佛教文化圈》⑤ 等。对其他文化圈现象研究甚为罕见⑥，更未见到对青海这一多民族多元文化地区进行全面研究的成果。

（二）祭祀圈与信仰圈理论与学术实践

　　比文化圈小但与文化圈相关、与民俗文化圈密切相关的是祭祀圈与信仰圈（以下简称"两圈"）。"祭祀圈"是由日本学者冈田谦在 20 世纪 30 年代率先使用于对台湾汉人的研究，他认为就是"共同奉祀一个主神的民众所住之地域"⑦。这是一个对人类文化研究非常有意义的视角或方法，因此在 20 世纪 70 年代之后，台湾学者施振民、许嘉明、林美容等人重新启用这一概念，并分别进行了新的界定，同时对台湾地区的汉人文化进行调查研究，取得了较好的成绩。他们对祭祀圈强调了三个基本要素，即共同的一个主祭神、共同的祭祀活动、一定的地域空间。⑧ 林美容还根据在草屯镇的长期田野实际所得，给祭祀圈画定了 6 个指标：建庙和修庙共同出资、收丁钱或募捐、头家炉主、演公戏、巡境、共同的祭祀活动。如果满足其中一项指标就可能存在祭祀圈，而如果同时满足几个指标，祭祀圈

---

① 彭岚嘉：《西部地区的文化圈及文化板块》，《兰州大学学报》2001 年第 6 期。

② 丹珠昂奔：《〈格萨尔王传〉与藏族文化圈》，《西藏研究》1991 年第 4 期。

③ 王璐：《应该加强对周边藏区乃至藏区周边的研究——从西藏、藏区、藏文化圈谈起》，《西北民族学院院报》1996 年第 2 期。

④ 尕藏才旦：《高原地理与青藏文化圈》，《西北民族学院学报》1996 年第 3 期。

⑤ 扎洛：《菩提树下——藏传佛教文化圈》，青海人民出版社 1997 年版。

⑥ 仅检索到丁柏峰的《河湟文化圈的形成历史与特征》（《青海师范大学学报》2007 年第 6 期）一篇。

⑦ ［日］冈田谦：《台湾北部村落に於けろ祭祀圈》，《民族学研究》1938 年第 4 期。

⑧ 林美容：《由祭祀圈来看草屯镇地方组织》，《中央研究院民族学研究所集刊》1986 年第 62 期。

的特征就更明显了。① 这样的界定被后来的学界普遍认可和使用。当然也有如台湾学者张珣的"打破圈圈"或"后祭祀圈"② 等不同声音，但林美容的观点似乎尚未形成被否定之势。

"信仰圈"最早是由台湾学者王世庆在 1972 年提出并使用的，但在他的表述中与祭祀圈没有什么区别，而真正把信仰圈作为祭祀圈之外的另一种理论方法界定与使用的还是林美容。③ 她认为："祭祀圈为地方居民之义务性的宗教组织，另一种群体性的民间信仰，其组织形态与祭祀圈大异其趣，为某一区域范围内，以某一神明和其分身为信仰中心的信徒之志愿性的宗教组织，笔者名之曰信仰圈。"④ 通过这样的区分，把信仰圈确定为超村落层次的自愿性的祭祀活动的范围，⑤ 这样的看法具有较大的合理性，当然在近来也受到了个别学者的质疑。

不仅如此，台湾学界还用数量不少、质量不俗的调查研究成果来验证他们关于"两圈"的理论思考。正因为此，"两圈"理论方法很快被大陆学者所介绍和接受。从 20 世纪 90 年代开始，有关介绍"两圈"和利用"两圈"理论方法研究各地文化的文章不断刊发于报刊，一定程度上拓宽了民族学、民俗学、文化学的研究领域。

但是具体到对青海民族文化中的"两圈"研究，成果同样微乎其微，目前见到的仅有鄂崇荣的《土族民间祭祀圈与信仰圈》⑥。文章以青海省民和县三川地区土族村落中的部分神祇为切入点，分析探讨了民和土族的祭祀圈与信仰圈、祭祀圈的文化整合与分化、转型期的文化圈发展趋势等。而祭祀圈、信仰圈与民俗文化圈关系非常密切，所以这篇论文就显得弥足珍贵了。

---

① 林美容在第五十三次台湾研究研讨会上的演讲，见《台湾风物》第 37 卷第 4 期，第 146 页。

② 见张珣：《打破圈圈：从"祭祀圈"到"后祭祀圈"》（南天书局 2003 年版）；魏小清：《祭祀圈研究的反思与"后祭祀圈"时代的来临》（《国立台湾大学考古人类学刊》2002 年第 58 期）等。

③ 孙振玉：《台湾民族学的祭祀圈与信仰圈研究》，《中南民族大学学报》2002 年第 5 期。

④ 林美容：《彰化妈祖的信仰圈》，《中央研究院民族学研究所集刊》1990 年第 68 期。

⑤ 张宏民：《民间宗教祭祀中的义务性和自愿性——祭祀圈与信仰圈辨析》，《民俗研究》2002 年第 1 期。

⑥ 鄂崇荣：《土族民间祭祀圈与信仰圈》，《青海民族学院学报》2008 年第 4 期。

（三）民俗文化圈与青海民俗文化研究

1. 民俗文化圈研究

顾名思义，"民俗文化圈"是文化圈中的一个亚文化圈，是我国学界根据文化圈理论和民俗文化学理论结合而成的概念。特别是祭祀、信仰都是民俗文化的基本要素，其研究对象与民俗学的研究对象几乎一致，所以祭祀圈与信仰圈理论在无形中也为民俗文化圈的提出提供了学术依据。

比较早地提出民俗文化圈概念是在 1992 年 8 月 22 日《光明日报》上发表的《我国七大风俗文化圈》一文，文章把中国民俗文化圈分为东北风俗文化圈、游牧风俗文化圈、黄河流域风俗文化圈、长江流域风俗文化圈、青藏风俗文化圈、云南风俗文化圈、闽台风俗文化圈 7 个民俗文化圈，并进行了宏观性的介绍。而清晰地提出民俗文化圈并进行论述的是彭会资、马成俊、陈华文等人。彭会资在《论岭南民俗文化圈的古代文艺学》[①] 中另行提出岭南民俗文化圈的区域文化概念，并从民俗文化学的角度对岭南民间文学进行了探索。马成俊在《论民俗文化圈及其本位偏见》[②] 中则进一步从学理性和现实性角度研究认为：在一国之内，由于民族不同，地域环境有别也形成了许多民俗文化圈，而各民俗文化圈之间自然就会产生许多偏见甚至诋毁，这既不利于社会的稳定，又有害于民族间的理解和信任，应该予以深入研究。陈华文在《论民俗文化圈》[③] 中则试图从民俗文化学学科理论上建构起民俗文化圈理论体系，认为由于民俗文化的纵向传承和横向传承两种不同传承方式及其传承过程中的限定性与不完全扩散性，民俗文化圈有着不可忽视的自身具体的对象禁忌，造成了民俗文化传承的相对保守性。这些研究对民俗文化圈的研究无疑起到了拓荒作用。

在其影响下，近年来国内个别学者也曾使用"民俗文化圈"这一概念对西部区域民俗文化现象进行过初步的学术实践。赵宗福在为他和马成俊主编的《青海民俗》撰写的第一章中认为，青海的民俗文化，"如果从宗教信仰角度粗略划分的话，大致上可分为三个大文化圈，即藏传佛教文

---

① 彭会资：《论岭南民俗文化圈的古代文艺学》，《学术论坛》1997 年第 3 期。

② 马成俊：《论民俗文化圈及其本位偏见》，《青海民族研究》2000 年第 3 期。

③ 陈华文：《论民俗文化圈》，《广西民族学院学报》2001 年第 6 期。

化圈、伊斯兰教文化圈和汉儒文化圈。从民族信仰讲，这三个文化圈是清晰的，尽管在地理上是相互交叉的"①，并分别对之进行了概括总结。这是迄今为止对青海民俗文化圈唯一的整体梳理。

多年后，还出现过两三篇应用民俗文化圈概念研究青海区域民俗文化的论文②。但从整体上看，民俗文化圈的研究尚未真正展开，也没有真正构建起一个可操作的理论框架，成果仅限于论文，数量也屈指可数。

2. 青海民俗文化研究

具体到对青海民俗文化的研究，却是历史悠久，成果丰硕。

早在《山海经》、《穆天子传》、《诗经》、《淮南子》等文献中，就有对昆仑神话以及古羌人文化的直接或间接的记载。如《穆天子传》中周穆王西巡与西王母相见时的种种风情和方物描写，就与青海先秦时代的风俗文化有关。魏晋之后，明确记述青海民俗文化的典籍逐渐增多，如《后汉书》、《晋书》、《北史》、《魏书》、《唐书》、《宋史》等正史和宋人李远的《青唐录》、明人龙膺的《西宁卫志》以及清人梁份的《秦边纪略》、杨应琚的《西宁府新志》等史志著作中都有对青海各民族民俗文化的记述。这些记录虽然谈不上是学理性的研究，也不是科学的田野资料，但是为后来的民俗文化研究提供了粗略的历史脉络。

真正意义上的青海民俗文化研究始于五四新文化运动之后。特别是在北大《歌谣周刊》的启发下，学界以及文化界开始自觉地关注青海的民俗文化。一是有意识地调查记录，为学界提供第一手的民俗资料，出现了如杨希尧的《青海风土记》③、李得贤的《青海风俗杂记》④、江源的《青海的民俗和民歌》⑤ 等民俗志成果；二是试图从学理上对青海民俗文化事象进行阐释，如萌竹（逯登泰）在 1941 年 1 卷第 1 期和第 8 期《西北通讯》上分别发表了《青海的花儿》和《青海花儿新论》两篇论文，对花儿的起源、名称来源、唱词形式、唱词内容、曲令、音乐特征、演唱季

---

① 赵宗福、马成俊：《青海民俗》，甘肃人民出版社 2004 年版，第 15—16 页。
② 如李朝《青藏高原饮食民俗文化圈及特征研究》（《青海师范大学学报》2008 年第 3 期）、梁玉金等《文化圈理论之下的青海河湟汉族求子风俗探析》（《青海民族研究》2012 年第 1 期）等。
③ 杨希尧：《青海风土记》，新亚细亚月刊社 1931 年版。
④ 李得贤：《青海风俗杂记》，《文史杂志》1941 年第 1 卷第 10 期。
⑤ 江源：《青海的民俗和民歌》，《西北论衡》1942 年第 10 卷第 4 期。

节、地方以及创作等做了较为全面的探讨。尽管一些论述和解读有颇多失误，但这是那个时代的民俗文化研究方面最富有学理的科学论文①，可惜几十年来没有得到学界的重视。这一时期青海民俗文化研究的特点：游记式的零星记录多，民俗志式的系统描写少；有感而发的介绍多，具有学理的研究少。

新中国成立之后直到"文化大革命"开始，在"人民翻身做主人"、尊重少数民族文化的政治语境中，青海的民族民俗文化得到了政府有组织的调查搜集和整理印行，特别是在 20 世纪 50 年代后期和 60 年代初期，编辑出版和内部编印了大量的各民族民间文学选本和资料本以及与民俗文化有关的民族社会调查材料。比较典型的前者如青海省民间文艺研究会编印的民间文学资料丛书②，后者如有关藏族、蒙古族、土族、回族、撒拉族的社会调查资料汇编以及据此编写的各民族简史简志③，为民俗文化研究提供了更为丰富和科学的基本资料。这时期青海民俗文化研究的特点是，调查编写的资料本丰富，科学研究的学术论著缺少；关注点集中在《格萨尔王传》、青海花儿等民间文学方面，对其他各类民俗事象特别是信仰民俗文化几乎视而不见。但是特别值得一提的是，在 1963 年前后，青海学界展开了一场关于"花儿"源流的学术论争。先后发表了黄荣恩的《青海花儿的来龙去脉》，赵存禄《"花儿"的"来龙去脉"再探》，王浩、黄荣恩《"花儿"源流初探》等论文，分别从古人诗文、传说、曲调、韵律等方面，多角度、多侧面地对花儿的起源问题进行了热烈的争论。这场争论引起了国内学界的注意，远在南京大学的孙殊青也发表了《"花儿"的起源》。这些成果对从不同侧面认识花儿起源与民俗文化的传承有诸多启示。

"文化大革命"结束后，从 1977 年开始，青海民俗文化研究开始逐渐步入佳境。这时期的青海民俗文化研究有几大特点。

一是田野调查之风盛行，出现了一大批田野成果，而且多以论文的和

---

① 赵宗福：《花儿通论》，青海人民出版社 1989 年版，第 295—296 页。

② 均为青海民间文艺研究会、青海民族学院、青海师范学院的干部师生调查搜集所得。据不完全统计，内部印刷的 20 余种，整理后未能印刷的近 30 余种。这是这一时期有关民间文学方面的珍贵资料。

③ 大多为内部稿本。

研究报告的形式呈现，少量的以著作的形式出版。前者如赵宗福等人的《土族纳顿节调查研究》①，后者如跃进的《青海海西蒙古族风俗文化》②，唐仲山的《热贡艺术》，贺喜焱、马伟的《土族婚礼撒拉族婚礼》，李言统等人的《青海花儿会》③ 等。还值得注意的是，这一时期省文化馆以及各地群艺馆等有关机构也注重民俗文化的调查研究，编辑出版和内部编印了大量的民俗文化资料图书，如青海省民间文艺研究会编印的《传统花儿专辑》（1979）、西宁市群艺馆编印的"西宁演唱特刊"《花儿集》（1979）、青海省文化馆编辑出版的《河湟民间文艺代表作丛书》（2012），以其资料的丰富性和原生态而富有史料价值。

　　二是民俗文化研究成果不仅数量众多，而且较有影响的力作不断涌现。尤其是 1980 年以后，不仅研究具体民俗事象的论文很多，在民俗志方面也有较多的成果出现，其中不乏精品，如朱世奎主编的《青海风俗简志》④，赵宗福、马成俊主编的"中国民俗大系"《青海民俗》⑤，可谓是这一时期整体研究青海民俗文化的代表作。前者是第一部全面完整记录的民俗志，分别对青海的汉族、藏族、回族、蒙古族、土族、撒拉族等 6 个世居民族的民俗进行了描述。后者按照民俗学学科对民俗事象的科学分类，对青海各民族民俗文化进行了体系化的描述。同时还出版了一批专门以某个具体民俗文化事象为研究对象的研究成果，如赵宗福的《花儿通论》⑥、《昆仑神话》⑦，角巴东主的《格萨尔新探》⑧，马成俊等人的《神秘的热贡文化》⑨，鄂崇荣的《土族民间信仰解读》⑩，霍福的《沉睡的记忆》⑪，吉狄马加主编的《青海花儿大典》⑫ 以及曹萍等人主编的《青海

①　中央民族大学 2005 年 985 项目。
②　跃进：《青海海西蒙古族风俗文化》，青海人民出版社 2009 年版。
③　《热贡艺术》、《土族婚礼撒拉族婚礼》、《青海花儿会》等，青海人民出版社 2010 年版。
④　朱世奎：《青海风俗简志》，青海人民出版社 1994 年版。
⑤　赵宗福、马成俊：《青海民俗》，甘肃人民出版社 2003 年版。
⑥　赵宗福：《花儿通论》，青海人民出版社 1989 年版。
⑦　赵宗福：《昆仑神话》，青海人民出版社 2005 年版。
⑧　角巴东主：《格萨尔新探》，青海民族出版社 1994 年版。
⑨　马成俊：《神秘的热贡文化》，文化艺术出版社 2003 年版。
⑩　鄂崇荣：《土族民间信仰解读》，甘肃民族出版社 2008 年版。
⑪　霍福：《沉睡的记忆》，青海民族出版社 2010 年版。
⑫　吉狄马加、赵宗福主编：《青海花儿大典》，青海人民出版社 2010 年版。

省非物质文化遗产丛书》① 等。

三是民俗文化研究逐步进入高雅殿堂，成为大学的课程乃至学科予以建设，不仅培养了大量科班出身的专业人员，也为科学规范地研究民俗文化研究营造了良好的氛围。民俗学作为一门课程早在 20 世纪 90 年代初就进入了青海师范大学和青海民族大学，而自 90 年代后期开始，青海民族大学和青海师范大学分别建成了民族学和民俗学硕士学位授予点，而且都是青海省建设的重点学科。经过多年努力，青海的民俗学逐渐地由一个小学科跻身各大学科行列，一些民俗文化研究的成果获得了学界的高度评价，如赵宗福的《西北花儿的研究保护与学界的责任》和《论昆仑神话与昆仑文化》两篇论文连续获得青海省第 8、9 届哲学社会科学优秀成果一等奖，而且均名列榜首。在此背景下，青海的民俗学者在 2012 年成立了青海省民俗学会，赢得了《中国社会科学》杂志社、中国民俗学会、美国民俗学会、日本民俗学会、台湾中国民俗学会等国内外同行和青海各界的支持，学会主编的《西北民俗文化研究丛书》即将由国家级出版社出版。

四是民俗文化研究成果在地方社会文化建设中发挥着重要作用，从而赢得了一定的社会话语权，为民俗文化的学术研究创造了好的条件。在国家大力强调非物质文化遗产保护和建设社会主义文化强国的时代，青海的民俗学者以自身的民俗文化研究成果积极参与，在某些方面成为了骨干力量。尤其是在研究昆仑神话的基础上，拓展到昆仑文化的研究，多年来与中国民俗学会、中国社科院民族文学研究所、青海省社会科学院等国内权威机构联手，连续主办昆仑神话、昆仑文化、格萨尔文化、土文化等方面的国际学术论坛，提出昆仑文化是青海各民族文化中的标志性文化②，这一观点被青海省委省政府采纳，把青海文化定性为以昆仑文化为主体的多元一体民族文化。

五是省外国外的一些著名学者关注并研究青海民俗文化和多民族文化，提出了诸多较为权威性的观点，并在一定程度上影响了青海学界，形

---

① 曹萍、赵宗福主编：《青海省非物质文化遗产丛书》（10 本），青海人民出版社 2010 年版。

② 赵宗福等：《关于昆仑文化作为青海省标志性文化的思考》，《青海社会科学》2011 年第 3 期。

成了民俗文化研究的多元互动。比如北京大学教授高丙中在对青海土族进行田野调查的基础上完成了《青海土族社会文化调查报告》①，进而对民族居住的文化空间提出了独到的见解，为青海民俗学、民族学学者所认可；中央民族大学教授班班多杰在长期田野和理论思考的基础上发表的《和而不同：青海多民族文化和睦相处经验考察》，认为"青海处于中原、西藏、西域、北方草原民族四大文化圈的交融地带，这里多种文化共存，互相采借，求同存异，生动体现了多民族文化和而不同的相处原则"②。这一观点得到了青海学界的普遍认同。又如中央民委丹珠昂奔对《格萨尔》流布与藏文化圈的研究、中国社科院扎洛对藏传佛教文化圈的研究，等等，为青海民俗文化圈研究提供了一些可资参考的视角。

（四）对学术史的整体评价

由以上的简单梳理可以看出，经过漫长的学术探索，在文化圈、祭祀圈、信仰圈、民俗文化圈研究，特别是青海多民族民俗文化研究方面，已经取得了可喜的成绩，这些为我们研究青海多元民俗文化圈提供了比较肥沃的土壤，提供了诸多可资借鉴的经验与教训。

同时也不可否认，文化圈、祭祀圈、信仰圈、民俗文化圈的理论虽然已有历史，但用于中国文化（特别是大陆区域文化）研究的业绩并不是很显著，尚未出现一部研究区域民俗文化圈的论著；至于对青海民俗文化圈的研究，虽然有学者早已开始关注，但迄今为止尚未见到有价值的成果；还值得注意的是，学界在采用文化圈等概念时，由于对其能指和所指以及对中国大陆地区的适应性未加以甄别辨析，所以或照搬照套，不切实际，或取其一端，任意伸缩，造成了公婆各执一词的局面，缺乏学术对话的前提。

同时，对青海民俗文化的研究虽然历史较久，成果也很多，但一是还没有出现从宏观上予以整体研究和学理论述的力作，已有成果大多或全面描述但缺乏理论观照，或重视理论观照但仅局限于某一民俗文化事象的研

---

① 高丙中：《青海土族社会文化调查报告》，载马戎等编：《中国民族社区发展研究》，北京大学出版社 2001 年版。

② 班班多杰：《和而不同：青海多民族文化和睦相处经验考察》，《中国社会科学》2007 年第 6 期。

究；尤其是还没有把青海民俗文化作为一个文化整体进行学理性研究，更没有注意到不同角度、不同层次的民俗文化圈现实。往往就某一民族或某一方面的民俗文化就事论事，没有关注到民俗文化圈对地方社会文化建设的正负功能与现实意义，无意之中忽略了民俗文化对多民族地区和而不同的多元文化格局建设的价值。

正是基于以上学术史现状，我们试图以青海的多元民俗文化圈为个案，在前人成果的基础上，对多民族地区多元社会文化发展做出的学理性探究和现实性思考。

三　研究路径与理论方法

（一）总体研究路径

以青海多民族多元文化背景下的多元民俗文化圈为研究对象，运用民俗文化学以及有关文化圈、民族学的理论，采用文献梳理与民俗田野相结合、解释民俗学与民族文化学相结合、主题学与比较学相结合的方法，以信仰为切入点，对藏传佛教、伊斯兰教、儒释道三大民俗文化圈生成的人文历史语境，各自的发展脉络、结构形态与个性特征，文化圈相互之间的关系、文化圈与其他文化之间的互动关系，民俗文化圈的文化功能与文化特征，以及民俗文化圈与当下与未来社会文化建设等，进行全面系统的研究论述。

（二）采用的主要理论

1. 民俗文化学理论

钟敬文先生在20世纪90年代初不仅"大胆创用了"民俗文化学这一文化子学科，而且做过这样的交代："民俗文化学是民俗学与文化学相交叉而产生的一门学科，……它是一种新学科，也是国际国内学术潮流涌进之所致。"① 我们根据民俗文化圈的研究对象，首先选择民俗文化学理论作为运用的主要理论是理所当然的。民俗文化学认为民俗文化具有五个

---

① 钟敬文：《民俗文化学发凡》，载钟敬文《民俗文化学：梗概与兴起》，董晓萍编，中华书局1996年版，第8页。

特点，即集体性、类型性（模式性）、传承性与扩布性、相对稳定性与变革性、规范性与服务性。① 作为民俗文化圈研究，我们在整体把握其文化特征的同时，特别关注其在一定时空中的发展演变规律，即民俗文化在时间传承上的连续性和空间伸展上的蔓延性。一是侧重探讨其在纵向传承中的稳定性与规范性，以及由此引起的各文化圈内部的保守性，以及相互之间的排他性。"民俗文化的传承，是由它的功能决定的。"② 特别是民俗文化圈对多民族地区社会的正负功能，使得民族文化得以长期稳定地传承，同一民俗文化圈即使在不同区域（甚至是"飞地"形式）也能长久存活，免受全球化时代外来文化的覆盖。二是特别关注横向扩布中的变异性和包容性，各民族文化不仅仅是外向性扩布传播，而且也有选择地包容和接受外来文化中的有益部分，使民俗文化在一定时空内与其他文化互动并发生某些变异，从而不断完善自己并健康发展。对于文化的互动，我们不仅关注三大民俗文化圈之间的关系，还对它们与外来的历史文化与现代文化的关系予以了重视，在更广阔的文化语境中来看民族民俗文化圈的发展。同时，我们还将注意运用民俗文化学以及文化人类学关于民俗功能的理论，来研究民俗文化圈的社会功能与生活意义。正是在这样的前提下，我们还特别观照了民俗文化圈在未来地方社会文化建设中的价值和意义。

2. 民俗文化圈相关理论

关于民俗文化圈理论的使用，我们首先是厘清文化圈、祭祀圈、信仰圈与民俗文化圈的层次关系。文化圈的内容最为广泛的，包含了文化的方方面面，而民俗文化圈是次于文化圈的概念，仅仅以民俗文化为中心内容，这是显而易见的。而对文化圈、信仰圈与祭祀圈的关系，有人认为，"三者是有内在联系的，是一种依次从属关系。有共同的祭祀活动组成的祭祀圈体现了人们对神的信仰，而由一神及其分身之信仰为中心的区域信徒志愿形成了信仰圈，……祭祀圈和信仰圈活动本身就属于民俗文化事象，所以他们又形成了当地特定的文化圈"③。这样的理解是符合文化实际的。由此可以进一步明确，如果把几个概念从大到小依次排列，那就是

---

① 钟敬文：《民俗文化学发凡》，载钟敬文《民俗文化学：梗概与兴起》，董晓萍编，中华书局 1996 年版，第 10—15 页。

② 钟敬文主编：《民俗学概论》，上海文艺出版社 1999 年版，第 14 页。

③ 任桂香：《祭祀圈、信仰圈、文化圈之刍议》，《黑龙江史志》2008 年第 11 期。

文化圈、民俗文化圈、信仰圈、祭祀圈。本选题就是依照这样的顺序来使用这些术语的。

但在我们看来，信仰是民俗文化中最具有统领功能的核心因素，它弥散于民俗文化的方方面面，几乎影响着一个或若干个民族或族群所有民俗文化的价值取向。从这个意义上讲，民俗文化圈与信仰圈是一对意义非常相近的概念，所以本选题正式以青海六个世居民族的宗教信仰为切入点来划分为三个民俗文化圈，因此在研究论述民俗文化圈时会较多地借用信仰圈的理论。需要说明的是，民间信仰与制度性宗教信仰是有很大区别的，但是根据青海各民族的实际，藏族、蒙古族基本是全民信仰藏传佛教，因此其民俗文化深受佛教的影响；土族虽然是一个多宗教信仰的民族，但由于历史的原因，藏传佛教对他们的影响也很深。正是由于藏传佛教这一信仰纽带，藏族、蒙古族、土族民众在文化上能最大程度地相互理解和包容。比如在塔尔寺等藏传佛教寺院的僧人，往往是由这三个民族的僧人构成的。因此，藏传佛教与这三个民族的信仰密切相关。而回族、撒拉族则是全民信仰伊斯兰教，其民俗文化无疑是在伊斯兰教文化统领之下。至于多信仰的汉民族民俗文化则基本是在儒释道信仰的基础上形成演化的。正是基于这样的民族文化实际，我们用制度性宗教信仰来划分民俗文化圈，但在论述中较多地关注制度性宗教信仰与民间信仰、民俗文化的关系。

也正因为如此，我们不能机械地照搬德奥学派的文化圈理论和我国台湾学者的信仰圈理论，而是以动态的发展眼光和本土化的理念来观照理论并使用理论，并与民俗文化学理论相结合，更多地采用其关于时间传承与空间传播及其相关的理论，借以有针对性地研究青海多元民俗文化圈。

3. 民俗志理论

本书在理论研究的同时，无可避免地要对青海三个民俗文化圈的生成发展、表现形态和特征等基本情况，做科学的梳理和描述，这就是民俗志描写。钟敬文先生曾这样界定民俗志："理论性的民俗文化内容以外的，记述民俗文化事象的部分。这种描述性著作，又概括全民族的众多民俗事象的，也有限于一地区的事象的，乃至于以单一事象为对象的。"[1] 本书

---

① 钟敬文：《民俗文化学发凡》，载钟敬文《民俗文化学：梗概与兴起》，董晓萍编，中华书局1996年版，第20页。

就是对青海地区民俗事象的科学描写。对民俗志的书写尽管学界有不同的理论思考和书写实践，但在本课题中，我们采取一般民俗志写法和"标志性文化统领式"民俗志写法①相互观照的方式，即按照精神民俗、社会民俗、口承民俗、物质民俗等四大方面依次描述，同时在各类民俗中重点描述与信仰有关的最具有代表性和影响力的标志性民俗事象，并进行研究式描述，避免支离琐碎而不得要领的泛泛描述，借以彰示其民族文化表征。也就是说把三个民俗文化圈具体事象的描述同样视为学术研究的过程。

（三）采用的主要方法

1. 文献梳理与民俗田野相结合的方法

钟敬文先生指出："历史文献比较丰富，是我国民俗文化存在形态的一个特点。所以适当的采用文献学的方法，是由这种特点决定的。"② 以此来看青海民俗文化圈的研究也的确如此。英国文化人类学家拉德克利夫·布朗也说出："通过指出文化是怎样成为历史发展过程的结果，来'解释'文化或文化的某些因素。这种方法的最佳可用性，只能是占有丰富的历史文献记载。"③ 青海民俗文化的传承历史悠久，从古以来的大量典籍文献中都有零星而众多的记载，尤其是近百年来，多达数百篇（部）的文章著作中涉及青海的民俗文化事象和学术实践。这就需要我们查阅有关文献，梳理基本史料，厘清学术脉络，以利于准确把握历史线索。同时，我们以当下的民俗文化圈为研究重点，而民俗文化又是活态的文化，不仅与民众活生生的日常生活紧密相伴，而且随着不同的时空语境还发生着演化变异，这又使我们还不能仅仅依靠固态的书面记载，需要进行深入细致而科学规范的田野调查，从鲜活的生活实际获得第一手资料，并与文献相互对照印证，从而分析概括其民俗文化发展的普遍规律和相互影响，

---

① 刘铁梁：《"标志性文化统领式"民俗志的理论与实践》，《北京师范大学学报》2005 年第 6 期。

② 钟敬文：《民俗文化学发凡》，载钟敬文：《民俗文化学：梗概与兴起》，中华书局 1996 年版，第 26 页。

③ ［英］拉德克利夫·布朗：《社会人类学方法》，夏建中译，山东人民出版社 1988 年版，第 31 页。

以及在不同时空中乃至于个体的差异。我们正是在长期从事民俗文化的田野工作和学术研究的基础上，把历史的文献梳理和现实的田野调查有机结合起来，尽量以全视角来观照青海民俗文化圈的方方面面。

2. 解释民俗学与民族文化学相结合的方法

"所有文化事实都不过是解释"，民俗文化更是如此。首倡解释民俗学的林继富把以往对民俗的解释方法概括为八种，即神话原型批评、传播学派、功能学派、历史地理学派、结构主义、口头程式理论、表演理论、象征解释理论。他还提出建立民俗谱系解释的构想。① 所以在我们看来，所谓解释民俗学就是用民俗文化学及其相关理论解释民俗文化事象的科学方法。民俗文化圈及其具体民俗文化事象的研究，只有借用这样的科学解释方法，才能揭示出民俗事象所蕴藏的多元文化脉络和文化象征意义。同时，青海多元民俗文化圈的六个世居民族中，少数民族文化占有很大的比例，所以在研究中还必须借鉴民族文化学的理论方法。所谓"民族文化学作为一门以中国少数民族文化为研究对象的交叉性边缘学科，……它在文化人类学、民族学、民俗学、文化学、文化哲学等学科的嫁接交叉中孕育而脱胎"②。尽管其学科的独立性曾经受到质疑③，但仍被学界广泛使用。其主要的方法就是在大量实地调查、资料汇集和描述研究的基础上，对少数民族文化总结升华出规律性的认识。如果说民族文化学的研究方法是规律性的宏观总结，那么解释民俗学的研究方法则相对比较倾向于具体的文化意义解读。我们把二者有机结合起来，则更有益于青海多元民俗文化圈的深入研究。

3. 比较学与主题学相结合的方法

比较法是民俗文化学的主要研究方法之一，钟敬文先生指出："小到一个故事的情节单位，大到一个地区、一个民族的整体民俗形态，都可以进行比较。"④ 青海民俗文化圈的研究更是离不开多重角度的比较，如三个民俗文化圈之间的相互比较，每个圈内各民族文化的纵横双向的比较，

---

① 林继富：《解释民俗学》，华中师范大学出版社2006年版，第278页。
② 黄泽：《民族文化学的方法论建设》，《思想战线》1997年第4期。
③ 游珍海：《"民族文化学"的学科独立性质疑》，《飞天》2010年第14期。
④ 钟敬文：《民俗文化学发凡》，载《民俗文化学：梗概与兴起》，中华书局1999年版，第28页。

青海民俗文化与精英文化、外来文化、现代文化之间的比较，等等。在开放的比较视野中，去把握青海民俗文化圈，只有更加准确地概括，才可以看清楚其发展趋向。但比较也不是漫无边际的无主题的比较，因此我们借用主题学方法来选择确定民俗文化圈的研究主题和比较的主要内容。在以往的民俗学中，主题学主要运用于民间叙事作品的研究，顾颉刚、钟敬文等老一辈学者对传说故事的主题研究成果，早已是本学科的范本。① 把主题学引入民俗信仰研究的虽然并不多见。但我们认为，既然主题学已在民间文学的研究中成功运用，那么借用近年来形成的"文化主题学"方法来进行民俗文化的纵横比较和文化解释，也是行得通的。

　　以上方法的具体操作并非是截然分开的，而是综合运用的，同时根据需要还借用文化人类学、社会学和宗教学的一些技术，来完成青海民俗文化圈的研究。

---

① 　关于主题学在民间文艺学中的运用情况，参见王立《20 世纪主题学研究的历史回顾》（《文艺研究》1998 年 2 期）和万建中《刍议民间文学的主题学研究》（《民间文化》2000 年 7 期）。

第一章

青海民俗文化圈的生成语境

青海地处青藏高原东北部，被称为"世界屋脊"、"地球第三极"。这里是中国三大自然区的交会处，也是黄河、长江、澜沧江的发源地，被称为"三江源头"、"中华水塔"。这里还是中华文明的重要发祥地之一，昆仑神话就孕育于青海高原。早在两三万年以前就有人类生息繁衍于此，三千多年前的各种史前文化丰富多彩，尤其是柳湾彩陶，被文化界称之为"彩陶王国"。秦汉之后的几千年历史发展进程中，先后有十几个民族生活在这片土地上，成为了典型的多民族多元文化的交融地，形成了以昆仑文化为主体的多民族文化局面。特别是元明以来，逐渐形成了汉、藏、回、土、蒙、撒拉等六大主体民族共存共荣，美美与共的多元文化格局和以儒释道、藏传佛教、伊斯兰教为标志的青海多元民俗文化圈，至今在与现代文化的互动中方兴未艾。

第一节　地理生态环境

一　青海概貌

青海省位于青藏高原东北部，东西长约 1200 公里，南北宽 800 公里，面积为 72 万平方公里。约占中国总面积的 7.5%，居全国第 4 位。东部和北部与甘肃省相接，西南部毗连西藏自治区，东南部接邻四川省，西北部毗邻新疆维吾尔自治区。青海省辖西宁市、海东地区，以及海南、海北、黄南、玉树、果洛 5 个藏族自治州和海西蒙古族藏族自治州，共计 8 个市、地、州，共有 48 个县、民族自治县和县级市。省会西宁市是全省政治、经济、文化中心。

青海的地形分为祁连山地、柴达木盆地和青南高原三个自然区域。全省平均海拔 3000 多米，一半以上的地区海拔超过 4000 米。境内高山逶迤，河流纵横，湖泊星布，草原肥沃，盆地浩茫。高大雄伟的著名山脉犹如一把巨大的龙椅，稳坐于青海大地。昆仑山像高高的椅背，高耸横贯于中西部，唐古拉山、祁连山像两边的扶手矗立于南北，遥相呼应，中间就是辽阔浩瀚的青南草原和柴达木盆地，前面就是从青海东部以及向东扩散蔓延开来的祖国大地。

远离海洋，高旱少氧，是青海的一大特征。这里属于典型的高原大陆性气候，年平均气温 -5.8～8.6℃。日照时数长，辐射强；冬季漫长、夏季凉爽；气温日差较大，年差较小；降水地区差异大，东部地区雨水较多，西部地区干燥多风、缺氧、寒冷，形成了特殊的气候条件。

青海还是我国四大牧场之一。日月山是青海农牧区的天然分界线，东边是河湟农业生产区，西边则是非常广阔的牧业区，物产丰富，禀赋特别。在已探明的 129 种矿产资源中，有 54 种储量居全国前十位，23 种储量居全国前三位，9 种储量居全国首位，钾镁盐储量更是占到全国总储量的 96.37%，是国家重要的战略资源储备接替地区。柴达木盆地蕴藏着世界最大的盐矿资源，总储量达 900 多亿吨。[①] 牧区出产的藏系羊毛、牦牛肉干、冬虫夏草等闻名遐迩。独特的自然环境影响着这里各民族的生产生活方式。

二　区域生态环境

学界一般从地质地形上把青海划分为祁连山地、柴达木盆地和青南高原三大生态区域，本书则综合民族民俗、生产方式、地质特点等要素，将青海生态区划分为河湟地区、环湖地区、柴达木地区和三江源地区等四大区域。[②]

（一）河湟地区

河湟地区指青海东部黄河和湟水流域之间的广阔区域，主要包括黄河

---

① 赵宗福等：《青海对全国发展的重要贡献研究》，《青海社会科学》2011 年第 5 期。

② 参见王昱主编：《青海历史文化与旅游开发》，青海人民出版社 2008 年版，第 39—50 页。

流经的贵德县、尖扎县、化隆县、循化县，支流湟水流经的湟源县、湟中县、互助土族自治县、平安县、乐都县、民和回族土族自治县，以及湟水的支流大通河流经的门源县、大通回族土族自治县等县。青海东部地区是青海的主要农业区，适宜居住，开发历史悠久，多民族文化积淀深厚。

河湟地区位于我国黄土高原向青藏高原和西北干旱区的过渡地带，这里地形复杂多样，有山地、丘陵、谷地等多种地貌类型。气候也相对温和，雨量较充沛，土地肥沃，是青海主要的农业区。黄河及其三条支流提供了稳定而丰富的水源。

（二）环湖地区

环湖地区指环绕青海湖、地处祁连山地和阿尼玛卿山地之间的广阔地域，大致包括今海南藏族自治州所属的共和县、贵南县、同德县、兴海县，海北藏族自治州所属的海晏县、刚察县、祁连县，海西蒙古族藏族自治州所属的天峻县。北部有祁连山，南部有阿尼玛卿山，中部是青海湖盆地、共和盆地、同（德）兴（海）盆地和青海湖，其中青海湖被大通山、日月山、青海南山、橡皮山紧紧环抱。区内地貌多样，高山、丘陵、盆地、滩地、台地、河谷、沙漠错综分布，地形复杂，起伏较大，水热条件悬殊。本地区是一个以牧为主的经济区，也是青海的主要牧区之一。青海湖、祁连山草原是"中国最美六大草原"之一。

青海湖是我国最大的内陆咸水湖，被评为"中国最美丽五大湖泊"之首，以盛产湟鱼闻名。

（三）柴达木地区

柴达木地区包括今海西蒙古族藏族自治州所属的格尔木市、德令哈市、乌兰县、都兰县，以及茫崖、冷湖、大柴旦三个行政委员会辖区。

柴达木盆地是中国四大内陆盆地之一，这里高寒缺氧，少雨多风，高原大陆性气候特征明显。盆地内有大小河流160多条，绝大部分河流注入盆地内的湖泊或渗入地下。大小湖泊90多个，多为咸水湖。

盆地内分布着绿洲农业区，现有耕地面积50多万亩。辽阔的荒漠半荒漠地带，野生动植物种类繁多，矿产资源尤为丰富，已探明储量的矿种有40多种，主要有石油、天然气、湖盐、芒硝、硼砂、钾、镁、锂、石棉、铁、铜、铅、锌、石灰石等，因而柴达木盆地赢得了"聚宝盆"的美称。

（四）三江源地区

三江源地区指柴达木盆地、青海南山及贵德巴音山以南的广大地区，面积 35 万平方公里，占全省总面积的一半。主要山脉有昆仑山脉及其支脉可可西里山、巴颜喀拉山、阿尼玛卿山等，高原多在 4000 米以上，是本省最高的地区。长江、黄河、澜沧江发源于此，这里河流密布，湖泊、沼泽众多，雪山冰川广布，被称为中国水塔。河流流经的河谷地带分布着河谷农业。西部可可西里地区是无人区，但作为藏羚羊等珍稀野生动物的家园而闻名于世。三江源地区属于高原大陆性气候。

2000 年 5 月，青海省政府批准建立三江源省级自然保护区。2003 年 1 月，国务院正式批准三江源自然保护区晋升为国家级。"青海三江源自然保护区"总面积为 15.23 万平方公里，约占青海省总面积的 21%。①

三　自然生态特征

（一）壮美的亚洲脊梁

青藏高原被称为地球"第三极"，青海山川壮美，气势雄浑，有多条山脉横亘省内，北面有阿尔金山和祁连山，中部有昆仑山，南部有巴颜喀拉山和唐古拉山等山系，这些山系的平均海拔都在 4000 米以上，形成了名副其实的"亚洲脊梁"。如同上文所说，青海地形如同一把龙椅，其中祁连山、巴颜喀拉山为左右扶手，昆仑山是椅背，而柴达木盆地和青南草原如同椅垫，坐西向东，俯瞰中原大地。

（二）珍贵的三江源头

青海是黄河、长江、澜沧江和黑河等著名大河的发源地。尤其在三江源地区河流密布，有 180 多条大小河流和众多的湖泊和沼泽，雪山冰川资源丰富，这里的总储水量占到了全国水量的 1/3，因而有"中国水塔"之称。其中长江是亚洲第一大河，世界第三大河，发源于青藏高原唐古拉山主峰各拉丹冬，自西向东，流经 11 个省市，流域面积 180 多万平方公里，约占全国陆地面积的五分之一。黄河是世界第五长河，中国第二长河，发源于青海巴颜喀拉山脉北麓的卡日曲，流经 9 个省区，是中华民族的母亲

---

① 《三江源自然保护区基本情况介绍》，青海新闻网（http://www.qhnews.com/sjy/system/2006/09/22/000002353.shtml）。

河，流域面积约为75万平方公里。澜沧江发源于青海玉树杂多县的吉富山，是世界第九长河，是一条国际性河流，出国境后称为湄公河，流经老挝、缅甸、泰国、柬埔寨、越南等五个国家。据统计，黄河水量的49%、长江水量的26%、澜沧江水量的16%和黑河水量的40%都源于青海。这些外流的大江大河不仅滋养着人畜，灌溉着农田，还提供了丰富的水电资源。柴达木水系、青海湖水系、沙珠玉水系等内流水系也为当地提供了电力、灌溉和生活水源。

（三）西部的生态屏障

青海生态环境独特。这里高山与大川相间，草原与大漠相望，湖泊和冰川联动，构成了一个多元性的生态屏障。青海的5亿亩草原是保护中部地区的中国西部绿色屏障的重要组成部分。高原独有的高寒蒿草草甸是典型的高寒气候和独特环境下的产物，与外流河系和内流河系一道构成了高原生态屏障，发挥着减少水土流失、调节气候等功能。对内而言，由高山和草地构成的生态屏障阻挡了西部荒漠的东侵，对区域生态稳定发挥着巨大的自然调节功能，尤其是青海湖对青海东部的自然气候等有着深刻的影响，是维系青藏高原东北部生态安全的重要水体。雪山、冰川、湖泊、草原在调节中国中西部地区的气候中，起着非常重要的作用，影响着全国大部分地区的可持续发展。青藏高原的生态变化还直接影响着亚洲的气候和生态。

（四）重要的战略地位

青海北经甘肃通内蒙古、西过新疆通中亚、南经西藏通南亚、东南可达川滇等地，地理位置非常重要。历史上如羌中道、丝绸之路南线等是东西方文明的重要交通线，其中唐蕃古道在青海境内就长达1500多公里，连接着西安和拉萨（逻些），见证了汉藏两个民族的经济文化交流与融合，也见证着"甥舅"关系的形成。随着青藏公路、青藏铁路、玉树巴塘机场的建成，以及兰新客运专线、格尔木至库尔勒、格尔木至敦煌铁路的开工建设，青海成为了连接中国东西部、西北、西南的交通枢纽，通向南亚次大陆以及中亚诸国的重要门户。同时，青海是草原文化和农耕文明的过渡带和缓冲带，起着文化稳压器的作用，在打击民族分裂势力、维护国家稳定和领土完整方面，战略地位显要，目前正在建设"全国民族团结进步的示范区"。

第二节　民族历史与状况

一　南北朝以前的青海民族历史

（一）羌人

青海历史悠久，早在距今两三万年前，青海先民即在今柴达木盆地、昆仑山一带活动生息。

秦之前和秦汉时期，羌戎是生活在青海的主要族群。羌戎并不是指某个民族，而是居住在青海等西部一带少数民族的泛称。羌内部由若干部落组成，他们曾组织武装参加了周王灭商的战争，作为进攻商都的前锋，为武王灭商建周建立了功绩。公元前 5 世纪，羌人首领无弋爰剑被秦国俘获，后逃脱后进入青海，以湟中等地为根据地，在这里繁衍生息，其子孙遍及青海、西藏、甘肃、四川等地，留在青海的是他的长房曾孙忍和舞，忍生 9 子，发展成为 9 个部落；舞生 17 子，发展成为 17 个部落。到秦汉之时，无弋爰剑的子孙已经分为大小 150 个部落，雄踞青海高原，与中原王朝相抗衡。

西汉初年，汉王朝与北方的匈奴长期对峙。匈奴进入河西走廊，给汉王朝造成威胁。汉元狩二年（前 121 年），为了斩断匈奴与羌人的关系和打通与西域诸国的交流大道，汉武帝派骠骑大将军霍去病出兵居延，占据张掖、酒泉诸地，势力波及青海东部。

青海一带的羌人在两汉时期曾发动了 5 次大的反汉斗争。汉武帝元鼎六年（前 111 年），将军李息和郎中令徐自为率领十万汉军，进讨羌人，大部分羌人归降，封先零羌首领杨玉为归义候。另有一些羌人“乃去湟中，依西海、盐池左右”[1]，退居到青海湖西南诸地。汉军设置了护羌校尉，并在今西宁址修建军事机构西平亭。这是中原王朝在青海的最早军事建置，从此西宁就成了青海的重要城镇，进而成为青海省政治、经济、文化中心。

宣帝元康四年（前 62 年）初，朝廷派义渠安国行巡诸羌，诱杀先零羌首领，击杀羌民，激起变故，后赵充国带兵征讨，并实行著名的“罢

---

[1]　范晔：《后汉书》卷 87《西羌传·无弋爰剑》，中华书局 1965 年标点本，第 2877 页。

兵屯田"，诸羌归降，朝廷在湟水谷地设置金城属国来安置降羌。这一时期的西羌还主动或被动地不断迁往天水、陇西、扶风、三辅、汉阳、安定、陇西等地，与当地汉人杂居，促进了民族融合。东汉时期，还以今西宁为中心设立了西平郡，促进了河湟地区的社会稳定和经济文化发展。

三国时，由于战乱，河湟地区呈现出一派户口离散、城乡凋零的悲惨景象。东汉建安末年苏则任金城太守时，收辑流亡 1000 多户，出塞招徕 3000 多户羌民返回河湟。魏蜀为争夺河湟地区发动了连年不断的战争。

西晋以后，前凉、后凉、南凉、西秦、北凉、北魏、吐谷浑、西魏、北周等政权先后统治过河湟地区并在统治区进行过多次残酷战争。这是中国历史上的一个民族大融合时期，一部分羌人陆续迁到雍、秦、凉等州，并逐渐汉化，融合到汉族之中了。

（二）月氏

月支是春秋时期迁居中国西北地区的一个强大的游牧民族，本来居牧于敦煌、祁连间。公元前 174 年前后被匈奴打败，大部分西迁至伊犁河上游乃至中亚妫水（阿姆河）流域，号大月氏；小部分则在祁连山与羌人杂居，号小月氏。小月氏在汉武帝时迁来湟水上游居牧，称湟中月氏胡。据《后汉书·西羌传》：霍去病"破匈奴，取西河地，开湟中。于是月氏来降，与汉人错居"[1]。一些首领还被汉王朝封为侯，成为地方势力之一。月氏兵是当时羌汉之间的一支中间力量，曾多次随汉军出征，如汉宣帝神爵元年（前 61 年），下诏令破羌将军辛武贤等出击罕羌等，其中有月氏兵四千人。从永和五年（140）开始，月氏逐渐和羌人多次联合反汉，均被镇压。从东汉末年后，这部分月氏融合于汉族和羌人中，史书中不再见到他们的活动记录。

（三）汉族

自汉武帝时期起，汉族通过从军、屯垦、移民等途径从内地迁居到青海，主要分布在今青海东部农业区一带。中原王朝行政体系在青海东部地区建立后，汉族及其中原文化在这一地区生根发展。汉文化在这里得到大发展，到汉末出现了河右大族，有赵姓、郭姓、麴姓、田姓等。东汉末年，河右大族如麴氏、郭氏等以其正统观念，曾与曹魏政权多次发生激烈

---

① 《后汉书》卷 87《西羌传·湟中月氏胡》，中华书局 1965 年标点本，第 2899 页。

冲突。其中郭姓战败，一郭姓女子被没入洛阳宫中，以其"美而惠"，渐露头角，成为明元皇后、皇太后，影响曹魏政权几十年，其家族中人也大多在魏晋两朝为官。魏晋以后，部分郭氏后人仍活跃于北朝时期西北地方政坛。[①] 足见这时期汉文化在河湟流域的深远影响。

（四）鲜卑

鲜卑是我国古代北方民族之一。秦汉时主要活动于以今内蒙古东北额尔古纳河以南至今辽宁省西拉木伦河以北的广大地区。鲜卑曾臣服于匈奴，东汉时匈奴势力衰弱，鲜卑尽有匈奴故地。到魏晋时期，演变为若干个分支，东部主要有宇文部、慕容部，西部主要有拓跋部、秃发部、乞伏部等。活动于青海地区的鲜卑主要有吐谷浑和秃发鲜卑，以及乞伏鲜卑、乙弗鲜卑和折掘鲜卑等。

吐谷浑鲜卑于西晋太康四年至十年（283—289）从辽东慕容鲜卑中分离出来，永嘉年间（307—312）西迁到青海等地，到吐谷浑孙叶延时建立政权，以祖父吐谷浑名为姓氏、国号和部落名。兴盛时的吐谷浑王国势力范围东南到达四川松潘，北至青海祁连，东临甘肃洮河，西接新疆南部，东西长约1500公里，南北宽约500公里。

秃发鲜卑是拓跋鲜卑的一支。东汉末年，秃发鲜卑首领秃发匹孤率部西迁，曹魏时（256—263），包括秃发鲜卑在内的数万鲜卑迁至河西、陇右（今甘肃西部和青海东部）一带，与当地羌、汉各族错居杂处。东晋隆安元年（397），秃发乌孤在廉川堡（今甘肃境内，与青海接壤）自称"大都督、大将军、大单于、西平王"，建元太初，建立了南凉割据政权。后来曾以今天的青海乐都碾伯和省会西宁作为南凉王国的首都。至义熙十年（414）被西秦所灭，共历3主，凡18年。其部族后来被汉化或融合于羌人之中。

乞伏鲜卑又称为陇西鲜卑，公元3世纪中叶从北方迁至甘肃靖远、陇西一带。淝水之战后，乞伏鲜卑建立了西秦政权。西秦永康三年（414）乞伏炽磐灭南凉而据其地。次年攻破北凉河湟都，今青海东部地区都归西秦所有。西秦永弘四年（431）被夏赫连定所灭。之后，活动于青海河湟

---

① 赵宗福：《汉魏六朝时期西平郭魏二姓家庭考论》（上），《江河源文化研究》1994年第1期。

流域的乞伏鲜卑陆续归北魏统治，并逐渐被汉族同化。

乙弗鲜卑是河西鲜卑的一支，史籍中也称为"卑和虏"。曹魏时被邓艾招降，迁于今青海地区，主要活动于青海湖一带，曾征服当地羌人，有万落之众，最后被吐谷浑所并。

折掘鲜卑或称为"叠掘"，也是河西鲜卑的一支，曹魏时期迁入今青海地区，活动于廉川堡一带，最后被吐谷浑所并。

二 隋唐宋元时期的民族历史

（一）羌人

隋唐之时，青海地区的羌人主要有党项羌、白兰羌、苏毗和多弥。党项羌活动于以今青海省玉树、果洛、黄南地区以及四川省北部和甘肃省南部一带。白兰羌主要活动于今青海省玉树、果洛藏族自治州交界的以扎陵湖、鄂陵湖为中心的地区。苏毗也称为"苏毗女国"，在南北朝时活动于今青海省玉树藏族自治州和西藏自治区北部。多弥又称为"东女国"，位于青海通天河下游和四川金沙江上游地区。

党项羌先后被吐谷浑、吐蕃所统属，白兰羌、苏毗、多弥最后被吐蕃征服。唐朝对党项等羌施行招抚政策，部分党项羌部落归附于唐朝，贞观五年（631），唐太宗对归附的党项羌首领拓跋赤辞赐姓李氏。"安史之乱"后，唐朝在羌人聚居区设置的 90 个羁縻州中，有 19 个州的羌民内迁到灵、庆、银、夏诸州，其余 71 个州的羌民和 19 个州的土地皆归吐蕃统治。7 世纪，原吐蕃统治的一部分党项羌人迁至夏州，建立了西夏国，后被蒙古所灭。自唐宋后，青海地区的羌人活动很少见于史籍，他们已经融入到汉族和吐蕃之中了。

（二）鲜卑族

唐龙朔三年（663），吐谷浑被吐蕃所灭，吐谷浑王诺曷钵与弘化公主内徙凉州，存在 350 年的吐谷浑王国灭亡，但在青海的吐谷浑人还是以部落的形式存在着。会昌二年（842）吐蕃王朝瓦解后，原吐蕃统治下的青海吐谷浑乘机独立，仍活动于柴达木一带，但很快大多融入吐蕃族群。另有部分散居于河西地区的吐谷浑被唐朝安置于今甘肃河西以及青海大通河一带。五代之后，吐谷浑人不再直接出现于文献记载，只有散处于祁连山南、浩门河一带的小部吐谷浑偶见以"退浑"或"浑"的名义见于史籍。北宋之后，这部分吐谷浑就彻底淡出历史舞台了，一些学者认为，他们就是今天土族的先民。

（三）汉族

隋炀帝西巡青海东部后，曾发配各地犯人徙居之，但是因为隋唐之际政局不稳，汉民族很快便退出了。唐时又多次迁入，"安史之乱"后又东撤，有的则被吐蕃人同化。北宋末一度又曾从河州招募三万余人到河湟流域屯田，随着宋军撤退，这些人也退回内地。所以自东晋至元代，青海的汉文化时兴时衰，始终没有形成稳定的局面。

（四）吐蕃

隋唐时期，吐蕃族形成，唐初建立了吐蕃王朝。吐蕃兼并吐谷浑进入青海，才是青海有吐蕃族的开始。当时，吐蕃政权派大量士兵戍守青海，有不少留居这里。比如噶尔家族的赞婆长期驻兵青海，噶氏失败，赞婆降唐，被唐朝封为当德郡主；后来弓仁降唐，又封为安国公，仍然驻守青海，为唐戍边。数百年间戍守青海与唐朝作战的吐蕃人大多是从逻些（今拉萨）派来的，可见当时青海本地吐蕃人实力还未真正形成。有意思的是，至今在青海东部藏族中有许多历史传说，认为很多地名都是那时军人镇守地方而留下来的，如"噶玛珞"，就是戍边而没能回去的意思。相传化隆县城以东，就是吐蕃九个骁将的驻扎地，其地藏民自称就是其后裔。当地人的这些历史记忆说明，唐代从西藏来的吐蕃人是今天青海藏族的来源之一。

吐蕃统治青海时期，大量吐谷浑人、汉人和本土的羌人被融合，从而使青海吐蕃人形成，并建立了唃厮啰宗喀地方政权。

三 多元民族格局的形成——明清时期的民族历史

（一）汉族

汉族是青海六个世居民族中历史最为悠久的民族之一，而明代是汉族迁居河湟并取得较大成就的时期。从明初开始，汉民族成为青海多民族格局中重要的一支，一直繁衍发展到了现在。

明朝统一青海后，大兴军屯和民屯。从征将士有很多留居青海，如"贵德十屯"汉民，大部分是明代从军留居的。有很多家族还是因功封职，来西宁任职而定居下来的，如陈子明，本为江南山阳人，以功补为西宁卫指挥使，遂率兵居青海，成为土司之一。柴氏、王氏、郭氏、李氏、魏氏等都是以功率家居青海，成为青海名门大族的，现今相当一部分当地汉人自认为是明代戍边将领的子孙。

与此同时，政府大量调拨内地农户到河湟落户垦田，因此大量汉族入居青海，他们中的大部分家族传承几百年而逐渐淡忘其祖籍。很多人认为，他们的祖先是从南京珠丝巷来到青海的，并广泛流传着一个故事。那就是在洪武年间的某年过年玩社火，珠丝巷人的社火中有大脚麻脸婆婆倒骑马的节目，马皇后以为是在讽刺她大脚麻脸，于是恼羞成怒，向朱元璋告了枕头状，一巷的人最终被统统发配到了青海来。作为河湟人的一种历史记忆，说明在明代进入青海的汉族是青海汉民族的重要来源。根据考察，明清时入居青海的汉族祖籍，主要有江苏、浙江、安徽、山东、河南、山西、陕西、甘肃、湖北等地。其中屯边者多来自江浙皖鄂等地。

到清代时，又有一些来自山西、陕西等地的经商者定居青海，成为青海人。新中国成立后，汉民族再一次从四面八方大量迁入。汉民族的大量迁入，大大改变了原有的民族成分，对农业、手工业、畜牧业以及现代工业、教育文化的开发起到了重要作用，在文化上也对河湟其他民族产生了重要影响。

（二）藏族

青海藏族自宗喀时期形成，不断包容当地和外来民族文化，逐渐成为青海各少数民族中人数最多的民族，其分布地域占到青海总面积的85%以上，不但广泛分布于广大牧区，而且遍布于河湟农业区。在明代，完全归属明朝，定居河湟从事农业的藏族被称为"熟番"，没能完全归附朝廷，在牧区从事牧业的藏族被称为"生番"，史书和民间通称藏族为"西番"，清代也简称为"番"。在青海东部农业区，人们则把农牧区的藏族分别称之为"家西番"和"野西番"，野者草原山野也。到民国时期，才逐渐称为"藏族"。

藏族是青海各世居民族中历史最为悠久的民族，其族源还与古老的羌人有一定的血缘关系，分布地域广，人口众多，民族文化丰富而特色鲜明。

（三）回族

青海回族的形成是在元末明初。明清时称为"回回"，民国后改为"回族"。但根据史料，北宋时不少西域商人在青唐（今西宁）一带做生意，有的定居下来，成为回族的先民之一。之后又有不少阿拉伯的传教者来到河湟，成为伊斯兰教文化传播者和回族先民之一。

13 世纪初，成吉思汗西征，从葱岭以西、黑海以东的伊斯兰地区征调士兵，编为"西域亲军"。及元朝统一中国，将这些亲军安置在河湟以及甘青地区屯田戍守，后来逐渐变为农户。这些人数众多的族群与原来在本地的阿拉伯人融合繁衍生息，逐渐形成"回回"民族。明清时期又吸收了一些迁入的维吾尔以及从内地迁居的回民，人数逐渐增多，几乎遍及河湟各地，成为青海少数民族中人数较多的民族之一，以独特鲜明的宗教民俗文化而著称。

（四）土族

土族在汉文史籍中称为"西宁土人"，土族人自称"蒙古尔"、"察罕蒙古尔"等，藏族称为"霍尔"、"白鞑番"、"朵朵"；蒙古人称为"察罕蒙古尔"、"朵尔朵"；汉族称为"土民"。1952 年，始定名为"土族"。

土族形成于元末明初。早在元代时，朝廷就任其首领为本地官员，明代因之而建立土官制度，后来演变为土司制度。著名的东西李土司就一直沿袭到民国时期。自明代之后，土族上层受汉文化影响颇深，出现了一些名载史册的将领、文官、进士、举人。

关于其族源，大多数学者认为主要由吐谷浑人演变而成。吐谷浑国被吐蕃所兼并后，小部分吐谷浑人随诺曷钵等内迁，而大部分吐谷浑人则只能隶属于吐蕃。唐时吕温使蕃，有《蕃中答退浑词》二首，其序云："退浑种落尽在，而吐蕃所鞭挞。有译者诉情于予，故以此答之。"退浑即吐谷浑的急读。吕温使蕃时，吐谷浑亡国已达 140 余年，其种落还"尽在"，并向唐使诉苦，可知其留居青海者很多，而且还没有被彻底同化。后来一部分融合到藏族中了，而青海东部的则仍保持着自己民族的文化，并历经几百年，在元末明初时形成了土族。

同时由于土族所生活的地域空间和信仰藏传佛教，所以在文化上颇受藏文化和汉文化的影响。

（五）蒙古族

蒙古族从南宋时开始多次进入青海，但在历史上变化较多，今日青海的蒙古并非是元时的蒙古。1227 年，成吉思汗的部队进入青海，是青海有蒙古之始。明军取河湟，大部分蒙古人退居漠北，有小部分留居河湟、海北等地。明正德年间，有蒙古首领亦卜刺、阿尔秃斯，"小王子"等徙居青海湖一带。明嘉靖三十八年（1559），西蒙古俺答汗部进入青海，驱走原来游牧这里的蒙古部落。明代后期，外蒙古喀尔喀部的却图汗又迁居青海，驱逐俺答汗的子孙。

到明代末年，游牧于新疆天山的和硕特蒙古首领固始汗率部进入青海，消灭却图汗，并从此安居生活于此。所以今天青海蒙古族大多是和硕特蒙古。

蒙古族在青海虽然几经部落更替，但作为一个民族，南宋时就进入青海而且一直延续至今，是元末明初以来多民族格局中的一个重要方面。其民俗生活保留着蒙古族文化表征，并信仰藏传佛教，与藏族文化关系密切，明清以来先后被联称为"蒙番"和"蒙藏"。

（六）撒拉族

撒拉族在元代从中亚迁入青海。史书上称之为"番回"、"撒拉回"、"循回"。新中国成立后正式称为"撒拉族"。

13 世纪前叶，在中亚撒马尔罕有尕勒莽和阿合莽兄弟二人，在当地伊斯兰教徒中有威信，故而遭嫉。兄弟二人率 18 个族人，牵一只白骆驼，驮着《古兰经》和家乡的水土向东出发，寻找乐土。又有 45 个同情者追随而来。

他们从天山北路进入嘉峪关，来到拉卜楞地方。而追随来的 45 人从天山南路进入青海，来到圆珠沟（今共和县境内），除十人留居外，其余人继续赶路，终于在甘家滩会合。他们又走，来到今街子附近。夜中走失了骆驼，他们点着火把来回寻找。天亮时，他们找到街子地方，并发现了走失的骆驼，已化为石骆驼，而驮的东西尚在，骆驼从嘴里还吐出了一股清泉，他们知道这就是他们要找的地方，于是定居了下来。这就是广泛流传在撒拉族中的有关他们祖先来源的传说。

实际上撒拉族迁入青海的历史可能还要早一些。元代时其首领就被朝廷任命为积石州（今青海循化一带）世袭达鲁花赤。韩宝是第三代首领，明洪武三年（1370）归附明朝，封为世袭千户，后来成为河湟土司之一。

撒拉族作为信仰伊斯兰教而且具有中亚血统的民族，是青海特有的少数民族，长期以来就定居在青海循化，文化传承稳定，文化表征明显。

（七）保安族

保安族是西北人口较少的民族之一，目前主要居住于甘肃省境内的河州大河家地区。但其形成与发展却是在青海省的黄南同仁地区。元朝以来一批信仰伊斯兰教的中亚色目人在同仁戍边屯垦，同当地的藏族、蒙古族等各族交往融合，逐步形成保安族。明洪武时，在同仁还建有保安城、下庄和尕撒尔，称"保安三庄"；周边民族因其信仰伊斯兰教而称之为"黑黑"（即回回）。清咸丰末年到同治初年（1858—1863），迁到甘肃。现在青海循化等地有少量保安人。因此，在青海民俗文化圈的形成与发展中，保安族文化是不可忽视的。

四 现当代时期的民族历史

新中国成立后，青海经历了大规模的人口迁移。从 1950 年至 1986 年，青海省共迁入人口 346.90 万，迁出 282.58 万，相抵净迁入 64.32 万，平均每年迁入 17865 人。36 年内，净迁入人口占人口增加总量的 24.8%，即 36 年机械增加人口约占四分之一。[①] 移民人口超过本地居民，使得青海的民族数增加到 55 个。根据 2010 年第六次全国人口普查资料，青海省常住人口为 5626722 人，其中汉族人口为 2983516 人，占 53.02%；藏族 1375062 人，占 24.44%；回族 834298 人，占 14.83%；土族 204413 人，占 3.63%；撒拉族 107089 人，占 1.90%；蒙古族 99815 人，占 1.77%；其他少数民族 22529 人，占 0.40%。[②] 青海河湟地区是主要的人口居住区，现今全省 85% 以上的人口都居住在这里，主要居民有汉、藏、土、回、撒拉族。日月山以西以牧业为主。各民族的分布大致如下：

汉族主要分布在河湟地区、柴达木盆地以及龙羊峡等城镇地方和贵德、都兰等农业区。近年来，经过"调庄移民"等政策和项目，海东地区平安、乐都、民和等县的部分汉族被整村移民到海西蒙古族藏族自治州德令哈等地建立了新村。

藏族遍布河湟地区，且与其他民族相互杂居。此外，藏族分布在海

---

① 青海省地方志编纂委员会：《青海省志·人口志》，西安出版社 2000 年版。

② 《青海省 2010 年第六次人口普查主要数据公报》，《三江源网》，（http：//www.sjy.gov.cn/html/1/1 - 3881.html）

北、海南、黄南、果洛、玉树等五个藏族自治州。海西州是蒙古族藏族自治州，其中藏族人口几乎与蒙古族人口相等。通过生态移民和扶贫搬迁等项目，部分三江源地区的藏族群众被安置到格尔木等地方，并新建了藏族新村。

土族主要聚居在互助县以及大通、民和三川等地区，在黄南同仁年都乎、保安下庄等也有少量分布。

回族分布较广，主要在西宁东关、湟中、大通、民和、门源、祁连、贵德等地。循化的部分地区，还有化隆县也有回族居住，居住特点是"大分散、小集中"。

撒拉族集中聚居在黄河边的循化县，以积石镇、街子为中心。

蒙古族在牧区主要分布在海西蒙古族藏族自治州和黄南藏族自治州的河南蒙古族自治县，在海东也有少量的蒙古族。

此外，在1934年和1939年，原游牧于新疆伊犁地区和移牧于甘肃酒泉的1800多户哈萨克人分别移牧柴达木地区。1953年成立海西蒙古族藏族哈萨克族自治州，说明当时的哈萨克人是青海世居民族中的重要一员。1984年后陆续迁回新疆，90年代后又有少量哈萨克人返回海西，现在居住于大柴旦的马海农场。哈萨克人信仰伊斯兰教，保持着自己传统的民族文化。

第三节　生产生活方式

一　农业生产与生活

早在史前时期，青海河湟地区就已经出现了原始农业，青海柳湾原始社会遗址出土了不少古代的作物粟。史载，秦厉共公（公元前476—前443）时期，羌人无弋爰剑被秦王俘获，后来逃到三河间（指黄河、折支河、湟水），将他在秦国学到的农业耕植和畜养技术传授给羌人，从此，这一带的羌人由原始狩猎生活逐渐发展到了农耕和畜牧。西汉时期，赵充国推行"罢兵屯田"政策，极大地促进了青海农业的发展，此后，青海河湟地区一直成为重要的农业区，延续至今。新中国成立以来，青海的农业生产得到恢复和发展，农业区得以扩展，河湟地区、环湖地区、柴达木盆地、玉树通天河谷地区等都有农业耕植，其中河湟地区是主要的粮食、瓜果产区。河湟地区是青海人口密度最高的地区，这里居住着汉、藏、回、土、撒拉、蒙古等六个主体民族，虽然各民族的生活方式和宗教信仰有异，但他们都从事着农业生产和生活。

生产方面，新中国成立以前大多数地区采用的是"二牛抬扛"，作物的种植、收割、打碾、运储等都需要畜力，家家户户都养殖马、骡、驴、牛等牲畜，服务于农业生产。20世纪五六十年代以后，农业机械逐渐引入农业生产中，特别是改革开放以来，农机迅速普及开来，"二牛抬扛"已经退出了绝大多数耕作地区，牲畜养殖也越来越少，农机的普及极大地提高了生产效率。现今主要的农作物有小麦、玉米、青稞、洋芋、油菜、燕麦、大豆、豌豆等，蔬菜有菜瓜、芥菜、香菜、白菜、菠菜、蔓菁、青菜、萝卜、葱、蒜、韭菜等。

饮食方面，各民族都有日常饮食和节日饮食的区别。汉族的日常饮食有拉面、面片、馒头、花卷、包子、饺子等，端午节吃粽子，中秋节蒸月饼和灶卷（专用于祭灶的花卷），过年要炸馓子、油饼、油香、油包子等，宴席大多是"八盘"席（青海民间的一种宴席名称）。农业区藏族日常饮食基本与汉族相同，近年来端午节也有吃粽子的，中秋节也蒸月饼祭月，过年时炸一种面食"花花"，是用方形面片切编而成的，是藏族独有的，多用来献佛，还有翻跟头等油炸食品。藏族的宴席过去大多是米饭和粉汤，现在大多也是"八盘"席。土族日常饮食大多也与汉族相同，其中有一种面食"果儿"、"背口袋"等较有特色。信仰藏传佛教的群众忌食奇蹄类动物。回族和撒拉族日常饮食中牛羊鸡肉居多，其中撒拉族饮食比较精美。回族、撒拉族忌食猪肉，因而当地将猪肉称为"大肉"。

居住方面，农业生产需要定居生活，所以河湟地区也是青海最早开始定居生活的地区。"庄廓"是河湟地区的主要民居形式，极适应当地的自然气候等特点。"庄廓"是以土夯筑成的四合院式土墙，院内用木料建筑平顶的房屋。有人认为，"庄廓"与古代的城廓和屯堡有关，具有很强的防御性，一个完整的"庄廓"就是一个微缩的城堡。① 河湟地区的六个主体民族都居住"庄廓"，"庄廓"分为主房、厢房和角房等，主房多为三间，这是礼数，有"五檩大墩""二架七檩"等名称；厢房为一般的平

---

① 张君奇：《青海古建筑论谈·青海民居庄廓院》，青海人民出版社2002年版，第75页。

房。主房的中堂屋一般供有神佛，汉族的中堂一般供的是财神或关公等图案，藏族供的是"拉毛佛"或"塔窝佛"（藏语音译）等，土族则供神箭，回族和撒拉族不供中堂。在房屋的分配上，长辈住正房，晚辈住厢房，角房多用来存放旧物件或圈养牲畜。信仰藏传佛教的人家还往往有专门的经堂来供佛，并在院中央栽有一根旗杆，悬挂嘛呢旗，或在大门顶墙处插一杆嘛呢旗。在玉树，藏族群众住一种用石头砌成的碉楼。近年来，随着城市扩建，高楼大厦增多，影响着农村的居住形式，农村也出现了小洋楼，传统的房屋建筑结构和材料逐渐被砖、钢筋、水泥、铝合金、玻璃代替了，他们彻底抛弃了传统房屋建筑中的礼制因素，进而追求现代气息和个人享受。

服饰方面，现今汉族、藏族和土族的日常服饰多是从市场上购买的，区别不是很大。回族和撒拉族日常服饰中男性头戴白顶帽，女性戴盖头。民族服饰一般在春节等节日期间穿戴，藏族男女多穿藏袍，妇女戴辫套。土族男性戴毡帽，穿长衫，腰勒花肚带，脚穿拉云鞋（长筒靴上绣有云状纹而得名）。女性头戴扭达，有吐浑扭达、适格扭达、簸箕扭达、索卜都扭达（俗称为凤凰三点头）等十多种。[①] 身穿绣花小领斜襟的长衫，两袖用红色、黄色、橙色、蓝色、白色、绿色、黑色等七种彩布缝合而成的，每种颜色都有特殊的象征，其中黑色象征黑土地，绿色象征夏天的绿草和庄稼，黄色象征秋收的麦捆，白色象征着甘露，蓝色象征蓝天，橙色象征金色光芒，红色象征太阳。

二 牧业生产与生活

青海是全国主要的牧场之一，草原广阔，畜牧业生产历史悠久，在史前考古中就发现了随葬的牛羊等动物骨骼，现今畜牧业仍然是青海的一大传统产业。据有关资料，全省有天然草场 3645 万公顷，占全国草场面积的十分之一，居全国第 4 位。其中可利用草场面积 3161 万公顷，冬春草场面积为 1586.3 万公顷，夏秋草场面积为 1574.6 万公顷。[②] 青海产的藏

---

① 张成志：《土族"扭达儿"民俗学解读》，《青海民族研究》2007 年第 1 期。
② 《大美青海·草场资源》，青海省人民政府网，http://www.qh.gov.cn/system/2011/11/17/010536868.shtml。

系羊毛是优质的纺织原料，在国际上曾经享有很高的知名度，被称为"西宁大白毛"。用这种羊毛编织面的藏毯是世界三大名毯之一。

生产方面，游牧生活的流动性比较大，藏族和蒙古族都要随场迁移。以日月山为界，将青海大致上划分为了东部农业区和西部牧业区，从事牧业生产的主要是藏族和蒙古族。藏族多养殖牦牛、绵羊和马，其中马只供骑乘；蒙古族养殖马、羊和骆驼等。青海气候高寒，牧区只有冬夏两季，进入农历五月份后才长青草，而到八月份便降寒霜，牧业生产除了要"逐水草"，还有冬场和夏场之分，轮换放牧。

饮食方面，藏族和蒙古族的日常饮食都是青稞炒面、酥油、手抓羊肉，茶在牧民生活中不可或缺。藏族多采用分餐制，一人一碗，一般一天四餐，早饭叫"囊曲"，上午饭叫"追价"，下午饭叫"些价"，晚饭叫"南木茶"。[1] 藏族的节日饮食中较有特色的是"心"，是用人参果、曲拉、炒面、红枣、葡萄等做成的一种礼仪食品。[2] 酸马奶和马奶酒是蒙古族的特色饮品，节日食品中的"须弥尔"和"托德"都属于礼仪食品，其中"须弥尔"是在一个圆形的木质彩盒中盛满炒面，四面插长方形的酥油块或奶皮块，顶部放一块圆形酥油。并将木盒放在盛有曲拉的盒盖上，用来敬神佛和客人。"托德"是用酥油、炒面等做成的长方形油饼，一般只在较隆重的仪式中用来待客之用。[3]

居住方面，适应了游牧生产的要求，藏族住的是帐房，蒙古族住蒙古包。帐房有黑牛毛帐房、白布帐房等，现在也用简易帐篷。帐内正上方供佛，中间做灶，燃料多为牛粪。蒙古包是圆形的，由天窗、顶杆、栅栏和包门组成木架，外面用毛毡包裹而成，屋内正中上方设佛龛，左右两侧放置箱柜、衣物、食物，右侧靠门处放置木制活动碗架、酥油桶、背水桶及奶桶等。蒙古包分为"俄日格"、"代格勒"、"亚布"、"亚布根格日"等多种。[4] 现在玉树、格尔木等地建有牧民定居点，修建简易住房或小洋房。

服饰方面，藏族和蒙古族服饰也适应了高寒的气候特点。藏族男女都

---

[1]　陈佐邦：《汪什代海见闻录》，中国文史出版社 2008 年版，第 209 页。

[2]　同上。

[3]　参见跃进：《青海海西蒙古族风俗文化》，青海人民出版社 2009 年版，第 41 页。

[4]　同上书，第 7—16 页。

穿皮制藏袍，都佩带有"尕窝"（护身符），其中男性多佩带腰刀，玉树等地的藏族曾经留有大辫子，盘绕在头上。妇女将头发梳成若干条小辫，集于脑后，汇成大辫，再套一副辫套。腰带上系奶钩，新中国成立以前，奶钩是妇女挤牛奶时用来挂奶桶，现在发展成为一种装饰品。藏族妇女的项链中，有一种叫作"臆"的装饰品，据说九眼的"臆"价值好几万。①蒙古族穿蒙古袍，其中男式多穿皮制或氆氇等做成的长袍、夹袍，女式穿夹袍、无领无袖的夹腰开衩长袍（才格德格）、长布袍（特日勒格）、毡袍（凯木勒格）等衣服②，极具本民族特色。

三 农牧业兼具的生产生活

青海河湟地区虽然从事农业生产，但过去多用"二牛抬扛"来耕作和收获，因而离不开牲畜，生活在这里的各民族在很长时期内都从事着农牧业兼具的生产和生活。在20世纪50年代以后的人民公社化时期，当时的生产队都有饲养院，集中管理、集中放牧。以青海苏木世村为例，村民们主要从事农业生产，但也分配有牧场，养殖马、骡、驴、牛等牲畜，主要用于农业生产。每年春种结束后，生产队要安排专人将牲畜赶到牧场去放牧，到秋收时再赶回村中。1982年农村土地联产承包制实行后，牲畜被分配给家庭饲养。播种结束后，人们仍然会将牲畜集中起来，委托专人去牧场放牧，放牧者会收取小麦等作为报酬。自从20世纪末以米农业机械逐渐得到普及，牲畜养殖便越来越少，现今手扶拖拉机基本普及到户，只有个别农户养殖有奶牛和羊等，主要用来出售牛奶和羊肉。

农牧业兼具的生产是一种模式，在青海河湟地区的汉族、藏族、回族、土族、撒拉族都从事过这样的生产。在生活上，他们都过着定居生活，衣食住行和宗教信仰都保持着本民族的传统。过去，农牧业在他们的生活中同等重要，随着社会转型和农业机械的普及，现今绝大多数地区的农户已经转型为纯粹的农业生产，不再养殖牲畜。

四 商贸活动

青海自古就是重要的商贸通道，有唐蕃古道和丝绸之路南道穿境而

---

① 陈佐邦：《汪什代海见闻录》，中国文史出版社2008年版，第203—207页。
② 跃进：《青海海西蒙古族风俗文化》，青海人民出版社2009年版，第22—30页。

过，历史上还是主要的茶马贸易之地。据梁份《秦边纪略》载，清朝初期时西宁"辐辏殷繁，不但河西莫及，虽秦塞犹多让焉。自汉人、土人而外，有黑番、有回回、有西夷、有黄衣僧，而番、回特众。岂非互市之故哉？城中之牝牡骊黄，伏枥常以万计，四方之至、四境之牧不与焉。羽毛齿革、珠玉布帛、茗烟豆麦之属，负提辇载，交错于道路"①。可见当时西宁的商业是何等的繁荣。湟源在清末民初之际还发展成为西部地区的一个商业中心，中外客商汇集于此，商贸活动空前繁荣，被誉为"西海商都"。

新中国成立后，通过社会主义改造，私营商业被国营和集体商业所取代，成立了贸易公司、供销合作社等，发展国营商贸，并且将国营商业推广至全省各个州县，带动了商贸活动的发展。

改革开放以来，私营经济和乡镇企业迅速发展起来，外资和连锁商业也进入青海，西宁市成为全省最大的商品集散地和商贸交易中心，国营商店有大什字百货商店、西大街百货商店、纺织品大楼等，同时市场细分加快，出现了小商品批发市场、海湖路蔬菜批发市场、祁连路汽配城、北山家具市场、生猪屠宰市场、牛羊定点宰杀厂、皮毛市场、虫草市场等专业化市场，其中有些市场是在原有农村小集市的基础上发展起来的。城镇街道两侧基本上都被开发为商铺，涉及烟酒、食品、冬虫夏草、衣服等行业，与全国市场接轨发展，商品琳琅满目。西宁市还出现了早市，专营蔬菜、水产、水果、衣物、五金等商品。

在农村，改革开放后商贸也得到了快速发展，出现了私营的小卖部和商贩。"村村通"工程实施后，农牧区城乡交通得到了极大改观，"要想富，先修路"的观念深入人心，交通的改造促进了农牧区的商贸发展，城乡市场进一步活跃，还出现了农村经纪人，他们持证在农牧区之间贩卖牛羊。还有一些人从事生猪买卖、贩卖蔬菜，以及收购冬虫夏草等，农村出现的"农家园"是近十多年来出现的集农村观光和农家饭菜为主的新的模式，且发展非常迅速。秋收后，农民们赶着马车，拉运着自产的洋芋到西宁来叫卖。现今各州县城镇都是当地的商贸活动中心，农村大多也建

---

① 梁份：《秦边纪略》，赵盛世、王子贞、陈希夷校注，青海人民出版社 1987 年版，第 63 页。

有经销店和集市，商品经济普及到了城乡。青藏铁路通车后，青海西宁和格尔木成为交通枢纽和物品中转站，进一步带动了青海商贸的发展。

第四节　文化生态与环境

一　标志性文化——昆仑文化

关于青海文化生态，青海省委在 2011 年 11 月召开的"全省文化改革发展大会"上给出了"以昆仑文化为主体的多元一体民族文化"的历史性定位，省委书记强卫在讲话中还进行了专门的论述："昆仑文化是以神话传说为内容，以人类起源为特点的文化体系"，"昆仑文化作为青海最具有代表性的文化，博大精深，内涵丰富"，"昆仑文化是中华传统文化的根母文化"，"是中华民族的文脉之根、灵魂之乡，从古至今不仅对海内外中华儿女产生着巨大而深远影响，在世界文化史上也有很高的地位"。① 这样的科学研判和文化论述，应该说"是对多年来青海文化研究和青海文化发展现实以及对未来文化发展方向的体系化思考和理论升华"②。

所谓昆仑文化是以昆仑神话为主体的青海多元文化的统称，也是青海的标志性文化。③ 昆仑文化象征着青海区域文化整体，既包括历史文化，也包括现当代文化；既包括各类精英文化，也包括各民族民间文化。

从文化源头上说，昆仑神话是昆仑文化的最初源头，也是中华文明的源头之一。昆仑神话的主要内容首先是昆仑山及其相关的神话人物，如西王母、黄帝；其次是与这些神话相关的各种稍显零散的神话，如有关昆仑山、昆仑丘、昆仑墟和昆仑上面和周围的神人（如嫦娥、后羿以及群巫等）、神兽（如开明兽、陆吾、三青鸟、窫窳等）、神物（如建木、视肉、火浣布、不死树、琅玕树等）、神地（如悬圃、醴泉、瑶池、河源、弱

---

① 强卫：《在全省文化改革发展大会上的讲话》（2011 年 11 月 25 日），《青海新闻网》（http：//www.qhnews.com/newscenter/system/2011/12/01/010555317.shtml）

② 赵宗福：《认知文化定位，增强文化自信》，《青海新闻网》（http：//www.qhnews.com/bdt/system/2011/12/26/010588471.shtml）

③ 赵宗福等：《关于昆仑文化作为青海标志性文化的思考》，《青海社会科学》2011 年第 3 期。

水、赤水等）的神话，还有与此密切有关的神人传说，如共工、伏羲、大禹、周穆王、东王公、汉武帝、牛郎织女的传说故事，等等。① 根据文献记录与民族志民俗志资料以及学界的普遍认同，青海是昆仑神话的起源地，也是中华文明的起源地之一。

如前所述，昆仑山横亘于青海中西部，而神话中的昆仑山则是大地上至高无上的神山，许许多多的传奇故事就是围绕着昆仑山展开演绎的，如共工怒触不周山、女娲炼石补天，以及精卫填海、夸父追日、刑天舞戚、羿射九日、嫦娥奔月、赤松行雨、鲧禹治水等一系列神话故事，深深地影响了中华文化史乃至周边国家的文化，以致出现了"昆仑文化域为别有"、"海外亦有昆仑"、"昆仑到处皆有"这种独特现象。而在中国目前的民族构成中，至少有包括汉族在内的三分之一以上的民族，与曾经生息在青海地区的古羌族群有着直接的渊源关系，他们的原始神话传说和文化传承脱离不了昆仑文化这一母题。因此，昆仑山在中华民族的文化史上具有"万山之祖"的显赫地位，国人称昆仑山为中华"龙祖之脉"。

正因为如此，著名诗人吉狄马加认为："昆仑山不仅仅是一个自然高度，更重要的它是中华民族的一个文化象征，一个文化高度。"②

青海的历史文化和各民族文化无可回避地深受着昆仑文化的历史影响和文化浸染，尤其是作为民俗文化的昆仑神话，对青海民俗历史文化的影响更是弥散于方方面面，与今天青海多元民俗文化圈息息相关。同时，昆仑山雄伟挺拔的雄浑气势和博大精深的文化象征，昆仑神话彰显出的坚忍感恩、自强不息、奉献自身的文化精神力量，成为了青海各民族的精神象征和文化诠释，与各民族之间相互团结、和美和谐、共同繁荣、共同进步的历史进程，与现当代"五个特别"的青藏高原精神，"自信、开放、创新"的青海意识，"人一之，我十之"的实干精神和"大爱同心、坚韧不拔、挑战极限、感恩奋进"的玉树抗震救灾精神可谓一脉相承，相得益彰。因此可以说，青海各族人民的生产生活，传承和演绎着昆仑文化和昆仑精神。

---

① 赵宗福：《昆仑神话》，青海人民出版社 2005 年版，第 10 页。

② 吉狄马加：《在昆仑文化与西王母神话国际学术论坛开幕式上的演讲》，青海新闻网（http：//www.qhnews.com/zt/system/2010/08/23/010184181_ 01. shtml）

正是在昆仑文化的历史氛围和现实精神中，辽阔的青海大地上又形成了各具特色的区域文化和民族文化、宗教文化，呈现出多元一体的青海文化特征。下面依次作一介绍。

二　区域文化

（一）河湟文化[①]

河湟文化是青海最具多元性的地域文化之一。史前文化有马家窑文化马家窑类型、半山类型和马厂类型，齐家文化、卡约文化、辛店文化等，其中马厂类型就是以民和回族土族自治县马场垣命名的，卡约文化是青海本土文化，一般认为是古代羌人的文化遗留。著名遗址有柳湾遗址、喇家遗址、马场垣遗址、上孙家寨遗址、沈那遗址、南凉虎台遗址、大通长城遗址等。

河湟地区是青海省自然条件较优越、开发历史悠久、人口密集、城镇分布集中、经济相对发达的地区。自汉元鼎六年（前111年）后，青海东部地区逐渐被纳入中央王朝的郡县体系中，大量汉族迁居河湟地区，进行农业生产，逐步形成了以儒家思想和文化为核心的汉文化圈。之后鲜卑族、氐族、吐蕃、蒙古族等政权先后管辖河湟地区，留下了临羌古城、破羌古城、石堡古城、龙支古城、青唐古城、明清西宁古城、积石州古城、丹噶尔古城、贵德古城等古城遗址。明代以来，青海形成了六大主体民族，河湟地区是多民族共居之地，汉族文化强烈地影响着周边各少数民族的文化，各少数民族文化也影响着汉族文化。河湟地区也是多宗教交汇之地，藏传佛教、汉传佛教、伊斯兰教、道教、基督教、本教等都在这里传播，塔尔寺、瞿昙寺、隆务寺、北禅寺、南禅寺、大佛寺、湟源城隍庙、贵德玉皇阁、东关清真大寺、循化街子清真大寺、洪水泉清真寺等都是极具影响的宗教历史文化圣地。境内还有日月山、药水峡石刻、热贡艺术之乡、坎布拉风景名胜区、互助北山国家森林公园等著名历史文化景点。

河湟地区以汉族为主体，兼有回、藏、土、撒拉、蒙古等近30多个民族，呈现出多民族多元文化和睦相处共生共荣的特征。在民族杂居、多

---

① 参见王昱主编：《青海历史文化与旅游开发》，青海人民出版社2008年版，第39—50页。

元文化共存并相互影响的地域环境中，河湟文化以儒家思想和文化为主导，儒释道文化与藏传佛教文化、伊斯兰教文化并存。

（二）环湖文化

环湖地区有着丰富的古代文化，贵南拉乙亥遗址是青海境内发现的唯一一处中石器时代遗址。在同德县宗日遗址出土的"二人抬物"彩陶盆和舞蹈纹彩陶盆等都在国内外引起了巨大影响。因宗日遗址而命名的宗日文化一般认为是先羌文化，在黄河上游分布比较广泛，也是青海的土著文化。

青海湖环湖地区是历史上许多民族战争与和平的大舞台，由此也构成了该地区丰富多彩的历史文化。汉武帝时，北却匈奴，西逐诸羌，致使河湟地区的许多羌人被迫迁到青海湖地区。西汉末，王莽在青海湖地区设西海郡，治今海晏县三角城，辖 5 县，边海亭燧相望。330—663 年，鲜卑族建立吐谷浑王国，治伏俟城（今青海湖西岸共和县石乃亥乡铁卜加古城）。吐谷浑国土地广袤，可汗直接统辖青海湖地区。草原王国吐谷浑在以青海湖地区为中心的广大地域①活动 350 年，在青海古代文化史上写下了富有特色的历史篇章。后吐蕃灭吐谷浑，青海湖地区由吐蕃驻牧。明正德以后，东蒙古占据青海湖地区，藏族被迫徙居黄河以南。清咸丰时，藏族部落北渡黄河，还居环海地区，世称"环海八族"②。自此，藏族文化成为环湖地区代表性的文化。

环湖文化历史上曾先后有羌人文化、汉文化、吐谷浑文化、吐蕃文化（藏族文化）、蒙古文化等，留下了卢山岩画、鲁莽沟岩画、丝绸南路、唐蕃古道、西海郡古城、刚察大寺、沙陀寺等古代文化遗存。青海湖地区有西王母神话的美丽传说，相传古籍记载的周穆王与西王母相会于瑶池的地方就在青海湖。中央封建王朝主持的青海湖祭海活动，创始于清代，民国时沿袭。祭海活动既是中央政府控制蒙旗王公贵族和环海部落首领的一种有效形式，同时也具有显著的地域民族文化特色。

自 2002 年开始举办的环青海湖国际自行车公路赛已是亚洲顶级赛事，

---

① 据《梁书》卷 54《河南王传》记载，吐谷浑国势鼎盛时，其疆域"东至叠川（今甘肃叠部县东南），西邻于阗，北接高昌，东北通秦岭，方千余里"。

② 指环青海湖地区的 8 个藏族部落，即千布录、刚咱、汪什代克、都受、完受、曲加羊冲、公洼他尔代及拉安部落。

也是世界上海拔最高的国际性自行车公路赛，规模仅次于环法赛、环意大利赛、环西班牙赛等职业巡回赛。

（三）柴达木文化

早在 2 万—3 万年前，柴达木地区就有古人类活动。史前文化中，诺木洪文化就分布于柴达木盆地，也是青海的本土文化。柴达木地区先后有羌人、吐谷浑、吐蕃、蒙古族、汉族居住，在羌文化之后，代表性的还有吐谷浑文化、吐蕃文化（藏族文化）、蒙古文化、汉族文化等，有多种民族先后活动在这个历史舞台上。清雍正时，编定青海蒙古 29 旗，各旗设札萨克领之。柴达木地区为西前旗、西后旗、西右翼后旗、西左翼后旗、北左旗、北左末旗、北右末旗、西右中旗驻牧地。随着清咸丰时黄河以南藏族部落渡河北迁，部分藏族逐步进入柴达木地区。民国时，柴达木地区仍由蒙古诸旗驻牧，汉族、藏族、哈萨克族、撒拉族、回族等民族也逐步迁徙到柴达木地区，形成了多民族杂居的局面。现该地区有汉、蒙古、藏、回、土、撒拉等 29 个民族。

柴达木文化会聚了很多悠久神奇的历史文化景点，如小柴旦遗址、诺木洪文化遗址、都兰热水古墓群、丝绸南路、昆仑山口、玉虚峰道场和无极龙凤宫、西王母瑶池、昆仑神泉、二郎洞等，岩画有巴哈莫力沟岩画、芦丝沟岩画、野牛沟岩画、怀头他拉岩画等，著名寺院有都兰寺、香日德寺、茶卡寺、北柯柯寺等。1955 年格尔木出土的 500 余件元代纸币，1956 年诺木洪出土的一具元代蒙古武将干尸，是反映柴达木地区历史文化的珍贵实物。

昆仑山就在柴达木盆地西边，相传是昆仑神话的起源地之一，有很多关于昆仑山和西王母的风物传说。昆仑山又是道教发祥的圣地，海内外一些虔诚的道教徒不畏艰险，千里迢迢到昆仑山朝拜修行，寻找中华文明之根。

（四）三江源文化

考古工作者在唐古拉山区的托托河沿、霍霍西里等地采集到一批人工打造的石制品，有石核、石片和砾石等工具，说明青藏高原唐古拉山区在远古时代就有古人类劳动、生息和繁衍。[①]

---

① 赵生琛等：《青海古代文化》，青海人民出版社 1986 年版，第 16—17 页。

三江源是长江、黄河、澜沧江的发源地，这里先后有羌人、吐蕃活动，积淀了丰富的羌人文化、吐蕃文化和藏族文化。秦汉时，三江源地区为西羌部落驻牧的地区。魏晋南北朝时，今玉树囊谦地区属苏毗女国政权，苏毗东部有多弥部落。今果洛等地属党项羌活动地区。唐太宗贞观中，吐蕃王朝征服苏毗诸部，苏毗遂成为吐蕃政权的五茹之一，称孙波茹。唐蕃关系友好时，唐蕃和亲，文成公主、金城公主先后进藏，奠定了唐、蕃甥舅关系，促进了汉藏民族间的经济文化交流和兄弟情谊。有关文成公主、金城公主途经青南地区进藏的故事和传说，至今为人们所传诵，自唐代以后，三江源地区一直由藏族驻牧。

三江源地区居民以藏族为主，藏族全民信仰藏传佛教，境内藏传佛教寺院众多，宗教派系各有不同，宗教意识非常浓厚，为旅游者和信徒提供了游览和宗教朝觐的场所。历史文化景点还有唐蕃古道、文成公主庙、扎陵湖、鄂陵湖、阿尼玛卿雪山、黄河源头、长江源头、年宝叶什则、格萨尔王狮龙宫殿、拉加寺、大日如来石造像、结古寺与嘛呢石城、桑周寺与藏娘佛塔、和日寺与和日石经墙、石藏寺、阿什姜加贡寺、白玉寺、勒巴沟岩画、赛康岩画、子木达红军长征标语与红军哨所等。果洛藏族自治州是中国三大英雄史诗之一的《格萨尔》产生的地方，这部史诗是目前全世界最长的一部史诗，三江源境内众多的山水遗迹都有格萨尔的传说，还有许多令人神往的历史故事。

藏族文化是三江源地区代表性的文化。格萨尔史诗、玉树歌舞以及佛教石刻等是该地区藏文化的代表。

三　民族文化

（一）汉族文化

青海汉族主要居住于西宁及海东地区，少量散居于省内其他州县。青海汉族最早在西汉时期由内地迁入，以后历朝都有不同程度的移居。明代以后，内地汉族入居青海较多，基本形成了今天的分布格局。汉族徙居青海并和当地各民族杂居共处，使青海成为多元文化的交汇地。不同时期、不同地域迁入的汉族具有各自的小文化圈。青海汉族主要从事农业，兼营畜牧业和手工业。除尊崇儒家伦理、祖宗信仰外，部分群众还分别信仰佛教、道教、基督教和天主教等。其习俗既有中原文化的内容，又有当地民族文化的特点。

（二）藏族文化

青海藏族主要居于六州，少量散居在西宁市和海东各县。青海藏族是吐蕃人与羌人、鲜卑吐谷浑人、汉人等长期融合后形成的。青海藏族以畜牧业为主，兼营少量的农业和手工业。青海藏族中绝大多数人信仰藏传佛教，少数人信奉本教。青海藏族的社会生活和风俗颇具本民族的特征。男女蓄辫，喜戴首饰，着宽肥的羊皮长袍。主食糌粑和牛羊肉，喜饮青稞酒。住房各地不一，牧区多为帐篷，农区多垒石建屋。

（三）回族文化

青海回族主要居住于西宁市城东区、大通、民和、化隆、门源等地，省内其他地区也有分布，呈现大分散、小聚居的特点。青海回族最早可追溯到唐代，当时即有信仰伊斯兰教的阿拉伯人、波斯人来往并留居于青海地区。蒙元时期，信奉伊斯兰教的中亚各族和阿拉伯人大量徙居青海。明清时期江南一带的回回也多被迁往今青海地区。另外，西北地区的回回也有部分流落到青海地区。这些人共同形成了今天的青海回族。青海回族主要经营农业和商业，少数从事手工业。青海回族信奉伊斯兰教，其文化受儒家思想的影响较深，但其风俗保留有本民族特色。青海回族讲究礼仪，人们见面互道"赛俩目"以示问候。讲究卫生，禁烟忌酒。其节日有开斋节、古尔邦节、圣纪。

（四）土族文化

青海土族主要分布在互助、民和和大通县，乐都、门源、同仁等地也有分布。土族的族源问题聚讼纷纭，有吐谷浑说、阴山白鞑靼说等。土族主要从事农业，兼务畜牧、园艺业和手工业。土族多信奉藏传佛教格鲁派，同时民间也存在多重宗教信仰。土语属阿尔泰语系蒙古语族，但无文字。土族受汉藏文化的影响较深，其节日、婚俗、服饰等具有自己的特点。

（五）蒙古族文化

青海蒙古族主要分布在海西蒙古族藏族自治州大部及黄南、海北藏族自治州局部地区。大通、乐都、湟源、平安、共和等县也有分布。蒙古族早在1227年即进入青海地区。明中叶以后，东蒙古各部也次第入居青海。不久，西蒙古和硕特部进入青海，其首领固始汗统一了卫藏，建立了汗国。固始汗死后，其部的一支留居青海。青海蒙古族主要从事畜牧业生产，兼营农业。青海蒙古族信奉藏传佛教格鲁派，少数信奉萨满教。青海蒙古族语言为阿尔泰语系蒙古语族卫拉特方言，文字为"胡都木"蒙古文，也使用藏、汉文。受藏族文化的影响，青海蒙古族中部分群众的语言、服饰与藏族相同。青海蒙古族的祭俄博、转山、转湖活动多与"那达慕"大会同时进行。蒙古族多住蒙古包。蒙古族男袍与藏袍大致相似，女装独具特色。

（六）撒拉族文化

青海撒拉族主要分布在循化县、化隆县甘都镇，少量散居在西宁市、黄南、海北、海西、海南等州。撒拉族民间流传的传说反映了撒拉族从中亚撒马尔罕地方迁来的事实。尕勒莽、阿合莽兄弟二人，率领族人，长途跋涉，辗转到达今青海循化县街子一带定居下来。通过与周围藏、回、汉族通婚融合，最终形成了撒拉族。撒拉族主要从事农业，兼营畜牧业、园艺业。撒拉族全民信仰伊斯兰教。撒拉语属阿尔泰语系突厥语族西匈语支的乌古斯语组，没有文字，其语言中吸收了不少汉、藏语词汇。撒拉族的风俗具有明显的伊斯兰文化的特征，也吸收了一些藏文化因子。

四　宗教文化

（一）藏传佛教文化

藏传佛教俗称"喇嘛教"。因其主要在中国藏区形成、流传，并通过藏语文字接受和传播，又有除藏族以外的其他民族信仰，故有此名。藏传佛教是印度佛教与西藏本教相互融合的产物，其传播经历了"前弘期"和"后弘期"两个阶段，青海是后弘佛法的发祥地之一。

藏传佛教在长期的发展中形成了独特的文化，形成了宁玛派、萨迦派、噶举派、觉囊派、格鲁派等诸多派系，产生了很多高僧大德，依据佛教的"灵魂不灭"以及"轮回说"、"化身说"的基本思想建立了活佛转世制度。藏传佛教在长期的发展中形成了独特的文化，集中表现在寺院中。寺院是僧俗进行宗教活动的场所，也是研习佛理、语言文字、天文历算、医药卫生、工巧建筑、绘画雕塑和宗教舞蹈的中心，更是收藏展演传承典籍、建筑、雕塑、绘画、舞蹈等藏传佛教文化的中心。

（二）汉传佛教文化

汉传佛教在青海传播较早，相传东汉末年，就有汉僧在青海地区活动。魏晋时期，不断有汉僧途经青海地区去印度取经。北魏时期，青海地区即已出现了汉传佛教寺院，并出现了高僧道照等佛教人物。道照是当时著名的音乐家，后半生在江南度过。唐朝以后，汉族僧人到青海修行者较多，汉传佛教寺院也有增建。汉族群众泛神崇拜较深，儒、释、道混杂，多神论色彩极浓，因此纯佛教的社团、寺院甚少。汉传佛教信徒、寺院规模和数量远不及藏传佛教寺院，且多建于河湟农业区。但这些寺院的历史比较久远，文化积淀深厚，尤其是民和麻地沟能仁寺主持的《目连戏》，在我国黄河以北唯青海独有。

（三）道教文化

道教传入青海的历史久远，据说在魏晋时期，循化积石山一代就有道士活动。唐代以后，青海地区开始修筑道观。明代会宁伯李英在西宁城修建了广福观，设道纪司，延聘道士主持观内宗教活动。清初，崇祯皇帝的叔叔朱清真也在今西宁南山修建了西塔院。但道教在青海的发展一直没有形成势力。青海的道教有两种，一为正一派，道士不出家，散居西宁、海东各地民间，俗称"老师傅"、"阴阳"，其活动主要是看风水、选阴宅阳宅、超度亡灵、婚配择吉、诵经祈祷等；另一为全真派，道士离俗出家，住居道观，有一定的派系传承，属道教中的正式宗教职业者。青海现存较大的道观有西宁北山土楼观、湟中南朔山道观、大通元朔山道观等。

（四）伊斯兰教文化

伊斯兰教在唐代就曾传入青海地区。元代以来，青海伊斯兰教得到较快发展，伊斯兰信徒空前增多，并出现了一批知名的宗教学者。清初以来，伊斯兰教派在青海得到广泛传播。民国以后，伊赫瓦尼派成为了青海乃至全国最大的一个伊斯兰教派。青海伊斯兰教信徒除了回族、撒拉族、保安族外，还有部分蒙古族、藏族和汉族。伊斯兰教对信徒的社会生活、风俗习惯、道德规范起着核心作用。清真寺是传播伊斯兰教思想的讲坛，也是信教群众进行宗教活动和聚会、实践和规范礼仪礼俗的地方。青海的伊斯兰教清真寺和拱北的建筑艺术各具特色。西宁东关清真大寺是西北地区四大清真寺之一。

（五）其他宗教文化

青海还有本教、基督教等宗教文化，但影响范围相对较小。

本教起源于象雄地区，一般认为创始人是辛饶米保，它崇拜天地日月星辰等，起初没有寺院、经典，也没有神职组织。仅靠叫作本波的巫师划地为坛，口念咒语，祈福免祸。本教一度成为了吐蕃的国教。佛教传入西藏以后，在与佛教的斗争中，吸收了佛教的内容，编纂经典，建立寺院，健全了仪轨和僧侣制度，并把宗教活动放在民间，得以广泛流传。本教多流传于藏区。

　　基督教主要有天主教和基督新教，最初都是西洋传教士来传教，新中国成立后，经过反帝爱国和"三自"革新运动，天主教和基督新教走上了"独立自主办教会"的道路，教会领导权真正回到中国神职人员和信徒手中。天主教在清雍正初年传入青海，主要流传于西宁、大通、湟中、互助等地，建有教堂，主要活动有主日礼拜、念经等，有圣诞节、复活节、圣神降临节和圣母升天节等宗教节日。还有洗礼、坚振礼、忏悔礼、婚礼、终傅、神品、圣餐礼等7件。基督新教是光绪十七年（1891）传入西宁的，在西宁、大通、湟源、贵德、龙羊峡等地都有教会组织，宗教活动有主日崇拜、查经会、祷告会、奋兴会、培灵会等活动，宗教节日有圣诞节和复活节，圣礼有洗礼和圣餐礼。

五　多元一体的文化特征

（一）多元的文化互渗

　　从文化形态来分，一种文化现象往往包含多民族文化元素。青海东部在历史上经历过复杂的民族融合过程，当地民间有很多谚语就反映了这种历史发展与民族融合的现实。如："回族是汉族的亲戚，藏族是撒拉族的阿舅。"回族也有"回民大大，汉民娘娘"[①] 的俗语，而互助县红崖子沟同一村落还有"曹西番，闫蛮子，王喇嘛，仲鞑子"的谚语[②]。民族的融合产生了文化的多元性。例如，藏族英雄史诗《格萨尔》不仅广泛流传于青海、西藏、甘肃、四川和云南等小区的藏族聚居地，而且还传入到蒙古族、土族、撒拉族、白族等多个民族中，于是相应地产生了蒙古族的《格斯尔》、土族的《格赛尔》、撒拉族的《格瑟尔》等史诗。又如，在回族撒拉族流行的宴席曲中，有许多内容与汉族和土族的民间演唱内容相

---

① "大大"、"娘娘"：河湟方言，意思分别是伯父、姨妈。
② 赵宗福：《互助仲氏族谱序》，仲氏家族2005年手抄本。

同。蒙古族说唱艺术《图吉娜木特尔》中，艺人的说唱内容既有蒙古族民间故事，也有汉族的《宋朝故事》等内容。最有代表性的是青海民歌"花儿"，河湟地区的汉族、土族、回族、撒拉族、藏族、蒙古族、保安族、东乡族等民族都用汉语来演唱花儿，各地各民族中又形成了具有地区和民族特点的"花儿令"，这在全国其他地方甚至在世界范围的民歌中都是很少见的。

（二）多元的宗教信仰

从宗教信仰来分，多民族信仰同一宗教；同一民族信仰不同宗教。青海现存有藏传佛教、汉传佛教、伊斯兰教、基督教等多个宗教，各民族的宗教信仰不一，有的是多个民族信仰同一宗教，如信仰藏传佛教的有藏族、土族、蒙古族、汉族等多个民族。也有的同一民族却信仰不同的宗教，最典型的有青海海北藏族自治州的海晏县和祁连县的部分托茂人，俗称为"蒙回"，他们信仰伊斯兰教，但是服饰和生活习惯保留着蒙古人的传统。此外，化隆县卡力岗地区阿什努、德恒隆两个乡的藏族在清朝雍正年间接受门宦马来迟规劝而改信伊斯兰教，也称为"藏回"，现有 1 万多人。在日常生活中，他们操安多藏语，生产方式和生活习俗也多保留有藏族的习俗。

（三）多元的生活方式

在历史和传统上，青海形成了三种主要的生产生活方式，即农业生产生活、牧业生产生活，以及农牧兼营的生产生活方式。但每种生产生活方式中又形成了你中有我，我中有你的分布格局。例如，青海农业主要集中在河湟地区，但在海西地区，甚至在玉树的河谷地带等地也分布有农业。日月山以西是青海的主要牧业区，以散养方式为主，但在河湟地区的高山林地人们又过着农牧兼营的生活，养殖马骡驴牛羊等，多采取圈养方式。多种生产生活方式形成了青海多元化的文化特征。

（四）多元的区域文化

从区域来看，东部地区多民族、多宗教文化共生共荣的特点突出；三江源地区及其他区域的民族宗教则相对较为单一，但其内部也是丰富多元的。如三江源地区的藏传佛教多教派共存的特点就比较突出。河湟地区是青海六个世居民族共同生活的地方，被称为"中国多元文化的走廊"。藏传佛教、汉传佛教、道教、伊斯兰教、基督教等都在这一地区流行，著名寺院有塔尔寺、瞿昙寺、东关清真大寺、土楼观等，呈现出多民族、多宗教文化并存共荣的局面。而在三江源地区，则只有单一的藏传佛教，但是教派林立，并非是单一的一块，红教、白教、花教、黄教等教派都在这里建有寺院，有自己教派的活佛系统，藏传佛教多教派并存共生。

小　结

青海地域辽阔，山峦重重，草原广袤，河源所出，形成了独特的自然生态环境。昆仑山、唐古拉山等多条山系横亘东西，被称为亚洲的脊梁；黄河、长江和澜沧江发源于三江源地区，这里也被称为"中国水塔"；青海还是我国三大自然区的交会之地。特殊的自然、地理和交通决定了特殊的文化个性，青海不仅是东西方文化的交通要道之一，也是农业文明和草原游牧文化的交会之地，这里是昆仑神话的发祥地，也是华夏文明的重要源头之一。羌人、月氏、鲜卑等许许多多古代民族迁出迁进，融合变迁，有些民族现已湮没无闻，但它们所创造的文化还在滋养着后世的民族。元明以来，形成了汉族、藏族、回族、土族、撒拉族和蒙古族等六大主体民族，其中撒拉族和土族是青海的特有民族。各民族的生产生活方式和宗教信仰因地域不同而呈现出各自的特征，但都创造了丰富多彩的民俗文化，形成了特色鲜明的藏传佛教民俗文化圈、儒释道民俗文化圈和伊斯兰教民俗文化圈，儒释道文化、藏传佛教文化和伊斯兰文化在这里"美美与共"，和谐共存，共同组成了多元的青海民俗文化圈。

第二章

青海民俗文化的历史与现状

    青海民俗文化的生成与发展亦如青海历史一样源远流长，属中华民族数千年民俗文化传统的有机组成部分。从考古发掘资料和历代文献典籍中，可以清晰地勾勒出不同历史时期青海民族迁徙融合与碰撞发展过程中的民俗文化发展脉络。由于青海所处高山河谷多样的自然环境、农牧并重的复合经济类型、混杂多变的民族结构和交融互动的多民族文化背景等特点，在元明之际，随着主要六个世居民族分布格局的定型，形成了以藏族、蒙古族和土族为主的藏传佛教民俗文化圈，以回族、撒拉族为主的伊斯兰民俗文化圈和以汉族为主的儒释道民俗文化圈。三大民俗文化圈的诸民族，以平和谦逊的心态，坚守和彰显着与众不同的民俗文化形态，具有彼此尊重、异不害同和包容大度的价值取向，呈现和而不同、求同存异及美美与共的特点。

第一节　青海民俗文化的生成与发展

一　史前文明中的民俗文化

    神话是人类童年时期的精神创造，也是一个民族文化艺术的源头。中国远古神话的精华部分——昆仑神话，发端在青海高原。神话中的昆仑山是最高天神黄帝的下都，著名女神西王母的乐园，也是"百神之所在"。昆仑神话历经了"层累"不断的口传创作，女娲补天、夸父追日、共工触不周山、精卫填海、鲧禹治水等，在战国时代被记录于《山海经》典籍中，这些象征着中华民族奋发进取精神的精彩片段，对后来的华夏文化影响深远，是华夏民族的信仰精神源头①。

而青海远古民俗作为一种原始文化事象孕育和发生始于漫长的原始社会。根据考古发掘资料，青海原始文化分旧石器时代（小柴达木湖、拉乙亥遗址）、新石器时代（包括马家窑、半山、马厂、齐家诸文化）和青铜时代（包括卡约、辛店、诺木洪文化）。依据考古发掘成果，可窥青海"史前民俗"文化之一斑。三万年前小柴达木湖的原始先民已经使用天然石质工具，并学会掌握了加工打磨自然石器技术，有打制的石核、石锤，用以刮兽皮制成皮衣的刮削器，加工骨锥、骨针和鱼叉的雕刻器，砍伐树木、肢解动物的砍砸器等。② 先民利用动物毛皮御寒，缝制衣服的骨锥、骨针应用而生，"未有丝麻，衣其羽皮"的服饰一直被后世游牧民族所继承和发扬光大。

新石器时代的先民以氏族或部落为单位，以血缘关系为纽带组成氏族社会，其日常生活习俗和耕种畜牧生产习俗与当时社会发展相一致。先民们制作出比前代更为实用锋利的各类石质刀、锛、斧、凿、臼、镞、弹丸等生产工具，石刃骨刀、石刃骨匕首等复合工具，从事以农业为主兼营饲养业的经济，种植粟、黍、稷、大麻等作物，饲养狗、猪、牛、羊、鸡等家畜，同时又猎获鹿、野猪、羚羊、田鼠、河狸，来补充食物来源。围绕种植业（粟、苜蓿）生产，出现了专门的制陶、制石、制骨和制玉手工业作坊。在此过程中，有很多相应的祭祀、禁忌、劳动组织、劳动成果分配等习惯形成。

属齐家文化的民和喇家遗址，是2001年中国的十大考古发现之一。从中看出先民生活聚居区面积达20万平方米，居住条件多有改善，中心有成排的结构完整的窑洞式房址，房内地面、四壁用白灰抹平，正中为圆形灶坑；房址周围建有储藏物品的窖穴、陶窑及墓葬。饮食水平大为提高，一只粗陶碗里盛有用小米做成的面条，距今4000年，是迄今最早的面条遗存实物。而生活在宗日的先民饮食已走过了茹毛饮血阶段，使用着用动物骨头加工制成的骨叉、骨勺和骨刀骨制餐具③，饮食方式趋于健康

① 赵宗福：《昆仑神话》，青海人民出版社1995年版，第124页。
② 刘景芝、王道国：《青海小柴达木湖遗址的新发现》，《中国文物报》1998年11月8日。
③ 索南才让：《宗日遗址出土的骨制餐具》，载格桑本、陈洪海主编《宗日遗址文物精粹及论述选集》，四川科学技术出版社1999年版，第26—27页。

卫生。先民生活得以温饱时，衣着的功能趋于注重装饰和审美，以笄、环、镯、指环、珠、坠形饰、臂饰，钻孔石饰、绿松石饰、穿孔牙饰和蚌壳等作服佩装饰；以文身、割痕、凿齿及耳饰、鼻饰、颈饰、腕饰等作人身装饰。这些原始装饰艺术，满足了先民审美需求，他们深信佩戴物对身体起保护作用，与后世"佩之不迷"、"佩之无瘕疾"、"佩之无畏"的民俗功能一脉相承。一般认为连鞮靴子诞生在北方草原匈奴北狄系游牧地带，战国时期影响到了汉族服饰，《说文解字》曰："鞮，革履也。胡人履连胫，谓之络鞮。"其实，青海古代先民早已脱离用整块兽皮裹在脚上的粗糙状态，穿上了皮革制成的靴子即络鞮，靴底采用较厚皮革，甚至用生牛皮，靴鞮和靴面则用刮削过的柔软皮革。《说文》所谓革履制成的"络鞮"，在今天的青海方言中仍旧叫作"络鞮"。乐都柳湾出土的一只陶靴，尺寸只有真靴的一半，左右对称，无分左右脚区别，由靴鞮、靴面、靴帮和靴底组成，相互之间有明显接痕，靴面绘有几何图案，借用当代制鞋业行话达到了"帮底分件"结构要求①。这种制靴传统，藏区仍然沿袭和保留，且在 20 世纪 70 年代以前，河湟农村仍用牛皮制作这种左右不分的靴子。

聚族而居的先民认识了土中生万物的客观现象，认为人来自于土亦最终归之于土，遂在"万物有灵"观念的支配下事死如事生，一般采用土葬方式。墓葬多为竖穴木框墓，有单人葬、同性合葬、男女合葬；葬式有仰身支肢、侧身屈肢、俯身屈肢、二次扰乱葬。死后俯身，是对土地的感恩；仰天平躺，是对天的崇拜；屈肢入土，则是对方位、季风或高山的膜拜②。还将生前喜爱和使用过的各种礼器、储物器、炊具和餐具彩陶器物，作为陪葬物带进墓室，期望在另一个世界继续拥有。在为数众多的彩绘陶器上，有精美的人物图案、几何图案，还有神秘的 ×、－、÷、＋、∞、凵等多种符号。上孙家寨出土的一只彩陶盆，内壁绘三组五人连臂舞

---

① 刘春城、许新国：《乐都柳湾出土彩陶靴考略》，载青海省文化厅、青海文物考古所编《青海考古五十年文集》，青海人民出版社 1999 年版，第 79—80 页。

② 彭云：《论阳山墓地的俯身葬、圆形土坑及喇叭状陶器在原始宗教活动中的意义》，载青海省文化厅、青海文物考古所编《青海考古五十年文集》，青海人民出版社 1999 年版，第 62—63 页。也有学者认为屈肢葬俗是一种避鬼之术，见王子今《秦人屈肢葬仿象"窋我"说》，载《考古》1987 年第 12 期。

蹈人，"三"与"五"的数字内涵表达了先民的巫术崇拜活动和哲学思想，与后世"三皇五帝"、"龙登九五"传统观念如出一辙①。宗日出土的舞蹈盆内壁绘有 13 人和 11 人两组对称连臂舞蹈人，这是先民群体性庄严舞蹈的最初形态，他们常在驱逐疫鬼、作物丰收、狩猎成功而举行的娱神祭祖、氏族部落聚会场合中表演歌舞②；也是一种祈祷农业丰收的"迎日送日"习俗，至今遗存于许多羌藏系民族围绕火堆连臂舞蹈中，还保留在青海汉族"天官赐福"的春节习俗中③。

柳湾出土的"阴阳合体壶"又称"男女复合体壶"裸体人像彩陶，反映了先民的生殖崇拜。在母系氏族社会，女性处于中心地位，为世界开辟、万物起源、化生万物之神，在祖先崇拜中位列诸神之首。因产生出求育、求子和祈求五谷丰登的习俗。当父权制即将取代母权制时，男女性同时崇拜，并如实体现在"阴阳合体壶"彩陶礼器上。当男子完全取得政治经济地位后，不仅有男性生殖崇拜，而且拥有象征财富和祭祀权威的青铜权杖、玉斧、玉铲等。大华中庄出土的青铜鸠首牛犬杖首，就是一象征权力之物。青海出土的璧、琮、璜及刀等礼器，系用祁连玉、昆仑玉、和田羊脂玉等硬度较高玉料制成。玉刀为宗教祭祀活动的重要法器，具禳灾除秽、辟邪祈福的巫术功能；玉琮用来祭祀土地，体现"天圆地方"的宇宙观④。用玉璧祭祀苍天，用玉璜作避邪护身符。先民们由用玉、重玉的生活习俗进而发展为贵玉意识和崇玉思想。

诺木洪文化和卡约文化是青海特有的土著文化遗存⑤，距今 3500—2600 年，几乎遍布全省，遗址数量 1700 余处，经济为农业、畜牧业狩猎业兼营的形态。在今青海东部，粟类、麦类是最重要的粮食作物，用骨耜翻土，石刀、石镰收割；使用夹砂灰陶、红陶生活器具。在高山草原地带，饲养的牛、羊、马和骆驼，发挥着生活生产、交通运输作用。表达审美与辟邪的服佩装饰物众多，有鹿牙、狗牙等动物牙饰；骨珠、石珠、绿

---

① 赵宗福：《青海史纲》，青海教育学院函授部 1992 年铅印本，第 7 页。

② 张紫晨：《中国民俗学史》，吉林文史出版社 1993 年版，第 11 页。

③ 霍福：《青海宗日舞蹈盆的文化符号学分析》，《青海民族研究》2005 年第 3 期。

④ 张光直：《谈"琮"及其在中国古史上的意义》，文物出版社编辑部《文物与考古论集》，文物出版社 1986 年版，第 254—256 页。

⑤ 俞伟超：《古代"西戎"和"羌""胡"文化归属问题的探讨》，载青海省文化厅、青海文物考古所编《青海考古五十年文集》，青海人民出版社 1999 年版，第 127—137 页。

松石珠；连珠饰、泡、镜、铃、钩、环、牌等铜饰；还有玛瑙、琥珀、石贝、海贝等。[①] 这些构成了青海世居游牧装饰习俗的发展框架，今青海藏族服饰装扮皆可在考古文化遗存中找到原初形态：其"银盾"、"蚌壳"是铜镜、铜泡的演变，银元、铜钱作装饰是连珠饰铜、铃、海贝的演化，玛瑙、珊瑚、绿松石串珠则是兽牙坠饰、骨珠、石珠的发展。石质、陶制纺轮是手工捻线简单方便的工具，后世一直使用石纺轮，将牛羊毛捻成细线，再交错织成毛布、毛带、毛线绳等。用粗毛线纺成的毛布在后世称为褐子，广泛应运于生活中；用牦牛毛纺成的绳子结实耐用，至今在牧区普遍使用。有些毛绳上结有大小不同的死结或活结，与"上古结绳而治"的记载相类似。卡约文化上至西周，下延汉代，持续千年之久，随着西汉中原地区汉族大量涌入，几次大规模战乱而渐趋衰落消亡。这些原因迫使卡约文化的人们部分西迁，部分与汉文化融合。

先民们为满足口腹之欲、冷暖之需和安居之便而获取生活资源，不自觉或有意识地加深了对物质世界的感知与对各种社会现象的理解认识。在艰难的生活磨砺中，练就了获取食物、缝制衣物、避寒取暖的本领，并以人类童年时代的智慧能力，解答人类生老病死，探索日出日落和春暖冬寒的自然奥秘，祈祷上天谷物丰登、牛羊繁盛。在生活生产有规律的实践中诞生了原始的衣食住行、审美意识、信仰崇拜甚至权力观念等习俗。但在当时先民的生活内容中，并没有民俗的概念，是将物质和精神的民俗事象与生活现象浑然融为一体，赋予其蕴含丰富的文化意义，经过世代传承获得了持久的生命力。

二 先秦至汉晋时期的民族与民俗文化

羌人是世居青海最古老的居民，民族学家任乃强研究认为，其在周代以前拥有优于当时欧亚各民族的高度文明[②]。关于人类起源神话的诗意性解释，经过千百年的传承，仍然保留在后世与古羌人有渊源关系的党项

① 李智信：《试论马家窑至卡约文化经济转变的原因及影响》，载青海省文化厅、青海文物考古所编《青海考古五十年文集》，青海人民出版社1999年版，第94—95页。

② 任乃强：《羌族源流探索》，载任乃强著、任建新编《川大史学·任乃强卷》，四川大学出版社2006年版，第616—630页。羌人是成功驯养藏系绵羊、牦牛、犏牛及藏犬的能手，也是培育青藏高原耐寒的麦类作物之一青稞的行家，还是"二牛抬杠"耕作方式的发明者。

族、羌族、藏族、景颇族、纳西族及普米族等"藏缅语系民族"中①。轩辕氏黄帝是音乐发明人，派伶伦砍来昆仑山嶰溪之谷的嶰竹制作了羌笛，以辨音律伴五音，终成黄钟之宫。炎帝"是古羌人氏族部落的宗神"②，炎黄大战揭开了华夏文明的序幕，炎黄子孙便是中国人的自称。大禹治理黄河水患时留下了"历十三年，曾三过家门而不入"的美德传说。周人的始祖后稷，是羌人之女姜嫄所生，姜嫄被奉为周人的始祖母。后稷别号姬氏，是为周人祖先。羌人崇拜虎，昆仑神话中西王母最突出的装扮就是"虎齿豹尾"，战国初期羌人著名首领无弋爱剑因得到虎神护佑躲过了秦兵追捕，被河湟群强拥戴为首领，后裔昌盛，世世为诸羌部落的酋豪。今同仁县年都乎村流传的"跳於菟"实际上就是古羌人虎图腾崇拜的文化遗存③。羌人以羊为美而崇拜羊，《说文解字》"羌，西戎牧羊人也。从人从羊，羊亦声"。于省吾指出："追溯羌字构造的由来，因为羌族有戴羊角的习俗，造字者遂取以为象。"④ 羊被视为羌人部族的保护神，享有专门仪式进行祭祀的礼遇。羊崇拜的遗俗还仍保留在青海社火中，其"老秧歌"就是一反穿皮袄头顶羊角帽、充当"大神"角色者。但对于羌人的民俗文化，迟至南朝刘宋政权的范晔修撰《后汉书》时，才在正史有所提及：

> 所居无常，依随水草。地少五谷，以产牧为业。其俗氏族无定，或以父名母姓为种号。十二世后，相与婚姻，父没则妻后母，兄亡则纳釐嫂，故国无鳏寡，种类繁炽。……以战死为吉利，病终为不祥。堪耐寒苦，虽妇人产子，亦不避风雪。性坚刚勇猛，得西方金行之气焉。⑤

这是一段融历史与民俗为一的概括记载，从中可以知晓羌人所尊崇的风尚伦理，衣食、婚姻习俗等。此时史家笔下实录的羌人文明，很显然与

---

① 李绍明：《论岷江上游石棺葬的分期与族属》，载李绍明著《李绍明民族学文选》，成都出版社 1995 年版，第 750—756 页。
② 郭沫若主编：《中国史稿》（第一册），人民出版社 1976 年版，第 118 页。
③ 赵宗福：《昆仑神话》，青海人民出版社 2005 年版，第 108 页。
④ 于省吾：《释羌、笱、敬、美》，《吉林大学学报》1963 年第 1 期。
⑤ 《后汉书》卷 87《西羌传》。

中原文明不同步，习俗文化更是迥异。这种社会状况的改观、多民族陆续登上青海历史舞台和纷呈展演多元民俗文化，始于西汉政权向西开疆拓土、湟水流域属王朝边郡的时期。内地先进的汉族文化源源不断地传入河湟，对当地少数民族颇有吸引力。在大通上孙家寨近 200 座汉晋墓群中，"既有大量汉文化的因素，又保留着浓厚的当地固有文化传统，表现为汉式的墓葬形制和羌人等土著民族的埋葬习俗共存，也表现为汉式陶器与土著文化陶器共出"①。羌人葬俗保持着"二次扰乱葬"、随葬陶器中盛有麦粟类粮食，杀殉牛羊马狗等，但传统的土圹墓和木椁墓基本上被汉式砖室墓所取代。出土了"汉匈奴归义亲汉长"铜印的月氏胡墓室、颇具匈奴人特有斯基泰风格的网状铜制带扣及安息鎏金单耳银瓶等文物的卢水胡墓室，其形制皆为中原贵族豪富所通用的较大规模的条砖砌双室砖墓，内有汉族专为随葬而作的明器如仓、井、灶、磨盘、楼阁、农田、池塘等模型器，猪、狗、鸡等动物象形品，且时代越晚，种类数量越多；酷似造于中原的铜铁玉石、玻璃质料器物制品和铜钱等物屡见不鲜。小月氏即"湟中月氏胡"、卢水胡为匈奴别部，从事游牧经济，迁入河湟后与羌人杂处通婚，语言、饮食、被服等风俗被羌化，但他们更喜爱汉文化。在一座出土木简的汉族夫妇合葬砖墓中，墓主人似是新莽政权时青海的军政长官，墓室制形、葬式较为讲究，不同方位摆有陶壶、陶瓮、陶甑、铜釜、银泡、铁铲和五铢钱，和同时代中原葬式没有太大区别，但也融入了羌人的民俗文化元素。

自此以后，内地汉文化不断传播而来，丰富了青海的民俗文化内容。汉族一整套农耕技术传入青海，促使本地农耕经济飞跃发展。伴随规律性农业生产的春祈、夏伏、秋报及冬蜡一年活动，岁时节日、泛神信仰，手工业生产技艺，中医中药等传统习俗文化逐步植根于此，并世代传承和保留下来。直到近代，青海民间仍有鞭春牛、观芒神以占验农作物丰歉之俗②。魏晋之际中原内乱，青海相对安定，随着国家意识形态的不断渗

---

① 任晓燕：《大通上孙家寨汉墓群反映的主要问题》，载青海省文化厅、青海文物考古所编《青海考古五十年文集》，青海人民出版社 1999 年版，第 145—148 页。

② 恭钊：《湟中竹枝词》之一曰："妆扮儿童上彩竿，迎春锣鼓要人看。土牛才用花鞭上，风雪翻添一夜寒。"（民国）《贵德县志稿·风俗》曰："立春前一日，迎春东郊，邑人装古事，吹蠡击鼓，观芒神、土牛身色，以占水旱丰歉。乡人会饮春酒。"

透，汉文化在青海经过两百余年的积淀，牢牢植根于河湟大地，初步形成了以儒学为主导思想的汉文化圈的兴盛局面。安边名将赵充国五世孙赵宽，是博通诗书礼乐的大儒，致力于青海教育事业，广泛传播儒家文化，有"教诲后生，百有余人，皆成俊艾，仕入州府"桃李满天下的教育硕果。① 相继兴起的金城韩氏，西平麴氏、郭氏、田氏等汉人大族瓜瓞绵延，不仅田连阡陌，且以修身、齐家、治国、平天下的理想信念，不仅参与河湟地方军政事务，而且活跃在中原政治舞台上。汉文化的扩布，在十六国时期南凉小朝廷里仍有影响。秃发氏麾下云集着一批来自"秦雍世门"、"中州才令"、"西州德望"的汉族儒士，在帮助策划秃发政权劝课农桑充国用、兴办儒学以取士的内政大计，筹谋开疆河右、对付强敌的外交之策方面，起到了非常积极的作用。

三　南北朝时期鲜卑诸部的民俗文化

南北朝时期，青海羌人故地增添了鲜卑民俗文化内容。其乙弗部据于环湖草原游牧，在食肉饮奶的食物中出现了富有营养的裸鲤、枸杞等荤素品种，生活优裕，后被秃发氏所灭。秃发氏据湟水流域建立南凉政权只存在 18 年而亡，国主秃发傉檀熟知汉文化，史称"神机秀发，信一代伟人"②。他受佛僧昙霍耐心劝导，改变旧有的信崇巫术习俗，终于"节杀兴慈，国人既蒙其祐"③，转而信仰佛教。逐步汉化的外来佛教在青海地区得以传播。④

鲜卑慕容氏的国祚延续了三个半世纪。吐谷浑人以环湖草原和柴达木盆地为根据地，仿汉族帝王传统，联合羌人酋豪建立了吐谷浑国。他们从事畜牧业和狩猎业，饲养牦牛和驼羊。他们在青海湖畔培育的"青海骢"骏马，大量输入内地颇受欢迎。因地处中西陆路交通要道，大规模长途行商贸易甚为发达。商队东至长江和黄河中下游，西达中亚波斯，南抵吐蕃

---

① 见 1942 年出土于乐都的东汉《三老赵掾之碑》碑文拓片。

② 《晋书》卷 126《秃发乌孤载记》。

③ （梁）释慧皎撰：《高僧传》卷 10《释昙霍传》，汤用彤校注，中华书局 2007 年版，第 375 页。

④ 青海佛教信仰始于东汉，据传东汉末年时今湟源扎藏寺地方有汉僧活动，见蒲文成主编《甘青藏传佛教寺院·扎藏寺》，青海人民出版社 1990 年版，第 158 页。

和天竺。西魏曾经截获过一支由吐谷浑高级官吏"仆射""将军"带领的庞大商队，其中有胡商 240 人，驼骡 600 头，杂彩丝绸数以万计，足可见其丝绸之路——青海道上中外贸易的繁荣。

吐谷浑居住与一般游牧民族相似，王室及贵族居宫室官府，普通民众则居毡庐，"以肉酪为粮"①，依靠河湟羌民和汉民兼营农业，故"亦知种田，有大麦、粟、豆。然其北界气候多寒，惟得芜菁、大麦，故其俗贫多富少"②。其衣着服饰装扮既保持了北方游牧民族传统，又吸收了汉族服饰样式。男子"通服长裙"③，又"著小袖，小口袴，大头长裙帽"④，与当时北方汉族通行的"长帽短靴，合袴袄子"⑤大致略同。"衣服略同于华夏，多以罗冪为冠，亦以缯为帽。"⑥罗冪是加在帽子上遮住脸容的冪面，骑马可避风沙。吐谷浑妇女一般衣着"裙襦"，与内地汉族妇女相似，但发饰不同，史称"妇人皆贯珠贝，束发，以多为贵"⑦，或云"以金华为首饰，辫发萦后，缀以珠贝"⑧。束发即辫发，披发为辫。可汗妻子则"衣织成裙，披锦大袍，辫发于后，首戴金花冠"⑨。吐谷浑人对绸缎绫罗钟爱有加，今海西都兰县吐谷浑墓葬中，有大量罕见的从北朝到盛唐的丝织物，据研究，其纺织工艺有织、绣、缬三大类，品种分锦、绫、罗、缂丝多种，几乎包括了目前已知的唐代所有的丝织品种。

吐谷浑人的婚姻习俗，留有"富家厚出聘财，贫人窃女而去"的抢婚遗俗；内部盛行收继婚，即"父卒，妻其庶母；兄亡，妻其诸嫂"⑩。实行土葬，"丧有服制，葬讫而除"⑪，基本保持了鲜卑旧俗。但达官显贵们久已"倾慕华风"，吸收了汉族葬俗，笃信阴阳风水。在凉州南山阳晖谷（今武威市青嘴喇嘛湾），是吐谷浑亡国后慕容氏王族的葬所，墓门朝

---

① 《魏书》卷101《吐谷浑传》。
② 《北史》卷96《吐谷浑传》。
③ 《晋书》卷97《吐谷浑传》。
④ 《梁书》卷54《河南传》。
⑤ 《旧唐书》卷45《舆服志》。
⑥ 《魏书》卷101《吐谷浑传》。
⑦ 《魏书》卷101《吐谷浑传》。
⑧ 《晋书》卷97《吐谷浑传》。
⑨ 《魏书》卷101《吐谷浑传》。
⑩ 《魏书》卷101《吐谷浑传》。
⑪ 《旧唐书》卷198《吐谷浑传》。

西，意在长久地"望乡"，期望灵魂返回梦牵魂绕的青海草原。

吐谷浑人初期信仰原始巫术，凡遇事占卜，祭祀山川和日月，崇拜长生天。由于经常奔走于丝绸之路，从西域和南朝两路传入佛教而"国内有佛法"。拾寅可汗时在成都立九层佛寺，夸吕可汗专门派遣使者向梁朝"求释迦像并经纶十四条，敕付像并制旨涅槃、般若、金光明讲疏一百三卷"[①]。青海佛教信仰较之秃发南凉时期又得以进一步扩布。

四　隋唐宋时期的民族与民俗文化

隋唐宋时期，青海主要是党项、吐蕃和汉族的民俗文化。

党项是羌人的一支，隋唐时广泛生息于青海草原。两《唐书》之《党项传》简略地载其习俗曰：此地气候多寒，五月始生草，八月霜雪降。饲养牦牛、马、牛羊牲畜，以供其食；不产五谷，亦不知稼穑，从他处换来大麦酿酒。居住于用牦牛毛、羊毛织成的帐篷；男女衣裘褐，披毡为上饰。妻其庶母及伯叔母、嫂、子弟之妇，同姓不婚。老死者以为尽天年，亲戚不哭，少死者则云夭枉，乃悲哭之，死则焚尸，名为火葬。没有文字，但候草木以记岁时。三年一相聚，杀牛羊以祭天。崇尚武力，尤重复仇。随着吐蕃东向发展，党项人因受其强势统治多年，习俗文化完全被吐蕃化了。

吐蕃兴起于西藏山南雅隆河谷，"猕猴变人"的神话长期流传在青藏高原。[②] 唐太宗在位时，文成公主嫁于松赞干布，所行走的唐蕃古道宛如一条由故事和歌声汇集连缀的道路，长久地流传着日月山、倒淌河、五色羊的来历。公主渡口、迎神洞遗迹、公主柳，修建大昭寺的曲折与神奇传说，不仅在民间广为流传，载入汉藏文历史著作，而且被编成著名的藏戏搬上舞台，画作生动艳丽的寺院壁画内容，塑成巧夺天工的酥油花人物，制成栩栩如生的排灯画廊故事。那"尊敬的文成公主，带来手工艺五千种"、"尊敬的文成公主，带来谷类，撒播三千八百种"、"尊敬的文成公主，带来曼巴（医生），医除我病根"的感恩歌谣至今

①　《南史》卷7《梁本纪》。
②　（明）索南坚赞：《西藏王统记》之第七章，刘立千译，西藏人民出版社1987年版，第30—32页。

盛传不衰。

吐蕃文明中心在西藏，而在靠近中原的湟水谷地，在宋代兴起了以吐蕃人为主体的唃厮啰政权。在其百年统治中，湟水两岸纵深处和青唐以西的广阔草原是传统的畜牧业生产基地；河谷则延续西汉以来农耕业，今乐都一带"川皆沃壤，中有流水，羌多依水筑屋而居，激流而碾"，平安一带"川长百里，宗河行其中，夹岸皆羌人居，间以松篁，宛如荆楚"。①羌即吐蕃人，逐渐弃牧从农，脱离毡帐而居房屋。来自西域于阗、回纥等地的商贾数百家之多，居住在繁荣的商贸中心青唐城内②，市易五谷、乳香、氍毯、马牛等，繁荣了唃厮啰政权的经济。

青唐吐蕃的衣食住行风俗"大抵吐蕃遗俗"，服饰"贵虎豹皮，用缘饰衣裘，妇人衣锦，服绯紫青绿"，与前朝"衣率毡韦"状况相近。居住板屋，或毡幕庐帐。饮食"喜啖生物，无蔬茹醯酱，独知用盐为滋味，而嗜酒及茶"；以生肖动物为纪年，"道旧事则数十二辰属，曰兔年如此，马年如此"③。此类衣食住行习俗，在后世没有太大的改观。又受汉文化影响，许多部落名称冠以赵家族、马家族等汉姓。首领俞龙珂仰慕包拯的忠贞而被宋神宗赐予包姓；国主木征及子孙被宋朝赐国姓赵氏，世代沿续。汉文化植入的同时，促进了河湟农业生产、手工业技艺的提高。

青唐吐蕃笃信佛教，"尊释氏"，"人好诵经，不甚斗争。"城内寺院众多"城中之屋，佛舍半之"。历代国主亲善僧侣，"有大事必集僧决之"④。而信仰佛教并不与固有的原始宗教本教相悖，青唐吐蕃仍有"不知医药，疾病召巫觋视之，焚柴声鼓，谓之'驱鬼'。信咒诅，或以决事，讼有疑，使诅之"之习⑤。民间相信誓言与咒语，流行神判风俗。河湟地区是佛教得以生根发展的深厚土壤，公元753年驻守青海的悍将哥舒翰与幕僚们游览积石军（今化隆、循化一带）风景时，曾登临多福七级佛塔，高适挥毫写下《同吕判官从哥舒大夫破洪济城回登积石军多福七

---

① （宋）李远：《青唐录》，载元代陶宗仪《说郛》卷35，涵芬楼影印本。

② 宋代青唐城，即今西宁市。

③ 《宋史》卷492《吐蕃传》。

④ （宋）李远：《青唐录》，载元代陶宗仪《说郛》卷35，涵芬楼影印本。

⑤ 《宋史》卷492《吐蕃传》。

级浮屠》诗篇，[①] 诗中言此佛寺位置"辕门对山寺"，佛塔高高矗立"七级凌太清"。此诗"以诗证史"，表明佛教在此地兴盛已久。这里亦是藏传佛教二度复兴的发祥地。朗达玛赞普灭佛时，山南修行僧人藏饶赛、肴格迥和玛尔释迦牟尼"三贤哲"辗转逃到青海，在今化隆丹斗寺落脚，剃度贡巴饶赛为僧，共同培养了这位"下路弘法"的鼻祖。后来贡巴饶赛向前来学法的西藏僧人受戒，使西藏佛教再度复盛，丹斗寺便是藏传佛教"后弘期"弘扬的中心地。[②] 玛尔释迦摩尼等还得到信徒捐资，在今湟水边修建佛寺，今互助白马寺即其遗址。

自吐蕃东向发展进入青海数百余年间，很多吐蕃人从西藏本土来青海而定居，为青海藏族的来源之一。为数众多的羌人、吐谷浑人和汉人等都融入吐蕃中，从而形成世居的青海藏族。[③] 宋代青唐吐蕃政权的建立，标志着青海藏族文化圈初步形成。而汉文化在民族政权的缝隙中顽强生存的踪迹，可在当时文人的作品中可以寻觅。高适游历西平郡，看到汉族唱杨柳歌、舞绣麒麟的喜庆场面，写下"万骑争歌杨柳春，千场对舞绣骐麟"之句。[④] 吕温出使吐蕃路经河源军汉族村落，写有"耕耘犹就破羌屯"、"伏腊华风亦暗存"诗句。[⑤] 刘元鼎入蕃路上途经河湟龙支城时，千余耆老前来拜会，声言"顷从军没于此，今子孙未忍忘唐服"[⑥]。安史之乱后青海属吐蕃人统辖，强迫汉人穿毡裘讲蕃语，只有在每年的大年初一才允许穿冠裳汉服祭祀祖先。但斯人既殁，几代人后"一自萧关起战尘，河湟隔断异乡春。汉儿学得胡儿语，却向城头骂汉人"被吐蕃化的

---

① （唐）高适：《同吕判官从哥舒大夫破红济城回登积石军多福七级浮图》，引自赵宗福：《历代咏青诗选》，青海人民出版社1986年版，第15页。

② 蒲文成主编：《甘青藏传佛教寺院》，青海人民出版社1990年版，第111页。

③ 陈光国：《青海藏族史》，青海人民出版社1997年版。著中认为，青海藏族来源和分布有三：一为由烧当羌、唃厮啰后裔与吐谷浑、蒙古人、氐人、汉人混合而成的河湟藏族，居于黄河、湟水一带；二为由党项羌、吐蕃人与吐谷浑后裔、蒙古人、汉人混合而成的果洛藏族，居于黄河上游河曲；三为由白兰、党项、吐蕃后裔、蒙古人、汉人混合而成的玉树藏族，居于长江上游。见本书第262页。说明青海藏族来源之复杂。

④ （唐）高适：《九曲词》之二，引自赵宗福：《历代咏青诗选》，青海人民出版社1986年版，第18页。

⑤ （唐）吕温：《经河源军汉村作》，引自赵宗福：《历代咏青诗选》，青海人民出版社1986年版，第50页。

⑥ 《新唐书》卷216下《吐蕃传》。

景象。①

第二节　青海民俗文化圈的形成

一　明清汉族民俗文化

明代是汉文化发展的重要时期。处"万山丛中"的偏僻河湟，容纳了来自安徽、江苏、河南、山东、湖北、陕西等地数以万计的汉族。他们多以从征官兵之留戍者、土著之归附者、有罪谪戍者和调拨来边者四种军户身份大规模迁居河湟的②，汉族人口总数量逐渐超越其他民族。所留下诸如曹家堡、杨家寨、上庄下台、千户营、二十里铺及莫家街之类的名称至今沿用。民间普遍流传祖上来自南京珠玑巷传说，也有很多世传家谱记载祖籍来自江淮者。汉族后裔绵延生息于斯，因军功获得较高品秩者有之，出任过都督、总兵一类的流官职务。其中的江南阳山人陈子明，以功补西宁卫指挥使，成为河湟土司之一。读诗书挣揣到功名者有之，担任过鸿胪寺卿、侍郎文职之类。嘉靖年间张问仁中进士后在内地任过知县、按察司佥事、兵备参议等，清廉有惠政，志书有"湟中家风，以张氏为最"之赞誉。③ 更多的普通民众，秉承"耕读传家"传统，以"千行万行，庄稼头一行"为生活信念，精心务农，而拙于商贾买卖。

河湟向来是民族激烈冲撞之地，造就了"汉番杂处，民情坚刚，荷戈执戟，修习戎行"④ 的尚武风气。自汉族集中迁入，河湟儒学兴起发展，重武轻文风气大为改观，社会气质显现"内地化"风貌。1427 年官府在西宁卫设立儒学，供军卫子弟学习法令和礼仪规章；各堡寨皆立社学，延请老师教授民间子弟。所设庠序与文庙（孔庙）建在一起，并称儒学或庙学。又建先农坛、社稷坛、宣圣庙、启圣祠、忠节祠等。后汉将军赵充国、伏波将军马援、护羌校尉邓训，唐经略使娄师德，宋陇右节度

---

① （唐）司空图：《河湟有感》，引自赵宗福：《历代咏青诗选》，青海人民出版社 1986 年版，第 73 页。

② 崔永红：《明代青海河湟地区屯田的分布和军户的来源》，《青海社会科学》1988 年第 6 期。

③ （清）杨应琚：《西宁府新志》卷 27《献征志·人物》。

④ （清）李天祥纂：《碾伯所志》（不分卷）。

使王厚，明长兴侯耿炳文、都指挥李南哥、会宁伯李英等在本地有作为的历史人物，皆入忠节祠，春秋祭祀，供人瞻仰。

儒家文化兴盛于河湟，表明在被中原视为边地的地方，其正统的国家意识形态地位得以完全确立。这一方面得益于来自儒学教育体系的直接教化，另一方面仕宦青海的汉族官员起了推助作用。如1489—1610年中历任的53位西宁兵备道副使①，均来自内地，除2人是举人外，其余全都是进士出身，很多人工于诗文，有大量文学作品传世。又热心编修地方志书，为后世留下了宝贵的文化遗产。同时土著化的汉族移民知识分子起到了传播儒学、提倡文教、化导民俗作用。②清代秉承前朝汉文化传统，在此基础上创建贡院，各县陆续设儒学、义学、社学等。并由官府出资，建有三川书院、凤山书院、湟中书院、河阴书院等，与科举制度相配合，推行儒学教育。外地官员文人、土生土长的本地文人，多有诗集文汇传世，为青海文学和文化繁荣增色不少。河湟汉族在中原传统艺术基础上，创造出典雅的平弦、越弦，活泼的西宁贤孝、打搅儿、倒江水等曲艺品种。其中平弦是河湟影响最大、流传最为广泛的民间说唱艺术，其曲目种类多，大多取材于神话传说、历史故事、民间故事以及古典诗词歌赋的配曲套唱。随着儒学在青海的普及，各少数民族接受和吸纳汉文化加深，与内地在思想文化上的共同性与日俱增。

河湟处于汉文化中心统治的边缘地区和过渡地带，迁居河湟的汉族来自齐鲁之邦、晋陕大地、吴越淮泗等，整体上保留了华夏文化的传统，在祭祀习俗、婚丧习俗、年节习俗方面，传承性和内倾性极强。但因来自五湖四海和处在多民族杂居区，遂将内地不同地区的汉文化，以"循古求本"的自觉方式完成了文化的本源重构③，且向周围辐射自身的优势文化时，也吸收当地其他民族的文化元素。即在勤于耕织、重礼仪、多知书而才慧的礼教文化中，融入了本地少数民族那种"高尚气力"的剽悍执着的活力，故而呈现了习俗文化的多层面，造就其刚柔兼济、笃实厚重的人文特征。

---

① （清）苏铣：《西宁志》卷3《官师志》。
② 秦永章：《甘宁青地区民族格局形成史研究》，民族出版社2005年版，第267页。
③ 蒲生华：《河湟汉族古风厚重的婚俗语境》，《青海民族研究》2010年第3期。

内地一般在清明节扫墓祭祖,而在河湟很多地方是在田社日进行,现在有许多人对"春社"没有记忆了,事实上河湟汉族将春社、田社、清明这三个祭祀天、地、人的节日融在了一起,一个节日里保留了古代中国三个节日的内容。[①] 在婚姻风俗中,基本传承了古代华夏风俗,民间仍有"六礼"遗痕存在。清末之时"士大夫家隆重婚礼,恪遵古礼"[②]。男女结秦晋之好,皆恪守"父母之命媒妁之言"。婚礼中,新娘新郎拜完天地进入洞房后的襄床仪式,为上承汉代以来的风俗;撒帐仪式在宋明之时非常流行,此风俗移植到河湟后,其襄床词、撒帐词完全地方化了。[③] 在给新郎举行的"冠戴"礼中的衣冠皆由女方家赠予,承续了明代民间新妇赠衣冠于新郎之俗,行冠戴礼时敲打新郎举动源出"成丁礼"中的"佽体"仪式。在"妇见"礼中新妇见舅姑并馈送礼物、舅姑给新妇见面礼,至今在民间仍然存在。[④] 礼是儒家文化的核心之一,河湟汉族婚俗中的冠礼、"妇见"礼直接承接了儒家倡行的礼文化。

迁居河湟的汉族在蹉跎岁月中鬓毛衰、乡音改,所形成的青海方言虽属北方语系,但在语音、词汇表达方面与内地有明显差异。据研究,语音上保留了不少古汉语的读音[⑤],而在日常用语中大量存在藏语、土语和蒙古语的借词,在汉语里多有特殊的宾语前置语序、后置虚词等周边少数民族的语言表达习惯。[⑥]

汉族除推崇儒家思想外,有相当一部分民众信仰佛教、道教[⑦]和基督教[⑧],还膜拜山神土地神、牛王马祖、阴司冥界诸神灵,泛神信仰色彩浓厚。在地处汉藏交汇的丹噶尔,就是一多种信仰并存的典型区域:

玉皇、真武、财神、药王、娘娘、菩萨之类,邑人皆奉香烟惟

---

① 赵宗福:《青海史纲》,青海教育学院函授部铅印本,1992年,第130—131页。

② (清)《西宁府续志》卷1《地理志·风俗》。

③ 寒竹:《河湟襄床风俗探源》,《群文天地》,1992年第4期。

④ 蒲生华:《河湟汉族婚礼中古代礼俗的遗留研究》,青海师范大学硕士毕业论文,2008年。

⑤ 参见赵宗福:《花儿通论》,青海人民出版社1989年版,第205页。

⑥ 马梦玲:《青海多元文化交融下的语言接触现象》,《青海师范大学学报》2007年第6期。

⑦ 青海汉族信仰道教有两种:正一派、全真道。

⑧ 基督教、天主教均于光绪年间传入,河湟各县均有传播,建有教堂和教会。有西宁市校场街基督教堂、湟源基督教堂、贵德基督教堂;西宁朝阳天主教堂、互助大泉圣母堂、湟中黑嘴天主堂等。

谨。凡有创建庙宇及重新彩画之事，虽费至三四千金，无不慨捐乐施，踊跃输将。若劝令出资奉行新政及有益地方之事，则必相率裹足而分厘不舍，如后此将援为例也。此亦奉鬼神诚敬之心，因不学无识，故慷慨于此而各啬于他也。至乡间公建之庙及私家所奉之神，皆以山神、土主、牛王、马祖为宗。其于山峰突起处，名曰峨博，起栅插薪，呼为茅基，以奉随山神者，则因蒙番旧俗。若多创建庙宇，又风鉴补脉之说居多，敬神之心又其次也。①

人们叩头跪拜、焚香祈祷的神佛，有汉族的，也有蒙人番民的，和谐共处于同一个空间环境中。西宁土楼观更甚，土楼观史称北山寺、北禅寺，又名永兴寺，历来颇有盛名。其西王母殿、玉皇阁、灵官殿、玄女宫、三清殿、魁星阁、城隍殿、斋堂等道教建筑栉次相连，俗称"九窟十八洞"，里面所塑玉皇、观世音、宗喀巴、文殊、普贤、关云长等像，皆受朝拜者浓浓的香火。湟中南朔山、大通元朔山，亦是明清以来有名的道观。昆仑山下玉虚峰，俗称是道教发祥地的昆仑主道场，被视为昆仑道教圣地。明清以来在西宁建有汉传佛教的禅宗派葆宁寺、莫家寺、雷鸣寺，乐都的西来寺等。对儒释道的杂糅信仰，构成了人与人之间、人与自然之间的和谐，在这个基础上形成了以儒学为主、释道兼而有之的汉文化圈。

二　明清藏族民俗文化

元时青海藏区被称为"良骥马区"②，后来称为安多藏区。明代以后藏族遍及牧区和河湟农区，统称"西番"③，民国年间，始改称西番为藏族。远离朝廷而在牧区从事畜牧业者，称之为"生番"。完全归属朝廷而在河湟谷地从事农耕生产者，称之为"熟番"，习惯上叫作"家西番"，意即"像汉族的藏族"④。他们"在饮食、建筑、服饰等族群边界的外显

---

① （清）杨治平：《丹噶尔厅志》卷5《风俗》。丹噶尔，今湟源县。
② 阿旺贡嘎索南：《萨迦世系史》，陈庆英等译，中国藏学出版社2005年版，第120页。
③ 明代藏族部落有西宁卫20族、玉树32族、果洛三大部之说。清代青海湖有环湖8族，贵德生番19族、熟番18族，玉树40族、热贡12族，北山番民25族、南山番民22族等。
④ 王双成：《"家西番"之称谓探源》，《西藏研究》2007年第3期。

特征方面基本上已经汉化了，在语言上，则已完全丧失了自己的母语藏语文，汉语文既是家庭用语，又是社交用语，取名也基本上为汉名；在婚姻上，族内婚的边界已经松动，允许与外族通婚"①，这是青海藏族自身发展中的新变化。

藏族嗜茶如命，统治者深知"番人嗜乳酪，不得茶，则困以病"②，以茶驭番，颁赐"金牌信符"③，在西宁等地设茶马司机构，专门管理茶马交易。本属"草木之叶"的茶叶，被赋予了政治使命。产自湖南、云南、四川等地的发酵紧压茶，形如砖状叫砖茶、茯茶，又称"边销茶"备受藏族喜爱。直到雍正年间，茶马司改为"茶司"，延续千年之久的茶马互市宣告结束。但藏族喜好饮茶有增无减，《赞茶歌》唱叙了茶马交易的"历史文化记忆"④；《格萨尔王传》中专门有"茶赞"之词，称赞茶叶健身的功效、用以供奉神佛的功德。清代青海藏族风俗在一些文人竹枝词有直观描述。男子服饰"无冬无夏一羊裘，腰间常悬欧冶钩"⑤，"累累如印挂胸前，镶玉嵌珠色灿然"；女子装扮"青蛾皓齿跨雕鞍，漫背银盾亦壮观"⑥。其饮食"鼓腹丰年吃糌粑"，"炒面酥油口自糊"⑦。其居住"随地迁移黑帐篷"⑧，其交通"河流涨发水无边，几个牛皮架作船"，其生产"闇门草地绿泛波，毳帐羊牛并骒马"⑨。其信仰"吗哩巴浑证佛机，风来舞作梵音飞。传将法语凭天籁，更拜高高吗哩旗"⑩ 等。藏族的天葬习俗，在康熙年间成书的《西藏志》中有记载。

---

① 班班多杰：《和而不同：青海多民族文化和睦相处经验考察》，《中国社会科学》2007 年第 6 期。

② 《明史》卷 80《食货志》。

③ 明朝给藏区颁赐金牌信符 41 枚，是进行茶马贸易的官方特许执照。

④ 《中国歌谣集成·青海卷》，中国 ISBN 中心 2008 年版，第 308—309 页。

⑤ （清）朱绥曾：《巴燕戎格竹枝词》，载王利器等主编：《历代竹枝词》之丙编，陕西人民出版社 2003 年版，第 1684 页。

⑥ （清）李焕章：《河阴竹枝词》，载李焕章著：《惜阴轩诗草》，商务印书馆 1925 年铅印本。

⑦ （清）恭钊：《湟中竹枝词》，见恭钊：《酒五经吟馆诗》卷上，光绪十九年（1893）刻本。

⑧ （清）钱召棠：《巴塘竹枝词》，载钱召棠纂《巴塘志略》，吴丰培校订，中央民院图书馆 1987 年油印本。

⑨ （清）叶礼：《甘肃竹枝词》，见《中国西北文献丛书·西北文学文献》第 19 卷，兰州古籍书社 1991 年版。

⑩ （清）李殿图：《番行杂咏》，河北高阳李氏家刻本。

藏族素有"地广而险远，民狂而好斗"风尚。早在元代，统治者提出了"思有因其俗而柔其人"①之法。八思巴在玉树建嘎藏寺，同仁建隆务寺，迫使本教改宗佛教，藏传佛教诸教派势力遍及青海。在西宁一带"番僧寺族，星罗棋布"，由明太祖赐寺额"瞿昙"的瞿昙寺，是一座具有皇家宫殿风格的名刹，人称"小故宫"，民间流传"去了瞿昙寺，故宫再霎去"的谚语。塔尔寺建于宗喀巴大师的诞生地，发展成为格鲁派六大寺院之一；"大慈法王塔院"弘化寺，由明英宗特敕而建，是宗喀巴弟子释迦也失的香火地，盛极一时。统治者沿用"惟因其俗尚，用僧徒化道为善"策略，对上层僧人授予大国师、国师、禅师、都纲、喇嘛僧职，并准许世袭。在朝廷扶持下，藏传佛教寺院具政治、宗教、经济和文化传播多种功能。许多僧人利用朝廷给予的名号行使治民权力，成为实际上的部落头人，加之寺院拥有雄厚的经济势力，组成政教合一实体。普通民众往往是"但知有活佛，不知有官府"，对有学识有地位的僧人极为尊敬和崇信。清高宗时，佑宁寺的章嘉、土观，塔尔寺的阿嘉、赛赤、拉科，广惠寺的敏珠尔、东科尔寺的东科尔和却藏寺的却藏等8位转世活佛被封为驻京呼图克图，延续政教合一特权。乾隆帝钦定驻京喇嘛班次，章嘉为左翼头班，敏珠尔为右翼头班，地位十分尊崇。僧人的社会地位被朝廷极力抬高，吸引了更多世俗民众投入佛门："边人见其车服赫奕，殊以为荣。故番人、土人有二子，必命一子为僧。且有宁绝嗣，而愿令出家者。汉人亦有为番僧者。"②僧人入寺须履行出家、受戒手续，普通僧人、转世活佛乃至达赖、班禅皆如此，之后按年龄、级别系统学习佛学知识。大的寺院设有显宗、密宗、医学和时轮学院供僧人学习，须经十几年的钻研，少数人方能得到相当于博士的"拉然巴"称号。僧人活佛著书立说蔚然成风，宗喀巴《菩提道次第广论》被奉为藏传佛教界的圭臬，三世敏珠尔地理名著《世界广说》享誉中外，六世赛多《藏文文法根本颂》是藏语文的经典之作。普通信众虔诚敬佛，不惜千里之遥，叩等身长头朝拜佛寺。塔尔寺大金瓦殿前廊地板，因信众叩长头而凹陷，每隔三五年更换一次。信徒还把平日节省下来的钱财布施给寺院，供养僧人、修寺建庙，民

---

① 《元史》卷202《释老志》。

② （清）杨应琚：《西宁府新志》卷15《祠祀志·番寺》。

间就有流传"汉民攒钱，回民赚钱、藏民散钱"的俗话。

三 回族、撒拉族和保安族的民俗文化

（一）回族民俗文化

回族的形成，是中国国内民族成分相互融合的产物，也是中亚伊斯兰教文化与汉文化相互交汇的产物。作为一个民族共同体，形成于元末明初。早在元代，有伊拉克籍贤人东来传教，殁于西宁，当时镇守青海的西宁王速来蛮（成吉思汗四弟之玄孙）特建拱北于西宁南山埋葬，立碑铭曰："天方圣裔古土布·览巴尼·尔卜都·来海麻尼复命归真。"① 明初，大批江淮回民将士随征西北，落籍青海者甚多，和汉族一样在民间长期流传着先民系"南京"迁居而来的说法。回族人的服饰、语言、姓氏等渐趋汉化，汉语言被回族群体普遍接受，成为回族内部广泛的交流工具，阿拉伯语和波斯语成为经堂教育的内容。又通过婚姻、随教等方式把许多汉族被吸纳到回族人中。当时，西宁"番回特众"，化隆"杂土人、回族而居"，湟中多巴"回族筑土室成衢，为逆旅主人"②，聚寺而居者往往自成村落，居于城镇则逐步出现回族人居住的街区，遂在人口分布上，形成"大分散小聚居"格局，与汉族等民族交错而居。虽然不同族源的回族人散居各处，但共同的宗教信仰将其联系在一起，伊斯兰教成为沟通回族人之间社会关系的主要渠道，其信仰制度和礼仪方式深入到回族人社会生活的各个方面，形成回族独特的风俗习惯。

（二）撒拉族民俗文化

撒拉族自13世纪初迁居循化，其先祖尕勒莽率领族人寻找生活乐土的族源传说堪称"是架通文学与历史的桥梁"③，在很大程度上反映了撒拉族先民东迁的历史真实。在明代，朝廷颁赐撒拉族"金牌信符"，成为"领茶中马"的18番族之一。清初"纳马"制废止后，农业和园艺业渐次替代畜牧业。清乾隆年间由教争械斗转向反清斗争的苏四十三事件，是撒拉族政治生活的大事件，民间传唱的《乾隆四十六河州事变歌》，反映

---

① 马进虎：《两河之聚——文明激荡的河湟回民社会交往》，甘肃民族出版社2006年版，第60页。

② （清）梁份：《秦边纪略》卷1《河州卫》、《西宁卫》。

③ ［日］柳田国男：《传说论》，连湘译，中国民间文艺出版社1985年版，第31页。

了苏四十三反清始末。①

撒拉族文化中遗留有古代中亚的语言系属、体质外型、庭院布置习俗及强悍的民族性格，又吸收了周边其他民族的文化。在传统戏剧《对委奥依纳》中，尕勒莽的装扮者头缠"达斯达尔"白布头巾，身穿长袍，而迎接尕勒莽的表演者是蒙古族装扮。家中衣服不放在衣柜而挂在横杆上，将牛奶泼洒在新娘乘骑的马蹄腕、在院墙四角顶放置白石头等，明显地保存有藏族的遗风。② 与回族的宗教信仰一致，生活习俗基本相同。早期的清真寺建筑，布置格局与回族的相似，又吸收了汉族宫殿式风格和藏族寺院装饰。如今，800 年前带来的《古兰经》，是国内迄今为止发现最早的手抄本版本，堪称珍宝，与尕勒莽兄弟长眠的街子拱北、街子清真寺和骆驼泉一起成为撒拉族民族精神文化的象征。

（三）明清时期保安族的民俗文化

"保安"是保安族的自称，历史上曾被称作"回回"、"保安回"。是在今同仁县隆务河一带，在元明时期以信仰伊斯兰教的一支蒙古族为主，吸收部分回、汉、藏等民族成分而形成的民族共同体。很多民间传说都把保安族的来源和"信仰伊斯兰教"的蒙古人联系起来，大多数保安族耆老也认可这类说法。③ 元初安西王阿难答镇抚甘肃等地时皈依伊斯兰教，所率数十万士卒有大半信仰伊斯兰教，这是保安族形成的基础和重要来源。又通过婚姻形式，部分回、汉、藏、土等民族融入其中。明洪武年间，在其地置"保安站"、"保安操守所"，招军士戍边屯垦。至万历年间扩建为保安城，设立"保安营"，始有"保安"命名的保安堡、保安站等地名，遂由地名逐渐演变为族名。保安族主要聚居在同仁保安（即妥加）、下庄、尕撒尔 3 个地方，称为"保安三庄"。清初大部分外迁至甘肃积石山大河家安居，保留有蒙古族摔跤、骑射等习俗。

上述三个信仰伊斯兰教民族的形成，丰富了青海民俗文化的内涵。因伊斯兰教纽带作用，其文化皆因共同信仰而相近，有着"回回见面三分亲"，"行赍居送，千里不持粮"共同利益关系和共同心理素质，这是河

---

① 此歌谣以"倒江水"形式流传于民间，1938 年王树民在河州（今临夏市）采集，载其所著《曙庵文史杂著》，中华书局 1997 年版，第 406—416。

② 《撒拉族简史》编写组：《撒拉族简史》，青海人民出版社 1982 年版，第 14 页。

③ 《保安族简史》编写组：《保安族简史》，甘肃人民出版社 1984 年版，第 10 页。

湟伊斯兰教民俗文化圈形成的主要因素。伊斯兰教不仅是一种宗教信仰，还是一套社会惯制。"对于婚姻和饮食的规定，已成为伊斯兰教信仰者生活习惯的重要部分。饮食的习惯，使同教者容易接近，不同教者容易疏远。婚姻的习惯，也只限于同教的人有正常通婚的机会，而使不同教的人的通婚成为例外。这些也都可使身临异域的不同国度、不同种族，但是同一宗教信仰的人，日渐融化。婚姻关系的日益加密，更有利地泯灭旧有的某些差别，日益向一个新民族形成的道路上推进。"①

四　元明以来蒙古族民俗文化

从南宋末至清初数百年间蒙古族分期分批迁入青海，带来了新鲜质朴的北方草原民俗文化。在成吉思汗南下的军事行动中，蒙古族开始进入青海。入元后黄金家族系的宁濮郡王、西平王、西宁王等先后镇守于此。元世祖派官员探查黄河源头，招讨使都实便成为第一个探求河源的官方专使，他经过实地探查后，将今星宿海认作黄河源头，并绘图撰文以告朝廷。历代探寻河源可谓孜孜以求，前有汉代张骞的"凿空"式探险，唐代李道宗及刘元鼎涉足河源，后有明代行僧宗泐亲历后的诗文记录，清代拉锡和阿弥达等人的再次探访。寻找黄河源头的过程体现了"国家在场"的典型话语，究其实质是与中国人心灵深处的河源信仰，与在万物有灵观念基础上产生的昆仑崇拜、昆仑仙乡信仰息息相关。

明中叶以降，东蒙古诸部先后入据环湖草原，最终被称为"西海蒙古"的土默特称雄。1578 年，土默特俺答汗与格鲁派领袖索南嘉措会晤于青海湖畔仰华寺，双方结成同盟，确立"供施关系"。在 10 余万蒙藏汉民众参加的法会上，宣布了一系列法规章程：信奉佛教，根据佛法执行十善法；禁止萨满教，取消妻妾、奴隶和杀牲殉葬陋习；废止以往每月初八、十五、三十杀牛羊小祭和每年一次大祭，烧毁萨满教守护神"翁衮"，代之以六臂观音像，佛像前只供奉牛奶酥油；不再作同类相残的争杀，化血海为乳海；上千名蒙古人斩断俗念，出家为僧。仰华寺之会是蒙藏民族文化交流史上的大事件，自此后蒙古人趁机不断卷入青藏政教势力纷争中以争取利益，格鲁派因得到蒙古人强有力的支持而确立了在整个藏

---

① 白寿彝主编：《中国回回民族史》（上），中华书局 2003 年版，第 118—119 页。

区的主导地位。出家受戒的蒙古弟子成为在蒙古地区传播藏传佛教的主力，蒙古族广泛信仰格鲁派，剽悍的民族性格大为改变。藏传佛教作为信仰纽带，将蒙古人与藏族紧紧联系在一起，双方的文化交流影响深远。

　　清初新疆天山的和硕特蒙古进入青海，今海西与河南县的蒙古族大多即其后裔。① 1642 年，和硕特部固始汗坐镇拉萨，把前藏作为五世达赖的供奉地。"顾实汗虽然用武力征服了土番全境，但是在宗教和政治上，五世达赖却征服了全部蒙古。"② 五世达赖多次成功调停了蒙古诸部内部、蒙古人与汉人、青海湖畔蒙古人与藏族之间的摩擦纠纷。统治者看到"兴黄教，即所以安众蒙古，所系非小，故不可不保护之"③ 的强大功效，对格鲁派达赖、班禅两大活佛赐予很高荣誉。

　　蒙古上层贵族曾经信仰过的景教、伊斯兰教、基督教和道教，终因民众普遍接纳藏传佛教而让位，入寺为僧，是普通百姓引以为荣的大事，崇佛信佛习俗渗入日常生活中。明人肖大亨《夷俗记》载："颇尚佛教，其幕中居恒祀一佛像，饮食必祭，出入必拜，富者每特庙祀之。请僧诵经，捧香瞻拜，无日不然也。所得市银，皆以铸佛浮屠。"但仍保留了一些原有旧俗，称天为腾格里，遇有重大行事，需先向天神祷告，叨念"托着长生天的气力"④；逢征战事，取羊胛骨占卜以断凶吉；崇拜火神，今都兰蒙古族仍保留有"蒙赫嘎啦"即火节活动。由祭祀山灵演变而来的赛马、赛骆驼和射箭摔跤"敖包"盛会传承至今。作为马背民族，游牧兼营狩猎，食肉和乳制品，嗜马奶酒。其男女服装大多为长袍，有单袍、夹袍和皮袍之分，喜用名贵动物皮毛作袍缘装饰；左衽交领，帛带束腰，"凡衣无论贵贱，皆窄其袖"⑤；衣服颜色多红、紫、绿、蓝。居室的毡帐，用柳木结成外包毛毡，拆卸自如；顶开天窗，门向南开，内部空间摆

---

①　平安、乐都一带的蒙古族，由首领率领投诚明朝，被分别封为土官，即东、西两个祁土官、土司，后裔大多汉化。靠近海北州牧区湟源县的蒙古族，是和硕特蒙古后裔，与当地汉藏民族杂居，生活习俗完全汉化。

②　顾实汗即固始汗。札奇斯钦：《蒙古与西藏历史关系之研究》，台湾正中书局 1978 年版，第 600 页。

③　清高宗：《御制喇嘛说》碑文，转引自周润年《北京雍和宫御制〈喇嘛说〉》碑文校录考诠》，《西藏研究》1991 年第 3 期。

④　（元）彭大雅、许霆：《黑鞑事略》。

⑤　（明）肖大亨：《夷俗记·衣帽》。

设亦很讲究。每架一座新的蒙古包，总要举行隆重的落成仪式，一人致《蒙古包赞词》，众人齐唱《蒙古包赞歌》，以祈求和谐美满的生活。

五　土族民俗文化

土族在形成过程中汉族起了重要作用，西宁、河州土人"其先世夷人，居中土已久，服饰男女与中国无别，且久与汉人联姻，与汉人言，则操汉人音。又能同羌夷语，其实心为汉，非羌夷所可及也"[①]。也融合了藏族成分，佑宁寺松布活佛现为土族，松布原为西藏十八大姓之一，迁居互助，逐渐由藏族演变为土族。因一直处在"汉土杂居，番夷环处"的地理环境中[②]，与汉、藏、回等民族错杂而居，逐步形成三个不连片的区域，一是以互助地区为中心，辐射至大通、甘肃天祝、永登诸县，这是土族最密集的聚居区。二是民和三川，三是同仁吴屯地区。历史地理因素影响，决定了土族文化是一种在其民族形成起，不断吸纳融会古代鲜卑文化和汉、藏文化基础上以凸显民族个性的复合型文化。[③]

明代的土族以宗族、家族形态过着"耕牧自食"生活。后随时代变迁畜牧经济渐次退出，转而成"水溉田畴"、"梨枣成林，膏腴相望"的农耕生活。[④] 有较高政治地位和经济实力较强的宗族，被任命为西宁卫镇抚、千户、所镇抚等世袭土官，统辖所属"各领所部耕牧"[⑤]，始终保持"素有捍卫之劳，而无悖叛之事"忠诚于国家的传统。[⑥] 李英、李文二人奋身辕门，战功卓著，被朝廷封为会宁伯和高阳伯。清初归附的土官中，李氏（分东、西二府）、纳氏、吉氏、赵氏、甘氏、朱氏、辛氏和喇氏为土族土官，皆封土指挥使、土指挥同知、千百户等，重新颁发印敕号纸，世袭罔替，成为正式土司。[⑦] 土司统领土族民众，土民"输粮供役，与民

---

① （清）梁份：《秦边纪略》卷1《河州卫》。

② （清）梁份：《秦边纪略》卷1《西宁卫》。

③ 吕建福：《土族史》，中国社会科学出版社2002年版，第530—531页。

④ （清）梁份：《秦边纪略》卷1《西宁卫》。

⑤ （清）《西宁府新志》卷24《官师志》。

⑥ 《清史稿》卷516《土司》。

⑦ 清封西宁地区16家土司中，除土族土司外，东祁、西祁氏、阿氏为蒙古族，均已汉化；陈氏为汉族；冶氏为回族。青海土司制度一直到1931年时，南京政府通过"明令撤销土司案"后，才正式废止。

无异"①。史籍载今互助、民和一带土族风俗大略曰："男戴白羊皮帽，著长领褐衣。妇女以红布为额箍，上衔砗磲，后插银铜凤钗数枝，杂垂珠石。衣裙俱用红绿布而裙与衣齐，裹足著履，多类民妇。性淳朴，勤于耕作。其土指挥同知李承唐、佥事纳彩、吉应奎所管乩迷等十二族番民服饰与此相同。""土指挥同知李国栋……所管东沟大庄及土百户李国鼎所管之虎喇等族土人，男子衣帽与民人同，妇人绾发裹足，簪珥，衣裙皆类民妇。性淳朴，勤耕作，间有读书识字者。其土指挥同知阿珍、赵维宋，佥事冶祥、甘灵芝、朱孙，千户喇俊英、百户辛必正等所辖，鲁尔加等族土民，风俗服饰大略相同。"②

深受汉文化熏陶，读儒学通文墨者不在少数。李氏宗族中，李玑中举人、进士，其侄子李完中举人，李光先考中武进士，这在明代青海是少见的。一些人口众多宗支庞大的家族，在姓氏上与汉族家族相类同，文明素质亦趋于汉化。李氏宗族庞大，大兴编修家谱、修建祠堂之风。所修族谱众多，仅谱序、谱跋作于明的6篇，清代38篇，民国1篇③。序跋撰写者都是汉族政坛官员、社会贤达或当地有名的儒学教授。而在民间，用土语传唱汉族《二十四孝歌》；在民间文学中多有反映弃牧从农、与周边民族友好交往等文化活动。在被视为土族"道拉"根本的《百问歌》、《混沌周末歌》等中④，将汉族盘古开天、三皇五帝等历史文化、忠孝节义、阴阳五行思想，儒家礼仪，敬佛尊佛等内容，自然地融入本民族文化内核，成为民族文化心理的一部分。

土族亦深受藏族文化熏染，普遍信仰藏传佛教。土官李南哥修建了宁番寺（即今西宁大佛寺）、卧佛寺；民和卡地喀寺、灵藏寺和弘化寺的兴建，与宗喀巴及其弟子释迦也失相关⑤；清代却藏寺、广惠寺、红善寺等，皆盛极一时。佑宁寺僧人数千，属寺众多，被誉为"湟北诸寺之母"，高僧辈出，著作等身。三世松巴《如意宝树史》、《青海历史》，二

① （清）杨应琚：《西宁府新志》卷24《官师志》。
② （清）傅恒等撰：《皇清职贡图》卷5，载影印文渊阁《四库全书·史部·地理类》。土族妇女盛行裹足之风，直到20世纪50年代后逐渐消失。
③ 李培业整理：《西夏李氏世谱》卷1《序跋谱》，辽宁民族出版社1998年版，第1—46页。
④ 道拉：土语民歌、歌谣之意。
⑤ 蒲文成主编：《甘青藏传佛教寺院》，青海人民出版社1990年版，第31—37页。

世土观《宗教源流晶镜史》，是佛学史的重要著作；三世章嘉撰有《喇嘛神像集》是世界上研究藏传佛教造像艺术的重要著作，他曾参与纂修《钦定同文韵统》语言工具书，将藏文《大藏经》之丹珠尔译为蒙文，甘珠尔译为满文，对民族文化交流贡献甚多。二世章嘉主持过六世达赖喇嘛坐床典礼，被康熙帝封为"灌顶普善广慈大国师"，是内蒙古地区的宗教领袖；三世章嘉被乾隆帝授"札萨克达喇嘛"印，管理京师寺庙喇嘛，再赐"振兴黄教大慈大国师"印，备受朝廷优渥。章嘉活佛系统、哲布尊丹巴活佛系统，与达赖、班禅活佛系统号称"黄教四圣"。普通民众更是虔诚信仰，家中"二子必有一人为僧"，供佛像，立嘛尼旗杆、垒煨桑炉、念经祈祷、遇事拜求神佛保佑或请僧人念经，成为日常生活习俗的一部分。

六 三大民俗文化圈的形成

因青海地区在历史上一直处在"夷夏相交"的文化过渡地带，从中原为中心的人文地理结构中看一直属于汉文化的边缘区，这种地理上的"过渡性"与文化上的"边缘性"，使青海具备了多民族多元文化并存和发展的条件。自明代以来汉族人口总数量超过其他民族，尊奉以诗书礼易、纲常伦理为核心的儒家文化，国家正统意识日趋强化，经统治者的倡导，河湟谷地由社学、义学和书院组成的儒学教育体系呈现规模，加之道教和其他泛神信仰，形成以汉族为主的儒释道民俗文化圈。青海藏族信仰藏传佛教各教派，语言上操着与西藏不同的安多方言，蒙古族和土族则信奉藏传佛教格鲁派，风俗习惯颇有地域色彩，但这三个民族皆在宗教信仰和民俗文化上有许多共同特点，以这三个民族的民俗文化形成了藏传佛教民俗文化圈。回族、撒拉族共同信仰伊斯兰教，宗教渗透到了这两个民族的习俗生活及民族心理的各个方面，可谓族教合一，形成了河湟伊斯兰教民俗文化圈。从更为广阔的文化空间来看，三大民俗文化圈处于中原、西藏、西域、北方草原民族四大文化圈的交融地带，呈现"多种文化共存，互相采借，求同存异，生动体现了多民族文化和而不同的相处原则"的特点。[①]

促使三大民俗文化圈的形成，大致有如下两个因素。

---

① 班班多杰：《和而不同：青海多民族文化和睦相处经验考察》，《中国社会科学》2007 年第 6 期。

　　一是历史民族融合演变的机制作用。青海尤其是河湟地区，处于青藏高原与黄土高原的过渡带，是农耕民族与游牧民族相互接壤的分水岭，也是历代中原政权向西北开疆、向西南扩充发展的军事基地，并在此设立郡县直接管辖的边缘地带。这里更是一个数千年来复杂典型的"历史民族区"，是历史上众多的游牧民族进行经济贸易和文化沟通的重要场所，同时持续不断地发生着不同民族的迁徙融合演变。最早世居于此的居民是羌人，历夏商周三代，进行了数次大规模的东迁西移、北上南下的迁徙活动。汉魏迄唐宋之际，内地汉族源源而来，辽东鲜卑诸部席卷西迁，高原吐蕃挥师东进，本土党项羌人内迁等，是这个时期民族迁徙的潮流。元明时期又有蒙古族扬鞭南下，撒拉族长途跋涉的定居，回族人以"大分散小聚居"的本土化方式形成民族共同体。民族间的语言不同、人种迥异，演绎出冲撞对峙、交流融汇的历史场景，其结果往往引起民族新的互动与重构，致使一些古老的民族融合到其他民族之中而不复存在，同时产生出新的民族共同体，积淀下民族深厚的文化血脉。在这样一个复杂漫长的与复杂错综而又渐次累进的过程中，最终形成多民族格局分布，即以日月山为界，山之东是河湟流域，汉、土、回、撒拉及部分藏族错居杂处，以农耕生产为主，兼营畜牧业，回族和撒拉族中又多经商沽贩者；山之西为草原牧区，主要居住蒙藏民族，以游牧为生。这种民族格局定型化以后，一直保留到了现在。在这个过程中，历史性地造就了六个世居民族自成体系的以经济生活不同、宗教信仰迥异、衣食住行有别和艺术创造各具风格等整体有机的文化要素构成的民俗文化圈。

　　二是多民族的宗教信仰起了关键纽带作用。事实表明，儒学①、藏传佛教、伊斯兰教作为精神信仰，以其顽强的生命力和包容性持续影响着文化圈内的各个民族，并在民族社会和生活习俗中发挥了无可替代的作用。汉族始终以炎黄子孙自居，以耕读传家为荣，在行为和心理上却皈依佛教，又崇拜天地冥间神灵。此所谓以儒做人、以道养生、以悟佛参禅清心，三教杂糅而合一。但河湟儒学在完成自身重构和调适之后以不可抗拒

---

　　① 儒学，是一种中国传统社会占据主要地位的理论学说，又是一种宗法性极强的宗教。任继愈先生指出："儒教成为完整形态的宗教，应当从北宋算起，朱熹把它完善化。"见所撰《具有中国民族形式的宗教——儒教》，载《儒佛道与传统文化》，中华书局1990年版，第10页。

的国家意识力量，凭借其"文化输出"的优势功能扎根于河湟，成为主流信仰，并影响其他民族。青海的藏族与西藏的藏族在宗教教义上并无二致，但前者的族源和来源较为复杂，在历史上融合了众多民族，与周边各民族的交往广泛而深入，该地区藏族与汉族、土族乃至蒙古族间的民族同化现象屡见不鲜。随着藏传佛教上层领袖在政治上归附中央王朝，藏传佛教及其寺院文化在青海地区处于非常重要的地位，强化了这些民族对藏传佛教的精神依托。回族世居河湟，虽有着与其他民族迥然不同的文化背景、民族性格和历史传统，但处在汉族的汪洋大海之中，受汉文化影响较深而异于其他地区的伊斯兰民族。其所创立而广泛扩布于西北的伊斯兰门宦制度，以众多教派、教义，整合成为伊斯兰民族的基层社会组织，在回族社会内部意义重大，也对本民族的民俗文化影响至深。故此，作为人类历史上存在最悠久、最普遍的文化现象之一，"宗教往往成为特定群体与其他族体相区别的重要标志之一，成为民族间相互区别、民族内部相互认同的重要标志之一"①。

第三节　多元民俗文化的发展

一　清代河湟各民族的民俗文化交流

清代河湟地区"自汉人、土人而外，有黑番、有回回、有西夷，有黄衣僧，而番回特众"②。在这民族杂居的格局内，多民族习俗风尚相互交融"俗尚佛教，人习射猎。夏秋少暑，冬春多寒。氄皮为衣，酥湩煎茶。彝人以皮马为礼，畜养为业。力农务学，不殊内地"③。以信仰民俗而言，各世居民族所奉行的宗教教义不同，举行的宗教仪式亦不相同，但都彼此尊重，互不干预，保持了一种平和、谦逊的心态。且用开放心态吸收其他民族的宗教文化，兼容并蓄，取其有用，适己所需，做到了异不害同、包容大度的普遍价值取向。

土族的民间信仰中融入有汉族的二郎神、九天玄女娘娘、龙王、文

---

① 张声作主编：《民族与宗教》，中国社会科学出版社 1997 年版，第 37 页。
② （清）梁份：《秦边纪略》卷 1《西宁卫》。
③ （清）《西宁卫志》卷 1《地理志·风俗》。

昌、关公、雷祖、土主、灶神、门神等多种神灵，阴阳太极八卦图刻于大门顶上，阴阳师因看风水、选择宅基地、选吉日等受到尊敬。汉族崇拜的武圣人关帝（关羽），是在中华民族众多神明中唯一受到儒、佛、道共同供奉的神。关羽既是汉传佛教护卫寺庙的伽蓝神，也成了藏传佛教密宗的护法神，有多位高僧撰写过祭祀关帝的仪轨文。三世章嘉写有《关老爷之祈供法》，三世土观活佛所写《三界伏魔大帝云长之历史和祈供法·激励事业雨流之雷声》，论证了关公与藏传佛教的渊源，最后认定关公就是密宗护法神之化身。① 贵德文昌庙"汉番信仰，土民供奉。每逢朔望，香烟甚盛，有事祈祷，灵应显著，久为汉番信仰祈福消灾之所。同治六年毁于回乱。光绪初年，官神番、汉重修"②。文昌帝君藏语叫"阿米尤拉"，意为地方神，藏族非常崇信，是一位有求必应、灵验无比的山神。雍正年间在循化境内黄河边敕建河源神庙后，不仅写有《御制建庙记》、《御制祭文》以记其盛，而且朝廷派官员前来祭祀时，当地各族纷纷参加，"致祭之日，番族回目，四远毕至。清晨淡云微风，礼毕，丝雨缤纷。一时与祭官弁共庆圣主精诚，天人协应"③。此庙香火旺盛，到乾隆初年，原住的青衣僧因不通藏语而改换为黄衣僧，即由汉族青衣僧主持的庙宇变成了由藏传佛教格鲁派喇嘛所主持的寺庙，所有开支由地方政府承担。自乾隆四十八年（1783）起，由西宁办事大臣亲自前往阿勒坦郭勒恭祭河源，"每季前往致祭"成为定制。嘉庆初西宁办事大臣奎舒上书建议，所有致祭河源事宜改为和硕特部蒙古西右后旗的札萨克台吉主持，地方官员致祭河源活动才宣告结束。

今日伊斯兰教"实际上乃是在中国大地上完成了地方化和民族化的伊斯兰教"④。青海回族的伊斯兰民俗文化中多方面吸纳了藏汉文化。顺治时五世达赖喇嘛进京途中路过西宁，东关清真寺掌教率领 50 余人携带礼物，前往驻锡地看望了这位著名的藏族大活佛。民国初年西宁大旱，回汉两族共同祈雨，东关清真大寺的阿訇联合宗教上层人士率两千多教众到西宁西山湾一带和回民坟园赤足高声诵经。随后又到南山拱北做"乃麻

---

① 才让：《藏传佛教中的关公信仰》，《中国藏学》1996 年第 1 期。
② （民国）《贵德县志稿》卷 2《地理志·祠祀》。
③ （清）龚景瀚：《循化厅志》卷 6《祠庙》。
④ 金宜久：《伊斯兰教在中国的地方化和民族化》，《世界宗教研究》1995 年第 1 期。

子"，即礼拜。大雨倾盆而下后，当时身兼"甘边宁海镇守使"及"青海
蒙番宣慰使"二职的马麒在镇守使衙门前迎接求雨群众，沿街汉族高举
香蜡明烛，也虔诚迎接祈雨的穆斯林同胞。①大通后子河门宦创传人杨保
元"不拘民族之别，以不避教道之殊"②，与汉藏民众多有交往，用汉语
著《纲常》一书，以阴阳八卦解释"回回"字意，借用佛道禅语阐明教
义真意，强调信仰伊斯兰教时，通晓汉族儒学中修身齐家大道的重要。建
于清初的平安县洪水泉清真寺，以汉族古典建筑风格为主，在装饰上不拘
一格，突破了清真寺中不能出现有眼睛的动物图案等禁规观念，山门、墙
壁的砖雕和木雕，有"二龙戏珠"、"龙凤呈祥"、"麒麟送子"、"万蝠
图"、"猫跃蝶舞"、"兔守百财"等寓意吉祥的图案，也有被文人誉为
"花中四君子"的梅兰竹菊；道教宫观常用来作为装饰的"暗八仙"，即
八仙所持的器物，即宝剑、扇子、葫芦、渔鼓、云板、花篮、笛子和荷花
图案也出现在这里。礼拜殿木门雕刻有藏族常见的法轮、宝伞、金鱼、宝
瓶、莲花、白法螺、吉祥结、胜利幢"吉祥八宝"图案。汉、藏、回不
同信仰民族的民俗文化元素同时出现于同一座建筑物中，在中国伊斯兰教
寺院中实属罕见。

　　青海六个世居民族共同用汉语演唱的"花儿"民歌，是各民族交融
的标志性民俗文化。"花儿"约形成于明代的青海东部和甘肃临夏③，当
时的地方官员高洪就作了《古鄯行吟》"青柳垂丝夹野塘，农人村女锄田
忙。轻鞭一挥芳径去，满闻花儿断续长"诗歌；清代文人叶礼写有"男
捻羊毛女种田，邀月姊妹手相牵，高声各唱花儿曲，个个新花美少年"
的竹枝词④，皆描写了农家儿女边劳作边唱花儿的情景。花儿的歌词以汉
文化为主，严格的歌词格律能从汉族传统文化中找到线索，如扇面对、交
韵、复韵、单双字尾交叉使用等，在其他民族那里是没有的。而其 200 多
个曲调（即曲令）中，悠扬高亢的音调旋律在汉族音乐中很难寻出端倪，

---

　　① 马进虎：《河湟地区回族与汉藏两族社会交往的特点》，《青海民族学院学报》2005 年第
4 期。

　　② 马通：《中国伊斯兰教派门宦溯源》，宁夏人民出版社 2000 年版，第 78 页。

　　③ "花儿"是流行于西北甘青宁新四省区，汉族、回族、土族、撒拉族、东乡族、保安族
以及部分藏族、蒙古族和裕固族等九个民族的民众用汉语歌唱的一种民歌。详见赵宗福：《西北
花儿的研究保护与学界的学术责任》，《民间文化论坛》2007 年第 3 期。

　　④ 转引自赵宗福：《花儿通论》，青海人民出版社 1989 年版，第 64—86 页。

抑或来自藏族传统民歌，抑或与回族或阿拉伯民歌甚至吐谷浑的遗歌等相关。在内容上，以情歌为主，全方位地反映了社会生活的各个层面；从语言上看，传统的程式化的编创和口头表达，一些特殊汉语语法如宾语前置、省略介词等大量运用，民族语言巧妙地嵌入汉语言中却又完全符合"花儿"创作的格律章法，出现汉藏合璧、汉土合璧、汉撒合璧的所谓"风搅雪花儿"，成为一种汉语和少数民族语言自然交融艺术。"花儿"演唱者不辨民族、无分男女老幼，人人喜听亦人人喜唱之。且由田间劳作、山坡放牧、水上放筏、商贩旅途的漫唱，不断与城镇村落以外的敬佛拜神宗教活动黏合，逐渐形成花儿会。极富地域特色和文化个性的老爷山花儿会、七里寺花儿会、瞿昙寺花儿会、丹麻花儿会等久负盛名①，在这些千万人都可以施展演唱才能的平台上，各族民众尽情展演，成就了一代代的花儿传承人。

二　清代蒙藏民族的民俗文化交流

蒙藏民族有共同的藏传佛教信仰，相同的经济方式，元明以来固有的民俗文化交流传统在清代继续。今河南蒙旗历代亲王与格鲁派拉卜楞寺嘉木样活佛世系间形成固定供施关系达 200 余年之久，雍正初年建成的拉卜楞寺，是格鲁派六大寺院之一，寺主为蒙古亲王，主寺活佛为嘉木样，开蒙藏两族共建寺院之先河。其双方家族互有联姻，关系密切。民国时，五世嘉木样侄子黄文源入赘蒙古亲王府，以"青海蒙古和硕特首旗护理扎萨克河南亲王"名义，协助妻子第十世亲王扎西才让管理旗务。因两个民族信仰一致，相互通婚非常普遍，生活习俗趋于相同。除居住保留蒙古族毡包、留有蒙古地名外，逐步藏化了。而处在其中的藏族部落又按照蒙古制度管理内部事务。自雍正年间在西宁设立"钦差办理青海蒙古番子事务大臣"（通称青海办事大臣）管理青海牧区后，青海湖环湖草原成为蒙藏两族民俗文化交流平台。

一是共同祭祀"青海神"。青海即青海湖，古有卑和羌海、西海之谓蒙语"库库诺尔"。唐宋对青海湖诏封"广润公"、"通圣广润王"，在京郊举行"遥祭"仪式，以象征君权神授。和硕特固始汗安定青海后，依

---

① 吉狄马加、赵宗福主编：《花儿大典·综述》，青海人民出版社 2010 年版，第 7—17 页。

蒙古族习惯在湖东岸会盟、祭海。雍正初年蒙古贵族罗卜藏丹津起兵反清，清军追击至青海湖畔时，人马渴乏，求水不得，相传主帅命部下掘地寻水，不意涌泉成溪，万马腾饮，遂以"青海神显灵"上奏。朝廷诏封青海水神为"灵显宣威青海神"，派官员至青海湖边立碑致祭，并筑碑亭①，是为官方在湖滨祭海之始。乾隆年间，礼部奉敕按名山大川例，规定每三年一次，在秋天以祀"四渎"典礼祭青海水神。蒙古族一般把四月作喜庆月，此时"冰始泮，草微萌"，多有婚嫁宴庆事。祭海、会盟亦在春天举行，有祈福禳灾、祛病消疾，求得一年牧业丰收和人畜平安之意。自朝廷派大臣主持会盟以来，改为秋天举行相沿成例。道光年间，环海藏族加入祭海和会盟之列。光绪末，建海神庙于湖东，为祭海典礼之所。仪式是以三牲、香烛、帛为供，蒙古族歌手演唱《祭海歌》，向皇帝牌位行跪拜礼，宣读圣旨，上香读祭文，向海神位行跪拜礼，最后鸣炮礼成。祭祀礼结束，参加典礼的王公等争相抢割献祭的牛羊，俗谓之"抢宴"；然后齐聚在附近东科尔寺举行宴会，谓之"赐宴"。祭祀仪式结束后，举行歌舞和竞技活动，逐渐演变成为蒙藏民族的娱乐性节日。民国官方主持祭海时，取消了"宣读圣旨"一项，将供奉的"皇帝万岁万万岁"牌位改作"中华民国万岁"，所行三跪九叩之礼改为三鞠躬。

二是《格萨尔》与《格斯尔》的交流。② 著名英雄史诗藏族的《格萨尔》和蒙古族的《格斯尔》，都是世界文化史上杰出的鸿篇巨制，代表了古代藏族、蒙古族民间文化与口头叙事艺术的最高成就，在广大蒙藏民众中广为流传。这两部11世纪以后形成的作品，都进述了两个民族代代敬仰的英雄格萨尔和格斯尔，从天界降生人间，肩负着铲除危害人类的妖魔鬼怪、拯救人类于水火的重大使命，经过多次出身入死的战斗，最终降伏妖魔，使百姓过上了安宁生活的英雄事迹。其故事发生的地点、主要人物以及某些人物称谓及故事的主要情节基本一致。

两大史诗虽在故事的同一主线下展开，但因受蒙藏民族各自民间文化传统的制约，故而在内容、版本及流传方式上就有多元纷呈的文化事象。

---

① （清）魏源：《圣武记》卷3《雍正两征厄鲁特》之附录。

② 《格萨尔》传入土族后，形成了土族的英雄史诗《格萨尔纳木塔尔》，采用藏语和土语两种语言进行说唱。在撒拉族民间故事中，格萨尔王被改造成一位真主派来的英雄，把勇敢、有力量和智慧的人一般称作"格塞尔"或"格塞尔式"的人。

《格萨尔》以分章本和分部本两种方式流传。分章本是把格萨尔王一生的主要事迹汇成一部完整的故事，分为篇幅不大的若干章节，连续讲述。分部本是把分章本的每一章独立发展为一个部，将格萨尔王单一的事迹作为一个事件故事，独立出来，以作更为细致叙述和刻画描述，由民间艺人单独说唱或以单独手抄本流传。《格斯尔》一般都是分章本，艺人说唱时多用韵文表达，以木刻和手抄的文本形式流传，文字则有回鹘体蒙古文和托忒蒙古文和新蒙文三种。[1]《十方圣主格斯尔可汗》北京版木刻本，成书于1761年，是接受藏族文化的蒙古族僧人"约是在1630年从五个额鲁特部的青海说书人那里记录下来的"[2]。据研究，北京版《格斯尔》的语言，与青海卫拉特人口语非常接近，这是迄今流传最广、影响最大的蒙古文版本。至少说明在17世纪或者更早时间，在青海的蒙古族民众中，已经广泛接受和传唱着这部史诗了。并在传唱过程中，将本民族的民俗审美文化心理注入其中，再以本民族喜闻乐见的艺术方式加以传承和再创造，从而使史诗的内容和形式得以有机整饬，呈现出鲜明的民族化风貌。从内容、版本、艺人说唱形式来考察这两部史诗的源流，研究者认为，是同一作品在两个民族中的流传，其源头在青海的江河源地区——源于养育游牧民族的青海高原，源于蒙藏两个民族在这一特定地域内共同历史交往的史实。[3]而史诗又在各自民族乃至同一民族的不同地区流传，具有独特个性特征的民族精神气质。

三　近现代文明对三大民俗文化圈的影响

近代初期，鸦片战争的枪炮声对僻处西北内陆的青海地区并未产生明显震动，青海也没有立刻卷入半封建半殖民地化的社会变革潮流，直到20世纪初期微有改观。据20至30年代编写的西宁、大通、互助、乐都、民和、巴燕、循化、湟源、门源、同仁、共和、贵德、玉树、都兰14县风土调查报告，河湟地区"汉回番土杂居，……汉回多颖悟、驯顺、善

---

[1]　格日勒扎布：《蒙古〈格斯尔〉的流传及艺人概览》，《民族文学研究》1992年第4期。

[2]　齐木道吉：《关于蒙文"格斯尔"的几个问题》，载《格萨尔研究集刊》第2辑，中国民间文艺出版社1987年版，第69页。

[3]　丁守璞、杨恩洪：《蒙藏关系史大系·文化卷》，外语教学与研究出版社2000年版，第175—180页。

良。汉民特性艰苦耐劳；回民特性善经商，不避险阻，兼有团结力。番民除各寺院番僧外，其余名曰家西番，为汉民已同化者。……汉回番土均喜牛乳茶，米汤间有之。回民禁食猪肉，汉番土则牛羊等均食。城市居民间数月必食肉，近年生活程度日益增高，乡村之民除冠婚丧祭及年节用肉外，粗食唯恐不饱，朝夕饮开水、食炒面。市民中食麦面者过半，乡农视麦面如珍馐，生产之而不获食，可怜已也。居处，汉回番土均住房屋，其住窑洞者，仅少数而已"①。青南的玉树"全境世居民人纯系番族。……性情好强，爱合作，故团结力尚固，且体格能耐劳。职业，有务农、有畜牧、有做贸易，至木工、铁工等。嗜好，爱骑马，喜游猎。番民饮食多以川茶、乳酥、炒面、曲拉、大米、蕨麻、牛羊肉等。居处，务农者居土房，畜牧者居牛毛帐房。""但因番俗习惯，警政进行颇难"②。今海西地区"除少数营商之汉回外，余全系蒙藏二族"，信仰藏传佛教，婚姻制度大致相同，丧葬仪式大致相同，服饰大同小异，唯居住不同。"蒙藏家务全由妇人主持，每日操作甚为辛苦，甚至耕作、修葺、织纺及差遣徭役，亦以妇人任之，而男子除当喇嘛及缝衣外，无所事事。"③ 这种民族格局和相互之间的交流、生产生活习俗和风尚与前朝相比，并没有发生多大变化。所以 20 世纪 40 年代的西宁，仍旧呈现出"看到满脸胡须的回民，骑着骆驼的蒙古人，赶着牦牛的藏番，盘着头的土人。又偶然看到身躯强壮从新疆来的哈萨回。奇装异服，形形色色，不一而足，无怪有人说西宁是我国民族展览的所在地"多民族多元文化景观。④

从中看出，世居民族的民俗文化在旧有的历史轨迹和极端封闭的状态下继续传承，一些民俗文化仍得以"一遵古礼"式的传承保留。青海三大民俗文化圈因宗教信仰、语言风俗各不相同，而有着明显的民族内部的认同和外部族际界限，但因汉族始终发挥着主体民族的作用，儒释道民俗文化圈在某种程度上代表着青海民俗文化圈适应时代潮流的主体。所以当

---

① （民国）《西宁县风土调查记》，载王昱、李庆涛整理：《青海风土概况调查集》，青海人民出版社 1985 年版，第 40—44 页。

② （民国）《玉树县风土调查大纲》，载王昱、李庆涛整理：《青海风土概况调查集》，青海人民出版社 1985 年版，第 206—212 页。

③ （民国）《都兰县风土调查记》，载王昱、李庆涛整理：《青海风土概况调查集》，青海人民出版社 1985 年版，第 213—220 页。

④ 李式金：《西宁——青海的省会》，《旅行杂志》1945 年第 19 卷第 2 期。

时光推移至民国年间时，随着洋布、洋火、洋油、洋车、洋剪刀等洋货进入城乡生活，近代科技运用于电力运输、邮电通信、医疗卫生行业，汽车、电话、电灯、电影、飞机等近代机电产品出现在日常生活中时，强烈震动着近似封闭状态的青海大地，也冲击着青海三大民俗文化圈。虽然民俗文化圈的各个民族，近代化和步入现代社会的历史进程先后不一，但在向近、现代化发展的取向中，无一例外地沿循着汉族文化，即以汉族为主的儒释道文化圈引领了各民族的民俗生活与文化。

在伊斯兰教民俗文化圈，回族"生性能耐劳苦，喜作零星贸易，兼充经济牙侩"①，既创出备受民众欢迎的"万盛马"糕点、"康城"藏靴、鲁沙尔褐布等手工品牌，又在传统经商基础上走出本土，到天津、北京、上海等内地大城市设立商行、开办货栈。一些有志之士针对回族人读书不多的状况，出资修建新式的清真小学、昆仑中学等回民学校，接受现代文化教育，并成立"青海回教教育促进会"，从最初"促进回教青年学子教育，并阐发回教真谛"宗旨②，进一步确定为"阐扬回教真理，促进回民教育，灌输三民主义及学识技能，令其从事各种职业，达到自理生活为目的"，倡导教育，开启民智；一些工商业实业家为适应时代变化，热心慈善救助、开设工厂、修建水电厂等，改善回民生活。在文化方面与其他民族密切交流，如对联艺术形式，出现在门宦道祖、先贤拱北及清真寺中，与伊斯兰教民俗文化有机融合。西宁东关清真大寺挂有民国时期军政要员对联和匾额，蒋介石题"以教勖忠"，林森题"敦崇教育"，白崇禧题"兴教建国"，也有马麒、董福祥等本民族上层题词，使前来礼拜的穆斯林信众耳濡目染，深得况味。

在藏传佛教民俗文化圈，蒙藏民众接受传统藏传佛教寺院教育方式，在民国时期受到新式教育冲击。起初在西宁创办蒙古半日学堂，后改为宁海蒙番学校，后更名为青海筹边学校，侧重蒙藏民族教育。朱绣担任校长期间，传播五四运动后的教育新思想，一改当初王公恐惧子弟入学堂会被"洋化"的偏见陋习。成立的青海蒙藏文化促进会，以"唤醒蒙藏同胞，普及蒙藏教育，维系蒙藏生存"为宗旨，督促各地成立蒙藏小学。一些

---

① （民国）《大通县志》卷2《地理志·风俗》。
② 李文实：《昆仑中学抚今追昔》，《西宁文史资料》第6辑。

藏传佛教上层热心参与蒙藏教育事业，七世敏珠尔创办汉蒙小学和蒙藏小学，土族喇嘛朱海山在家乡创办官亭小学校等，集资建图书馆，泽惠当地民众。喜饶嘉措大师被当时国立中央大学、北京大学、清华大学、武汉大学和中山大学聘请为藏族文化讲座讲师，在自己家乡循化设立"青海喇嘛教义国文讲习所"，招收僧人学习国文、藏文和佛教课程，以达到"改进边疆教育，增进藏民文化，宣传三民主义，阐明抗日国策"的目的。①喜饶嘉措大师偕学者杨质夫等曾前往蒙藏地区及各大寺院进行过抗日救国宣传活动。湖南人黎丹任职青海期间，创建"藏文研究社"，主持编纂了中国第一部《汉藏大字典》，后来学者杨质夫从中抽出一部分编为《汉藏小字典》印行，又在北京和日本东京翻印。藏传佛教的一些高僧深受新文化新思想，取得学界公认成就，根敦群培就是其中之一。他曾漫游南亚诸国，接受学习过马克思主义著作，拨开神学迷雾，撰写了《白史》一书，是为藏族文化史上第一部没有宗教色彩而客观描述藏族史的具有科学意义的著作。藏族受现代文明浸染，开始接纳先进文化。

儒释道民俗文化圈中的一批汉族贤达名流，如黎丹、周希武等，注重和倡导发展新式教育，女子教育、师范教育、职业教育和普通中等教育等起步发展。新鲜事物不断从内地主动引进和接受，公共文化设施如图书馆、电影院陆续建立；民众休闲娱乐场所"娱民大会场"，融近代体育馆、动物园、剧场、展览馆功能于一体，举行各类文化娱乐活动。创办《新青海》日报（1932 年改称《青海日报》），刊载国内外新闻，另辟副刊登载文艺作品和广告，还有专版刊翻译为藏文的政令和新闻，是传播新文化、了解外界的重要窗口。内地戏剧秦腔、眉户戏、京剧、河北梆子、蒲剧等随国民军西进青海而来，在西宁登台献艺。受其影响，西宁部分学校青年教师组织"平民新剧社"，演出贴近生活内容的话剧。第一女子师范学校师生首次演出舞蹈节目，现代舞蹈随着妇女介入戏剧开始登上青海艺术殿堂。抗战时期，内地知名文化人来青宣传，有电影家郑君里，作曲家王洛宾、王云阶，舞蹈家吴晓邦，书画家于右任、张大千，名记者范长江，作家老舍等，推动了青海艺术发展。袁复礼在北大《歌谣》周刊上发表《甘肃的歌谣——话儿》，是最早介绍西

---

① 朱解琳：《甘宁青民族教育史简编》，青海人民出版社 1993 年版，第 453 页。

北花儿的文献①。王洛宾直接从民歌中汲取养料，创作出了《在那遥远的地方》、《半个月亮爬上来》、《黄昏里的炊烟》等脍炙人口的歌曲。在认识西北、开发西北口号推动下，国内外学者来青海作地学、生物学、农林、石油考察，产生了一批开拓性科学研究成果；还出版了综合性著作《青海》、《青海概况》等介绍青海民族宗教、风尚习惯、经济状况等。当时《新西北》、《西北通讯》、《地学杂志》、《新亚细亚》等刊物上登载研究青海历史文化的文章，对外界了解青海起了宣传作用。还因社会变革产生了新的节日，如1月1日中华民国成立纪念日、10月10日国庆纪念日、11月12日总理诞辰纪念日等地方官员举办纪念活动。国民政府以法令形式宣布8月27日为孔子节，教育知识界及平常百姓都要前往文庙祭拜。受新文化、新思潮的冲击影响，城镇市民生活方式随之发生变化，传统的衣食住行、婚丧嫁娶、节日庆典等习俗，从内容到形式逐步发生了追求时尚新潮的变迁。

第四节　三大民俗文化圈的现状

一　当代民俗文化的生存环境

就三大民俗文化圈生存的社会环境而言，正发生着日新月异的变化和全球化的冲击。20世纪50年代之后，青海社会发生了巨大变化，尤其是80年代改革开放以来，世居各民族自由地享受着电视、电脑、互联网等一系列科技文明成果，思想观念随之更新，话语系统发生转换，生活方式出现了由传统向现代转型的趋势，民俗文化的形式和内容发生了改观，由此触动了某些民俗事象的流变。在礼仪民俗中，"大人"、"老爷"称呼、跪拜之礼被鞠躬、握手、拥抱、注目礼和"同志"、"师傅"等所取代，"先生"、"太太"、"女士"称呼有了新的含义。在年节习俗中，大年三十晚的守岁祭祖逐步演变为阖家团坐观看电视台举办的春节晚会，出外吃团年饭逐渐增多；节日的祝福已被电话、短信以及具有高科技意味的电子邮件所取代；亲友间携带礼物成群结队走家串户拜年的少了，"团拜"式

---

① 文中"话儿"即"花儿"之误写。参见赵宗福：《花儿通论》，青海人民出版社1989年版，第281页。

聚会多了。在婚礼习俗中，传统"六礼"的纳彩礼消逝，请媒求亲程序大为简化；问名礼中的执雁问名礼、占卜双方命相的合婚礼遭遇婚姻自由而淡化；纳吉礼中隆重的"定盟"礼受到了现代法律的否定；纳征礼与请期礼的繁杂程序，改为双方私下的财力协议。亲迎礼古俗变成了新的形式，花轿改为现代轿车，新娘穿戴的红头巾、红袍、红裤改穿为西式婚纱，彩色纸屑取代五谷粮豆抛撒新人；《婚礼歌》因仪式的不再繁缛而接近绝响。在服饰居住民俗方面，变迁轨迹更为明显。服饰民俗紧随城市服装的潮流，在色泽、样式和质地方面融入了新颖、时尚元素；传统民居渐渐由层层而起的砖瓦水泥楼房所取代。牧民在平坦草原上开摩托车去放牧，购置太阳能、风能发电机，使用各类家用电器，听广播看电视，了解纷繁的大千世界；在传统的铜质、铝制锅碗盆中增加了塑料、玻璃、不锈钢器具；服饰趋向大众化、高档化和新颖化。民俗是历史积淀的时尚，新旧民俗的消长，是时代变化的写照。社会日新月异的变化，潜移默化地影响着各民族的生活环境和生活观念，引起民俗文化在物质层面和精神层面诸多的嬗变。

以三大民俗文化圈生存的文化环境而言，它们仍旧有无可抗拒的文化魅力。当传统民俗文化的生存空间被现代文明逐渐吞没、侵占而面临困境时，青海多民族共同融合而成的丰富多彩的传统民俗文化，仍然以顽强的生命力在展演、在延续。汉族仍以耕读传家为信念，亲族扫墓祭祖以克尽孝道、重新编修家谱的活动有增无减；土族"纳顿"在秋收的喜悦中一村接一村表演，赛马会、黄南六月会、蒙古族那达慕大会如期举行。多民族的信仰依旧坚定执着；多民族的"花儿"以其共有和延续之间的统一、继承和创新的统一、稳定和变异的统一以及唱词和各种曲令之间的统一而存在，依靠多民族的凝聚力和向心力而传承，并以自身独具的特性超"断代"在发展。[①] 以"花儿"为代表的区域民俗文化"作为中国各民族文化关系史的折射，已经成为中国民族关系多元一体格局的生动诠释和实证"[②]。这种民间艺术形式的存在渗透着青海各民族众多共同的艺术营养，

---

① 毕艳君：《论"花儿"的超断代发展》，《青海社会科学》2000 年第 6 期。
② 郝苏民：《文化场域与仪式里的"花儿"——从人类学视野解读非物质文化遗产的保护》，《民族文学研究》2005 年第 4 期。

反映出区域民俗文化所具有的不同文化和谐交流的功能。

二　三大民俗圈的基本状况

在藏传佛教民俗文化圈，藏族使用藏语文，全民信仰藏传佛教，遵从手持念珠、烧香拜佛等藏传佛教的宗教仪轨。在伊斯兰教民俗文化圈，无论老教、新教、新兴教和不同门宦，只是宗教仪式和修持方法不同而已。相沿成俗的伊斯兰教开斋节、古尔邦节和"圣纪"三大节日内涵不变，教民们恪守伊斯兰教最基本信条和重视教义教法的义务。在儒释道民俗文化圈，一元复始万象更新的春节，闹花灯耍社火的上元，祈求平安团圆、健康和睦和国泰民安；清明扫墓、端午插艾、中秋拜月、九九登高，传承缅怀先祖、驱邪除病、丰收秋报的民族文化心理，民俗节日里积淀了民族文化精髓。而以儒家文化为主导的传统文化，"天行健，君子以自强不息"的人生观、"以义为上"的价值观、"太极、阴阳、五行化生万物"的思维模式，崇尚中和的民族心理、谦让宽容的民族精神，"四海之内皆兄弟"的民族凝聚力等，对其他民族的价值取向和社会心理持续影响。

当传统民俗文化面对现代文明的冲击，显得脆弱甚至衰弱而需要社会、民众的传承与呵护之时，学界出于学术责任和学术自觉，从民俗学、文化学等视野，对传统民俗文化蕴藏丰富内涵和文化学术价值、民俗文化将如何适应现代文明等进行了探讨和理论研究，成果累累。与此同时，政府部门从"继承和发扬民族优秀文化传统、增进各民族之间的团结，维护全省社会稳定，提高人民群众的整体素质，推动社会和谐、文明、进步，增强各民族自信心和凝聚力，促进社会主义精神文明建设都具有重要而深远的意义"的发展大局出发，将传统民俗文化作为非物质文化遗产的一部分内容加以保护，民俗学者成为文化部门的顾问参谋出谋划策。青海省 19 项第一批国家级非物质文化遗产名录中，包含了三大民俗文化圈中的民间文学、民俗文化等。[①] 在联合国教科文组织《人类非物质文化遗产代表作名录》中就有格萨（斯）尔、热贡艺术、藏戏、花儿、中国皮影戏等。通过学者的学术努力和政府得力的措施以及社会各界参与，三大民俗文化圈中许多重要部分作为民族文化遗产的内容而成保护对象，使青

---

① 详见国务院 2006 年 5 月公布名录、青海省人民政府 2006 年 11 月 24 日公布名录。

海多民族多元民俗文化传统的重要性得以强化，民俗文化的价值大为提升，民俗精髓得以弘扬，成为继承文化传统的神圣事业之基础。

三 三大民俗文化圈的发展趋向

青海三大民俗文化圈长期交融碰撞，形成了盘根错节、彼此相间亲和的关系。各民俗文化圈在坚守自己民俗文化硬核的同时，又做到了同无妨异、异不害同的民俗文化格局。随着现代化的不断深入和世界文化碰撞的加剧，在多民族的国家认同感、中华民族的民族自豪感获得进一步的强化的同时，民俗文化的经济价值越来越凸显出来。热贡艺术、湟源排灯、土族盘绣等都体现了传统民俗文化与现代文化的完美结合，既是非物质文化遗产的代表作，又突出体现了青海的地域和民族特色；青海贤孝、平弦、藏戏等传统戏曲剧，经过现代艺术形式和科学手段的提升改造而重现活力。藏毯、民族服饰等创造性地引进现代工业的理念，焕发出勃勃的生机，实现了经济效益与文化效益的双赢。昆仑玉因被 2008 年北京奥运会采用为奖牌用玉而提升了知名度，产业迅速发展。

三大民俗文化圈中典型的民俗事象有重要的民俗旅游资源价值。"六月傩祭"、"祭海"、"跳於菟"、"纳顿"等作为信仰景观，其信仰活动历史悠久、参与人数多、影响范围大，且具娱乐性和观赏性；玉树藏族歌舞、土族安昭舞、回族和撒拉族宴席曲、多民族"花儿"等作为民族歌舞景观，具有人文旅游资源的愉悦性、审美性和参与性，有着旅游经济价值及开发潜力。体育娱乐景观如藏族赛马会，蒙古族那达慕会既是骑马、射箭、摔跤、拔河等传统体育项目比赛的盛会，又是物资交流、经贸洽谈的盛会，正吸引着众多的商家和游客。土族传统娱乐项目轮子秋，因其新颖、独特、赏心悦目而享誉国内，曾多次参加全国农民运动会和全国少数民族传统体育运动会并引起轰动，被誉为东方民族传统体育运动项目的一颗明珠。藏族、土族和撒拉族民族服饰景观款式独特新奇，色彩艳丽缤纷，张扬鲜明的民族个性，极具艺术审美性，是青海旅游不可或缺的一道风景线。①

三大民俗文化圈中所蕴含的生生不息、自强奋进和兼容并包精神，沉

---

① 邸平伟：《青海民俗文化的发掘与青海旅游业的发展》，《青海民族研究》2002 年第 3 期。

淀于多民族文化血脉中，不会因时代巨变而中断传承。藏传佛教民俗文化圈中的"诸善奉行，诸恶莫作"，慈悲为怀众生平等，利乐有情，发菩提心行菩萨愿，相信来世，向往成佛等信念；伊斯兰教民俗文化圈中的"行善施舍，赈孤救贫，惩恶扬善，两世吉庆"普世价值观；儒释道民俗文化圈中人祖女神女娲用泥土造人，使人烟延续、宇宙存在；刑天被斩去头颅，仍挥戈战斗不已；大禹受命治理大洪水，转战于九州，最后化石而生启等精彩的昆仑神话与文化内容，皆是中华民族的文化精神。① 这些对于青海而言，在增强文化自信，彰显文化特色和实现文化自强、建设文化名省方面，具有非凡意义。

小 结

民俗文化是一种受多种因素影响的活动，青海三大民俗文化圈的形成和持久存在，离不开特定的自然环境语境、历史民族变迁语境和多元文化碰撞交融语境。民俗文化又是一种自产生之日起处于不断推陈出新、移风易俗的运动变化之中的文化，青海三大民俗文化圈的发展，是与其相对应的地处中原边缘地带社会历史时期经济、政治和意识形态息息相关。经过历史上的民族及其文化的变迁，中原汉文化、中亚伊斯兰文化、蒙古高原游牧文化与青藏高原的藏文化在此长期碰撞、交融和互相浸润，最终在元明之际，形成了"你离不开我，我离不开你；你中有我，我中有你"的亲缘关系和多民族民俗文化"多元他者"、"和而不同"相处原则的局面。民俗文化更是像一条奔腾不息的河流，总是在追随时代潮流中不断发生嬗变，因此三大民俗文化圈与来势汹汹的现代文明不期而遇时，如何借非物质文化遗产保护的时代机遇，保持民族民俗文化精髓以适应现代文明，仍需学界深思和探讨。

---

① 刘锡诚：《非物质文化遗产的文化性质问题》，《西北民族研究》2005 年第 1 期。

第三章

藏传佛教民俗文化圈

自从佛教传入青藏高原并与本教相融合，形成独具特色的藏传佛教后，便与民众的生活紧密融合，渗透到生产生活、人生仪礼、社会组织等方面，促成了藏传佛教世俗化过程中的民俗文化。历史上和当代众多信仰藏传佛教的民族和族群，尽管有着各自独特的民族文化和民族秉性，但由于共同的主流信仰文化，从而在藏传佛教的张力和感染下，形成了异中趋同的藏传佛教民俗文化圈。世居于青海的藏族、蒙古族、土族和汉族，在长期的经济与文化的交流互动中，基于共同的信仰形成长期而稳定的民族关系，共同缔造了青海藏区各民族和谐共存的社会格局。

第一节　藏传佛教民俗文化圈的形成和发展

藏传佛教在青海区域已传播了 1300 年，后弘期名僧贡巴饶赛、格鲁派创始人宗喀巴与十四世达赖、十世班禅以及历代章嘉呼图克图都诞生在青海。因佛教后弘期"下路弘法"的影响，历史以来格鲁派寺院遍布青海各地，其影响力尤为深远。此外，宁玛派、萨迦派、噶举派等重要的藏传佛教派别在青海各地区有不同程度的传播和影响。宁玛派，是藏传佛教最古老的一个派别，在今果洛、玉树、海南、黄南和东部农业区的边沿区域分布较为广泛，而在果洛最甚。萨迦派，对藏族文化的发展产生过重要影响，一些历史悠久和规模较大的寺院，如同仁隆务寺、乐都瞿昙寺、互助佑宁寺等，其前身都属萨迦派。在果洛、玉树、黄南现仍有一定数量的信徒，较为集中的是玉树。噶举派，是藏传佛教中分支最多的一个教派，流传在青海的主要是塔波噶举派，分布较为广泛。格鲁派兴起后，噶举派权势渐消，而今仅在玉树影响较大。藏传佛教在青海传播广泛，僧人信徒众多，大大小小的佛教寺院遍布全省各地。

一 佛教的传入与藏传佛教的形成与发展

佛教起源于印度，在 7 世纪传入西藏后，和青藏高原本土古老的本教文化相互整合，形成了佛教中独具特色的藏传佛教。藏传佛教不仅对藏民族以及整个藏区社会的各个领域都产生了深远的影响，而且还向蒙古高原、云贵高原等地传播和扩散，使这些地区也成为藏传佛教文化圈的组成部分。

在公元 7 世纪吐蕃王朝时期，松赞干布继赞普位后，在政治、文化、军事、经济等方面采取了一系列重大措施，第一次实现了青藏高原的大一统，使吐蕃王朝的版图有了很大的扩展。由于社会经济的发展和武力的强盛，使吐蕃和周边国家有了较多的经济、文化交流，而最具历史和社会影响的就是印度佛教和汉传佛教传入藏区，成为影响藏区社会政治、经济、人口、文化、艺术的重要因素。

在统一的吐蕃王朝建立之前，本教在其社会生活中占有极为重要的地位，起着举足轻重的作用。因此，佛教最初传入吐蕃时，虽有松赞干布的大力扶植，但其传播过程仍然困难重重。836 年，朗达玛即赞普位，作为王室和贵族中本教势力的代表，朗达玛上台后，进行了灭佛运动。西藏本土佛教濒临绝境，"当时藏中大法高僧，纷纷避难，远至阿里（藏名俺日）、青海（鄂多）、西康（喀木）等地，西藏佛教几至绝迹"。[①] 遂有后人尊称"三贤哲"的藏饶赛、玛尔释迦牟尼、肴格迥 3 人辗转来到河湟地区传播佛法，后长居于丹斗寺。此间，收贡巴饶赛为徒弟。贡巴饶赛以丹斗寺为基地，广建寺塔，弘扬佛法，广招弟子，一时信徒云集，成为当时佛教复兴的中心。名声即起，有吐蕃王室后裔擦拉纳·意希坚赞出资派鲁梅等卫藏十弟子前往丹斗寺学习，是为佛教后弘期之始。鲁梅等返回卫藏后，建寺授徒，弘扬佛法，使佛教在卫藏地区得到复兴。

① 刘家驹：《西藏政教史略》第二章，中国边疆学会发行。

二 藏传佛教在青海的传播

从9世纪吐蕃王朝崩溃，到13世纪元朝统一中国，藏族"种族分散，大者数千家，小者百十家，无复统一矣"。[①] 10世纪末叶，唃厮啰政权在今甘肃、青海两省交界的洮河、湟水流域建立，史称"青唐政权"，成为这一地区最强大的封建地方政权。1099年，宋军攻占青唐城，郡县其地，唃厮啰政权灭亡，其统治延续了近百年。

唃厮啰政权对佛教大力扶持，使佛教得到了大发展。据《青唐录》记载：青唐城（今西宁城）之西"有青唐水，注宗哥水，西平原，建佛祠，广五六里，吐蕃重僧，有大事必集僧决之，僧之丽法，无不免者。城中之屋，佛舍居半，惟国主殿及佛舍以瓦，余虽主之宫室，亦土覆之"。而且在青唐城内，大殿"旁设金冶佛像，高数十尺，饰以珍珠，覆以羽盖，国相听事处其西，国王亲属听事处其东"[②]。在唃厮啰政权的支持下，佛教在河湟和洮河流域有着广泛而深远的影响。

自9世纪吐蕃王朝崩溃后，西藏地区形成了近400年的"无复统一矣"的局面，"藏传佛教的发展出现了不同的教派，而且这些教派和各地方势力相结合，产生了萨迦政教合一体、帕竹政教合一体、蔡巴政教合一体、直贡政教合一体、夏鲁政教合一体、雅桑政教合一体等六个政教合一体"[③]。13世纪初蒙古汗国在统一西藏时，借助了这些政教合一的地方势力。后来由于萨迦班智达和八思巴等人的努力，藏传佛教僧人在元代朝廷中取得了很高的地位和影响。元王朝不仅在政治上提高藏传佛教僧人的地位，在经济上也予以支持。在崇尚藏传佛教的大背景下，藏传佛教在青海等藏区得到了迅速发展。

明朝初期，采取了因俗而治、"众建多封"的藏传佛教政策。此时河湟地区出现"番僧寺族，星罗棋布"[④] 的局面，如著名的瞿昙寺（今乐都县境内）、弘化寺（今民和县境内）、塔尔寺（今湟中县境内）等都是在这一时期建成的。诸多寺院的纷纷建立与周边部族对佛教的虔诚信仰，使

---

① 《宋史》卷492《吐蕃传》。

② 李远：《青唐录》见《古西行记选注》，宁夏人民出版社1987年版，第171页。

③ 王献军：《西藏政教合一制研究》，兰州大学出版社2004年版，第20页。

④ （清）杨应琚：《西宁府新志》卷36《艺文志八》，清乾隆刻本。

得藏传佛教与民众日常生活的关系日益密切。

明万历五年（1577），三世达赖喇嘛索南嘉措在俺答汗的再三邀请下前往青海，受到蒙古各部的隆重迎接，在青海湖畔的仰化寺和俺答汗举行了会晤。两人互赠名号。俺答汗赠号索南加措为"瓦齐尔达赖喇嘛"，这也是"达赖"称号的由来。索南加措也向俺答汗回赠了"法王大梵天"的称号。俺答汗遂将王族子弟为首的百余人剃度出家，在传戒法会上，三世达赖喇嘛为千余信徒授戒。"仰华寺会晤"是佛教史上的一件重大事件，这是藏传佛教格鲁派在青海乃至整个蒙古族中得到迅速传播的肇始。

三 清代及民国时期藏传佛教在青海的发展

到清朝初年，河湟西宁一带的藏传佛教寺院已"渐增至数千余所，诸民尽衣蒲衣，鲜事生产者几万户"①。随着藏传佛教势力的不断发展与壮大，对清朝在青海的政治统治形成了一定的潜在威胁。雍正初年，清朝政府借罗卜藏丹津叛乱之机，对参与叛乱的青海藏传佛教集团进行了镇压和打击。但最终在镇压打击之余，继续以藏传佛教维系青海的蒙、藏等民族，维护边疆的稳定。

民国时期，对藏传佛教的保护和推崇，促进了青海藏传佛教寺院的发展。1912 年 3 月颁布的《中华民国临时约法》、1935 年 12 月公布的《管理喇嘛寺庙条例》以及 1936 年 2 月公布的《喇嘛转世办法》、《喇嘛登记办法》、《喇嘛任用办法》、《喇嘛奖惩办法》，使藏传佛教的发展有了法律的保证。对宗教上层人士给予了较高的待遇。"1932 年，中国国民党召开第四届第三次中央全会，班禅、章嘉两位大师以代表身份参加大会，班禅被选为国民政府委员。此外，又在南京设有班禅驻京办事处、章嘉呼图克图驻京办事处等。民国政府的这些举措，同样是藏传佛教在青海得以进一步发展的重要条件之一。"②

正是在这样的历史语境中，青海的藏传佛教向周围的各民族传播宗教思想，利用经济、政治、文化等手段扩大其影响力，使藏传佛教逐渐渗透

---

① （清）杨应琚：《西宁府新志》卷31《纲领下》，清乾隆刻本。

② 朱普选：《青海藏传佛教历史文化地理研究——以寺院为中心》，博士学位论文，陕西师范大学，2006 年。

到藏族、蒙古族、土族等民族的生活中，使藏传佛教文化的势力像滚雪球一样越滚越大，从而逐渐形成了藏传佛教民俗文化圈。

第二节　藏传佛教民俗文化圈的民俗形态

一　精神民俗

青海藏传佛教民俗文化圈是基于藏族、土族、蒙古族和汉族等民族共同的信仰形成的。特定的信仰渗透入各民族的生产和生活中，以固定的信仰空间为依托，系统的信仰义理为准则，以世俗的生活来践行。藏传佛教作为一种精神信仰融入不同民族、不同生产和生活方式中，结合传统的民俗习惯衍生出各民族特有的精神民俗，从而展现了青海民族民俗文化丰富多样、异彩纷呈的局面。正是有了共同的宗教信仰，各民族文化在发展过程中还进一步体现了与时俱进的文化精神，丰富多彩的文化形态，生机勃勃的文化生命力，兼容并蓄的文化主张，和谐统一的文化生态观，以自然为本和人文精神为主的文化哲学等诸多内容和特征。

（一）寺院法事

1. 法会

法会意为祈祷，是一种宗教佛事活动。各寺院每年都要进行一系列的法会，比如塔尔寺每年举行四次大型法会和两次小型法会。在四大法会期间，最隆重盛大的佛事活动是"跳神"、"晒大佛"和大型酥油花展。塔尔寺每年举行四次祈愿大法会，当地的僧侣群众俗称为"四大观瞻"。因为农历正月、四月、六月、九月是佛教的斋月，在这 4 个月中塔尔寺都有传统的供养法会。法会期间寺内举行诵经、讲经、辩经、祈祷、施供、布施、跳神舞、展献大佛、转金佛等佛事活动，为该寺的四大佛法盛会，也是传统的佛教节日。法会是集中展示藏传佛教经院教育、宗教文化艺术，增加僧俗互动，增强信众对寺院的向心力的重要场域。法会的隆重程度能够体现寺院在特定区域内的社会影响力和群众基础，同时也展现了民众生活中的信仰民俗。

2. 羌姆

"羌姆"，是一种宗教仪式的"法舞"表演。由受过一定舞蹈训练的喇嘛戴着面具饰演不同角色，在吹奏、打击乐器的伴奏下，手持道具以舞蹈方式进行。羌姆以舞蹈的语言使晦涩难懂的教义直观化、通俗化，由于特定内容及宗教目的的制约，羌姆向来具有严格的动作、装扮、配乐及舞蹈表演程式，但各寺院也各有特色。塔尔寺羌姆是格鲁派寺院羌姆中最具有典型性，其羌姆是以桑耶寺金刚舞为最初蓝本，并在此基础上演变和发展起来的。主要由"天界勇士舞"、"托干舞"、"多尔达舞"、"夏雅舞"、"法王舞"、"鹿神舞"、"大合舞"七个舞蹈段落组成，各舞蹈段落中多以独舞、双人舞、三人舞、四人舞和群舞交叉组合的形式进行表演。羌姆通过表演仪式宣扬和阐释教义，展示极具特色的宗教服饰艺术、表演艺术，具有很强的宗教艺术感染力。

（二）民间祭祀

1. 祭祀"拉则"

"拉则"是藏语，意为"山神的栖居处"。祭祀拉则仪式源于藏族先民原始自然崇拜中的山神信仰。藏族山神信仰经历了原始宗教、本教到藏传佛教的演变过程，历千年而不衰，积淀着深厚的文化内涵。民众把自己的期望与渴求附诸于拉则身上，所以信众的观念里山神扮演着战神、生殖神、守护神、护法神等多重角色。拉则的祭祀因不同地域、不同群体和不同诉求，在仪式时间、规模与方式上存在明显的差异性。通常的家庭与个人祭祀，往往在拉则"煨桑池"中燃祭炒面、五谷、柏枝等简单的贡品；大型祭祀则要举行集体插箭、诵经作法、请神安神、牵系经幡、法师传示神谕、焚祭哈达绸缎、各种丰富的贡品及抛洒"风马"等仪式。拉则在形式上有石堆拉则、经幡拉则、箭垛拉则等，不尽一致。在青海民间，藏族、蒙古族、土族及部分汉族在遇重大节庆或家中出现重大事件时，都要祭祀拉则。祭祀的方式有时因山神个性施以"荤桑"或"素桑"的祭祀，以此取悦于自己的地方保护神。

2. 民间祭海与转湖

青海湖在藏语中称其为"措温博"，蒙古语称其为"库库淖尔"，都是"青色的海"的意思。作为高原明珠，历史以来环湖青海湖各世居民族都奉其为"神湖"，因而祭祀青海湖的习俗传承悠久，绵延至今。迄今居住在环湖地区的藏族、蒙古族、汉族也要定期举行隆重的祭海仪式。民间祭海除了个人与家庭的活动外，还有寺院主持祭海大典。通常人们在环湖各处的煨桑台上点燃精心准备的祭祀物品，围绕桑台口诵赞辞、挥洒

"风马"，祈求好运与幸福。而后到湖边竭力向湖心抛入装有五色粮食、珍珠、玛瑙、松石、金银和蜜蜡等宝物的布袋或宝瓶，以供奉给湖神。抛得越远，沉得越快，意味着神的欢喜。之后再以圣洁的湖水清洁个人佩戴的护身符，以此除去不净，获取个人和家庭的健康平安与幸福好运。

在藏族信教群众心目中，海心山是莲花生大师加持过的修行圣地。据民间传说，五世达赖喇嘛赴京途经青海湖时，首先在青海湖开启了羊之宝藏门，所以藏历羊年都是转湖的最佳时期。每逢藏历羊年，信众以磕等身头、行走或骑马等方式环湖行进，口诵佛经或赞辞攘灾趋福，祈求神灵的护佑。

3. 转山

青藏高原山峰林立，峻拔的高山终年积雪皑皑，风雪阴晴变幻莫测。以游牧为主要经济类型的藏族、蒙古族往往将个人、家庭与族群的幸福或不幸都与神灵的护佑与惩罚相联系，由敬畏自然而产生一系列的信仰仪式。转山习俗就是其中一项重要的信仰民俗。诸如西藏的冈底斯雪山、青海的阿尼玛卿雪山就是人们进行转山仪式的典型对象。青海藏族转山多围绕各地相应的神山进行，但省内最大的神山是阿尼玛卿神山。"阿尼玛卿"在藏语意为"活佛座前的最高侍者"，被藏族称之为"博卡瓦间贡"，即开天辟地九大造化神之一。在藏族人民信仰的二十一座神雪山中，排行第四，专掌"安多"地区的山河浮沉和沧桑之变，是藏族的救护者。在藏区，经常可以看到阿尼玛卿山神的画像，山神白盔、白甲、白袍，胯下白马，手执银枪，武艺超群，降魔济贫，拥有无穷的智慧。自从佛本交融以后，阿尼玛卿山神和众多的其他山神的形象，往往被绘制在诸多藏传佛教寺院的门庭重要部位，以佛法保护神的身份出现在人们的精神信仰观念中。因此每年都有无数的朝山者跋山涉水、顶风冒雪瞻拜神山，信徒们以顽强的毅力和坚定的信念绕山礼佛。

4. 祭祀"尤拉"

藏语称"文昌帝君"为"阿尼尤拉"，在安多藏区享有很高的威望和影响。在藏传佛教中，文昌帝君还是一位重要的护法。贵德文昌宫也称"河西文昌庙"，藏语称"尤拉"或"尤拉康"。始建于明代后期（1590—1600）。清同治六年（1867）毁于兵火，清光绪三年至十三年（1880—1893），地方官绅、汉藏群众捐资重建。1958 年又遭破坏，全部建筑荡然无存。1982—2009 年，历经十余年在旧遗址上按原来规模复建。被周边藏族、汉族视为求子、求学、求财、求仕、求平安的圣地。贵德文昌庙在青海乃至西北地区颇具盛名，民俗活动历时不但悠久，而且十分兴盛。据民国十九年姚钧编撰的《贵德县志稿》记载："汉番信仰，士民供奉。每逢朔望，香烟甚盛，有事祈祷，灵应显著，久为汉番信仰祈福消灾之所。"尤其是农历六月二十二日，当地人奉之为护法神阿米尤拉的节日，规模最甚。

5. 风马

"隆达"，汉语意思为"风马"，也有人称之为"祭马"、"禄马"、"经幡"、"祈愿幡"。藏族认为，"风马"在深层意义上指人的气数和运道，或者特指五行；在灵气聚集之处（神山圣湖等），挂置印有敬畏神灵和祈求护佑等愿望的风马旗，有利于向上苍神灵的传达祈求。为报答山神和上苍神灵，人们便虔诚地举行煨桑仪式，献上"隆达"。所以制作插挂"隆达"成为不可或缺的仪轨。青海藏区还有在重要年节或路过隘口与山顶放飞纸风马旗的习俗。以抛扬纷飞的风马愉悦天神，并希冀能借助其力牵引运气与福根的升腾。

（三）民间禁忌

青海藏族、蒙古族、土族的民间禁忌，同民间宗教和信仰一样，也较复杂。

1. 信仰禁忌

新做食物首献神、佛，忌自己先食用；忌信邪法外道，诅咒他人；忌父母用恶语咒骂自己的孩子，父母的咒骂容易在孩子身上应验；忌在神山上乱采滥挖或大呼小叫，否则会招致滚石雪崩等灾难；忌头发、骨头、指甲等入火中或灶中，以免冒犯神灵；遇到寺院、嘛尼堆、宝塔等宗教设施必须从左往右按顺时针方向绕行；朝佛时男子忌脱藏装袖子，女子忌盘头发，忌戴帽进寺礼佛。

2. 生产生活禁忌

建房动土、开耕农田等重大事宜，忌自行其是，需求神算卦择吉行事；忌近亲结婚；新生儿出生后三天（女孩子是四天）内忌外人入宅探视，以防给主人家带来凶煞；家中有重病人时，在大门上放置一束柏枝，以示此时切忌登门探望；忌提已故人的名字；添茶倒酒，忌壶嘴冲客；忌食奇蹄类、带爪动物的肉；忌食当日宰杀的牲畜；忌用有缺口或裂口的碗及杯子；用水瓢、木瓢等舀东西时，忌将瓢向外旋转，以免失去福气；忌茶壶嘴冲向房门，否则家中福禄流向外方；忌直接交接笤帚，必须一方把笤帚扔在地上一方再去捡；传递刀子，忌刀尖冲着对方；忌在屋里吹哨子；忌吃饱饭后马上伸懒腰；忌倒骑马、驴等牲畜。

3. 征兆禁忌

猫洗脸、喜鹊喳喳叫、乌鸦低声叫都视为祥兆，认为可能有好事来临或贵客临门；而乌鸦呼呼大叫、半夜猫狗哭泣等都认为是凶兆，可能在该村会出现死人等不吉利事情；若危房上鸟筑巢却视为祥兆，认为危房暂不会倒塌；如果喜鹊在房屋东边树上筑巢，认为不祥，该家可能面临破产；蜜蜂飞进家中或在家中建窝则认为是财源不断之象征，等等。

每个不同的属相均有不同的吉日和凶日，凡做事一般选择在吉日，以求顺利，凶日忌做各种好事。人们还相信藏历的每十二年终了，第二轮开始时是一个凶年，也就是本命年。如每人的 13 岁、25 岁、37 岁、49 岁、61 岁（以此类推），都是凶年或年关，需特别小心，避免灾难。

二 社会民俗

（一）社会组织民俗

1. 部落

部落本是原始社会的一种基本的社会组织，是形成一个民族共同体的初始形态。由于部落是由一个氏族为核心或由几个氏族联合组成的，所以马克思将其称为"扩血缘共同体"。"在青海等藏区，历经元明清三朝的千百户制度，使原来的部落组织形式一直保存延续下来。同时还由于这些地区的经济主要是游牧经济，在海拔三四千米以上的高山草原和常年风雪弥漫的江河源地区，严酷的自然条件使畜牧业有很大的脆弱性，使个体牧民一旦脱离部落就在草原上难以生存，从而使牧民对部落有很大的依赖性，因此长期以来，部落的组织形式一直成为当时当地社会政治经济的某种必需。"① "草原上的羊离不开羊群，草原上的牧民离不开部落。"是藏族民众与部落之间具有密不可分的联系的真实写照。

---

① 陈庆英等：《中国藏族部落》，中国藏学出版社 1991 年版，第 2、3 页。

藏族部落的首领，藏语中一般称"红保"或"郭红"，俗称头人。根据头人所辖部落的户口多寡又有千户或百户或囊锁（昂索）之分，一般可以家族世袭。小部落的头人一般由部落内部推举产生，被称为"干保（格保）"。"青海地区的较大的千户部落，如囊谦千户、刚察千户、昂拉千户、千卜录千户等都下辖许多中小部落，带有部落联盟或部族性质，总千户之下还设有副千户或伦保（臣）等协助千户处理部落内部事务的首领。"①

2. 村落

村落是藏族部落集体生活最基本的组成单位，尤其在从事农业和半农半牧生产经济状态下体现得尤为突出。"同一个村落的人耕耘着彼此相邻的土地，或在同一片草场放牧，无论播种、收割或者搬迁牧场都遵守相同的生产时间，无论念经或者承担寺院法会的都是共同负担，他们祭祀附近相同的山神，享用同一个天葬台，在生产生活中相互扶助，共同抵御各种自然灾害、外来掠夺，自然而然地过着一种集体生活。因此他们在集体生活中相互承担的义务，享受的权利是相同的。"② 属于藏传佛教民俗文化圈辐射范围内的藏族、蒙古族、土族和部分汉族，在特定区域内保持着村落与村落群内部的紧密联系，并在重大事务或节庆活动中发挥着集体的协调和组织功能。如热贡地区藏族、土族村落的"六月会"，互助土族的"哪邦会"，民和三川土族的"纳顿"以及各地汉族"社火"等民俗活动，集中展示了村落的社会功能和意义。

（二）习惯法

"藏族部落习惯绝大部分属不成文法，伸缩性大，在形式上是以刑律为主，诸法合体，民法与刑法不分，实体法与程序法不分；在内容上所有古代法能涉及到的领域几乎无所不包，但规定不够规范、具体，并且在一定程度上受佛教、伦理等观念的影响。"③ 部落习惯法的产生与游牧业生产方式密切相关，游牧生活所具有的自然困境与部落间的各种矛盾争锋，使得具有一定法律和制度效应的管理机制有助于困难的克服和矛盾的化

① 敖红：《藏族部落渊源及其文化初探》，《青海社会科学》1993 年第 3 期。
② 同上。
③ 蒙小燕、蒙小莺：《试论藏族部落组织与部落制度——以西仓十二部落调查为例》，《甘肃社会科学》2009 年第 5 期。

解。基于神灵信仰的"神判"、基于佛教信仰的领袖调节和基于部落头人威信的裁决，使得习惯法在现实社会中发挥了规范和协调部落内部或部落之间各种关系的作用。

（三）岁时节日

1. 春节、藏历年

藏历新年是藏族群众最隆重、最重要的传统佳节，是一个庆祝和祈祷兼具的传统节日。青海东部部分农业区藏族，因受汉族影响注重春节，但在年俗中也融入了藏族神灵信仰和藏传佛教信仰的一些内容，在礼俗上表现出独有的特色。

藏历新年前一个月除购置年货外，家家户户都要制作"卓索切玛"（五谷斗和酥油点心）。藏历十二月二十九日，要给窗户门楣换上新布帘，门前、房梁和厨房也要用白粉画上吉祥图案。入夜，全家老少吃"古突"（即面疙瘩）饭，类似汉族新年的团圆饭。晚饭后到十字路口进行送"古突"仪式，以驱邪、消灾，迎接新年的到来。藏历除夕这天，每家每户在自家的柜子上摆上"卓索切玛"五谷斗，还要摆满各种糖果糕点等。

大年初一清晨，要煨桑敬飨神灵，再到河边或水井竞相汲取新年的第一桶吉祥水。全家穿好节日盛装，互祝新年吉祥。元月初二开始，亲朋好友开始互相串门拜年。有些地区人们还举行群众性的歌舞和藏戏演出活动。有条件的地方都还要举行赛马、射箭、赛牦牛、长跑、打古尔朵、抱石头、唱山歌、弹六弦琴、跳舞、演出藏戏等娱乐活动。

青海的土族、蒙古族都过春节，内容因地区和民族不同略有差异，但总体上以除旧迎新，祈福纳祥为核心主题。各民族在共同的节日中既保持了各自的文化传统，又相互融入了彼此的一些民俗事象，从而形成青海藏传佛教民俗文化圈中异彩纷呈的年节习俗。

2. 端午节

端午节是中国广大区域内的多民族共同节日，也因民族文化与区域地理生态的影响呈现出不同的节日文化意蕴和表现方式。青海地区的端午节习俗多流传于东部农业区及半农半牧区。以韭菜包子、韭荷、凉面、搅团与凉粉、酿皮等为节日饮食；以五彩丝线缠腕、带荷包、门楣插杨柳等为个人与家庭的节日表征；以一定的护青苗活动等宗教仪式为集体利益表达，表现出丰富的民族性、区域性、民间信仰特征。

黄南藏族自治州同仁县加仓麻村土族村民，在端午节时沿袭着一系列的民俗活动，如"插牌"护青苗、插柳辟邪、洗浴净体、吃韭菜包子，举家下帐野炊等，寓娱神、祭神、避灾、护苗、清洁、祛病驱邪、自娱、团圆等丰富内涵。①

3. 热贡六月会

青海省黄南藏族自治州同仁县和泽库县境域，通常被称为"热贡"。同仁县境内隆务河流域分布着藏族和土族村落，民风淳朴，文化底蕴深厚。每年农历六月十七日至二十五日，这里都举行一项规模浩大的民俗节庆活动，藏语称为"周贝鲁若"，意为"六月歌舞"，又译为"六月会"。

"六月歌舞"是当地节庆文化的集中体现，无论是其民俗事象还是活动规模都是其他节日所无以比拟的。该活动由当地五十余个藏族、土族村落共同参与，包括准备期历时十余天。届时各村活动此起彼伏，连环相扣。以村落为单位的独立性和区域为整体的共同性相结合，独立而又有序展开，又因各村居民族源、族属、历史及语言、服饰等不同呈现不同的特质。

"周贝鲁若""尽现了隆务河谷的村落民间组织、民间信仰、服饰、饮食等民俗文化事象，同时附裹着优美而悠久的口碑传说，绵延不绝地诠释着神和人、山和水的不尽情结。"②

（四）人生礼俗

1. 诞生仪礼

诞生礼仪作为人生开端的第一个礼仪活动，集中表现了人们对人口再生产的重视程度。诞生礼就是一个具有连续的人生礼仪，是对婴儿降生人世的一种认可。

诞生礼：藏族和蒙古族认为，小孩出了娘胎，会带来许多污浊和晦气，举行这个仪式，便是要为孩子清除污秽，预祝健康成长，同时，也祝产妇早日康复。小孩子生下来的第三天要对婴儿进行洗浴仪式，款待亲友。一般请活佛或村里有威望的长者给孩子取名，也有的是由父母起名。取名者根据家人及自己的想法和愿望来决定婴儿的名字，总是起一些表示

---

① 唐仲山：《青海省隆务河流域屯堡人端午节俗调查》，《民俗研究》2005 年第 2 期。
② 唐仲山：《神灵与生灵之绝唱——热贡"六月歌舞"》，《文史知识》2006 年第 2 期。

吉祥的名字。孩子满月之后,选择一个黄道吉日,举行出门仪式。这天小孩要换装,一般从家门出去往东走,以图吉利。有的第一天到寺庙朝佛,目的是祈求佛保佑新生儿一生平安。孩子第一次出门,往往在婴儿鼻尖上擦一点儿锅底的黑灰,意思是使婴儿在出门时不被魔鬼发觉。周岁时,土族和蒙古族都进行剃剪胎发的仪式。

2. 成年礼仪

成年仪礼是一个人跨入社会门槛的一种仪式。一个人步入成年的标志是服饰上有所区别,而这一点主要体现在女孩子服饰的变化。藏族和土族姑娘长到13~15岁时,父母们要为心爱的女儿们准备好丰富的装饰,到举行成年仪礼的这天,父母一大早就给女儿改变发式,穿好新衣、戴好华丽珍贵的头饰和首饰。之后由父母和亲朋好友陪伴着女儿一起到就近的寺院朝佛供礼。一般孩子长到13岁便开始算是成年,但没有具体的成年仪式。无论是男女青年,自步入成年人行列,每个人就享有和其他成人一样的权利,受社会的约束,并承担一定的社会义务。

3. 婚礼

在诸多人生礼仪中,作为缔结男女婚姻关系的契约和标志夫妻家庭生活开端的婚礼,是一种最能体现人们生活价值观的典型仪式活动,历来受到个人、家庭和社会的高度重视。藏族、蒙古族和土族男女大部分自由恋爱,若是由父母或他人介绍,也得通过"目测",自己决定。青年男女无论自己认识或是他人介绍,双方同意婚事,娶亲家选择黄道吉日,向对方家庭正式提出求婚。进行定亲仪式。求婚这一天,青年男女一般不参加,离开时女方家要给求婚者献哈达、送回礼。举行婚礼之前,有的娶亲家要卜算男女年岁生辰、属相是否相克,即看五行和纪年的十二属相的生辰属相是否相克或相冲。此外有的还要卜算双方的八卦是否吻合,还要择黄道吉日。

藏族青年举行婚礼的前一天晚上,嫁方要为出嫁的儿女举行送亲仪式或可谓告别仪式。嫁妆和彩礼没有约定俗成的规定,而是由家庭经济条件决定。举行婚礼那天,根据卜算指定的时间,迎亲队伍出发。男方家在新人到达之前,装扮大门,同时还要为新娘下马准备好垫子。这种垫子里面装有青稞、小麦及盐巴,上面铺有五彩锦缎(也有用虎皮、豹皮的),面上用面粉画上"雍仲"字符号。送亲人来到娶亲家门口事先预备好的装满麦子的下马垫子前，作歌提要求。说完娶方赶紧回答："一切准备就绪。"然后新人下马入大门。

此后开始举行正式典礼，新郎和新娘盘腿就坐于用青稞画有"雍仲"符卡垫上。仪式开始时，由一位送亲人或道吉祥者走到宾客满室的中心，说道喜辞。手持洁白哈达，献在佛龛前面。接着手持哈达，口诵祝词依次给新郎新娘及其父亲母亲献哈达表示祝福。之后，来宾开始向新婚夫妇及其父母、娶方家其他成员和迎亲者赠送礼品。众人入宴。婚礼时间长短，视情况而定，有的进行三天，也有的五至七天，还有的要热闹十天。

4. 葬礼

人生礼仪中的最后一个环节是丧葬礼俗，丧葬仪式表示一个人最终脱离社会，标志着人生旅途的终结。青海游牧地区藏族、蒙古族和土族（同仁地区）都有天葬、火葬、水葬和土葬的葬式。由于地理环境、气候与生态，以及汉族传统文化的多重影响，农业区藏族和土族在葬式的选择理念上与游牧区有一定的差异性。

藏族、蒙古族和土族信仰佛教，因而信奉前世、今世、来世的轮回观念。因此，葬礼中渗透了佛教的生命观和人生观，葬礼既是对亡灵的超度，更是为来世的投胎积福结缘，是生与死之间的关键一环。家中有人去世后，每满七天请僧人念一次经，一直到七七四十九天。之后一年内要举行多次的法事。在此期间，死者亲属，不办喜事，不歌舞娱乐，以示哀切之情。随着各项宗教活动的恢复，丧葬等与各种民俗有关佛事仪式也渐渐恢复。特别是近几年来，群众物质生活有了明显的改善，丧葬佛事的规模也越来越大。

三 口承民俗

（一）散文叙事类

1. 神话

藏族是神话的多产民族；丰富的神话传说在悠久的藏族文化史上占有一定的地位。藏族神话以其美好的幻想和艺术夸张，从不同侧面反映了藏族先民认识客观世界的思想，讴歌了古代劳动人民改造自然的行动和力量，同时也表现了藏民族的精神与意识、心理与文明。根据目前所整理和掌握的神话资料，可归纳为以下几种类型：

创世神话。主要有"世巴塔义",意为创世传文。"世巴塔义"的内容包括天地、日月、星辰及毁灭、形成、生命起源等,基本上反映了人类先民对大自然的全部认识过程。当人类社会还处于低级的原始阶段,人们对客观世界的认识和改造是幼稚的、不自觉的和唯心的,往往将自然本身蕴藏的力量神奇化了,故产生了神话。

物种神话。在远古劳动人民的心目中,世间的一切都是有来由的。《罗刹女与猕猴》神话认为藏族的祖先是一只由观世音菩萨点化的猕猴与一位罗刹女结为夫妻,从而生育繁衍下来的。这个神话在藏族群众中广为流传,至今西藏泽当的人们将一岩洞称为猕猴洞;作为人类起源的圣迹供奉。

生产神话。主要指古代藏族先民在从事狩猎等活动中与野兽搏斗以及畜牧驯养、农业种植、改造自然等的神话传说。如《驯虎青年》塑造了原始时代的人们在狩猎活动中与猛兽搏斗的英雄形象,反映了人类战胜自然、治服猛兽的美好愿望。还有《青稞种子的来历》讲述了作为高原主要农作物的青稞,其种子来之不易的过程,同时将作为游牧民族不离不弃的忠诚善良的伙伴——狗的形象凸显出来,揭示了人和家畜之间相互的生存哲学。

以上仅从藏族神话分类角度做简单列举,而神话的实际存世量不胜枚举。总而言之,丰富而多彩的藏族神话,在一定程度上反映了人类幼年时期认识客观世界,从感性向理性升华的过程及改造自然求取生存的大概轮廓。

2. 传说

青海藏族传说极为丰富。它们大致可以分为三类:第一,史事传说,如止贡赞普被杀的传说、迎请文成公主的传说、金城公主的传说、修建大昭寺的传说、修建桑耶寺的传说、吞米·桑布扎创制藏文的传说等;第二,人物传说,如松赞干布的传说、文成公主的传说、噶尔·东赞宇松的传说、莲花生的传说等;第三,风物传说,如青海湖的传说、日月山的传说等。这只是大致的分类,其实三者之间交叉的情况很多,而且以人物传说为中心,联系着史事传说和风物传说,三者之间往往是很难划分开的。

3. 故事

藏族民间的故事分为口头流传故事和书面记录故事两大类。书面故事如《尸语的故事》，也称之为《说不完的故事》。其内容是将一些长期流传于民间，反映人们反抗邪恶统治，赞扬友爱互助，崇尚自由恋爱婚姻精神的故事，收集在一起，成为书面故事集成。书面故事也有对格言一类收录的故事，如像《萨迦格言释文》，其中收集了七十一个故事。在藏族史书《西藏王统记》、《贤者喜宴》、《青史》、《红史》等书中，也记录了很多曾经口头流传的故事。

藏族民间故事，在主题内容上主要有以下几种类型：颂扬机智人物，反抗压迫剥削的故事，如《阿古顿巴的故事》；历史人物的故事，如关于唐东杰布、文成公主和金城公主的故事中，这些历史人物往往被赋予神话的色彩；崇尚爱情与婚姻自由，如《茶和盐的故事》、《铁匠和小姐》、《橘子姑娘》、《青蛙骑手》等；动物寓言故事，以动物的不同品性，构成多种多样的矛盾和复杂的关系，映射人和人、人和社会的种种关系。

藏族民间故事通常将说唱结合，可以达到声情并茂，感人至深的效果。其语言简朴凝练，同时运用许多民间谚语，具有浓厚的生活气息。

（二）韵文诗体类

1. 英雄史诗《格萨尔王传》

千年史诗《格萨（斯）尔》也叫《格萨尔王传》，主要流传于中国青藏高原的藏族、蒙古族、土族、裕固族、纳西族、普米族等民族中，以口耳相传的方式讲述了格萨尔王下界降魔、抑强扶弱、统一各部，最后回归天国的英雄业绩。

《格萨尔王传》是一部活形态的史诗，是青海藏族、蒙古族和土族用各自语言至今活态传唱的史诗，是世界上最长的一部史诗。从目前已经搜集到的资料看，《格萨尔王传》有120多卷、100多万诗行、2000多万字。格萨（斯）尔史诗以其独特的串珠结构，融汇了众多神话、传说、故事、歌谣、谚语等，形成了气势恢宏、篇幅浩繁的"超级故事"。史诗说唱传统在一定意义上是地方性知识的汇总——宗教信仰、本土知识、民间智慧、族群记忆、母语表达等，都有全面的承载，史诗说唱传统还是唐卡、藏戏、弹唱等传统民间艺术创作的灵感源泉，同时也是现代艺术形式的源头活水，不断强化着人们尤其是年轻一代的文化认同与历史连续感，因而格萨（斯）尔史诗传统堪称民族文化的"百科全书"。2009年9月，"格萨（斯）尔史诗传统"入选联合国教科文组织《人类非物质文化遗产代表作名录》。

青海就是格萨尔的故乡，在这个人杰地灵的地方，自古以来，《格萨尔》的各种版本多，格萨尔的遗迹遗物多，《格萨尔》说唱艺人多，《格萨尔》的表演藏戏多。有说不完《格萨尔》的艺人才让旺堆；写不完《格萨尔》的艺人格日尖参；唱不完《格萨尔》的艺人达哇扎巴；画不完《格萨尔》的艺人尕日洛、东智；抄不完《格萨尔》的艺人布特尕，他们都是史诗的民间创作者和传承者。

2. 祭辞

"桑"在藏语中原本为动词，其意思是"驱除"或"祛污"。后以功能命名其物，才出现"桑"的名词。桑的产生由烽火演变的世俗之源和来源于焚火熏香的宗教之源。由于桑及其颂辞随着社会尤其宗教的发展，成为藏民族日常生活和藏传佛教的一种仪式道规，具有广泛的民俗特点和学术文化价值。

信仰藏传佛教、本教或萨满教的藏族、土族和蒙古族，注重人与自然界的关系，凡与人们的生活关系密切的自然物都被当作神灵来崇拜。煨桑是祭祀神灵的重要仪式。"根据不同的宗教仪式，煨什么样的桑就颂什么样的辞。由于煨桑供奉对象的神系有佛本或世俗与非世俗之别，给神灵煨桑用的物品也有素荤之分。煨桑本身既是一项宗教活动，又是与这些民族日常生活息息相关的文化习俗。"[①]

献给自然神灵的祭辞，往往是最初的巫师或得道的大成就者写就的。祭辞往往以工整的韵律、比兴或排比的手法，赞颂对象的神奇（包括容貌打扮、坐骑执物、成就经历等），教导对其膜拜与敬奉的功德和意义等。

3. 谚语、谜语

藏族民谚流传历史悠久，内容丰富多彩，寓意深刻悠远。"话无谚难说，器无柄难拿！"这则谚语本身就说出了在藏区谚语的风行程度，同时也道出了"说谚语"自身就是一种民俗活动。谚语本身蕴含着世世代代藏族民众各种经验的总结，其深入浅出的说理形式使之成为劳动人民传递

---

① 吉太加：《简述藏族煨桑颂辞的学术价值》，来源：中国藏学网发布时间：2008 年 10 月 15 日。

知识的固定方式，从而演变为一种民间习俗。

民间谜语以测智、育智为目的，其行为本身即是一种游艺民俗。藏族谜语根据谜面所隐事物的性质，大体分为物谜与事谜两类。无论谜面还是谜底，都采用人们熟悉的并在现实生活中经常接触的事物。"这主要是因为谜语与藏民日常生活之间的密切关系，猜谜语已经成为藏民所喜闻乐见的重要娱乐方式。谜语的制作与传播都根植于人民生活，从中我们也可以看出，藏胞对于美好生活的热爱、向往与渴求。"① 藏族猜谜活动除了其自身的过程、方式具有浓郁的民俗色彩外，谜语的内容也反映出藏族的生产生活民俗、宗教信仰民俗、服饰装束民俗、饮食居住民俗等涉及天地宇宙、自然万物的内容。

4. 歌谣

藏族、蒙古族和土族的民歌分为劳动歌、情歌、生活歌、仪式歌等。"会说话就会唱歌，会走路就会跳舞。"青海藏族和蒙古族日常交流的方法之一便是民歌，以借用周围常见的事物来直接或委婉地表达思想和情感。民歌是藏族、蒙古族和土族民族文化的重要体裁之一，它直接反映一个民族的历史、社会、劳动、风土人情、爱情婚姻、日常生活；是游牧或农耕劳作中的助手，社会斗争中的武器，交流情感、传播知识、娱乐消遣的工具；也是认识一个民族的历史、社会、民风民俗的宝贵资料，具有人文研究价值。藏族的"勒"、"伊"；蒙古族的"长调"；土族的"道拉"、"安昭"都是青海民歌的典型代表。

5. 藏戏

安多藏戏，在200多年前，受西藏藏戏影响，吸收安多地区藏族文化营养，在民歌、民间说唱、民间舞蹈、寺院羌姆等民间艺术基础上，融合藏传佛教文化形成发展起来的。安多藏戏将歌剧、舞蹈、哑剧糅合一起，用多种手段塑造艺术形象和展开剧情，形成其独特的表演风格。安多藏戏所演剧目有著名的八大藏戏：历史剧《文成公主》；神话剧《诺桑王子》（即《智乐仙女》）、《苏吉尼玛》；社会剧《朗萨姑娘》、《智美更登》、《顿月顿珠》（亦译为《端悦瑞智》）、《甲萨白萨》、《日琼巴》；还有

---

① 李晓丽：《从藏族民间文学看藏族民俗——以民歌、谚语、谜语为例》，《西藏艺术研究》2002年第3期。

《格萨尔》系列剧、《雍奴达美》、《松赞干布》、《达巴旦保》、《冉玛那》、《牟尼赞普》等。现主要流行于黄南州、海南州和果洛州班玛、甘德县等地区以及循化县藏区。

四 物质民俗

（一）生产民俗

1. 游牧

青海牧区地处高海拔地带，受早晚温差大，年均气温低，牧草生长期短等影响，大多草场牧草低矮，储草越冬抗灾能力差。而世代生活在这里的藏族和蒙古族牧民在长期的生产生活中摸索和实践出按季转场的放牧方式。由于自然条件的差异，各地牧区一般将牧场划分为冬春—夏秋形式的两季草场和冬—春—夏秋，或冬春—夏—秋形式的三季草场。"由于各地气候的差别很大，季节转场的时间也不一致。按季转场制度和随冷暖变化调节草场高低的放牧习惯，构成了藏牧区的基本放牧方式，民主改革前也不会有本质上的差异。具体怎样放牧，还与人口数量、政治制度（主要指基层社会组织的组织方式）、草场的管理、传统习惯等社会文化相关。"①

转场游牧符合游牧民族"逐水草而居"的生产和生活模式，从而将有限的环境资源转化为利益最大化的经济基础保障。游牧影响下的居住、饮食、服饰及信仰习俗也随之而发生变化。居住帐篷的简易构造、乳肉与皮毛的畜牧生产、生活自需与信仰消费、劳动工具与生产技能都与游牧经济产生极为密切的关系。

2. 半农半牧

青海草地面积大，草地面积占全省总土地面积的50.46%，是全国五大牧区之一。草地主要集中于青南高原、祁连山地和柴达木盆地东南部边缘山地。宜农地土地面积仅占全省总土地面积的1.54%，主要集中分布于东部河湟地区、共和盆地和柴达木盆地。土地类型多样，垂直分布明显。很多牧业与农业交界交错地区，各民族都有从事半农半牧的生产经济形态。"勤于稼穑，多畜牧"，半农半牧，亦农亦牧的生产方式是农耕文

---

① 张建世：《藏族传统的游牧方式》，《中国藏学》1994年第4期。

化与草原游牧文化融合而成的重要文化特征之一。从事半农半牧的各民族在服饰民俗、饮食民俗、建筑民俗等方面，体现出比单一经济形态族群更为丰富和多元的文化特征。他们崇拜土地，敬畏山岳，呵护水草，注重人和自然的和谐关系。表现在对汉文化中二郎神（象征农耕文明）的采借，崇拜与祭祀；对本土山神信仰（象征游牧文明）的继承和延续；耕读并重，勤俭孝廉；尊崇自然，敬信三宝。体现了青海多民族、多宗教、多元文化交织荟萃的重要文化形态，也成为当下各学科学术研究的重要视阈。

3. 农耕

藏族农耕民俗的缘起与其农业文明的发生是同步的，农业文明的最早形态又是早期藏族先祖的农耕信仰。这种以农耕为核心的信仰构成藏族原始信仰的主要内容。与藏族农耕民俗相关的节日，主要发生在开耕播种与开镰收获的两个阶段，如热贡地区藏族、土族的祭祀拉则、护青苗活动、六月会等民俗活动就是在这样的时空展开。"这些民俗活动蕴含了丰富农耕民俗内容的藏族传统生态文化，就其整体而言是唯心主义的，但其中某些具体的思想观点却具有朴素唯物主义的性质，可以从中了解到藏族民众热爱自然、保护自然环境的潜在意识，可以看到一种哲学的启示——一种对时空中的人类这一主体与自然这一客体关系的探讨。这种生态文化，其观念与行为层面本身即蕴含着爱护自然、维护生态平衡的环保意识。"[1]

4. 工匠技艺

在青海，基于生产和生活需求以及宗教信仰需求，一些生产用具和宗教用品在实用性基础上其艺术性得到了很大的提升，体现了高原人民在地球第三极对生命和大自然的热爱，也体现了对神圣精神世界的虔诚与执着。由此延伸出来的工匠技艺民俗也丰富多彩，成为高原民族优秀的非物质文化遗产。

如热贡地区，以藏传佛教信仰为主流的宗教文化直接刺激和发展了热贡艺术。热贡艺术，通常指藏传佛教艺术唐卡、壁画、堆绣及雕塑。实际上热贡艺术还包括当地独特的服饰、语言、建筑等艺术门类。这些都是热

---

① 史云峰：《略论藏族农耕民俗的生态文化学意蕴》，《西藏研究》2010 年第 4 期。

贡地区独特的文化生态所孕育的重要精神和物质财富，热贡艺术综合而立体地展现了热贡人民悠久的历史文化与伟大的创造力，是中华民族的一笔重要的文化遗产。

热贡地区的藏族和土族艺人创制的唐卡、堆绣、雕塑、石刻等享誉国内外的民间技艺及作品，为诠释或展现藏传佛教艺术的传承及表现形式，提供了至关重要的途径，同时也体现了艺术之乡创作群体的精神和智慧。这种技艺和作品除影响广大藏区以外，还广泛流布到印、泰、缅、尼、锡、蒙古等国家，无论在地域、民族，还是人口等方面，其辐射面和影响力深远。

（二）商业民俗

茶马交易是唐代到清末时期，青海地区最主要的一种传统民族贸易形式，也称"茶马互市"。唐开元十九年（731）在赤岭（今日月山）设置互市是青海境内茶马互市的最早记载。"自唐世回纥入贡，以马易茶"①以后，产生了由封建王朝专营的茶马互市（又称"茶马易政"）。明初在河州等地设置茶马司，负责用四川、汉中之茶，对换西宁卫等地之马。后改秦州茶马司为西宁茶马司，其机构设于西宁卫城北大街（今西宁北大街东侧），市马地点在镇海堡（今湟中县多吧镇通海村），清初移至多巴。茶马司受巡按御史（明中叶后特设陕西巡茶御史）的监督。"这种官办的茶马贸易，是历代封建王朝从政治上'羁縻'藏区各族人民的重大措施。"②

青海各民族的民间贸易历史十分悠久，而且相互影响。随着民间贸易及商业城镇的发展，在一些当地手握资本又精于蒙藏语言的商人以中间商身份出现，形成新兴的"歇家"行业。歇家"家属能操蒙、番语，常衣蒙、番衣，亦有私相结婚者。其人在不蒙不番不汉之间，杂于毛皮革履中，指为蒙，若亦蒙，指为番，若亦番焉"。③清末民初，在丹噶尔城（即湟源县城），有歇家四十余户，说明当时在青海境内歇家数量是可观的。"歇家"营业，一是接待过往收买货物的回、蒙、藏等商

① 杨一清：《为修复茶马旧制以抚驭番众安靖地方事》，《关中奏议》卷3。
② 景庆风：《青海工作—2006年5期》，青海省档案馆。
③ 徐珂撰：《清稗类钞·羌海歇家》，中华书局1984年版。

人，为之屯放物品；一是代理售货人向官府缴纳税款；一是为买卖双方充当中介，收取费用；一是为客商代办驮马运输。总之，歇家原是懂少数民族语言，既经商又干公的衙役之类，后来发展成青海民族贸易中特有的一种商业经纪人，集货栈店主、牙会、翻译身份为一体的居间商人。

"靠近河湟游牧区内部以及农区广大地区没有一个商品交换的固定场所，无论农耕民族还是游牧民族主要是到城市集市场进行贸易。"①因此，以西宁、多巴、丹噶尔、鲁沙尔等地为传统的贸易集市。而在20世纪后期，民间贸易逐渐寥落，改革开放以来，由于相关政策的开放与支持，民间贸易活动日趋繁盛，凡乡镇地方皆有民间贸易场所，或集市，或物资交流会，多种形式地为民族民俗文化的交融提供了更多便利。

（三）生活民俗

1. 服饰民俗

服饰文化是人类社会特有的劳动成果。人类的生产与生活、观念与习俗、审美情趣，以及种种文化与宗教观念，都积淀于服饰之中。藏传佛教民俗文化圈内的藏族、蒙古族、土族拥有各自民族特色的服饰文化，各民族内部又因为地域文化与族群传统的不同存在一定的差异性。如青海玉树地区藏族服饰与安多地区藏族服饰各有特色；安多地区华热藏族、卓仓藏族和果洛、海南藏族服饰有区别；海北、海西和河南县蒙古族的服饰不尽相同；互助、同仁和民和土族服饰各具鲜明个性。

总体来看藏族、蒙古族和土族服饰具有以下特征：

受游牧生产生活方式影响的衣装宽大、长靴毡帽、皮革绒毛材质厚实、冬夏装分明的特征；

受辗转游牧"逐水草而居"的迁徙生活影响，女性拥有金银珠宝饰品并随身佩戴，体现了"藏家的财富在身上"的民族特性；

受农耕生产生活与汉族服饰影响，农业区的服饰总体显得衣襟短小、衣裤简便、衣饰朴素，便于农耕劳作；

半农半牧地区群众由于兼营农牧，多具备应对游牧与农耕的两种服饰

---

① 勉卫忠：《论清中前期青海地区民间商贸的兴盛》，《西北民族大学学报》2011 年第 6 期。

体系；

受宗教信仰的影响，藏族、蒙古族和土族服饰的纹饰与宗教信物形制大同小异。在长期的经济与文化互动中，各民族服饰艺术相互影响、相互渗透，最终形成体现在服饰上的"你中有我，我中有你"的区域与民族文化特征。随着社会的发展，藏族、蒙古族和土族的传统服饰不再是其唯一的服饰文化模式，西服、中山装及各种流行服饰已经较为深入地延伸到青海广大农村牧区，一方面对各民族传统服饰文化造成了一定的冲击，但另一方面迎合时代发展丰富了民族服饰文化的现代内涵。

2. 饮食民俗

青海是青藏高原的一部分，海拔 3000 ~ 5000 米。西北部的柴达木盆地，海拔也在 2600 米以上。青海高原和盆地草原辽阔，牧草丰茂，是优良的高原牧场。东部的青海湖周围、黄河河谷是主要的农业区，主产春小麦、青稞、蚕豆、荞麦、马铃薯、油菜子等。蔬菜品种不是很多，主要有萝卜、白菜、辣椒等。

青海藏族、蒙古族大多从事畜牧业生产，而汉族、回族、撒拉族、土族则主要是从事农业生产。牧区主要食用牦牛肉、羊肉，乳品主要是牦牛奶，也食青稞（多做成糌粑）、大米、面粉等。藏族、蒙古族的食物主要是牦牛奶、牛羊肉、糌粑等。乳肉食品是传统的主要饮食材料。米面类食物除了在日常生活中消费以外，在一些重要的人生礼仪、节庆活动和宗教仪式上得到重视，形成与乳肉食品互补的食材。

嗜茶与饮酒是藏族、蒙古族和土族的重要习俗，由此形成的独具高原特色的茶文化与酒文化。高原茶文化和酒文化将人生礼仪习俗、宗教信仰习俗、节庆习俗和饮食习俗紧密联系在一起，使其上升为各民族表达情感娱神娱人、增加互动等精神需求的重要载体。

由于民族间的互动、游牧民族各自的传统文化及藏传佛教信仰影响，青海藏族、蒙古族、土族在饮食禁忌上有着共同的习俗。尤其是对水产类、飞禽类、穴居类、奇蹄类动物仍以民间信仰文化为规范进行了食物禁忌。同时，在餐饮习俗中对茶和酒的饮用仪式具有一定的宗教文化内涵，从而体现神圣与世俗的理念架构。

第三节　藏传佛教民俗文化圈的基市特征

一　二元结构的兼容性与排他性

青藏高原地区地形复杂多变，多种地貌并存。由于地势高差大，气候和植物呈垂直带谱分布，是全世界著名的生物多样性地区，被誉为"动植物的基因库"。历史上有诸多民族在青藏高原及其边缘交流互动，形成了青海地区以藏族文化为主体，多民族文化共存的状态。多民族与多元文化和谐共处、相互交融是其区域文化的主要特征。丝绸之路与唐蕃古道等民族文化走廊，为青海世居各民族经济与文化交流提供了重要的现实通道，但由于受到高山峡谷与雪域戈壁等地形的影响，世居民族地理空间、经济空间、文化空间被分割成了相对独立的地理单元、文化单元和经济单元，从而使得文化的多元化与文化的地域性差异成为青海地区的一个显著特征。

特定的地理空间、传统的经济与文化模式造成了青藏高原民族文化的孤立性、封闭性、保守性和坚强的凝聚性特征。但是，正因为地理环境的封闭阻隔了他们的视野，各民族在青藏高原这个艰险的地理环境中尽可能地创造着自身的文明，拓展着与周围各民族的交流往来，这也就赋予了高原世居民族文化的兼容性、综合性、凝聚性和相对开放性的特征。

尽管在历史的长河中各民族保持着各自鲜明的民族文化传统，但在藏传佛教信仰的影响与洗礼下，藏族、蒙古族、土族等各民族在文化上得到了历史悠久的交流和共进，因而青海藏传佛教民俗文化圈内的民族民俗形态仍然具有兼容性和排他性双重特征。

（一）藏传佛教文化的兼容性

佛教在青藏高原的传播和藏传佛教的形成与发展，经历了漫长的历史过程。与传统的本土文化与风土人情进行足够的磨合和适应，佛教最终得以蜕变成为适宜于更广泛地传播，进而形成青藏高原的主流宗教。积极吸纳与顺势应变使得佛教精神千余年来成为藏民族的心理支柱。

藏传佛教作为藏族、蒙古族和土族等民族精神生活的重要组成部分，是依赖于各民族的经济、政治发展的，但作为上层建筑，又对民族的经济、政治、文化的发展产生重大的影响。共同的宗教信仰强化了各民族内部的基本特征，增强了民族的凝聚力。历史上的三世达赖喇嘛索南嘉措与俺答汗的仰华寺会晤，就是基于共同宗教信仰之下的政治事件，使得之后的蒙藏关系、蒙藏与中央的关系得到了坚实的基础。位于青海各地的一些大的藏传佛教寺院并非是某一单一民族的宗教场所，往往辐射和影响着多个民族的精神层面和民俗生活，从而形成以藏传佛教为核心的多民族民俗文化圈。因而藏传佛教文化的兼容性促成了共同信仰之下各民族文化交流、互补共进的强大包容性，成为各民族文化之间的桥梁和纽带。

（二）民族文化的交流

共同生活在根据海拔而垂直呈现的不同地理环境中，各民族与族群秉承着彼此不同而互补的经济文化形态。生活物资与精神需求的客观条件，使得世居青海的各民族彼此借鉴和吸收先进的生产知识与技能，相互采借和择取彼此有益的文化模式，从而共享了优秀的文明成果。

诸如优秀的口传成果《格萨尔王传》、《隆宝赛什乾》、《文成公主》等史诗和传说在多民族中广泛传唱；卓舞、安昭、羌姆等民族舞蹈，社火、那顿、那达慕、热贡六月会、花儿会等民俗活动，在内容和形式上相互采借，具有共性又彰显个性。表明居住在青藏高原的各世居少数民族在信仰不冲突的文化背景下，视居住空间的距离程度和族际交流程度的不同，在语言、饮食、居住、服饰、交通及艺术等方面不同程度地共享了彼此的文化成果，相应减少了民族间的冲突，而更多地使文化发挥了调节族群关系和增强民族互信的作用，保持了高原民族社会的和谐和发展态势。

二 信仰实践的扩布性与世俗性

藏传佛教在相对封闭的环境中维持了藏区社会的长期稳定，但任何一种宗教无法将自己永远置于"象牙塔"中禁锢与封闭。而是将其教义与理念付诸世俗社会的生活实践中，获得了更为广泛和持久的社会影响力。诸如基督教、伊斯兰教和藏传佛教，无不在世俗社会的实践中实现其精神张力的。宗教的精神和理念在物质层面往往通过建筑、艺术（绘画与雕塑、音乐与舞蹈）、饮食、服饰、行为等加以体现，这些物质表现形式在很大程度上成为宗教种类与派系的重要标志。渗透到民俗生活中的藏传佛教文化，统摄着一些民俗文化的内涵和要义。最终在物质与精神领域深刻地实现其信仰实践。

由于现代文明的迅速发展和传播，藏传佛教文化传统的信仰实践模式受到新的影响和冲击。"现代社会文明的冲击给藏传佛教文化带来的影响力是超乎寻常的，藏传佛教世俗化的速度也会越来越快；它所带来的必将是一系列的藏区传统社会生活理念和生活方式的转变。"① 藏传佛教在其组织形式、宗教人员、活动程序和仪式模式方面发生了新的变化，这种变化淡化了藏传佛教的神圣性，增强了藏传佛教的世俗性和现代性。其主要表现在：

受国家生育政策和民间生育理念的影响，区域内藏传佛教寺院出现"出家"人员减少，"还俗"人员增多；迎合旅游经济的发展模式，一些寺院扩建维修成为观光景点，以旅游收入实现"以寺养寺"；藏传佛教僧人生活的现代化，僧舍装饰与用具，通信与交通工具的现代化和时尚化，体现了僧众对现代社会发展成果的向往；随着民族宗教艺术的品牌化和市场化，藏传佛教艺术品的创作由传统的寺院和家庭信仰供奉需求，转向重点服务于社会性的收藏和商品销售需求；现代信息和交通的发展带动了僧人和群众活动半径的扩大，视野和观念的更新改变了僧众居寺化缘受施，信徒时时膜拜和供奉佛寺的传统习俗。游客的旅游消费与布施、扩大了经济来源的信众供奉，提供了寺院管理理念与基础建设现代化的有利条件。寺院在其社区中仍然以不可替代的位置，发挥着多重功能。

总之，藏传佛教文化无论是从观念到思想，还是从行为到仪式，正在从传统的世俗化向适应当代社会的现代化转换。这种历史性嬗变进一步表明藏传佛教文化在传承与发展过程中，所具当代信仰实践的扩布性与世俗性。

三 文化根植的杂糅性与多元性

青海藏传佛教文化圈的主体居民为藏族、土族、蒙古族，三个民族地处相似的文化生态环境，宗教信仰便趋于一致，逐渐形成了以共同信仰藏传佛教为标志的藏传佛教文化圈。这一文化圈覆盖了环湖（海南、海

---

① 李姝睿：《藏传佛教文化的世俗化》，《青海师范大学学报》（哲学社会科学版）2010 年第 6 期。

北）、青南（黄南、果洛、玉树）广大游牧区及部分东部农业区。在此信仰圈中的各民族农耕文化和游牧文化不可避免地受到藏传佛教文化的影响，从而在生产民俗、节庆习俗上既保持了各民族不同区域的经济文化特征，也显现出共同的宗教文化表征。

藏族、蒙古族和土族共同传承和延续藏传佛教文化。在塔尔寺、佑宁寺、隆务寺等藏传佛教寺院中，三个民族的僧人共同肩负宗教文化事业，一些寺院很难以民族来区分其族属，于此可窥见其文化上的亲密度。民间群众中的居士与诵经群体，可以自由穿梭于寺院、嘛呢康与庙会，以各自的语言（汉语、藏语、蒙语）诵经祈佛，并受到广泛的尊重。在同一信仰下，族别并非在宗教场所被区分。

自西汉武帝及以后的两千余年中，移民至青海河湟地区的汉族，携带汉文化在此区域与当地民族文化进行广泛接触、碰撞，推动了这一地区汉文化与其他民族文化的融合与发展，致使青海藏族、土族等民族在诸如语言、服饰、习俗等局部上或整体上呈汉化趋向。

藏族、土族、蒙古族、汉族之间的互动圈，其中，藏族、蒙古族、土族都信仰藏传佛教，土族吸收了许多汉族宗教的成分，汉族也同样受藏、土两族宗教的影响。随着道教在青海河湟地区汉族中的传播，它也逐渐渗入藏传佛教文化圈内的土族等民族的信仰体系中，并占有一定的地位。玉皇阁、土地庙、二郎神庙、门神、灶神等遍布于土族地区，"即道中有佛，道佛合璧，甚至某些萨满教的内容也掺杂在道教之中"。[①] "这种现象在青海民和县土族地区最为明显，在土族聚居的村寨至少有一所文庙，其中供奉着道教和民间信仰诸神，甚至在当地的藏传佛教寺院内，出现道教与佛教诸神共聚一堂的情形。"[②] 在一些汉族村落中，仅在丧礼中就有延请藏传佛教僧人、道士、汉传佛教和尚，甚至民间信仰中的法师做道场，"僧道两门"或"僧道巫三门"同场超度亡灵的仪式，证明藏传佛教民俗文化圈所具有的杂糅性和多元性特征。

---

① 范玉梅：《土族宗教信仰述略》，《世界宗教研究》1997 年第 1 期。
② 张科：《和而不同：论青海多民族文化的鼎立与互动》，《青海民族研究》2007 年第 4 期。

小　结

藏传佛教在其产生与发展过程中，就与信徒的生活密切融合，渗透到生产生活的各个方面。无论是观念还是行为，无论是个体还是社会，宗教的教义与生活的本真融而为一。人们在生产和生活的惯习与法则中践行了人与自然的和谐理念，因而，生活的常理与社会的准则，个人的价值与社会需求的关系处理，往往更多地蕴含在常态化的民俗文化中，成为世居高原的各族传统民俗文化中重要的组成部分，成为模塑和彰显民族性格与民族精神的重要文化模式，延续至今，在华夏文明多元文化长河中永远闪耀着光辉。

第四章

伊斯兰教民俗文化圈

　　伊斯兰教民俗文化圈中的主体民族是回族和撒拉族，还有保安族、东乡族及其他信仰伊斯兰教的民族，主要分布在青海省的东部和东北部的西宁市、化隆回族自治县、循化撒拉族自治县、大通回族土族自治县、民和回族土族自治县、门源回族自治县，省内其他县市也有零星分布。据2010 年人口普查，回族 834298 人，占全省总人口的 14.83%；撒拉族107089 人，占全省总人口的 1.90%，加上其他信仰伊斯兰教的民族，青海伊斯兰教民俗文化圈中的人口有百万左右。

第一节　伊斯兰教民俗文化圈的形成和发展

一　伊斯兰教在青海的传播与发展

　　伊斯兰教传入中国经历了七八百年的漫长岁月，其传播速度是相当缓慢的。只是在蒙古西征和东来建立元朝以后，伊斯兰教在中国才有了一个较大规模的传入和普遍而迅速的发展，并与中国悠久的文化传统互相影响和融合，逐渐形成了具有中国特色的伊斯兰教文化。伊斯兰教在青海的传布同全国一样，也是一个缓慢的渐进过程。

　　唐代，从陆上丝绸之路来到中国的大食军队、外交使团主要活动于以长安为中心的西北地区，阿拉伯、波斯的穆斯林商人也多往来于这一路。根据回族口碑资料，唐代中亚商人越过葱岭和祁连山，到达河湟一带，进行商业贸易，继而从事耕作。据说现在西宁回族中的哈、白、穆、丁等姓的先祖，就是当时移居到此的波斯人，他们成为伊斯兰教在青海的最早传播者。

　　到了宋代，仍旧有大量的阿拉伯、波斯以及中亚其他地区的穆斯林继续从陆上沿丝绸之路进入新疆，到罗布泊附近，因为这时河西走廊为西夏所据，他们要去宋朝辖地进行外交、贸易活动，无法通过，就东南入柴达木盆地，经青海湖北岸，过西宁，循湟水谷地到洮河流域，走临洮，再由陇南进入关中平原，东去洛阳、开封。[①] 11 世纪以河湟流域青唐城（今青海西宁）为中心建立的唃厮啰政权所统属的部众中有回纥数万，足以说明当时居留在青海的穆斯林规模弥足可观。据李远《青唐录》记载，当时的青唐城的东城居住着"陷羌人及陷人之子孙，夏国降羌、于阗、回纥，四统往来贾贩之人数百家居之"[②]。当时的青唐城与今西宁市的城区相近而偏南，其东城与今东关一带邻近并相接，这一带一直是穆斯林居住比较集中的地区。西夏建国以后，阻塞了丝绸之路河西走廊，唃厮啰政权采取了联宋攻夏的政策。康定元年（1040）八月，宋政府派屯田员外郎刘涣出使邈川，"出古渭州，循末邦山至河州国门寺，绝河逾廓州，抵青唐"[③]。于是从古渭州（陇西）抵青唐（西宁）的路线被开通，从青唐抵新疆、中亚的线路也被重新开辟。特别是在北宋收复湟州、洮州以后，青海路被视若通衢，而往返于这一路的穆斯林使者、商人等就更多、更频繁了。他们因宋与吐蕃、西夏等国在政治、经济、军事上的冲突等因素，不得不经常在沿途各地滞留，而当时处于宋、吐蕃、西夏及金等势力交接要冲的鄯州（今西宁），这种滞留的情形就可能更为经常了，这无疑对包括西宁在内的河湟地区伊斯兰教的传播和发展是一个较大的推动。

　　13 世纪初，成吉思汗西征从中亚回军经由甘肃河西走廊东归实施其灭夏、灭宋的政治军事计划，曾于宋宝庆三年（1227）攻取洮、河、西宁等州，这时，随同东来的数百万计的"西域亲军"（即主要是被征发的葱岭以西阿拉伯、波斯和中亚信仰伊斯兰教的各族人）连同随军的工匠和妇孺等，在蒙古军队征服西北后，其大部或以驻守，或从事屯聚牧养于西北各地。于是，形成了"元时回回遍天下，及是居甘肃者尚多"[④] 的局

----

　　① 马士年：《伊斯兰教在陕西的传播发展与演变》，《清代中国伊斯兰教论集》，宁夏人民出版社 1981 年版。

　　② 陶宗仪《说郛》卷 35，上海商务印书馆 1927 年版。

　　③ 《续资治通鉴长编》卷 128，康定元年 8 月条。

　　④ 《明史》卷 332《西域四》。

面。当时，从六盘山到黄河的宁夏和甘肃的河西、五条河等地，是一个主要的农垦地区。现今青海回族等穆斯林主要居住的省内东部农业区在历史上正是属于甘肃的一部分，五条河垦区则全部包括了今日青海穆斯林居住的大通河、湟水流域和古代被称作析支的循化、化隆到贵德的黄河谷地。元初，天方圣裔故土布·览巴尼·尔卜都莱海麻尼（穆罕默德二十世孙），在成吉思汗征服撒马尔罕等中亚地区后，由伊拉克来到中国，先去云南，继又率从者来到西宁从事讲经活动，"复命归真"后，当时坐镇西宁的西宁王速来蛮特地为其在西宁凤凰山修建拱北，并立碑以志纪念。"圣裔"之所以由云南专程来到西宁，说明西宁已经有穆斯林居民，并且是伊斯兰教已经传播的地区。另据传说，现在西宁的北关、南关和白玉巷等清真寺，就是元代修建，清代被毁后于近、现代才修复的，这说明在元代西宁已经有相当规模的穆斯林居民，而且已经有了公开集体进行礼拜等宗教活动的场所——清真寺和拱北，标志着伊斯兰教在该地区的传播和发展具有广泛的影响和一定的社会基础。

明清时期是伊斯兰教在青海进一步广泛传播和发展的时期。有明一代，将"移民实边"作为一项国策，数度移民青海，使得大批江南居民，包括大批回族陆续被迁移到青海。到了清代，由于极其复杂的社会历史原因，以各种形式来到青海的穆斯林较前代更多。清初甘州米剌印、丁国栋领导的一度席卷西北的回族反清起义失败后，曾有一部分起义者为逃避镇压屠杀携眷翻越祁连山来到门源、祁连一带落户，他们中的一部分曾依附于蒙古人托茂公，受到庇护并娶蒙古女子为妻，在后来的发展中，形成既有蒙古族的某些习俗，又保留伊斯兰教信仰的青海托茂人。雍正三年（1725），罗卜藏丹津事件平息后，仅修建大通卫（包括今大通、门源、祁连三县）所属大通、白塔、永安等三处城堡，即从山西、陕西、甘肃、北京等地迁来大批回民以实边。这部分回民先后大批地移居青海，不仅壮大了青海回族，而且使伊斯兰教在北从大通河流域东经湟水谷地，南至黄河积石山流段的整个河湟地区有了进一步的发展。清代中后期，统治阶级的民族压迫，尤其是对信仰伊斯兰教的回族、撒拉族人民的高压政策，激起回族、撒拉族人民多次掀起不屈不挠的反抗斗争；起义失败后，西北回民成千上万地被屠杀的同时，引起大范围的逃难流徙，陕、甘等地起义回民，或因失败避难，或因继续进行抵抗，陆续来到青海，在客观上使伊斯兰教在一些偏僻地域得以传播和发展。①

二 伊斯兰文化在青海的地方化与民族化

（一）伊斯兰教在中国的传播是一个缓慢、渐进的过程，也就是一个地方化和民族化的过程。伊斯兰教在兴起发展的过程中，由阿拉伯人的民族宗教逐渐地演变为世界性的宗教，并完成了它的地方化和民族化，与传播地区的民族民俗文化"在相互作用、相互影响中，得到融合、发展的过程"②。正因为使伊斯兰的意识形态与所传播地区和民族的生活习俗、文化传统有机的融合起来，才使得伊斯兰教文化在不同的地区民族中生根、发展，当然这种融合并非是两者简单的拼凑，而是以伊斯兰教为主因，"伊斯兰意识形态对所传播地区和民族的信仰、习俗、文化的筛选、加工和改造的结果，也是这些地区和民族逐步放弃那些不适应伊斯兰信仰需要的原有信仰、习俗、文化的结果"③。纵观青海伊斯兰教的发展历史，正是如此。

（二）伊斯兰教在中国的传播，唐代与大食、波斯及中亚穆斯林在唐朝的留居相同步，信仰伊斯兰教的大部是"蕃商胡贾"，穆斯林内部使用阿拉伯文、波斯文或突厥语系的语文，虽在社会活动中不得不习用汉语文，但在姓名上、生活习惯上以至服饰上仍保持外国穆斯林的特点。为了满足蕃坊内的穆斯林及临时因商务等来此的蕃客的宗教生活，在所居各地建立了礼拜的场所，但不对外开放，教义也不向外宣传。伊斯兰教的社会影响是微不足道的，唐会昌五年（845），唐武宗"灭佛"，外来宗教均在淘汰之列，但唯独伊斯兰教的命运各种史籍皆未提及。许多中国人更多地是从世俗角度、一种异国生活方式去观察和认识伊斯兰教，把它视作一种制度或法律，因此，它往往被称为"大食法"或"大食教度"。④ 宋代，中国穆斯林被称为"土生蕃客"或"五世蕃客"，可以说，这时的穆斯林已经本土化和民族化了。

（三）伊斯兰教在青海的传播发展过程是青海回、撒拉等族形成发展

① 参见喇秉德、马文慧：《青海伊斯兰教》，宗教文化出版社 2009 年版，第 118—136 页。
② 金宜久：《伊斯兰教在中国的地方化和民族化》，《世界宗教研究》1995 年第 1 期。
③ 金宜久：《伊斯兰教发展的基本模式》，《新疆社会科学》2001 年第 1 期。
④ 秦惠彬主编：《中国伊斯兰教基础知识》，宗教文化出版社 1999 年版，第 6 页。

的过程，也是伊斯兰文化在青海的地方化与民族化过程。

从唐朝助唐平乱的大食、回纥军士的落居，唐、五代、宋经商的大食、波斯及中亚人和伊斯兰教大贤等宗教职业者在西宁等河湟地区的活动和留居，经蒙古人将大批回族军士，以及贡使、商贾等安置到甘、宁、青境内，从事戍边屯田，到明清时期移民实边而定居的过程，经过长期同当地汉、藏、蒙古族等其他兄弟民族友好相处，逐渐发展繁衍，在全国回族形成的同时形成了青海回族。[①] 考察青海回族的历史，明清两代是青海回族发展的重要时期，在此期间，一批又一批的南京、北京、安徽、山西、陕西等内地各省的回族同胞，通过移民实边、逃荒避难、赴青经商等各种渠道迁居青海，落户全省各地，使青海回族人口不断增加，再加上为数不少的蒙古、汉、藏等兄弟民族改奉伊斯兰教，他们自然而然地融入青海回族的行列，增加了这个民族成员的多元性与复杂性。随着历代大批回族移民的迁徙落籍，把他们原有的各种习俗带到了青海，一些不适应高原气候和物产实际的服饰习俗、饮食习俗、居住习俗、生产习俗等被迅速淘汰，而当地回族中已形成并传承下来的各种习俗则被自然地接受，同时他们所带来的一些反映内地回族先进文化的崇儒勤学、商业、家教、家风、人生礼仪等民俗，也被当地回族所接受，渐渐与当地回族所固有的一套相类似的伊斯兰古风融为一体，不断充实，不断完善，被一代又一代的后来者世代传承下来。[②]

元代，居住在今中亚撒马尔罕的西突厥乌古斯部撒鲁克人的一支，由其首领尕勒莽率领原撒鲁尔部族东迁，辗转来到积石州即今青海循化一带。他们是带着原有的伊斯兰教信仰而东迁的（带的《古兰经》至今还保存着），在万里跋涉中，伊斯兰教的教义思想、生活方式成为他们的精神支柱与凝聚纽带。到达循化地区后，与当地的藏、蒙古、回、汉等民族共处，进而联姻，他们坚持了伊斯兰教信仰与生活方式而又适应了当地的自然条件和社会环境，从而发展成为撒拉族。撒拉族定居循化地区后，在与周边的藏族、回族、汉族交往融合的过程中，不断吸收这些民族的民俗民风，形成今天具有青海地方特色的撒拉族民俗。

---

① 参见喇秉德等：《青海回族史》，民族出版社 2009 年版，第 20—40 页。
② 同上书，第 299—300 页。

元代开始居住在今青海黄南同仁保安的保安人，也是传承了从中亚来的宗教文化，吸收当地藏族、蒙古族文化以及其他本土文化，逐渐形成了保安族文化。直到清代晚期迁徙到甘肃，是青海伊斯兰教文化圈的重要组成部分。

这些来到青海的穆斯林，增添了适应在青海得以传播、发展的新因素，放弃那些来自其他地区和其他民族的而又不适应在青海当地传播、发展的因素。不断适应青海的社会环境和生活习俗，与青海当地的汉、藏、蒙古等族杂居共处，共同生活和彼此交往。他们随乡入俗，在青海长期居留、婚配、养儿育女、繁衍后代。在共同交往中，不仅生活习俗得到了交融，而且新一代穆斯林的血液中融合进不同民族的成分。新一代穆斯林与他们的先辈们相比，在信仰上、习俗上受到当地汉、藏等族的影响；同时，婚配之人皈依伊斯兰教后，也会很自然地把本民族原先的信仰和习俗带入伊斯兰教，久而久之成为这个穆斯林民族的特色或者传统。因此，这种适应青海地区的生活方式和经济发展水平、具有民族特性的伊斯兰信仰，被回、撒拉族一代代的沿袭、延续下来，从而显现为独具青海地域特色的伊斯兰文化。

三 伊斯兰文化的世俗化与族教一体化

伊斯兰教是一个教俗不分、入世性极强的宗教，经典《古兰经》不仅规定了认主独一、笃信安拉等六大宗教信条，规定了五大功课和有关的宗教礼仪，而且它本身也是确立宗教、政治、经济、军事和法律的根据，同时，它还是一种社会伦理规范的准则。圣训的许多内容是直接为现世服务的。伊斯兰教进入中国传统社会后，经过适应、生存和发展并形成中国伊斯兰教的历程本身就是世俗化的过程，因此，回、撒拉等民族本身就是伊斯兰文化世俗化过程中形成与发展的，他们具有：

第一，与生俱来牢不可摧的坚定信仰。没有伊斯兰教及其在中国的广泛传播，就不可能产生今天的回、撒拉族。也就是说，回、撒拉族是在伊斯兰教的凝聚作用下，不断融合其他民族成分逐渐形成发展为民族，并以伊斯兰教作为本民族的文化内核，因而他们对伊斯兰教的宗教情感深厚，伊斯兰教信仰与回、撒拉族的民族感情、文化习俗融为一体，伊斯兰教的思维模式、行为方式、价值观念、道德规范等成为青海回、撒拉族独特生活方式的根基。建立在伊斯兰教信仰基础上的青海回、撒拉族民族意识、民族认同感带有浓厚的宗教色彩，对伊斯兰的认同往往超过对本民族的认同，民族意识与宗教感情交织，民族认同与宗教认同重叠，但宗教认同普遍高于民族认同。

青海回、撒拉族将伊斯兰教及由此而衍生的民族风俗习惯、价值观念、人伦礼仪的崇信和尊奉视为立族之本。在他们的传统观念中，如果失去了伊斯兰教，没有了对伊斯兰教的信仰或对相应的风俗习惯的遵从，那么民族共同体也将会逐渐消失。纵观回、撒拉族形成、生存、发展的全部历史过程，能清楚地看到伊斯兰教对回、撒拉族生产方式、生活态度、居住模式和社会行为等诸多方面的深刻影响。回、撒拉族对自己的信仰和风俗习惯极其珍视，并将其确认为本民族文化的根基，积淀于民族文化心理的深层结构中，塑造了回、撒拉族文化的基本范式。

第二，中国传统文化熏陶下的双重民族性格。除了伊斯兰教对回、撒拉族及其文化的深刻影响外，中国传统文化对回、撒拉族共同体的形成和发展也产生过重要影响，比如汉语言文字对回族共同体的形成就起过重要的作用。"由于汉文化在质量上占据绝对优势，本身具有强大的凝聚力和吸引力，加之国家政权在正统的社会文化观念的指导下，运用其行政、军事权力直接干预民族的文化变迁，所以汉文化也就成为回族形成发展过程中文化认同的重要内容。"[1] 回、撒拉族文化实际上就是伊斯兰文化和中国传统文化两种文化的融摄，两种文化的交互作用造就了回、撒拉族文化，也培育了回、撒拉族人谨慎持重的文化心理，他们总是要在两种文化的交汇处选择自己的生活方式和行为准则，如果失去了对伊斯兰教的信仰和对相应风俗习惯的遵循，族体的绵延无疑是困难的；如果拒绝汉文化，同样不利于族体的存在和发展，在社会生活中，一般以"伊斯兰文化为体，汉文化为用"的价值准则处理两种文化之间的关系，使得青海回、撒拉族具有了汉文化与伊斯兰文化"二元一体的文化结构"[2]。从民族与国家的关系看，回、撒拉族具有强烈的中华民族凝聚力，对中央政府的向

---

① 丁宏：《从回族的文化认同看伊斯兰教与中国社会相适应问题》，《西北民族研究》2005年第 2 期。

② 杨怀中：《回回民族二元一体的文化结构》，《回族研究》2006 年第 1 期。

心力强。二元一体的文化结构培育了回、撒拉族强烈的国家意识，在公共生活中遵守国家法律，在私人生活领域和宗教生活中部分地保留伊斯兰教教法，兼顾宗教认同与国家认同。也就是说，青海回、撒拉族以伊斯兰文化为核心，造就了回、撒拉族宗教性的一面；另一方面，回、撒拉族文化依据伊斯兰教的基本精神，吸收了中国传统文化中的成分，体现出世俗性的一面。① 新时期，广大青海回、撒拉族爱国、爱教并举，较好地统一了自己的民族身份与公民身份。

第三，伊斯兰教两世并重理念下的积极入世。伊斯兰教是一种既出世又入世的两世兼顾的宗教，它把宗教信仰与青海回、撒拉族的现实生活结合起来，一方面，恪守《古兰经》规定的宗教生活和行为准则，履行宗教功课，以追求后世的幸福；另一方面，青海回、撒拉族积极投入现实生活，追求今世的幸福。在这种两世并重的观念影响下，青海回、撒拉族无论对社会压迫，还是对自然环境的险恶，都能采取入世的进取态度，勇于奋斗、不怕困难，顽强地生存发展。所以，在青海，你可以看到，清真寺既是回、撒拉族的宗教活动中心，也是他们的经济中心，回、撒拉族在这里沟通、传递信息，商量生意。礼拜时间到了到清真寺做礼拜，礼拜做完了继续做自己的生意。

第二节　伊斯兰教民俗文化圈的民俗形态

伊斯兰教在青海地方化和民族化的过程中，毫不改变它作为伊斯兰教的质的规定性，除了《古兰经》原封未动，其基本信仰、礼仪、教法禁戒和某些规定依然维持原样，青海回、撒拉族在长期的生活中，对伊斯兰教的信仰教义、宗教功修、宗教伦理和教法规定等恪守不渝，久而久之，这些教义等就逐渐演变为民族风俗习惯而沿袭下来，并对回、撒拉族的世界观、人生观以及心理素质、行为规范都起着潜移默化的作用，经过世代相传而形成为回、撒拉族独特的民族风俗习惯。

① 马惠萍：《试论回族社会宗教与世俗二合一的结构特征》，《中南民族大学学报》2005 年第 1 期。

一 精神民俗

无论是宗教信仰，还是各种禁忌与讲究，青海回、撒拉族严格遵循着《古兰经》和圣训的规定。精神民俗是青海回、撒拉族最重要的习俗，宗教生活也是青海回、撒拉族日常生活中至关重要的生活。

（一）宗教信仰

1. 六大信仰

青海回、撒拉族和全国穆斯林兄弟一样，坚守六大基本信仰，即信安拉、信天使、信使者、信经典、信前定、信后世。青海回、撒拉族认为这是信仰的根本，是"伊玛尼"。首先是信安拉，这是最首要、最基本、最重要的信仰，认为"除安拉之外，别无它神"，其他一切信仰都是它派生和规定的，青海、撒拉族一般以波斯语称为"胡大"。信天使，也称天仙，是安拉用光创造出来的一种妙体，他们受安拉管辖，绝对服从安拉的命令。信使者，或信先知，青海回、撒拉族称为圣人。穆罕默德是安拉在不同时期向不同民族派遣的众使者中的最后一位。信经典，就是坚信安拉差天使转达启示给先知穆罕默德的天经——《古兰经》。青海回族一般按阿拉伯语称为"古拉尼"。《古兰经》是伊斯兰教唯一的根本经典，是伊斯兰教信仰和教义的最高原则，是伊斯兰教法的渊源和立法的首要依据，也是伊斯兰教各学科和各派别学说得以建立的理论基础，是伊斯兰教社会生活、宗教生活及道德修养的准绳。信前定，一切事物，包括人生的一切都是由安拉预先安排的，承认和顺从安拉的安排是穆斯林唯一的、不可动摇的信念。信后世，即相信死后复活和末日审判。

2. 五项功课

念功、礼功、斋功、课功、朝功，是伊斯兰教的基本功修，也是青海回、撒拉族必须遵守的宗教义务和不可或缺的生活实践内容，简称"五功"，也称作五桩天命。念功，是五功之首，主要指念诵古兰经及一切赞颂真主的经文。其中念"清真言"是最基本的。穆斯林通过出声的念诵清真言，表白和坚定自己的信仰，这是作为一个穆斯林最起码的条件。清真言是穆斯林从出生到死亡听得最多、念得最多的经文。礼功，即礼拜，青海回、撒拉族一般称波斯语乃玛兹，是穆斯林面向麦加克尔白（天房）诵经、祈祷、跪拜等一整套宗教仪式的总称。分为日礼、聚礼、会礼三种。日礼每天五次，聚礼每周一次，又称作主麻。会礼每年两次，在每年的开斋节、古尔邦节举行的大范围的集体礼拜，近年来这两节在西宁东关清真大寺做礼拜的人超过十万，成为西宁东关的一景。青海回、撒拉族一到礼拜时间，即沐浴更衣，聚集到清真寺或在家里朝向麦加克尔白（天房）方向做礼拜。因每天五次礼拜时间基本固定，所以青海回、撒拉族特别是老年人日常生活中说时间时一般以礼拜的波斯语名称来称呼，如"沙目时候"，意思是做昏礼时间，大概在黄昏的这个时间段。斋功，即斋戒。每年伊斯兰教历9月（莱麦丹月），每个成年（男12岁，女9岁）穆斯林都应斋戒一个月，这是天命斋，即每日从天将破晓至日落时，禁饮食、房事，戒除一切邪念，纯洁思想，一心向主，时刻念主。近年来，随着青海农村的回、撒拉族不断移居西宁，每年的斋月西宁东关就非常的热闹。课功，又称"天课"，青海回、撒拉族一般称阿拉伯语音译"则卡提"（意为"洁净"）。天课是伊斯兰教法定的施舍，即"奉主命而定"的宗教赋税，称作"散天课"或"施天课"。按照伊斯兰教规定，穆斯林须每年将资财作清算，除去正常开支所需外，其盈余的资财，包括动产和不动产，均按不同课率每年缴纳一次。朝功，即朝觐，是穆斯林朝觐麦加克尔白的一系列宗教礼仪活动的总称。每一个穆斯林在身体健康、经济条件许可和路途平安的情况下，一生须至少赴麦加朝觐一次。完成朝觐功课的穆斯林，获得"哈吉"的荣誉称号。对于这五项功课，青海的回、撒拉族遵守得非常好，也常常以此来评价某人"教门"好不好。

"所有以上这些心理中的六大信仰和表现在外在行为的五桩天命，构成了青海穆斯林全部宗教生活的核心，并制约和影响着他们的世俗生活。"[①]

（二）禁忌与讲究

由于青海回族、撒拉族族教一体的心理感情，使得回、撒拉族的一些禁忌直接从伊斯兰教而来，伊斯兰教中的许多禁忌也就成为回、撒拉族的禁忌，对于禁忌习俗的保留与维持使回、撒拉族一直保持着本民族的特色。[②]

---

① 马成俊：《试论青海伊斯兰教文化圈》，《青海社会科学》1992年第5期。
② 喇秉德等：《青海回族史》，民族出版社2009年版，第313页。

1. 饮食禁忌

饮食禁忌是青海别的民族对回、撒拉族印象最深刻的一点，因为只要有一个穆斯林，在吃饭时就要在"清真饭店"。青海回、撒拉族不吃自死物、血液、猪肉、猛禽猛兽和不反刍的畜类以及没有念安拉之名而宰杀的动物，严禁饮酒、吸烟及服用一切麻醉品和毒品。

2. 服饰禁忌

青海回、撒拉族严格遵守着伊斯兰教的规定，在穿衣方面禁止男性穿戴华丽服饰、佩戴黄金饰物；反对以穿着豪奢服装来显示自己的高贵、富有，招摇过市，傲慢待人；严禁妇女显露美姿，妇女可以穿戴和使用一切能装饰和美化她们的东西，穿戴所有与她们的气质相适应的服饰，但不能显露给丈夫和至亲以外的男子，禁止妇女袒胸露臂；禁止文身、锉牙、修拔眉毛、整容、变性等；禁止男子模仿妇女，妇女模仿男子等。

3. 卫生禁忌

青海回、撒拉族遵守《古兰经》和圣训的规定，在卫生习俗方面禁止用右手处理污秽事务，大小净、穿衣、吃饭、喝水、付出或接受东西时用右手，而大小便、脱鞋等处理污秽事务时用左手；禁止吃生葱、生蒜后做礼拜；禁止在礼拜时吐痰、打哈欠、吹东西；禁止在公共场所大小便，禁止在水中大小便，凡是有便迹的水，不能用做洗大小净的水等。

4. 婚姻禁忌

青海回、撒拉族在婚姻习俗中也遵循教规的规定，严禁与有相近血缘、亲缘、婚缘和乳缘的人结婚；禁止与外教人结婚，宗教信仰一致是穆斯林婚姻的先决条件，故而在青海回、撒拉族中，如要同不信仰伊斯兰教的人结婚，必须要对方先"随了"，即先信仰伊斯兰教，然后才能成婚；严禁娶有夫之妇；禁止视离婚为儿戏；反对禁欲，反对绝欲，反对终身不结婚的"独身主义者"，不主张纵欲，提倡节欲；严禁性反常，反对同性恋等。

5. 丧葬禁忌

青海回、撒拉族在丧葬习俗中，严格遵循伊斯兰教的规定，在待葬和葬礼期间禁止喧哗、宴客、送花圈帐联、放鞭炮、敲锣打鼓或其他乐器；禁止号啕大哭，认为人的生、老、病、死皆由安拉前定，"无常"是其归宿，不必悲伤过度而号啕大哭；葬前停置亡人于堂屋，供亲友前来吊唁，不设灵堂、灵位、祭台，不供祭品，不悬挂遗像、不燃烛；亡人只用三丈六尺白布包裹掩埋，没有陪葬品，既不大办丧事，也不大举祭祀；坚决禁止送葬时看风水、择吉日、给亡人或向前来送葬的人鞠躬叩头、哭号亡人、披麻戴孝等。习惯以"口唤"、"归真"、"无常"或"埋体"等称之，不说"死亡"；禁止自杀，因伊斯兰教规定人的生死是由安拉前定的，所以一个人不能自己结束自己的生命，对自杀身亡的不行殡礼。

6. 商业禁忌

青海回、撒拉族善于经商，但在经商中严格遵循伊斯兰教的规定，严禁重利盘剥、在商品中掺假、以次充好、囤积财富垄断市场、缺斤少两，禁止发誓推销商品、购买偷窃、抢夺来的东西、出售违禁物品、窖藏金银、货币闲置、经商中使用欺骗手段等。

7. 人际交往禁忌

青海回、撒拉族在日常人际交往中恪守伊斯兰教的规定，严禁作伪证、说谎、诬蔑、谗言、诽谤、讥笑并以诨名相称、恶意猜测、侦探他人隐私、嫉妒、妄言嬉行、背后非议等。

8. 社会生活禁忌

青海回、撒拉族认为一切皆由胡大安排，相信自己的命运由胡大前定，因而在社会行为方面穆斯林不算命，不揣骨相面，不信风水阴宅，不求仙方神药，不搞驱鬼治病等，严禁赌博、求签、占卜看相、玩妖术、佩戴护身符，禁止偶像崇拜等。

青海回、撒拉族有以上各方面的禁忌，故而在日常生活中就有许多讲究，在做饭之前，必先洗手，而且必须是流动的水，口念太思米①，才开始做，进餐时同样。在炸油香前，制作者得洗大小净，炸前要念太思米，如女性在经期，则不能捞油香，炸好后，要面子向上放，而且，要说"油香"，忌说"油饼"。盛饭菜、舀水、倒水等忌讳反手；宰牛、羊、驼时须用绳子捆其两条前腿和一条后腿，摆成头南尾北面西的姿势，宰牲者也要面西，宰完后禁止用开水烫皮烫毛，而且讲究说"宰"，忌说"杀"；吃油香、馒头、锅盔等食品时，忌整个咬着吃，要掰开了吃；忌说

---

① "并斯命亮"，阿拉伯语，奉普慈特慈的真主之命。

"死"，而要说"无常"、"殁了"、"亡故"、"归真"、"口唤了"等；在表示从事某项活动的心愿，并请求真主接受或回赐时要用"举意"或称"立意"，而忌用"许愿"；在"尔麦力"、"圣纪"等活动中或给祖先上坟时的宗教仪式中用"点香"而忌说"烧香"；忌成年穆斯林不洗大净入清真寺或上坟；忌已婚妇女披头散发，外露羞体；忌男子留长头发、长指甲；上茶、端饭要用双手；严禁抛洒饭菜、馍馍渣，撒在桌子上的饭菜要吃掉，对儿童尤其严格，从而培养他们从小养成珍惜粮食的好习惯，等等。

二 社会民俗

青海回、撒拉族社会民俗中的礼仪习俗、节庆习俗、婚姻习俗、丧葬习俗等均遵守着伊斯兰教教规和教法的规定，有些内容直接来源于《古兰经》和圣训，从而表现出其浓郁的伊斯兰文化特色。

（一）礼仪习俗

青海回、撒拉族的礼仪习俗包括人生礼仪和生活礼节。人生礼仪主要是从生到死之间若干重大阶段的礼仪，生活礼节主要是见面礼节、待客礼节等。在婴儿出生后的 7 天内，由家中女性长辈为其洗大净，请阿訇或有经文知识常念经的男性长辈先在孩子右耳边低念"邦克"（即上寺礼拜的宣礼词），再在左耳边念"孞麦体"（即到清真寺后准备礼拜的招呼词），再吹一口气（男孩左耳，女孩右耳），意为一出生即为当然的穆斯林。[1]然后用阿拉伯文起经名，多为伊斯兰教历代先知或值得纪念的著名人物的名字，近些年也有用阿拉伯语中嘉美词语等起的经名。亲友拿着馍馍、长面、鸡蛋、红糖、红枣、肉等营养品，长辈们还要拿一套婴儿衣服去探望，西宁回族称之为"咬面"。满月后亲友们要贺满月，称为"做满月"。给孩子要剃胎毛，将剃下的胎毛团成一个小球，由母亲妥为保管。男孩长大后要进行割礼，称为"海特乃"（阿拉伯语意译），也叫遵"逊乃提"（即遵从穆罕默德圣人的行为）。过去都是由专门的宗教人员施行，现在大都在医院进行。

穆斯林见面要说"赛俩目"（阿拉伯语音译，又译作"色兰"）。当

---

[1]　王正伟：《回族民俗学》，宁夏人民出版社 2008 年第 5 版，第 8 页。

人们相遇时，先问候者说："安赛俩目尔莱库目！"（"真主赐你〈们〉平安"），回答者说："吾尔莱库目赛俩目！"（"求主也赐你〈们〉平安"）。说、接赛俩目，一般都是后来者先向先来者、少数人先向多数人、年幼者先向年长者、乘骑者先向步行者、客人先向主人、穆斯林先向阿訇、学生先向老师、男性先向女性、丈夫先向妻子致祝词；凡有致祝，听到后须抢答祝词。

（二）节庆习俗

开斋节，阿拉伯语称"尔德·菲图尔"，青海回族也习惯称"尔德节"或"小尔德节"。这个节日是穆斯林斋戒期满，开斋的日子。青海回、撒拉族的男女老少都沐浴更衣，换上节日服装，男人们聚集到清真寺或河滩、田野里，参加开斋节会礼。会礼后都去已故亲人墓地上坟，并请阿訇到家中"念亥亭"。然后互相祝福，给"家伍"、亲友或左邻右舍的老人们"开斋"，祝安、问好。妇女们早已将屋内院外打扫得干干净净，并炸油香、摆馓子，沏茶备菜，喜候参加会礼的亲戚和阿訇的到来。节日期间，人们走亲访友，问候四邻，相互道贺，并喜欢将自家精做的油香、馓子、花花、熬肉等食品及其他礼品赠送给亲戚和四邻。

古尔邦节，阿拉伯语为"古尔巴尼"，意为献牲，所以又称"宰牲节"，青海回族也称"大尔德节"，这也是开始朝觐的日子。这一节日在开斋节后70天。这天，青海回、撒拉族的男人们参加尔德会礼，期间还要戒半日空斋（即早上起来不吃饭，会礼结束后开斋）。会礼结束后请阿訇到家宰牲，邀请接待客人。作为一个穆斯林，在他的一生中必须要献牲一次（一人一只羊，或七人一头牛，或七人一峰骆驼），所宰牲肉分为三份，一份留给自己食用，一份分送亲戚邻居，一份舍散穷人。

圣纪节，即纪念穆罕默德的生日，同时也是他的忌日。青海穆斯林一般在清真寺举行隆重的纪念活动。期间，穆斯林按自己的经济条件自愿送钱、米、面、茯茶、牛、羊等到清真寺，由寺中学董组织专人统一宰牛羊、炸油香、做饭，供一切来寺听经、祝贺的人们食用。

（三）婚姻习俗

青海回、撒拉族普遍实行族内通婚制。若要娶（嫁）非穆斯林，对方须改信伊斯兰教，随回、撒拉族习俗，民间称为"随了"。青海回、撒拉族结婚除了要遵从国家法律外，还要举行宗教仪式——念"尼卡海"。

青海回族传统婚姻习俗大致程序是：送问包—送定茶—送礼—遵婚—支茶—娶亲—下厨房—回门—拆篷。婚礼清晨，新郎、陪客和伯父、叔叔、阿舅、兄弟、"娶亲的"① 等若干人组成娶亲队伍，在媒人的率领下，用大盘子端着红枣、核桃、大米、羊肉等前去女家举行婚礼仪式——念"尼卡海"。首先，阿訇对新郎考问有关伊斯兰教信仰（"乙麻尼"）、信仰箴言（"克利买"，即清真言）等宗教常识，接着阿訇询问一对新人的经名，向他们及双方父母询问是否愿意这门亲事，在得到肯定的回答后，阿訇宣布这一婚姻合乎教法，并当众商定男方给女方的"买海勒钱"②。然后阿訇念诵经文证婚，即这桩婚姻合乎教法。③

撒拉族传统婚姻习俗大致步骤是：求亲—订亲—送彩礼—迎亲。婚礼清晨，由男方家长率领亲属中的男性及新郎到女方家中念"尼卡海"，新娘的长辈在庭院里会给新郎戴上新帽，系上绣花腰带，新娘在闺房里由其嫂子等给她梳最后一次姑娘头。"尼卡海"念完后，新郎在众人的簇拥下向女方的长辈女眷道"色俩目"，新娘在伴娘的扶持下一边唱"撒赫斯"，一边将手里的麦子撒在地上，在院子里绕三圈，出门时由哥哥或舅舅抱着来到乘坐的马跟前，新娘再拿上三碗牛奶，一碗泼在她乘坐的马的马蹄上，两碗仍拿回家中。之后前往男方家里，迎送新娘的队伍经过某一个村庄时，村口会有人请新娘及送亲人吃"油搅团"、喝茶，新娘一方则以钱作为酬谢，一路如此。傍晚时分，由四个年轻人表演"骆驼戏"。众人围坐一圈，由一高一低二人翻穿白色皮衣扮演骆驼，另一人扮演尕勒莽，再由一个人扮作蒙古人，当彼此接近时，一问一答，其内容反映了撒拉族先民牵着骆驼从中亚撒马尔罕迁至青海的情形，场面十分热闹；在新娘到男方家后的第二天女方家请来的民间艺人唱"乌热亥苏兹"，向众人道赛俩目相贺，祝愿两亲家和睦相处，常来常往，小两口互敬互爱情深意长，教导新婚夫妇要尊敬长辈；规劝人们对婚姻要严肃慎重；夫妻相亲相爱，白

---

① "送亲的"和"娶亲的"分别为娘家和婆家从各自女眷中选派的与新娘平辈稍年长的已婚妇女，类似于其他民族专门陪伴新娘的女傧相；其中娘家选派者为"送亲的"，必须熟悉一应礼数且行事干练，在整个婚礼期间陪伴新娘，负有教导、监护新娘的责任。陪客，即男傧相，也必须是已婚者，但不能是新郎的兄弟。

② 阿拉伯语，意为聘礼，其数量多少往往根据男方财力而定；不必当场交付，但日后必须亲手交付给妻子，除非女方自愿许免。

③ 喇秉德等《青海回族史》，民族出版社 2009 年版，第 301 页。

头偕老；嘱托亲家对"不明事理"的新娘多加爱护，言传身教。①

（四）丧葬习俗

青海回、撒拉族严格依照伊斯兰教教法的规定实行土葬，忌火葬，俗称"送埋体"。一般当日亡，当日葬，傍晚后亡，可于第二天晌礼（下午两点左右）后埋葬，使之入土为安。先用清洁的水为亡人"抓水"（一般是男性由阿訇或清廉长者，女性由阿訇奶奶或族内年长妇女），同洗大净一致然后用白布，青海回、撒拉族称为"卡凡"、"穿布"，即三丈六尺白棉布包裹好亡人；当埋体洗好，亲友瞻仰后，用者那札（阿拉伯语，意为埋体匣子）抬着，由男性亲友抬送到清真寺举行葬礼，俗称"站乃玛孜"（因亡人有男女老少产妇之别，故祈祷词因之而异）；然后由男人们将"埋体"抬送到墓地，将亡人以头北脚南、仰卧面朝西放入坟穴偏洞，当用备好的土坯垒砌好偏洞口，三锹土下坟后，阿訇开始念颂《古兰经》，念完之后大家一起做"都哇"祈祷。②

对亡人的纪念祈祷主要有以下两种方式：一种是念亥亭，分三天、头七、二七、三七、四七、月斋、百天、周年等亥亭；其中三天亥亭较为隆重，一般要宰牛宰羊，每一次念亥亭都要散乜提。一种是上坟，坚持数日甚至更长时间；对亡故的至亲长辈如父母等，每年忌日由儿孙上坟并念亥亭；凡开斋节和宰牲节，后人们都要给先人上坟。③

"纵观青海穆斯林的人生仪礼，无不是以伊斯兰教义作为准绳的。也正是通过这种方法，完成了穆斯林大众一生从自然人到社会人的社会化和再社会化过程，并且以此强化了穆斯林们对伊斯兰宗教文化的归属感和认同感，同时，伊斯兰宗教文化起到了对每个穆斯林一生习俗礼仪及习俗化的整合与重整再造的功能。"④

三　口承民俗

青海回、撒拉族的神话、民间故事等深受伊斯兰教的影响，其语言、

---

① 钱永平：《民族民俗的表演与文化的确认——青海循化撒拉族传统婚姻习俗的特征、民俗含义初探》，《甘肃民族研究》2004 年第 4 期。

② 详见喇秉德等《青海回族史》，民族出版社 2009 年版，第 305—306 页。

③ 喇秉德等：《青海回族史》，民族出版社 2009 年版，第 307 页。

④ 马成俊：《试论青海伊斯兰教文化圈》，《青海社会科学》1992 年第 5 期。

民间谚语、宴席曲等的内容和伊斯兰教有着千丝万缕的联系，同时，又有着浓郁的青海地方特色。

（一）语言

青海回族同全国回族一样，在形成过程中没有形成自己的语言，通用汉语文，日常用语主要是青海方言。撒拉族有本民族语言，属阿尔泰语系突厥语族，日常用语中撒拉语和普通话共用。青海回族日常用语中经常出现"无常"、"归真"、"知感"等具有伊斯兰意蕴的波斯、阿拉伯语词汇，这些词汇以汉字组成，由汉语变化而来，但表示着特定的民族与宗教生活内容，如称"晨礼"为"邦搭"（波斯语）、"晌礼"为"撒失尼"、"哺礼"为"底盖尔"、"朋友"为"多斯弟"，见面问好称"色俩目"，星期五聚礼日称为"主麻"等。

（二）神话

青海回、撒拉族中流传着许多神话故事，同伊斯兰教有着千丝万缕的联系，如其中流传比较广泛的解释人类起源的神话《阿丹与海娃》、《人祖阿丹》、《阿丹目·艾斯里掏热亥旦》（泥捏阿丹）、《洪水泼天》等；反映伊斯兰教创立、圣战等方面的神话《蜘蛛鸽子救穆圣》、《七人一狗》、《古尔邦的来历》、《天仙与圣人》等；有关自然的神话，如《阿丹寻火种》、《插龙牌》、《李郎降龙》、《玛乃与穆萨》、《太阳的回答》等。虔诚的青海回、撒拉族对待这些神话故事，铭记在心，代代相传，而且还被阿訇和老人们作为劝化人心的生动题材，伴随着伊斯兰教的传播而流传于回、撒拉族中，在流传的过程中又经回、撒拉族劳动人民的艺术加工，赋予了许多本民族的特色。

（三）民间传说

从一定意义上讲，青海回、撒拉族民间传说是"口传的历史"，她伴随着青海回、撒拉族的形成和发展的整个过程，为人们了解青海回、撒拉族的历史发展、劳动生产、风俗人情、地方特色等提供了丰富的鲜活资料。如族源传说，《回回的来历》、《青海回回南京来》、《骆驼泉》等；人物传说，如《宛嘎斯的故事》、《蜘蛛鸽子救圣人》、《韩二个》、《格塞日和阿依阿娜》等；还有些是各教派创始人的故事，如《马来迟的传说》、《杨保元》、《鲜美珍》等。还有许多反映清代回民反清起义的传说，如《光绪二十一年》、《水咕嘟巷》、《黑城子起义》、《马文义》等。

（四）民间故事

青海回、撒拉族的民间故事非常多，有表现劳动人民反抗压迫剥削的故事，如《阿布杜的故事》、《国王、木匠、和尚》、《五只羊》、《松子克买香》等；有反映男女青年追求美好的爱情和家庭生活的故事，如《阿里和他的白鸽子》、《天鹅和猎人》、《白鸽子姑娘》、《蜜蜂当媒》、《金口弦》、《孖女婿》、《阿腾其根·麻斯睦》等；有以自我教育为主要内容的家庭故事，如《孝顺的媳妇》、《聪明的儿媳》、《长信与短信》、《奶盆里喂蛇》等；有以揭露嘲笑敌人的讽刺故事以及富有童话趣味的动物故事，如流传在回族中的《吃人婆》、《碎钉子换饭》、《猫与狗》、《锅漏》、《熊阿舅》等，流传在撒拉族中的《巴斯》、《牧童、兔子和狼》、《巴哈阿吾》、《阿姑孖拉姬》、《孖拉阿吾》、《阿娜云红姬》、《皇帝夺妻》、《布热、吐里古、道仙》、《狼、狐狸和兔子》、《道仙、麻布热》等①。

（五）儿歌

青海回、撒拉族中流传的儿歌节奏明快，其中特有的生活内容带着浓厚的地方特色和浓郁的民族特色。如流传在青海回族中的《打罗罗》：打罗罗，喂面面，阿舅来了散饭饭。啥饭？豆饭。啥豆？黄豆。啥黄？米黄。啥米？小米。啥小？蚂蚁虫儿的蛋小，弹下个窝坑儿了泥漫掉。一问一答都表现了儿童的好奇心，特别是"蚂蚁虫儿的蛋小"既形象，又贴切。也有教育儿童从小了解生活常识，例如：今天吃散饭，明天吃搅团，后天吃长饭，各样调和都齐全。流传在撒拉族中的《凯给力克》（石鸡）从不同侧面反映了撒拉族人民的日常劳动和生活状况，语言简练，生动有趣，节奏明快、韵律和谐，充满着浓郁的民间生活气息。②

（六）民间谚语、歇后语

青海回、撒拉族的民间谚语、歇后语的内容和语汇呈现出鲜明的民族、地域特色，内容包括时政、事理、修养、社交、生活、自然、生产、文化教育、宗教信仰等，具有语言简练、比喻形象、生动活泼、哲理性强、韵律严格、富有节奏感等特点。它一般以本民族最熟悉的事物为依托点，通过谚语的形式表现出来，其中所包含的内容有许多是与回、撒拉族

① 韩建业：《撒拉族民间文学中的民俗事象》，《青海民族学院学报》2005年第2期。
② 同上。

的日常生活、生产习俗和经营方式等密切相关的，如"大买卖不要宰牛，小买卖不要贩油"等；有的谚语反映了本民族的民族感情和心理特征，如"老回回没有隔夜的仇"、"天下黄土，埋天下回回"等；有些谚语教人勤俭节约，如"细水长流，断顿难挨"、"靠千座金山，不如靠两只手"等。歇后语的内容，无论是描绘生活情景，还是劝导人心，都是非常生动、意蕴深刻的，如"骆驼装进匣子——全是故事（骨尸）"、"穆民没有伊玛尼——丢了根本"等。在日常生活中，人们无论是替人说合婚事，还是排解两家纠纷，都大量运用谚语和歇后语，以增强说服力；形式有单句谚，如"会水的鱼儿浪打死哩"；两句谚，如"人情一匹马，买卖争分毫"。由于回、撒拉族的日常生活中大量使用阿拉伯语、波斯语，使得回、撒拉族谚语很有个性特色，而且与在各兄弟民族交往过程中，学习吸收了汉、藏等民族的不少优秀谚语，有的加以改造，有的原样照用，从而丰富了青海回、撒拉族的谚语宝库。如：明扬的尔扎布，暗藏的尔买里（意为干恶人人皆知，行善不必张扬）。做事要靠塞拜布，成功要靠安拉乎。不论穷，不论富，都是三丈六尺布，等等。

（七）宴席曲

宴席是青海回、撒拉族婚礼程序中最热闹、最富喜庆气氛的中心环节，因回、撒拉族禁绝烟酒，为增加喜筵欢乐气氛，于是一种为回、撒拉族所特有的说唱娱乐形式——宴席曲就应运而生。主要流行于化隆、门源、大通、民和、湟中、循化等地区。因只能在家中或村中演唱，故又叫家曲，属于民歌中的小调。宴席曲由举办婚宴喜事的人家做东安排，所邀请的唱把式，也叫曲把式，是婚宴喜事中唱宴席曲及表演的主角，均系男性；参加婚宴喜事的主要是本村村民，"一家有喜事，全村男女老少都来闹婚宴"，他们在宴席曲中的作用主要是伴唱或当观众。在婆家娶来新媳妇的当晚，曲把式们应邀结伴而至，一进庄廓，先唱《道喜曲》：

> 恭喜恭喜大恭喜，
> 各庄的乡亲们来讨喜；
> 没拿个茶叶（者）空讨喜，
> 你打个调（儿）我唱个曲，

欢欢乐乐恭上个喜①。

接着唱《抬起头儿瞧》：

抬起嘛头儿瞧啊，
抬起嘛头儿了瞧；
诸位上席里坐，
我们开始曲儿俩。

　　在"闹"的过程中，唱把式们使出浑身解数，词语夸张，内容幽默，声调诙谐，动作滑稽。

　　宴席曲曲目有《庄稼人》、《韩起功抓兵》、《懒大嫂抓虮蚤》、《园子家》、《大刘三和尕刘三》、《狠汉子上口外》、《十劝人心》、《恭喜曲》、《十二月花》、《十样景致》、《牡丹月里来》、《方四娘》、《孟姜女》、《杨家将》、《高大人领兵上口外》、《噗噜噜飞》、《绿鹦哥》、《白鹦哥》等。从唱词内容上讲，宴席曲涉及的范围十分广泛，主要包括向主人家道喜的恭喜歌：赞美新人、亲家和答谢媒人、东家的赞美歌；反映农事活动、四季风光等的生活歌；规劝父母疼爱子孙、儿女孝敬父母、兄弟和睦相处、妯娌互相帮助、邻里亲近等的劝喻歌；记述为谋生终年在外奔波历尽艰辛的出门人的歌；描述旧时代征兵从军、军旅生活、离别出征等的出征歌；反映兵荒马乱、妻离子散、闺房思夫的相思歌；表现历史事件的叙事歌；等等。回族宴席曲以歌唱为主，有时还伴有舞蹈，民和、化隆等地曲把式们还简单化妆。其特色是舞蹈动作并不表现歌词内容，只是在唱曲的衬托下表达欢乐情绪的形体语言；其舞蹈特征与音乐形式一致，表演者边舞边唱，一般无伴奏音乐。为烘托气氛，唱把式在表演时就地取材，左手拿宴席中所用的"蘸吃"（青海方言，即3寸大小的小瓷碟），右手拿筷子，有节奏的敲击瓷碟边；在强、弱、缓、急的碟音的伴奏下，时而激情饱满地把一些个性鲜明的动态展现出来，时而以低沉或抒情的音调唱出所表达的情感。回

────────────

　　① 余粮才、芦兰花：《从民俗生活取向解读回族宴席曲》，《西北民族大学学报》2004年第3期。

族人民把他们喜爱的传统武术中的拳术动作融入宴席曲中,增加了舞蹈的表现力和观赏性,使宴席曲充溢阳刚之气;其舞蹈名称几乎都借用拳术套路命名,如《黑鹰展翅》、《老爷抽刀》、《三道步》、《鹞子翻身》、《雁落平沙》、《四门斗子》、《大小梅花》、《虎展腿》、《犀牛望月》、《凤凰点头》等;在表演时,随曲调的变化不断交换位置,脚掌先落地,屈膝半蹲,膝部屈伸,使身体如波浪起伏,与头部的摆动、颤动相协调。整个舞蹈显得刚劲挺拔、潇洒豪迈,反映了回族人民自古以来流存的尚武风气。①

撒拉曲是撒拉族民间演唱的长篇抒情诗,多用本民族语言演唱,也有用汉语演唱的。每首都由若干段意义完整的短诗组成,或叙述了一个故事,或抒发某种感情,或塑造一个形象。旋律带有说唱性,与当地其他民族演唱的民歌有较大差别,风格独特。撒拉曲格调优美、旋律动人、节奏明快、比喻贴切,有着深隽的意境及和谐的声韵,深为广大撒拉族人民喜闻乐见。"玉尔"是撒拉曲的一种,实际上是撒拉人用本民族语言演唱的一种传统情歌,集中地反映了撒拉族青年男女对婚姻自由和幸福生活的追求。其表现手法中,大量运用了民歌中的比兴。借物咏情,借物喻人。多以四、六、八句较多,每句又以五字居多,外加衬词,其节奏短促而明快,旋律奔放且激昂。在语言上,"玉尔"歌词优美,寓言深刻。"玉尔"中影响较大的有《巴西古溜溜》、《撒拉赛巴祭》、《皇上阿吾尔》及《艳姑居固毛》等。撒拉"花儿"是撒拉曲中的又一朵奇葩,它吸取了回族宴席曲、藏族民歌、汉族俚歌小曲的精华,形成了自己独特的风格。其音调高昂嘹亮,婉转悠扬,长于抒情。节奏自由而不松散,再加上用撒拉语作衬句,更显得独树一帜,别有韵味。"哈依勒"(号子)是撒拉曲的又一种形式。它是撒拉族人民集体劳动时喊唱的劳动号子。其语言朴素简单,旋律顿挫明快,节奏感较强,撒拉族人民进行拔草、打碾、打墙、伐木、运木、打场等集体劳动时,都有各自的号子,抒发了撒拉族人民热爱劳动、热爱生活的激情,起到了鼓干劲、助兴致、提高劳动效率的作用。较为著名的有《伐木号子》、《打场号子》、《打墙号子》等。流传较广,影响较大的作品有《撒拉尔赛西布尕》、《皇上阿吾涅》、《伊香儿玛秀

---

① 详见喇秉德等:《青海回族史》,民族出版社 2009 年版,第 242—245 页。

儿》、《阿里玛》、《阿舅儿》、《撒赫斯》和《吾热赫苏斯》等。①

四　物质民俗

青海回、撒拉族的服饰习俗、饮食习俗、居住习俗、卫生习俗等既有着伊斯兰文化的色彩，特别是其区别于其他民族的戴白帽、盖头、清真饮食等，又有着适应青海地理环境、气候等的青海地方特色，如居住方面，城市中的四合院、楼房，农村中的庄廓；饮食中以面食为主，多食肉等。

（一）服饰习俗

青海回、撒拉族的服饰既受到伊斯兰文化的规定和限制，又受到汉族服饰文化的影响。头戴白帽、盖头既是青海回、撒拉族区别于其他民族的一个最显著特点，也是回、撒拉族服饰最为明显的标志。男性老人们冬季喜穿麦赛海袜子②。阿訇、满拉和经常礼拜的中老年人常穿"中拜"③，礼拜时头戴"太斯达尔"或"顶帽"。妇女一般都戴"盖头"，颜色有黑、白、绿三种，不同年龄戴不同颜色的"盖头"，未婚女子和少妇戴绿色"盖头"，中年妇女戴黑色"盖头"，老年妇女则多戴白色"盖头"，在盖头下面还要戴丝线帽或白帽以拢住头发。至今仍崇尚黑、白、绿三色。随着改革开放，青海回、撒拉族的着装也发生了很大的变化，除了标志性的顶帽和盖头或各式绚丽多彩的纱巾外，基本与汉族等无异，但相对比较朴素和保守。

（二）饮食习俗

青海回、撒拉族由于伊斯兰教的规定，而形成特殊的饮食习俗，在城镇形成并发展为别具一格的清真饮食。由于生产方式和居住环境、气候条件的关系，饮食一般以小麦、青稞、豆类等面食为主，以各种蔬菜和牛肉、羊肉等为副食。家庭主妇把烹调手艺作为治家标准之一，谓之"茶饭"。每逢节日和喜庆日子，家家户户炸油香、馓子、油果、蜜馓、蜜果、"花花"等，制作"哈里瓦"（阿拉伯语，意为点心）。由于青海回、撒拉族肉食以牛羊肉为主，故而其手抓牛羊肉、羊筋、牛筋、"筏子"等

---

① 详见朱世奎《青海风俗简志》，青海人民出版社1994年版，第444—445页。

② 麦赛海，为阿拉伯语音译，意为"皮袜子"，一般用软、薄的牛皮制成，洁净光亮，结实耐用。

③ 阿拉伯式长袍，系一种对襟大衣，直领，胸前开扣，颜色多为黑、白、灰三种。

制作的很有特色。各种风味小吃，有凉面、酿皮、甜醅、醪糟、凉粉、麦仁饭、粽子、粘糕、糖油糕等。日常所饮之茶有清茶、奶茶、热窝茶、麦茶和盖碗茶。喜事吃"油搅团"、丧事吃"麦仁"饭是撒拉族饮食习俗的典型特色。

（三）居住习俗

由于宗教信仰的缘故，青海回、撒拉族一般围绕清真寺而居住，俗称"坊"或一个"哲麻尔提"①。根据各地环境和气候不同，在城市为四合院，农村为庄廓，民族特色主要表现在其装饰、布局和陈设方面。传统的回、撒拉族家庭，进门正面的案桌上，正中有"炉瓶三设"，即香炉、香瓶、香盒，香瓶内插有香筷、香铲。有的在正中放经匣，装《古兰经》等经典。室内不置人物或动物画，一般是山水风景、花卉、几何图形、植物画，多挂阿拉伯文中堂字画。一般家庭西墙上都悬挂阿文中堂和具有伊斯兰艺术特色的工艺制镜以及克尔白挂图等。挂历一般都是伊斯兰教历和公历对照的，图案多为著名清真寺或天房、花草等，既便于查阅伊斯兰教传统节日和伊斯兰教宗教节日，又能够欣赏。一般回、撒拉族家庭多在清晨、傍晚点燃苏合香、菡兰香，使房间保持空气清新。最有特色的装饰是用阿拉伯文或波斯文写成的匾额和条幅等，内容以"太思米"和"清真言"等为主。

（四）卫生习俗

伴随着宗教生活，青海回、撒拉族每天要洗"小净"，一周必须要洗"大净"。在宗教节日、宗教活动、出远门及"坏大净"的情况下都要洗"大净"，青海回、撒拉族称之为身上"有水"。因洗小净、大净要用流动的水，故而所用工具是"汤瓶"和"吊罐"。"吊罐"吊在门背后的房梁上，地下是一个水池子，有下水道通往屋外，近似淋浴设备。平时洗手洗脸也多用汤瓶。洗大、小净的水有严格规定，一般洗小净用一汤瓶的水，大净是一吊罐的水，相当于三汤瓶的水。穆斯林特别注意节约用水，现在大多数回、撒拉族家庭装有淋浴设备，老人们就觉得年轻人太浪费水了。

穆斯林在饮食上很讲究卫生，总的来看，主要是根据伊斯兰教规，以"净洁为相宜，污浊的受禁止"为原则。吃牛、羊、鸡、兔等肉，要请懂

---

① 阿拉伯语音译，意为"集体"，中国穆斯林用以指清真寺或指具有共同文化认同的人们共同体。

得宰牲规戒的人来宰，并且要求宰牲的人洗大净。回、撒拉族一般都有保持衣服清洁卫生的良好习惯，一些经常做礼拜的老人更是讲究。平时勤剪指甲，勤剃头发，不许留长指甲和长头发，从小孩刚满月就开始剪指甲。老人一般不留长发，喜欢剃光头，很注意修胡须，上嘴唇上的胡须剪得一般齐而且比较短。一般来说，青海回、撒拉族的门前屋后都修得整整齐齐；院子打扫得干干净净，院子里的东西放得井井有条。在农村，院子里的各样农具、用具等，各有各的位置。粪成方、草成垛，井窖有盖，鸡羊有圈。屋子里窗明几净，门帘洁白，桌子、板凳、炉台、锅台、家中的盆盆罐罐和屋内的各种摆设都擦得油光锃亮。

第三节　伊斯兰教民俗文化圈的基本特征

一　稳固的宗教性与稳定性

由于伊斯兰教对青海回、撒拉族生活的人生礼仪、婚姻家庭、饮食卫生、丧葬、节日庆典、道德行为规范等各个方面都有明确而严格的规定，其中许多习俗直接源于《古兰经》的规定和圣训的要求，使得青海回、撒拉族的习俗有着明显的伊斯兰文化的特色。可以说伊斯兰教对青海回、撒拉民族民俗的形成、流传、延续等起着决定性的作用，同时又对他们的风俗习惯起着重要的稳固作用。伊斯兰教的共同信仰，不仅在青海回、撒拉族的精神世界占统治地位，是一种沟通回、撒拉族成员之间社会关系的主要渠道，而且已成为回、撒拉族世俗生活的准则，成为回、撒拉族特殊的风俗习惯，这种特殊的风俗习惯也是回、撒拉族与其他民族文化差异的重要内容。许多人认识回、撒拉族的"少数民族"身份就是根据他们的风俗习惯。[1]

伊斯兰教对回族共同体的影响是如此之深，以至于过去很长一段时间人们将伊斯兰教称为"回教"，将穆斯林称为"回教徒"；将接纳其他民族成员时举行的仪式称为"入教"，而不称"入族"，在回族的观念中"入教"即"入族"。回族乐于学习和吸收外族文化，但这种学习是坚定

---

[1]　丁宏：《从回族的文化认同看伊斯兰教与中国社会相适应问题》，《西北民族研究》2005年第2期。

自己最根本的信仰前提下的兼收并蓄，即对外族文化的吸收和借鉴始终以不损害本民族的宗教信仰和风俗习惯为前提，这也是回族虽长期置身于汉文化之中却未能被同化的一个重要原因。而历史上统治阶级的同化政策不但没有改变、淡化其信仰，反而使他们对自己的信仰和习惯更加眷恋和固守，在痛苦的煎熬中强化了信仰本位意识。

青海回、撒拉族的民俗一经产生，就伴随着回、撒拉族的生产及生活方式长期相对稳固下来，成为他们日常生活不可或缺的组成部分，如饮食方面的炸油香、吃馓子及各种饮食禁忌习俗，卫生方面的洗大、小净习俗，服饰方面的戴白帽、盖头等习俗，伴随着青海回、撒拉族的形成、发展一直延续至今，历经无数次的改朝换代和社会变革，尽管一些民俗随着历史的发展，社会和生产方式的进步，生活方式的改变而淡化甚至消亡，但那些最根本的关键性的习俗却一直传承至今。伊斯兰教生活方式形成青海回、撒拉族主要风俗习惯后，它并没有脱离宗教意义，因而仍受到伊斯兰教的约束；青海回、撒拉族风俗习惯形成后，其本身已经具有了相当大的稳定性，加之伊斯兰教宗教意识的约束，使得这种稳定性更强。

二 浓郁的民族性与交织性

从宏观角度上讲，青海伊斯兰教民俗的形成因受其经济生活、社会结构、心理素质、宗教信仰、艺术、语言等各方面制约，形成了青海伊斯兰教民俗的特点；从微观方面讲，青海伊斯兰教民俗的形成，还受到了许多外部条件，诸如青海的自然地理、气候、社会环境以及生产力发展水平、民族杂居交往等的制约，从而在长期的发展中形成了一种特殊的，仅属于青海回、撒拉族所独有的饮食习俗、姓氏习俗、人生礼仪习俗、婚姻习俗、节日习俗等，具有浓郁的民族性和区域性。

青海伊斯兰教民俗中有不少民俗是多种文化类型互化与整合的结果，表现出了多层次、多形式的交织复合特征。最为明显的是青海伊斯兰教民俗中既有伊斯兰教教规的表现，阿拉伯、波斯、中亚、西亚民俗文化的基因，也有中国传统文化，主要是汉族文化的影响，还有周边藏、蒙古等少数民族文化的影响。如青海回族给亡人做"头七"、"二七"、"三七"、"四十天"、"百日"等纪念活动，时间上同于汉族的习俗，回族借用其形式，并赋予宗教意义，使之成为回族民俗；撒拉族的庄廓墙四角放白石的习俗来源于藏族习俗；撒拉族婚俗中新娘出门时，用三碗牛奶，一碗泼在新娘的马蹄上，两碗仍拿进来的习俗，新娘在出娘家门时，要骑马在门前场院里绕三周，还徐徐撒完一把麦子，象征新娘家五谷丰登，到婆家生根发芽的习俗，请客人吃"油搅团"的习俗，以及舅舅在撒拉人的婚礼中备受重视，从订婚到婚礼举行完毕，没有舅舅参与的局面几乎是不可想象的，要给舅舅抬"羊背子"、送茯茶，新娘给男方家做见面礼枕头鞋袜都要给舅舅要做双份，以示敬重，由此有"阿让恩达"（即宴请舅舅的意思）的撒拉族婚礼习俗等来源于藏族婚俗；回、撒拉族的服饰民俗，回族的语言民俗，更是阿拉伯文化和中国汉民族文化交织复合的结果，现在回、撒拉族除了留须、戴白帽、戴盖头、围纱巾等习俗外，随着时代的变化，已与汉族着装没有什么大的区别了。除撒拉族还保留着自己的语言，回族的语言口头上还保留着一些宗教经堂用语外，基本上都使用汉语言文字。

三　强烈的凝聚性与排他性

在青海回、撒拉族社会的形成和发展过程中，其成员之间共同的伊斯兰教信仰，强化了回、撒拉族的基本特征，增强了回、撒拉族的认同感和凝聚力。伊斯兰教的生活方式渗透、浸润于青海回、撒拉族生活之中，影响着回、撒拉族心理素质、民族精神的形成和发展，回、撒拉族突出的表现就是共同文化特点上的共同心理素质，这根无形的精神纽带贯穿于回、撒拉族的形成、繁衍和发展过程中，使回、撒拉族表现出强烈的、有别于其他民族的性格特征，有着强烈的民族认同感或民族自我意识，素昧平生的回、撒拉族人若是相逢在一起，只要道一声"色俩目"，就会立刻亲热起来；看到清真寺就知道是穆斯林的聚居点；街市城镇上，汤瓶盖碗的招牌给穆斯林指明了饮食住宿的地方。伊斯兰教确立了回、撒拉族"信主独一"的信仰观，确认真主的绝对唯一性与同一性，它使回、撒拉族认定真主不是某种人格化的神，而是无形象、无方位、超越时空、永恒存在的精神实体。这种信仰观，否定了人格化的鬼神及巫术迷信，同时使回、撒拉族加深了对至高无上的真主的敬畏信赖之情，从这种虔诚的宗教信仰中，可以感受到回、撒拉族内在的巨大力量。伊斯兰教提出了"穆斯林是兄弟"，穆斯林应团结一致，互相帮助。在过去某些时期所遭受的社会歧视和压迫下，回、撒拉族能以伊斯兰教为准绳，自觉忠于宗教、忠于民族集体，表现出"心齐"的精神状态。

青海回、撒拉族村落和社区中，最引人注目的就是作为宗教活动中心的清真寺，每一个回、撒拉族人的一个生命历程中重要的阶段无不与清真寺联系在一起。清真寺最基本的功能就是礼拜和举行宗教仪式的场所，穆斯林每天的五番拜，主麻日的聚礼，开斋节、宰牲节的会礼以及其他宗教节日都要在清真寺举行，既巩固了回、撒拉族的宗教信仰，又将他们紧紧地凝聚在清真寺周围。在现代化进程越来越快的今天，清真寺是回、撒拉族社区的灵魂，顽强地固守着伊斯兰信仰的阵地[1]。

凝聚的同时就会有排他，凝聚性越强，排他性随之增强。青海回、撒拉族的围寺而居、清真饮食、宗教禁忌等，在日常生活中无形地拉开了与其他民族的距离，也就有了一种无形的排他性。"民族宗教心理感情是总体上全民信仰宗教的民族特有的心理状态，通常表现为民族自尊心和对所信奉宗教由内在信仰与外在因素导发的异常虔诚、坚定而不容冒犯的自认为最神圣的情感，当民族自尊心同宗教情感重合时，化合而形成新的强大凝聚力和最炽烈、最执着、最虔诚、最神圣不可侵犯的情结，任何一种对宗教情感哪怕是对民族风俗习惯的不尊重、侮辱和伤害，极容易被视为对全民族的最大侮辱。"[2]

小　结

伊斯兰教不只是一种宗教信仰，而且也是一种文化形式和生活方式。青海回、撒拉族严格遵守教规，这是他们宗教信仰的一部分，是他们必须遵守的，是他们生活的准则，同他们的日常生活紧密联系，因而也就必然地、逐步成为他们的生活方式，他们长期遵从这种生活方式，也就必然地成为了他们的风俗习惯。

共同的伊斯兰文化、生活方式形成青海回、撒拉族主要民俗后，它并没有脱离宗教意义，因而仍受到伊斯兰教的约束，是因为这些民俗大都来

---

① 罗惠翾：《现代社会中清真寺功能的人类学解读》，《新疆师范大学学报》2009 年第 1 期。

② 喇秉德：《赭墨集》，民族出版社 2005 年版，第 198 页。

自伊斯兰教教规，都带有宗教道德规范的内容。遵循这些风俗，如同遵循伊斯兰教教规一样，是宗教善功的内容，违背这种习俗，也就破坏了宗教善功。比如饮食习俗中禁食猪肉，对回、撒拉族来说，不仅仅是一种饮食习惯，而且是一种宗教禁律。因为教义认为猪乃不洁之物，"食一口不洁之物则废四十日善功"，今世食不洁，后世将永远失去美食。由于禁食习惯成为宗教禁律，才保证了青海回、撒拉族能保持自己的民族特征而不被同化。如果这种禁食习俗失去宗教意义，那么随着日久天长，随着与其他民族的广泛接触，最后难免逐渐同化，被人遗忘。在婚姻关系中只与穆斯林民族通婚，或者其他民族必须先"随了"的习俗，是来自宗教教规，同时又维系着伊斯兰教在青海回、撒拉族中世代传递，维护着青海回、撒拉族在发展繁衍中保持自己民俗的伊斯兰文化特征。

第五章

儒释道民俗文化圈

  青海汉族及其农业区的部分蒙古族、藏族、土族等，受儒释道思想和文化的浸染，普通民众在日常生活的衣食住行方面表现出了极大的一致性，形成了一个儒释道民俗文化圈。其中汉族人口最多，目前有298万多，占全省人口的53.02%；而受汉文化影响的蒙古、藏、土等少数民族也在30万~50万人之间。其分布地域主要在青海东部的河湟流域，在西部城镇地方也有飞地式分布。这一文化圈既类同于汉文化，又具有鲜明的地方性特征。

第一节　儒释道民俗文化圈的形成和发展

一　儒释道文化的传播

  秦汉以前，羌人作为青海的原始居民，"以狩猎为事"，保持着"被发而祭于野"的原始古风。周穆王西巡会见西王母的传说以及《诗经》中不少与羌人有关的诗句，说明了当时的青海羌人就与中原政权时有交往。而随着中原大一统王朝的形成和封建势力的向西扩展，青海先人与中原内地之间的交流日渐频繁，思想文化间的交流和冲突从此也拉开了帷幕。

  汉代时，统一的中央集权封建宗法专制国家建立后，需要一套在意识形态上和它紧密配合的宗教、哲学体系，于是在汉武帝支持下，由董仲舒推行的"罢黜百家，独尊儒术"的措施，将继承了殷周奴隶制时期的天命神学和祖宗崇拜的宗教思想发展而来的儒家学说，第一次推向王权的正统地位。儒学地位的抬升和汉人的崇尚，随着军事和经济势力的向西渗透，波及和影响了青海地区。汉武帝时，反击匈奴，开通河西，设置郡县，沟通了内地与西域的交通，为用兵河湟奠定了基础。元鼎六年（前111），汉军10万进军青海，击溃羌人，并向湟水流域迁徙汉人，开置公田，还在今西宁市及其附近陆续设立具有军事和邮驿性质的西平亭、长宁亭、东亭等。至神爵元年（前61），赵充国率兵6万进入河湟平息羌乱，事后推行罢兵屯田政策，留士兵并同时招募内地人员共计10281人，在河湟流域从事农业生产。这些来自中原经济相对发达地区的士兵和应募人员，把内地先进的生产工具和生产技术传播到河湟地区，提高了生产力水平。同时积极推行民族和睦政策，形成了汉羌杂处的局面，促进了民族间经济文化的交流和发展。至东汉时，屯田规模更大，范围更广，从湟水流域发展到黄河河曲两岸，甚至到达青海湖一带。兴修水利，发展农业生产，在河湟地区呈现出"郡中乐业"的升平景象，经济的繁荣也为文化的交流奠定了基础。这时的河湟地区一度形成了蔚为可观的汉文化圈，出现了不少的汉族名门大族，如赵氏从事儒学文化的教育推广，"教诲后生，百有余人，皆成俊艾，仕入州府"；而郭、麹、韩、田等家族也是人才辈出，《后汉书》、《三国志》、《晋书》、《北史》等史书中屡有记载。①

　　3世纪初叶，东汉王朝崩溃，形成魏、蜀、吴三国鼎立的局势。河湟地区遂进入魏蜀争夺的战争阶段。东晋之后的青海，地方割据势力风起云涌，政权更迭频繁，但汉文化始终在这里占有一席之地。包括青海在内的五凉地区呈现出一派文明昌盛的局面，学者云集，文教振兴，史称"区区河右，而学者埒于中原"②，"以儒学显"③。而在河湟流域建国18年的南凉政权，初期以游牧民族传统而重武轻文，但是很快接受祠部郎中史暠关于"不学礼，无以立"的劝诫，"建学校，开庠序，选耆德硕儒，以训胄子"④。在此影响下，学儒重礼，蔚然成风。吐谷浑进入青海地区，在长期的民族融合过程中也接受了汉文化和儒学思想，注重任用汉族士人进行儒学教育。这些都为青海儒释道文化圈及其多元发展做了历史积淀。

---

　　① 赵宗福：《汉魏六朝时期西平郭麹二姓家庭考论》（上、下），《江河源文化研究》1994年第1、2期。

　　② 《北史》卷83《文苑传》。

　　③ 《晋书》卷86《张轨传》。

　　④ 《晋书》卷126《秃发利鹿孤载记》。

东晋十六国至南北朝是佛教在中国广泛传播的时期。五凉割据的河西河湟地区，对佛教更是"厚加敬仰"，延请西域僧人翻译佛经，以至内地僧人西行求法成为热潮。河湟地区佛教盛行，在今西宁已建有佛教圣地北禅寺。当时徙居青海的鲜卑各部，"敬鬼神、祠天地日月星辰山川，及先大人有健名者亦同祠，以牛羊祠，毕皆烧之"①。吐谷浑统治时期，王族改奉佛教，其治下羌人也都相继皈依佛教，佛教遂为盛兴，史载法显、昙无竭、法献及惠生、宋云等都曾先后经青海西行求经。随着佛教的传入，产生了佛教艺术，包括建筑、绘画、雕塑等。从此，佛教及其思想在青海地区传播开来。

道教是我国唯一土生土长的宗教，自东汉形成以来，开始在西北地区汉族当中传播。元明以来，大批汉人移居青海地区，也将道教文化移植到这里。尤其是明清历代皇帝都非常重视道教，利用道教为其统治服务。史家曾称："明代，甘宁青一代尊崇道教。"② 随着道教在西北地区汉族中的广泛传播，它也在受汉族文化影响较深的土族、蒙古族中发生影响。明永乐二十年（1422）八月，土族土司李英奏请在西宁卫建真武庙，于明宣德元年（1426）底竣工，明宣宗赐名"广福观"，任命道士孙思忠等五人管理观内事务。翰林院学士曾棨撰《建广福观碑记》云："自建庙以来，雨旸时顺，岁谷累登，边人安居，寇盗屏迹。"③ 东伯府五世土司李宁在今青海民和县上川口建道观一座专门供奉九天圣母神祇，受到民众的信仰；这时期在西宁北边的北武当山（今大通老爷山）也建起了规模宏丽的真武观，兴起了颇有影响的朝山会民俗活动。这些都说明了当时道教就与河湟民众的日常生活有着密切的关系，而这样的民众信仰基础也加快了道教在青海的传播与普及。

道教在渊源上还与青海古羌文化有关。《道藏》中有这样的记载，魏晋时的唐述山（今循化一带的积石山）人迹罕至的山腰上，有"鹤衣羽裳之士"、"怀道宗玄之士"和"皮冠净发之徒"在唐述窟和时亮窟内诵经修道，④ 并收藏有大批古籍经书。羌人以为神鬼，羌人谓鬼为唐述，故

<hr />

① 《三国志·魏志》卷30《乌桓鲜卑传》。
② （民国）慕寿祺：《甘宁青史略》，正编卷15。
③ （明）曾棨：《建广福观碑记》，《西宁府新志》卷35《艺文志》。
④ 青海省地方志编纂委员会：《宗教志》，西安出版社2000年版，第321页。

把积石山称唐述山，把道人居住修炼的石洞称唐述窟，依积石山东流的黄河称唐述河。唐玄宗时，鸿胪寺丞张鹭奉旨使河源，在积石山下遇称为"仙女"的出家道姑，返回长安后，将自己的际遇见闻，写成纪实文学《游仙窟》。在《山海经》、《穆天子传》、《尚书》等古籍中都记载有道教管理天上、地下女仙的最高女神西王母的住所，如湟水源头的西王母石窟，祁连山上的西王母祠，昆仑山上的琼楼仙阁等。道教创立后，在江河源头这块净土上就有梦想脱离红尘，在没有人烟的清静之地修道成仙的道姑。《道藏》记载神仙居住的洞天福地有十大洞天、三十六小洞天、七十二福地，在十大洞天中第四大洞天为西玄山，西玄山即今青海省湟中县的南佛山。该山原名南朔山，自有道人居住，该山即与道教结下因缘，改称西玄山，相传有苏某、张某师徒二人在此成仙，此山即成为道教的仙境，排为十大洞天之四，取名为"太玄极真洞天"，元明时期改"玄"为"元"，又称西元山，洞改称"太元极真洞天"。清初，塔尔寺活佛阿嘉率僧朝拜西元山，见此山高耸入云，树木参天，芳草铺地，花香鸟语，山泉甘甜，确实称得上洞天福地，人间仙境，即大兴土木，在山巅的平地上修建了佛殿，增加了佛教的香烟，故山名又被称为南佛山。在青海东部地区，许多山名都与道教有渊源关系，并且遗留有道教的文物古迹，如大通境内的元朔山、金娥山，乐都境内的武当山，湟源境内的北极山，互助境内的五峰山，西宁境内的土楼山等，至今仍是道教活动的场所，说明道教在青海东部地区有着悠久的传播历史。

二　儒释道文化在青海的发展

历史上，青海地区一直是中原势力范围的边缘地带，其政治影响相对松弛，历来这里政权更迭频繁，征伐不休，中原王朝和地方政权此消彼长，你进我退，文化和宗教冲突比较激烈。隋唐以来，这里经历了吐谷浑和吐蕃的争夺，宋、金、西夏的交替统治，元明清多民族格局形成，近代的军阀统治，长期形成的中原文化常常处于一种被挤压的状态。但儒释道作为一种制度性的经文宗教，曾几度成为封建王朝的统治思想和伦理基础而被推崇，中原势力和地方政权的相互征伐、统治、依附等过程中，这些思想也会裹挟到这些地区，汉文化发达和影响深的地方，儒释道文化均会留下自己的影响。尤其是隋唐时期，儒释道已成鼎立之势，都得到封建王朝的大力支持。三家为了扩大自己的影响力，争取更多的信徒，在相互竞争的过程中，获得了更大的发展。佛教结束了南北朝各宗派长期分裂的局面，形成了统一的各宗各派；道教也混合南北，形成了统一的唐代道教。佛教、道教各自发展自己的寺院经济并建立宗派传法世系，儒家的经学也兼采南北经学流派，形成具有唐代特点的经学，三家学说有异，服务的对象却是一家。朝廷遇有大典，经常让三教中的代表人物在殿上公开宣讲，儒家讲儒家的经典，佛教、道教也各自讲各自的经典，时称儒释道三教。儒释道所讲论的内容，也逐渐由互相诋毁而变得互相补充，政府明令禁止道教攻击佛教和佛教攻击道教。唐初朝廷举行公开仪式中，有时规定佛教徒在先，有时规定道教徒在先，中唐以后规定齐行并进，不分先后。儒家对佛、道有所攻击，主要说他们不生产、不当兵、不纳税、不负担政府的义务、不符合中国传统的风俗习惯等，但儒家在哲学观点上，则大量吸收佛、道的东西。宋以后的道教更是公开宣扬三教合一，至于佛教与道教的合流、交互影响，也是随着隋唐在政治上的大一统而形成的。道教经典很多取自佛经，佛教徒又信奉道教的长生求仙的方术。从唐代的儒、释、道三教鼎立发展为宋代的三教合一，这个长期的历史过程，也就是儒教在封建政权的支持下逐渐酝酿成熟的过程，最后形成"儒教为主、佛道为辅"的主流思想。

这种儒释道并重，三教合一的思想，在青海也获得了很大的发展，除了兴起祭祖拜孔之风外，兴建佛寺道观蔚然成风。隋唐时期，隋文帝将宗室女光化公主嫁给吐谷浑王世伏，其陪嫁品就有佛像、佛经，遣僧尼伴公主进入吐谷浑地，世伏为公主修建了佛堂。隋炀帝曾来过青海，留下了道佛两教的遗迹。唐朝虽崇道教，但在宗教政策上实行儒释道三教并重的原则，下诏在全国"交兵之处"建立寺刹，把佛教当作治理人民和稳定统治的手段。唐武则天时，曾诏令把佛教排在各教之前，宣谕各地修建宫、寺，在湟水流域的鄯州修建佛教寺院大云寺。宋、元、明、清时期，汉传佛教在青海东部地区活动和发展。据史料记载，明朝曾先后有僧人旭止、佛敏从内地到青海传播佛教，创建佛寺，立佛像、购著佛经，讲经授徒，"受戒者云集"，汉族群众和文人学士皈依佛门的很多。

自唐以降，遍布青海地区的道观庙宇有乐都武当的真武庙、无量殿、磨针宫、三清殿、黑虎宫、吕祖庙、百子宫、雷祖殿和玉皇阁、关帝庙、八卦绰楔等道教活动场所；西宁南禅寺、北禅寺、泰山庙、香水院、朱仙塔院等，湟中的西元山，民和的巴州隍庙、古鄯隍庙、总堡龙泉寺、东沟驮古岭寺等，平安的百子宫、药王庙、关帝庙、龙王庙、雷神庙、火神庙、山神庙等，湟源的文昌庙、真武庙、奎星阁、三清庙、三圣庙、土地庙、雹神祠，大通元朔山的太元宫、紫峰观，金山的圣母祠，互助的五峰寺等，在其他汉族聚居的地区，化隆、门源、循化、贵德等地，主要以居家道士为主，子孙世代相传，虽然信众不多，但宗教活动比较活跃，凡汉族群众打庄廓、盖房子、立大门、选坟地、婚配、丧葬，多请道士勘风水，择吉选辰，设坛斋醮，诵经祈福，这些宗教活动不同程度地流传至今。

三 儒释道文化的民间演化

儒、释、道思想的发展，并非一帆风顺，为了当政者的需要和迎合民众口味，一开始就具有向民间演化的态势。儒家"天人合一"的天命论和"敬鬼神而远之"、"祭神如神在"的神学观念，对祖先崇拜和灵魂不灭观念，为儒学思想的民间流传和普及起到了推波助澜的作用。儒家积极入世思想的影响，与普通民众重现世、重享乐、重功利的思想一拍即合。儒家提倡的尊祖敬宗、父慈子孝的伦理道德观和普通民众的追求一致。为了获得和保有现世的幸福，广大民众特别希望能够在祖荫下一代代地生活下去，经常不断的祭拜祖先成为后辈子孙的一项日常事务。儒家通过吸收民间的普通思想不断充实自己的教义，然后又借助王权将自己的主张和思想推向全社会，让每一个普通民众在耳濡目染当中谨守儒家的规则和主张。佛教也为了扩大影响，争取更多的佛教徒，通过俗讲、变文等多种途径宣扬自己的教义。六朝以来，随着佛教的传播，印度佛教徒在诵经中讲说和歌唱并用的方式也传到中国，就有转读（即咏经）和梵呗（即歌赞）的发生，另外又有唱导的继起。唱导原为说唱教导之意，从讲解经论义理，变为杂说因缘譬喻，使一般大众更易理解佛教教义，"宣唱法理开导众心"唱导与俗讲的性质虽然有所不同，但是二者均以因时制宜随类化俗为主要的方法与目的，并且所用材料亦大致相同。唐朝是传播佛教思想的隆盛时代，僧侣将佛经译成文雅的经文，为向人们进行宣讲，又把经文和其中的动人故事编成通俗文字加以演唱，形成了先用说白散文叙述事实，然后用歌唱韵文加以铺陈渲染的俗讲形式。俗讲是佛教讲经通俗化的产物，是一种有别于僧讲的宗教性说唱技艺，所针对的都是世俗男女，目的是宣传佛教和布施求利，讲唱内容主要是佛教经文，但是为了适应听众的文化水平，对经文的疏解通俗化、趣味化和故事化。

自隋唐以来，科举考试的实行，开通了下层士人通过自己的努力进入上层的路道，民间读书识字的人也多了起来，尤其宋代商业繁荣和发达，士人从商成为一种潮流，带动了民间文化的传递和交流，民间的思想呈现出多元倾向。"士大夫之弟子，苟无世禄可守，无常产可依，而欲为仰事俯育之事，莫若为儒……如不能为儒，则巫医、僧道、农圃、商贾、伎术，凡可以养生而不至于辱先者，皆可为也。"[1] 通过科举考试任用的官员，不仅通晓经典，也遵从民间的信仰习惯，他们走马上任以后，对辖区之内的精神安康负有全责，任职于地方者在春秋两季主持祭礼，充当国家祭祀司礼的角色。官员们也去拜庙求神，祈雨求晴，驱逐瘟疫、蝗虫，或追捕罪犯，为辖区免受灾害，完成保境安民尽职尽责。这些官员身上肩负着国家实行正统、道统、法统的所有职责，是政权和神权的执行者和维护者。僧人道士也通过提高自己的识字水平，掌握道教、佛教的各种教义，来获得主持宗教仪式的资格。儒家的官员，撰写上奏皇帝的奏章和祈求神祇的祷文，道士书写咒文符篆，僧人诵读经文来医治病人，文盲、半文盲或未经训练的世俗民众，都必须借助于经过训练的司礼者，来治病、求雨。民间普通民众为了获得这种祭祀的合法资格和权力，就要努力提高自己，并且成为一种可以谋生的手段，而这些人的存在，恰好弥补了官员和民间在信仰领域的一大片真空地带，他们成为民间信仰知识的引领者、奉行者，一般人会遵循施行，而很少自创新招。而民间一旦形成习惯，就很难轻易发生改变。这些宗教的演化，民间信仰人士急剧增加，尽管他们都是无师自通，大字不识，但却坚定认同某一种宗教传统。

尤其在宋元以后，儒、释、道由鼎足之势趋向合一，而且释道两教在宋代正式被置于国家稳固的管理之下，建立寺庙、剃度僧道，均需得到官府的批准。专制政府不但对人世社会，而且对神灵的社会也开始加强控

---

① 《袁氏世范》卷中《弟子当习儒业》，转引自韩森著：《变迁之神：南宋时期的民间信仰》，包伟民译，浙江人民出版社1999年版，第6页。

制，对民间神祇开始封赐，地方势力集团为了征税施政，需要这些地方宗教力量的协助，尽量使自己倡导崇拜的神祇得到朝廷的封赐，上请封赐，倡民共信，这是双方合作的局面。民间普通民众信奉的神祇，借此朝廷赐封的途径，进入国家正祀的行列，政府也将经文宗教的一些形式和内容借此机会普及于民间，这种官民之间的上下互动，对民间信仰发生重大影响，是历来受官方控制的经文宗教普世化的重要路径，最后在普通民众中建立的信仰观念与官方倡导的主流意识一致，努力形成一种上通下和，秩序井然的局面。民间神祇体系开始包罗万象，而正统宗教传统相联系的儒、释、道三教的神祇，与差不多所有的地方神祇体系中的神都被认为是生前实有其人的，除龙王外，对动物神的崇拜渐渐开始淡化。当人们祭拜山神水神的时候，都把它们拟人化了。若祭拜者不清楚神祇身份，则常常对他们以类相称：城隍、土地或某庙之神，孔子也被当成民间的神祇进行祭拜。

　　明清以来，流行于青海地区的宝卷或经文，通过通俗的经文内容和演说方式，将宗教经典和教义贯穿其中，像《地母真经》、《无字经》、《太黄老母捎书经》、《东岳泰山十王宝卷》、《佛说报恩经》以及一些科仪如《十柱香》、《十报恩》、《白马宝卷》、《红灯宝卷》、《方四娘宝卷》、《鹦哥宝卷》等，在丧事、庙会、佛事或居家修行的时候，很多人都在持诵，在其中将说因果、劝善、行孝等伦理观念，借助一定的宗教仪式，灌输给普通民众，这种宗教经文借助通俗讲唱的形式，使儒释道思想更加的普世化，并影响至今。与此同时，儒释道思想对汉文化习性相近的其他民族发生了影响，像道教在传播的过程中，其信仰中的多神崇拜和万物有灵观念，与土族原有的萨满教具有一定的相似性，这种文化上的相似性，容易培生民族之间宗教信仰的亲近感，这为道教在土族地区的生存和发展提供了便利条件。道教在土族上层获得了支持和提倡后，在民间也迅速获得了广泛的信仰群众，土族对道教诸神的崇拜非常广泛，如二郎神、九天玄女娘娘、龙王、黑虎大神、文昌、关公、土主、雷神、灶神、门神、财神等，而且民和三川土族，居住在黄河岸边，二郎神被奉为这一方的保护神，较大的村落都建有二郎神庙。这里的道教职业者阴阳先生，与土族群众的日常生活关系密切，平时从事给人看风水、选择宅基、择吉日、祈福禳灾等，道教在土族以及农业区的蒙古族当中得到广泛的信仰。土族地区佛寺中佛道合璧的现象也比较普遍。在村庙供奉的神佛当中，有道教诸神和佛教诸神同处一堂、共享香火的情景。土族对一些道教神灵也适时地进行了改造，像青海同仁土族供奉的二郎神像为：三只眼，头戴文官双翅官帽，身穿土族长袍和云子纹筒靴，前立二名侍者，一手托一塔，另一手持酒壶，这形象具有浓郁的民族化和地方化色彩。

第二节　儒释道民俗文化圈的民俗形态

民俗形态，按其表现方式，大体可分为精神民俗、社会民俗、口承民俗和物质民俗。青海儒释道文化圈的民俗，深受其宗教思想和原始多神崇拜的影响，呈现出多元化的特征，同时又受特殊地理人文环境的制约，加之吸收了周边少数民族的文化，形成了具有浓郁民族和地域文化特色的民俗形态。

一　精神民俗

精神民俗是在思想意识领域形成的一种无形的观念，人们通过一定的仪式仪轨，外化成一定的行为方式并相沿成习世代相传的活动或习惯。其表现形式可以分为民间信仰、民间祭祀、民间禁忌等。

（一）民间信仰

受原始宗教和万物有灵观念的影响，青海的民间信仰多表现为多神信仰。上有天爷，下有土地爷，火有火神，水有龙王，家有福禄财神，灶神，喜神，观音，菩萨，等等。

1. 居士林

青海省汉族信仰佛教的人比较多。20 世纪 30 年代，在家修行的民众，成立了一种居士林的佛教组织，修行比较自由，不废生计业务。如遇四月八这样的佛诞盛会，邀请外地名僧、法师讲经，教徒、听经群众很多。[①]

2. 嘛呢会

民间的一种信仰组织。在庙会期间、丧葬活动或居家修行时，一些中老年人，尤其是妇女，口诵嘛呢经文，常常和以"唵嘛呢叭咪吽"六字

---

① 朱世奎：《青海风俗简志》，青海人民出版社 1994 年版，第 120 页。

真言，祈福禳灾或祛除不祥。经文内容多以明清以来流传到青海的宝卷为主，有惩恶向善、祸福因果报应等思想，明显受到儒、释、道思想的影响。

3. 斋醮

亦称斋醮科仪。家中遇到丧事时，便延请道士，或称阴阳先生，来家里设置法场，他们身着金丝银线的道袍，手持各异法器，吟唱着古老的曲调，设坛摆供，焚香、化符、念咒、上章、诵经、赞颂，并配以烛灯、禹步和音乐等仪注和程式，以祭告神灵，祈求消灾赐福，超度亡灵。

4. 许愿还愿

人们在遇到久治不愈的疾病、姻亲大事、生男育女、外出打工、考试择业等烦难事情时，家里年长者，心怀虔诚，手拿香表，到所信仰的寺庙道观去许愿。许愿后如果事情顺利实现，则要携带以前许愿时许诺的贡品到寺庙神佛跟前供奉，谓之还愿。

（二）民间祭祀

1. 家祭

家祭主要表现为祭神活动。凡是供奉家神的人家，大多在逢年过节之时，人们在神位前焚香或煨桑跪拜、磕头行礼，祈佑全家幸福平安，有的人家遇有什么难解决的麻烦事，也举行家祭、求家神做主平息事端、逢凶化吉。若家中有修行居士或嘛呢奶奶，每逢朔望之日都要烧香祭神。土族民间还专门有祭祀家神的节日，每年农历十月初一，家家举香化表祭祀家神。认为家神是喇嘛神的人家，其家人中必须有人当喇嘛，否则供奉喇嘛神非但不能佑赐吉祥，反而会招灾惹祸。土族祭祀家神的活动每年举行，而且是一年一小祭，三年一大祭。三年大祭之时，要请来法师跳神，法师可以借口传言，预卜一年中，家庭内将要遇到的大小事宜。民和一带的土族进行家祭活动时，先有法师（也称法拉）跳舞请神，待法师跳累以后再让三个妇女接着跳。跳舞的妇女最好为自家人，这样可以取悦于家神，能保佑家中人丁兴旺，财源滚滚。祭祀完成后，主人家向法师赠送粮食和财物等，以为酬谢。

2. 墓祭

汉、土等民族多以土葬为主，家家户户都有祖茔，每年清明时节，各家各户都要修整坟茔，铲除杂草，添培新土，表达对祖先的崇拜祭祀、追念怀旧。田社，一般认为清明前五天，汉族和土族有上坟祭祖的习惯，届时，以每一家族坟碣为单位，各家带着馒头、酒、肉、茶、糖果、香表，扶老携幼上坟祭祖。在祖茔前，摆开供品，焚香烧纸，叩首跪拜。祭毕，大家在坟地上喝酒吃肉，聚餐一顿。墓祭中也有滚馒头的习俗。十月一这天，汉族和土族都送寒衣。这天，各家各户带着纸做的衣物到坟前焚烧，算为先人送衣御寒，以免作古的先人们在阴间遭受冻馁之苦。过年时，除夕那天，一家大小，携带上钱粮、烧纸①，还有泼汤、年馍馍、水果、酒、鞭炮等，会同亲房②到自己的坟上给先人烧纸，媳妇除外，小孩一般都要带上，到坟上后，按辈分跪好，摆好献贡，在香盘上给列祖列宗烧纸，然后在自家先人的坟头上烧纸，鸣炮，最后给先人磕头，恭请先人回家过年。

（三）民间禁忌

1. 忌门

家中发生疾病，新安住宅，或家中产妇坐月子时，门上放一草帘，上贴深红纸，在门口撒上白灰，或者门楣悬一扫把，上贴红纸，以示忌门，时间少则三天，多则一月，生人看见此种标志，即刻止步；期间若有亲友来访，家里人在门外招待，不能延请至家，否则对病人、新出生婴儿产生不利。

2. 忌言

在过年期间，大人不准责骂小孩，家人和邻里之间忌讳发生口舌之争，清晨之时，也不能跟别人拌嘴，与人打招呼时，要用相应称呼，不能白搭话，即不用称呼直接对话，别人说话时，不得插话，忌讳在村庄、家中或长辈在场时唱荤曲或花儿。

3. 忌行

出门打工求财，查看宪书③，选择一个适宜出行的好日子，一般单日子，即奇数日子，忌讳出行。平时行为礼节上，用勺盛饭菜或斟酒，不能用反手，即朝内倒，不能朝外倒，吃饭时，不能筷子敲击碗碟，多人围坐

---

① 在黄纸上印有纸币图案的一种冥币。
② 祖先埋在同一个坟上的具有血亲关系的同宗人。
③ 一种糅合或掺杂了五行阴阳思想和风水内容的旧式历书，民间多信奉之。

一圈时，只能从人后面借道通过，在客人面前不能扫地，不然会被客人误解为撵自己走，更不能打骂孩子，给客人奉茶送饭时要用双手，不能单手递客。

4. 忌种

庭院中种植花草，但忌讳栽杏、梨、碧桃等，因青海方言中"杏"读为"恨"，"梨"谐音"离"，"碧桃"谐音"逼逃"，以为都是不祥之兆，决不能栽种在庭院中。

二　社会民俗

社会民俗是人们在特定条件下形成的各种关系的行为惯制，必然受当地文化传统和所处地域环境的影响，是一种生活方式和生存文化的体现，表现为人生礼仪、岁时节日，等等。

（一）人生礼仪民俗

1. 生子礼俗

（1）求子。青海汉族当中，久婚不育的妇女有求子的习俗。她们认为民间有专门主管生育的神灵，像乐都武当山、湟中元朔山、大通老爷山和娘娘山、互助五峰寺、西宁土楼观等，专门的神殿或宫观供奉有百子娘娘、子孙娘娘、九天玄女、碧霞元君、王母娘娘等送子娘娘和送子观音，每逢庙会或佛事活动，经常有已婚妇女带着香烛、香表、面桃、果点等祭献供品，来求神赐子。拜祷时焚烧香表，敬献供品，然后从神幡上解下香包一枚，或从娘娘头上摘下饰花，也有从洞中摸取小鞋。把这些东西称为求神得子的信物带回家，等到愿望实现后，带着制作一新的信物，到神庙烧香还愿。在春节期间耍社火玩旱船的时候，也有妇女扯抢船头的绣花小鞋或悬挂的绣球等饰物，以求子嗣，下次社火表演的时候制作崭新的饰物奉还。

（2）满月。又称弥月，就是新生儿出生时间已满一个月，民间又叫看满月。亲朋好友、庄舍邻里携带油面锅盔和小孩新衣服等，前来祝贺，主人家设宴招待。此时将新生儿抱出月房，称其为出月。由一位年长的妇女怀抱婴儿，从上房开始，依次转过厢房、灶火、茅厕等，意为与各方神仙见过面，顺便熟悉家中环境，祈求平安。有时将婴儿放在马槽中小睡片刻，以示婴儿如小马小骡好养活，愿其健康成长。

（3）抓周。新生儿满一百天后，主人家邀请至亲好友，设宴举行庆贺仪式。席间，要举行一种预测婴儿未来志趣、性情、嗜好的抓周活动。就是在桌子上或铺有红毯的地板上，放上笔墨、算盘、书籍、纸币、针线、玩具等东西，让小孩自由抓取，以所拿之物来预测小孩未来的命运。

（4）命名。在婴儿一周岁时，家人为了小孩吉祥平安，请求神灵佛祖保佑，以神灵佛祖之名加"保"或"存"的方式给小孩命名，如娘娘保、菩萨存、灶君保等。也有母亲抱着小孩在抬起的碌碡底下钻过，便取名"白虎保"之类的。针对有些生病的小孩，也采取撞名认干爹问姓的方式，也称闯姓。就是先请阴阳先生问卜，择定吉日及撞闯方位后，在拂晓之时，由母亲或父亲抱着孩子，携带面桃钱物，依所求的方向行走，以路上碰见的第一个人的姓为孩子取名，如夏娃、李家存等，若没遇上人而遇到其他牲畜，也有取名如狗保、虎保、虎娃之类的，若没遇上人或其他牲畜，也有取名为长路保的。

2. 婚俗

（1）说媒。男方家若相中某家姑娘后，就央请媒人，携带蒸好的馒头和酒前去说亲。女方家若有意应允这门亲事，则当场开瓶喝酒，然后在空瓶中装上粮食由媒人带回，示意许婚，若不同意则退还礼品。女方同意后，就择定亲吉日，男方家备礼，与媒人按择定日期到女方家定亲。礼物随男方家境而定，但用来扎红瓶的定亲酒，即用红布包裹的酒瓶，馒头，女方的鞋袜，给女方父母亲及家人的礼物，不能缺少，否则就会被女方家认为礼数不够。

（2）订婚。在征得女方同意后，媒人备上茶包到女方家，也叫讨果茶，即"讨得结果，择吉定亲"，这次要与女方家商定送礼日期及礼单，也叫定亲。届时，媒人携同男方家叔伯、舅舅、姑父等四五人前往女方家送礼，女方家设宴招待，商定婚期。席间让未来的媳妇给男方代表敬酒致意，男方以红包或衣料相赠，谓之见面。次日，媒人代表女方家携带肉方子，茶叶或酒答谢，叫回酒。婚期商定后，双方开始准备婚礼，购置新衣、准备陪嫁物品、布置新房、准备筵席等，女方家还要给将要出嫁的姑娘沐浴洁面。

（3）娶亲。由阴阳先生算定时辰，由媒人和娶亲人员，携带备好的礼品和新娘的全部衣服、化妆品等，在前一天黄昏时到女方家娶亲。在女方家门口，娶亲队伍要燃放鞭炮，高声叫门。经女方亲友的嬉闹阻止和娶亲者塞红包互相戏谑一番后，方可进门。在门内女方家设桌置酒，娶亲人员通过必须喝酒，谓之拦门盅。进屋后将携带礼品放置在供桌上，焚香燃灯行叩拜礼。娶亲人员将带来的物品一一清点后交由女方家，新娘穿戴物品必须准备齐备。然后女方执客请娶亲人员入席，吃油包，喝枣茶，吃八盘酒席，称为上马席。到迎娶的时辰，新娘穿戴齐整，怀揣镜子，头顶红盖头，怀抱内盛五谷钱币的金瓶，由新娘哥哥或舅父将其抱到娶亲车内，开始出发。

（4）婚礼。男方婚礼当日，设宴款待娘家客人及前来贺喜的亲朋好友。客人入席之前，在院中铺有红毯子的方桌上，娘家人当众打开陪奁箱子，一一陈列陪嫁之物，让众人品评夸赞，这叫摆针线。然后给婆家公婆、兄嫂、弟妹及伯叔舅父等人依次唤至桌前，恭敬两杯酒后，奉送针线织品，叫抬针线。最后给新郎衣帽、鞋袜，新郎要给端盘子的小孩一定数额的钱币，并当众要求新郎试穿，男方执客或亲邻还要嬉戏一番才罢。完成抬针线后，男方执客开始定碟子，即将茶杯和凉菜摆上席面，邀请客人入席开宴。娘家人要给厨师敬酒酬劳，送新毛巾一条，红包一个，谓之"抬上汤"。男方向客人敬酒致意，新人夫妇在席间由送亲奶奶相陪，给客人敬酒，客人回赠数额不等的喜钱。第二日，男方家要招待自家客人和跑軍，即执客和帮忙的人，席间人们将公婆一番打扮后进行嬉耍，让新媳妇敬酒认公公婆婆，也叫改口酒，叫得声音不够响亮，在别人的撺掇下还得重新叫，公公婆婆要给一定的赏钱，即见面礼。别人也在对公婆的嬉闹中，迫使公婆破费好烟好酒，招待他们。第三天，新媳妇要亲自下厨房做一顿长面饭，端给公婆、伯叔、兄嫂及其他至亲，谓之试刀面。第四天早上，新婚夫妇要回趟娘家，叫作回门。至此，婚礼才算完整结束。

3. 丧葬俗

（1）临终。如果老人患病不起，久治不愈，就认为得了"老病"，回天无力，这时家人要通知娘外家或至亲好友，叫告病，人们前来探视病情，称为问病。如果子女或家人隐情不报或守护不力，就要受到舆论指责和家族内部的责罚。

（2）正寝。老人断气后，口中含以珊瑚、珍珠、金银、冰糖或茶叶等物，谓之含宝。再请有经验的中年亲属或孝子亲自给亡人穿好寿衣，由两人用一束麻将其拦腰提起，另有人抬头脚将亡人放在正堂中用木板搭建的床上，头朝门仰面挺放，脸覆蒙目巾。在祭桌上献上一副面桃或馒头，再献两碗米饭，插一双用白纸裹糊的筷子，供桌下置一个烧纸接灰用的陶盆，在木板底下一角拴一只公鸡，叫招魂鸡。

（3）报丧。丧事之家邀请亲邻或家伍①为执客，其中推举一位有威信且有能力的人为招事，即负责指挥安排事主家所有相关的丧事活动。孝子在执客陪同下亲自给主要亲友，特别是给亡者娘家、外家报丧。报丧者不得进入大门，先有执客敲门呼叫，孝子则面向大门跪伏，执客向被邀人家略述亡人死亡时辰及祭奠日期等，邀请吊唁，孝子叩首。

（4）吊唁。由子女、儿媳、女婿等穿孝衫，戴褡头，长子则要戴麻孝，即戴麻冠、穿麻鞋、扎麻带、背麻绳，凡是家人穿孝服，亲戚戴孝巾。如果亡者为意外亡故，则为哭丧，戴孝者只有子女。一般丧事进行三到五天，请和尚、喇嘛、阴阳先生来念诵经文，超度亡灵，盼其早日投胎转世。期间不断有吊唁者前来祭奠，祭品通常为烧纸香表、花圈或挽幛等，女儿女婿也献以锡箔纸糊成的"别墅"、"豪车"、"金银斗"、"童男童女"等，吊唁者于灵前献祭品、焚香表、行拜礼，孝子孝女哭泣致哀。

（5）出殡。出殡前，请娘家、外家至亲查看亡人鞋帽衣物等，而后将遗体放入棺内，用木楔将棺盖钉好，叫入殓。出殡时由亲人将灵柩的大头儿轻轻抬起放下重复三次，谓之醒灵，然后发葬，送葬队伍以孝布执绋，以引魂幡、金银斗、冥舍、童男童女等为前导，众人随后。至墓地后，将棺材徐徐放入墓穴，棺材尾部放置一个装有五谷、钱币、中药的宝瓶。再有孝子铲土三锨入穴，或用手捧撒三次，谓"孝子三锨土"，然后孝子跪成一列，等候众人铲土入穴，最后将土堆成包状，谓之坟骨堆，安葬完毕后，有全三、七七、周年等祭奠活动。

（二）岁时节日

1. 春节

民间一般都称之为"过年"，是青海最重要的节日。时间长，规模

---

① 家伍：河湟方言，即同一村落内部的不同家庭，为了在婚丧嫁娶诸事上便宜行事，按照一定血缘或地缘关系而建立的一种相互帮工的组织。

大，一般从腊月初八吃完腊八饭以后，开始购置年货，宰年猪，腊月二十三祭灶，打发灶君娘娘上天庭汇报人间一年功过，然后人们开始打扫卫生，做年馍馍，除夕这天，贴对联，上坟祭祖，吃年夜饭，也称吃疙瘩，一种体大馅多的类似馄饨的扁食，吃完后，煮上肉，拿出备办的酒菜，边吃喝边聊天，全家人一起守岁，说是这天晚上要熬夜坐寿，为自己添寿。看春晚也成了老少喜欢的一项文艺活动，还邀请亲房当家，互相串门，喝酒吃肉，直至天亮。初一早晨开始拜年，先给家族内的长辈拜年，长辈要给晚辈撒年钱，数额随家境情况不等。然后给亲戚拜年，一直到初七、初八。初八以后，开始表演社火等文艺活动。

2. 元宵节

正月十五黄昏时分，每家每户在大路或巷道较平的地方按一条直线放十二堆火，其间距一米左右，然后从家内敬佛的第一盏灯上引上火种，在夜幕降临的时候，家家将这些火堆点燃，远远看去像一条火绳，男女老少趁着火堆燃得最旺时，从一个个火堆头上越过，口中念道："大吉大利，吉祥如意。"讲究跳外不跳内，这种仪式俗称跳火堆，也叫渡难关，表示经过"烟熏火燎"后可以消灾免病，特别是一些体弱多病者要反复跳几次，以求来年身体健康。跳完火堆后，邀庄儿邻舍和当家朋友去家里吃猪头，喝酒。这天晚上，新妇携同女婿回娘家探亲，谓之"躲灯"。

3. 端午

五月初五为端午节，届时家家屋檐门顶插满杨柳，来代替艾草、菖蒲，取其辟邪驱毒之功能，不少人家还将柔嫩碧绿的杨柳枝、金卉银叶的沙枣花插在盛满清水的瓶里献在屋里，绿意盎然，清香满堂。人们还有带香包，拴索儿（系五彩线）的习惯。饮食上，居住在西宁等城市的人，大多吃粽子，农村饮食比较丰富，吃自己做的三角、画卷、凉粉、甜醅、酿皮等，这天，人们还有逛庙会、朝山等活动。

4. 六月六

青海民间普遍认为这天药王爷要向各地泉眼中抛洒神药，所以人们天一亮就要到泉中去挑水，挑来的第一担水被认为是药水，全家大小轮流喝几口，就能祛除瘟病。民和古鄯七里寺、乐都马营水峡、互助五峰寺等，这天前来喝药水的人群云集，与当地朝山进香的庙会活动结合，形成集商贸、庙会、休闲、旅游等为一体的规模盛大的花儿会。

5. 七夕

青海也广泛流传"七月七，天上牛郎会织女"的顺口溜，这天，人们将麦麸、艾叶、甘草、芫荽、花椒等混合捣碎，拌以清水，捏成圆团，晒干做成"糟子"，用来发面、酿酒。据说这天做的糟子用来发面时，发酵快，味道好，不易变酸，酿出的酒醇香清冽。夜晚，人们在自家庭院中搭上凉床，有给孩子们讲述牛郎织女的故事的习惯。临睡前，小孩们还包海纳染指甲，说是能使人心灵手巧，尤其是姑娘们能做一手漂亮的针线活。这天很忌讳下雨，当地流传"七月七，连阴带下十月一"的说法。

6. 中秋节

八月十五为中秋节，民间有祭月习俗。俗话说"男不拜月女不祭灶"，这天晚上，青海的汉族、土族家家户户在院里摆着香案，点上蜡烛，拜接月亮，所有活动都由家里最年长的妇女来完成，男的除了小孩，都不参与。供桌上摆满各种糖果供品，中间放上自家特地蒸的大月饼，在月饼上、盘上用面做成各种花卉的图案，里面卷着糖、蜂蜜、核桃仁等，看起来诱人养眼，吃起来酥软香甜。待夜阑人静时，便有小孩们来"偷食"，主人即便发现，也不惊动他们。

7. 重阳节

青海西宁互助等地区的人们，凌晨就携带柴禾、肉酪、酒食等，成群结队，到村外的山上去登高，到山顶后，点燃篝火，烈焰腾空，人们从火头上跃过，谓之"跳冒火"，人们又将印有鹿马图案或字样的小黄白纸片，撒到焰烟上面，利用热气飘升到空中，谓之"放鹿马"，"鹿"与"禄"谐音，象征来年财运亨通。也有人认为此举能将自身的晦气让"鹿马"带走。当地还有转房的习俗，即先登上自家房顶，然后到附近各家的房顶上串行，在互为观赏当中以示登高之意。在青海海东地区的汉族民众，在重阳这天有举行"吃新油新面"的庙会的仪式，他们携带用当年收获的粮食新做的馒头，到当地的庙宇，敬献给这里的神佛，并进行焚香、诵经仪式，感谢神佛的护佑，自己家里也食用新油新面，享受着获得丰收的喜悦，在这种人神共庆的欢乐气氛中完成"秋报"的任务。

8. 腊八

农历十二月也叫"腊月"，腊八就是腊月初八，这时寒风凛冽，河水结冰。这天，家家户户天还没亮就起来，早早地到河边去挑水，据说最早的人就能挑到"金马驹"，还要到河边打上冰块背回家，放在院子里、农田里和屋檐上，老人们透过冰层观察里面的结晶体，预测来年的冰雹灾害与农作物的收成。还要不论老弱病残，人人都要吃上一块冰，说是吃了腊八冰，会百病消除，身体健康。

三　口承民俗

民间广泛流传的许多口头文学，与民众的日常生活有着密切的关系，渗透到各种民俗活动中，成为民俗文化的重要载体和民众的生活方式。按其文体特征，可以分为散文体的神话、传说、故事，韵文体的歌谣、谚语以及综合各种表达方式的民间说唱、民间小戏等表演体。

（一）散文体

1. 神话传说

青海是昆仑文化的发祥地，也是西王母神话的故乡。关于西王母或王母娘娘的传说，妇孺皆知。像《牛没有上牙的来历》、《杜康酿酒》、《八仙过海》和《四大传说》，关于青海汉族移民的"大柳树根"或"珠玑巷"的传说、"社火来历"的传说在青海汉族地区也广为流传。土族的《唐德格马》的传说，反映了土族从畜牧业向农业转型的艰难历程。

2. 民间故事

在汉族地区，将含有一定故事情节和形象塑造的叙事，也称为古经，内容丰富多彩，有表达对美好生活向往、对丑恶现象进行鞭挞的，也有讽刺官场腐败黑暗的，如《张氏教子》、《吃人婆的故事》、《大宝和狐狸媳妇儿》、《想长和想短》、《考状元》等，土族的《兰东狗地主》、《江水沟》等；表现同艰苦环境和邪恶势力进行斗争的，如《黑马张三哥》、《蟒古寺》等；还有表现青年男女向往爱情自由、追求幸福生活的，如《孔雀》、《登登马秀》、《青蛙女婿》等；另外还有以物寓理，富有哲理性的寓言故事，如《想吃太阳的鸠》、《红色狐狸和黄眼狼》、《兔与羊》、《懒人受穷》、《饥寒哥》等。

（二）韵文体

1. 花儿

青海八九个民族的人们用汉语演唱的一种民歌，也叫"少年"。内容以情歌为主，还包括抒发个人惆怅、羁旅苦闷、劳作之苦等情绪的，形式较为自由，讲究一定的平仄规律和节奏押韵，字数也有一定的讲究。题材广泛，形式灵活，演唱自由，有独唱，也有男女对唱。歌者常即时即景，现编现唱，表演和创作同时完成，具有情境性和即时性的特征。曲令丰富，有"河州令"、"马营令"、"三闪令"、"白牡丹令"、"水红花令"等。花儿的演唱跟民间庙会、商贸等活动结合，形成很多大大小小的花儿会，其中规模较大的花儿会有民和七里寺花儿会，乐都瞿昙寺花儿会、大通老爷山花儿会、互助丹麻花儿会等，已进入首批国家非物质文化遗产代表作名录。

2. 道拉

道拉是青海民和土族聚居地区的汉族、土族、共同演唱的歌曲，包括婚礼歌、敬酒歌等，内容通俗易懂，幽默轻松。一般在姑娘出嫁的仪式上，亲戚朋友聚在一起，用道拉来表达亲友们对新人的美好祝愿。在娶亲仪式上，唱道拉一般四人一组，两人主唱，两人随唱，主唱、随唱相对而立，伴以一种"三去三来"的舞蹈。歌者惯用夸张、比喻、衬托等修辞方式，把民众熟悉的生活场景融化其间，将家道兴旺、生活美满、婚姻幸福等美好祝愿寄寓其中，听者面带喜色，歌者也乐在其中。对男方娶亲队伍极尽调侃之词，常使这些娶亲人员坐卧不安，表达对女方新人的留恋之情。经常听到的曲调有《八洞神仙》、《绣莲花》、《五乡喜话》、《八样九月曲》、《八样财气》、《七好比》等，这些道拉表达了当地民众的喜怒哀乐、悲欢离合等生活体验和情感，是常年生活在这里的人们的生活经验和常识的知识性表达。

3. 儿歌

儿歌也称为童谣，是充满童趣的民间歌谣，也是成长过程中不可或缺的生活经历的表现。儿歌以天真的话语，充满浪漫的想象，给人以美好的遐想。汉族儿歌较多，按照功能，有练习小孩说话能力的，如《踢脚板》：

踢、踢、踢脚板，老娘过来缓三年，三年满，跳花涧。金趾儿，银趾儿，尕马儿，蜷掉你的一只儿。

有激发意志、逗乐小孩的儿歌，如谁家小孩哭时，大家就笑着唱《哭皮胎笑》：

> 哭皮胎哭皮胎笑笑，脸上挂着个尿脬，尿脬烂了，哭皮胎笑了。

还有练习小孩数数的，如《拍拍手》：

> 你拍一，我拍一，一个小孩坐飞机；你拍二，我拍二，两个小孩丢手绢；你拍三，我拍三，三个小孩来搬砖……

4. 谚语、俗语

谚语和俗语是一种对于某种生活义理或经验进行形象描述或高度概括的定型化艺术语言，有阐明事理的，有概括生活经验的，也有总结物候和气象特征的，等等，内容广泛，不一而足，如：

> 有树不愁鸟做窝。
> 马前不磕头，马后乱作揖。
> 月亮戴草帽，大风跟着到。
> 秋雨若逢秋甲子，连阴带下十月一。
> ……

（三）民间说唱

1. 平弦

平弦是青海地方说唱中影响较大的曲种之一，流行在西宁市及其周围的汉族聚居地区，又叫"赋子"，或名"赋腔"，这是因为在它的众多曲调中，最基本的一个曲调的名称叫作"赋子"。赋子的词格一般是七字或十字结构的上下句，但可有多种变格，如连续用四字或五字的短句，叫作"弹片赋子"，多一句词成奇数时，叫作"三角板赋子"，这些唱词的变化也使唱腔产生变体。基本结构是由上下句构成，长于叙事。它的曲调优美，绚丽典雅，曲词格律严谨，诗词化程度较高。在婚丧嫁娶的场合均有演唱，如丧事上多用《太子游四门》、《岑母教子》、《舍身崖》、《叹世情》等；婚事上多唱《连生贵子》、《东吴招亲》、《惠明下书》等；祝寿时则多唱《满床笏》、《福寿双全》、《赵颜求寿》、《二上天台》等。

2. 越弦

青海越弦是清代中期由陕西传入的，其主要曲调的名称、唱词的句式规律等与陕西眉户基本相同。但在青海的发展过程中，由于语音发生了变化，再加上当地艺人们吸收大量的民间小调和古代小曲儿，经过长期的演唱实践，加以丰富和改造，青海越弦从唱腔、道白、语言、风格等多方面，逐渐脱离了母体，从曲目、唱词到音乐都发生了明显的变化。而且，它的器乐曲牌，多数也来自青海民间曲调。越弦以表现民间生活故事题材见长，它的曲调流畅、动人，表现力非常丰富。曲词要求合辙押韵。唱词通俗、生动，口语化成分较多，所以表现力丰富，内容刚柔兼蓄，优美动人。较为常见的曲目有《小姑贤》、《冯爷站店》、《刻财鬼》等。

3. 贤孝

流行于青海地区的贤孝，是以说唱劝善类题材为主要内容的曲艺的称谓，以演唱忠臣良将、孝子贤孙一类劝善内容为主的说唱曲种，是一种坐唱曲艺，无固定的演出场所，酒坊面店，集市庙会，游乐处所，皆可以演唱。也有走街串户演唱的，街坊人家生子祝寿，喜庆丧葬，建修新居，也请艺人演唱。传统曲目有"大传"和"小传"之分。"大传贤孝"多取材于《宝卷》，如《白鹦哥记》来自《鹦哥宝卷》，《方四娘》来自《四姐宝卷》等。"大传贤孝"多数有说有唱，说唱相间，篇幅也长，如《方四娘》、《荒草坡吊孝》、《梁山伯与祝英台》等。"小段贤孝"一般只说不唱，篇幅短小，有的小段贤孝也来自宝卷，如《白猿盗桃》、《谭香女哭瓜》、《芦花计》等，也有以民间故事和明清小曲为题材的。

4. 下弦

下弦是一种较为独特的曲种，它的名称来自三弦定弦法。属于下弦这个曲种范围的，还包括仿下弦、软下弦、下背工等几种变体。仿下弦是少数盲艺人将《林冲买刀》曲调略加调整，演唱西宁贤孝的某些段子，其词格基本上是七字句。软下弦的曲调与《林冲买刀》相近，但因其词格为七字句或十字句，两者之间还是有明显的差别。曲目有《鸿雁捎书》、《沧州投明》、《三姐上寿》等。其名称，有人不加软字，仍称下弦。下背工是平弦艺人用下弦定弦法伴奏，演唱某些专用曲目的小型套曲。因其中主要曲牌源于越弦的"背宫",故艺人们称为下背宫,也有称为下弦的。它的音乐风格与下弦相同,传统曲目有《岳母刺字》、《三顾茅庐》、《出曹营》等十余个。下弦的曲头和曲尾是唱腔中抒情性很强的部分,每句的尾部都有长短不等的拖腔,旋律婉转优美,充分抒发出下弦音乐哀怨、忧伤的情调,使演唱从开始到结尾都扣人心弦。

5. 道情

青海道情,为青海汉族说唱艺术,广泛流行在西宁市及海东地区诸县。它在青海流传的过程中受当地民间音乐、地方语言、文化历史等因素的影响,逐步成为地方曲种,称青海道情,具有浓郁的青海地方特色。最早道情的演唱者是道士,他们在化缘或宣传教义时运用道情这种艺术形式,达到宣教的目的。道情流入民间,首先为曲艺艺人所接受,他们在演唱其他曲种时也演唱道情,因此道情逐渐成为地方曲艺的一个品种。在青海民间社火中的八仙,专唱道情,民间灯影戏中的仙家、道士出场时也唱道情。

6. 打搅儿

打搅儿,是青海地方说唱艺术中一个很别致的曲种,是在演唱长篇曲目的间歇中演唱的。当演唱到大传"贤孝"中那些悲苦的情节时,听众歔欷感叹,哽咽哭泣,说唱只好中断。为了使听众情绪上得到调节,说唱气氛上得到缓和,艺人们便说"打一个搅儿吧",就是另外唱一个节奏明快而逗趣儿的小段儿。之后,再把原来的演唱继续下去。从说唱的连贯性来说,这一停顿是打搅了故事情节的连续发展,所以把这类小段曲目叫作"打搅儿",其含义是不属于正式演唱的故事。只是在演唱的时候,调剂听众的欣赏口味,缓解气氛,调整情绪,起到调整、搅打的作用。"打搅儿"的曲目逐渐增多,独自形成以讽喻见长,以幽默风趣为格调的一个曲种,在河湟流域广泛流传。

7. 太平歌

太平歌又有太平秧歌、秧歌、街头秧歌等多种别称,有祈祷风调雨顺、国泰民安的意思。一般在过年期间,唱家门(俗称好家)聚集在街头巷尾,挑灯数盏,敲起鼓、钹,听众围拢,听好家们竞相演唱。唱完一段,听众喝彩助兴。可以一人连续唱或数人轮番唱。常有对唱式的演唱,可以在个人之间进行,也可以集中不同区域的唱家组队比赛。以唱词多、嗓音亮、韵味浓为竞胜条件,并要求唱段内容相互对应,如一方唱《六出祁山》，则要求对方唱《七擒孟获》。太平歌的曲目，除了首场开始时唱祝福太平的歌词外，均以演唱历史故事为主，尤以三国故事为多。也有取自《封神演义》、《西游记》等神话小说中的故事。传统曲目中还有不少其他内容的，如风趣幽默的《十三黑》、《白婆娘》，民间故事《白蛇传》等。

（四）民间戏曲

1. 皮影戏

亦称影子戏，是以牛皮雕刻、绘制而成的影人进行表演的地方戏曲，其角色的活动和演唱全由幕后的艺人来操控，所以又称傀儡戏。主要道具有皮影子、影幕、灯盏等，配以四胡、三弦、唢呐、喇叭、小鼓、梆子、盏儿等乐器，表演时，其中生、旦、净、丑等角色的打、念、唱、做均由一人完成，其他人分别操作管弦击打乐器和帮腔时附和唱词。皮影戏演唱的唱腔丰富多彩，曲牌典雅动听，演唱内容多为历史故事、民间传说等。

2. 眉户戏

亦称迷糊、曲子戏，是在民歌、民间小调和童谣的基础上发展而成，在演唱的过程中，人们对曲调做了各种改变，逐渐形成套曲式的音乐特点。青海河湟地区，在春节期间经常耍社火、舞龙灯，来祈求风调雨顺，国泰民安，六畜兴旺，五谷丰登，为了丰富社火的表演内容，就加进了眉户戏。在表演的过程中吸收了青海民间小调并配以地方说唱当中的音乐，演唱时采用青海方言，通俗易懂，亲切耐听，最后发展成一种深受地方民众喜爱的地方戏曲。在演唱形式上既保留了地摊演唱的形式，亦有舞台表演，主要曲目有《张连卖布》、《李彦贵买水》、《小放牛》等。

四 物质民俗

物质民俗是在一定的生态环境中普通民众所创造、享用和传承的物质文化事象，必然受到青海特殊的地域条件、时令特征及其生产技术的影响，其形态主要包括生活民俗和生产民俗两方面。

（一）生活民俗

1. 住宅民俗

（1）筑宅。修建庄廓，先筑庄墙，叫"打庄廓"。用墙杆、墙板、杵子、铁锨等工具先筑成土围墙。即在按一定尺码安置好的墙杆、墙板间填入潮土，用杵子夯实，一板一翻，逐级升高，有高至 32 板者。庄廓墙筑好后的最后一板，叫合龙口。即负责筑墙的工匠主持，在即将合拢的墙角下设香案，献馒头、果品等盘供，房主三拜九叩，主持人念诵祝词。最后众人全力筑墙，一气呵成。然后在墙上开一个"介"字形门洞，供暂时出入之用。待修好院内房屋，在与正屋相对的墙上开一正门，谓之启财门。

（2）踩财门。新门落成后，邀请一位外面的人踏进新门，叫"踩财门"。踩门人须是当地德高望重、福寿双全的长者。事前主家需备一个新木盘，内盛油包、核桃、红枣、银元等物，上盖红绫，象征丰衣足食。到时，主人出门迎接踩门者，长者接过盘子，致踩门颂词，然后步入新门。自第二天起，新居忌戴孝者、鳏寡疾病之人或有过恶行者进入，否则会带来晦气和不吉利。一般忌期为三天或七天，亦称"忌财门"。

（3）上大梁。建房时择黄道吉日上大梁，大梁为木头结构的房子中最中间的一条承重木头，到时要焚烧香表，鸣放鞭炮。大梁中间悬一红色布袋，有的在大梁中间凿一小洞，内装五色粮食——小麦、青稞、豌豆、莜麦、玉米等，取"五谷丰登"之意。在梁上贴上"上梁大吉"、"大吉大利"等红纸条。上梁后，向下抛撒糖果、红枣等，围观人争抢捡拾。当天主人家还要设宴招待前来祝贺的亲朋好友。

2. 服饰民俗

随着社会的发展和人们之间交流程度的提高，反映在服饰上就是式样新，花样多。1949 年以前，青海城镇汉族都穿长袍马褂，头戴瓜皮小帽，脚穿各式自制的布鞋或皮鞋。青年人常用一根黑色缎带缠紧裤脚，女子一般穿长衫长袍，对襟上衣配裙子等。农村男子为了劳动方便，通常穿棉夹大襟主祆，长腰大裆直筒裤，常系一条腰带。另有一种背心式的上衣，是无袖无领，两腋下开口的薄棉背心，冬日贴肉而穿，保护胃脘不致受寒。农民冬季还穿用纯羊毛缝制的长袍，不挂布面，皮外毛内，俗称"白板板皮袄"。或用羊毛捻成细线，织成"褐子"，缝衣织裤，称为"褐祆"、"褐裤"。也有用一整块毛毡上挖一孔，头可出入，作为衣装，谓之"毡祆"。此外有皮裤、毡帽、皮帽、皮衣、毛裤、毛袜，等等。1949 年以后，中山装、制服等形制简练、方便实际的服装时兴，总体以黑、灰、青、绿为主要色调。改革开放以后，服饰形制、材料、色调等方面日趋丰富，裙子、夹克、西服、牛仔裤等新款式衣服逐渐增多，人们在追求经济适用的同时，还追求时尚美观新潮，表现在换季服装的丰富多样上。

3. 饮食民俗

青海汉族主要集中在以农耕为主的河湟地区，饮食上主要以面食为主。面馍花样较多，有蒸面类的馒头、花卷、月饼、灶卷、转包城、刀把、油花、油包儿、缠馒头等，馅面类的有包子、韭菜合子、糖饺、菜瓜饼、春饼等，烘面类的有馄锅、锅盔、曲连、狗浇尿、锅塌、炉馍馍、面大豆、花馍馍等。炸面类的有馓子、油饼、翻跟头、油果、花花等。面饭有擀面条、寸寸、破布衫、丁丁、秃秃麻食儿、拉面、面片、扁食、老鼠儿、搅团、馓饭、油搅团、炒面、熟面以及凉拌面、酿皮等地方小吃。平时吃饭时荤素搭配，农家以油炒、水煮、凉拌蔬菜为主，冬天则吃腌制的酸菜、花菜和咸菜。

（二）生产民俗

河湟地区，海拔较低，气候温和，降水量比较充沛，农田相对平整广阔，土地肥沃，农业耕作方便。悠久的耕作历史，积累了丰富的耕作经验，形成了相对固定的农业生产习惯。

1. 农具

过去经常使用的农具有犁地的犁，耙地的耙，平田地的耱子，铲土、扬麦粒的木锨，铲土、翻地用的铁锨，挑长草的木叉，打脱麦粒用的连枷，整地碎土的榔头，清除农田杂草的铁锄、手铲，收割庄稼的镰刀，打碾用的碌碡，运送东西的架子车等，另外还有绳子、筐、背兜、扫帚、筛子、簸箕、刨镢等生产工具，马、牛、骡、驴等生产耕畜，以及水磨、油坊等谷物加工工具。随着农村经济的发展，农村也开始使用新式农具，如播种机、手扶拖拉机、收割机、脱谷机等，这些生产工具的更新，解放了劳动力，极大地提高了生产效率。

2. 破土

就是在春天播种前几天，牵上耕牛，并用红土将牛角涂抹成红色，在犁杠上面贴上写有"耕三余九"、"开犁大吉"等字样的红纸，到达田地后，在地边点香焚表，燃放鞭炮，跪拜天地，默祷丰收，然后架牛开犁。

先在田地中央逆时针方向犁一圆圈，再在圈中犁一"十"字，形成"田"字形，开犁破土的仪式就算完成了，有的地方将此仪式称为"种皇田"，有天子籍田之风。

3. 卧碌碡

秋天所有谷物打碾完成后，有卧碌碡的祭祀仪式。碌碡是用石料打制成的六棱或八棱的打碾工具。因其涉及颗粒归仓的大事，民间敬之如神，素有"白虎"之称。在打碾完毕后的最后一天，将碌碡置于场院的一隅，焚香燃表，揖拜礼祭，这天，也有用新打碾的小麦磨成面粉，做新面馍馍以示庆贺。

4. 求雨

如果久旱无雨，农区的百姓就有求雨的仪式。人们在会首的组织下，头戴柳枝编成的圈帽，赤着脚，高宣佛号，一般到龙王庙里，念诵佛经，合祈雨露，或将龙王、二郎神的金身塑像在烈日下暴晒，感受无雨之疾苦。有时到泉水或湖水边击鼓烧香，由巫师在水边手拿法器舞蹈，最后将密封的求雨之瓶掷入水中，过段时间查看瓶中有水珠，就算龙王赐雨，然后把瓶子带回去，跪拜地方神，念诵佛经。几天之后，开启瓶子，根据瓶内的水珠多寡预测下雨量的多少。

第三节　儒释道民俗文化圈的基本特征

儒释道文化圈内的民众，在他们的民俗生活中，各种错综复杂的民俗现象和行为规范背后，是强大的儒释道文化传统，这些思想，民众不是被动地全部接受下来，而是经过他们对现实生活的感悟和在社会实践中的体验，部分地选择了某些与世俗生活关系比较密切的思想观念或仪式行为。因此，儒家的忠孝节义、佛教的因果报应和道教的清静无为诸要素，在中国民众的生活实践中，并非肢解开来，而是得到了创造性和综合性的体现。其中，圆通各教、合众为一是儒、释、道文化圈内民俗生活的思想基础，然后在其基础上形成的民俗生活呈现出以下几个特征：

一　文化实践的伦理性与现实性

为了适应民众生活的需要，儒、释、道思想一开始就降低姿态，将自己玄妙深奥的宗教教义向世俗的生活靠拢是儒释道文化圈的一大特色。佛教、道教在教义方面接受儒教思想，用宗教鬼神的威力来强化伦理道德在民间的影响。佛教以五戒比附于仁义礼智信，要人们奉行五戒来化育民俗。道教也强调道德、忠孝等伦理观念，宋以来的善书，就是将宗教与伦理糅合在一起，向包括民众在内的社会各阶层渗透。它们用善恶报应、天堂地狱与世俗的伦理道德标准的认同和鬼神信仰、神秘心理，完全控制了中国民众。

在日常生活中，尊重长者是一贯的传统，百事孝为先，亲亲为大，要做到"养生丧死"、"不饥不寒"，因此，赡养老人，敬祖敬宗，慎终追远是普通人遵行的规则，也是一种义务。在自给自足的自然经济状态下，所有的活动都是以家为中心展开的。一般家庭，不管是在城镇还是乡村，多供有财神、土地神、门神、灶神。家人作古后为亡人举行的丧葬仪式，照例为亡故先人祭扫事象，为嫁娶、添丁举行的庆祝与祭告活动，为禳灾祈福举行的敬神仪式，过年时节，家人团聚时，对已经亡故的先人，举行仪式恭请到家里来，每个家庭在生产、生活中形成了一定的家庭祭祀、家庭庆典及家庭信仰，体现和表达了尊祖敬宗、父慈子孝、兄友弟恭、男欢女爱、含饴弄孙、四世同堂的世俗伦理精神，并将"慎终追远"、"善始善终"诸如此类的观念与一定的民俗生活结合，使祭祖和丧礼变得一样重要，同时也寄寓了生者对亡者的孝道理想。

二　宗教义理的开放性和包容性

佛教为了宣教和争取更多的信徒，除了在经卷中宣传孝道外，还在宗教节日中祭祀祖先，既充当了维持家庭的助力，又成为中国民众注重现实生活，留恋家庭生活的精神慰藉。道教追求遁世绝俗、隐逸山林、绝尘脱俗，但也应和普通民众的口味，宣扬孝道，葛洪还把孝顺置于十德之首。关于儒释道三教在民间的教化作用，蒙古族土司鲁麟在为玄真观撰写的《敕赐感恩寺碑记》中云："盖人生之化有三：曰释、曰道、曰儒，理本无二，其源亦同，其道之传，立言虽异，无非以三纲五常之事，而明其本然之善也。荐以未能明了而发乎诸文，儒云、法云、道云，教者其义皆归于一心之机也。是故佛经般若心之章以明其性，道著五千之典以悟其真，儒述性理之传以复其善，以斯明真善三异，而虽言之有殊，其元元之微见厥于亦中而已。"①

　　在传统中国的社会文化脉络中，伦理道德概念与思维体系一直都是由儒家思想所主宰，宗教信仰中大半只用现成的道德伦理准则来做奖惩的判断，而本身并不对道德本源做哲学性的探讨。这一传统是中国文化中以"人"为本位，而不是以"神"为本位所出发的特色。也就是说中国文化中"神明"的完美与神圣是由人来界定的，而不是神本身所确立的。在传统社会里，儒家的伦理道德规范受到普遍的尊重与肯定，是理想与现实的导向到稳定性的均衡，除非是在社会秩序很混乱的时代，中国传统宗教信仰仍维持相当合理的状态。儒释道在教义上的圆融、结合，并流向民间社会使得它们更趋向世俗化，与民众日常生活的关系愈加密切。普通民众具有的那种开放型的信仰，在宗教与伦理的结合中得到了满足。他们也想借助各种宗教来保佑自己，以求平安无事，万事大吉。像儒家提倡的孝道和祭祖，道家山川河流的自然崇拜和鬼神信仰，在民间得到了很大的宣扬。道家的"羽化成仙"、佛教的灵魂转世等，与儒家的"祭神如神在"的内修观念结合，使儒家提倡的祭祖民俗在民间普遍地得到宣传和实行。

三　信仰追求的实用性和功利性

　　一般民众看来，纯抽象性或观念性的道教、佛教在现实中并不讨人喜欢，反倒是被人为地添上某种世俗色彩后才更觉得亲切。民众喜欢佛道混合的庙宇，喜欢道士、和尚都来助兴的仪式。两教为了迎合世俗信仰的需要，并不顾及自身信仰体系，加深了中国民众宗教意识的混乱，道教受佛教的影响，大量借鉴佛经的名称和佛经内容。佛教也常常学着道教的样子，不但给信众诸多神佛，也炼丹、施法术，满足人们祈福避祸的愿望。佛教、道教混合同流的现象十分普遍，在中国民间香火最盛的关公，佛道两教都给他一个很显赫的神位。平常日子里人们遇到了什么事，也总离不开佛道配合，无论神亦或仙，无论斋醮大会亦或水陆道场，似乎都可以同时接受。家中办丧事时，请僧、道作法超度是不可或缺的。一般民众以为无论僧道，结果都一样，可谓异曲同工，只要尽到孝心就行了。普通民众对玄妙深奥的宗教经典无暇顾及，只有与现实生活接近的诸多鬼神仙佛给

---

　　① 赵鹏翥：《连城鲁土司》，《西北史地》1987 年增刊。

予厚望和信仰。佛教传入中国之后，为了在中国站住脚跟，常常与道教相附会。直到南北朝时期，许多佛门僧人学会了迎合世俗民众的祈雨、占卜、治病、祈祷、房中术等巫医方术。道教也在编制的经典中有不少照搬佛经的名称，如《太上元始天尊说金光明经》、《太上元始天尊说宝月皇后圣母孔雀明王尊经》、《太上真一报父母恩重经》。在神谱上，佛道两家有更多的融合，最突出的表现在关公信仰上，佛教奉之为伽蓝神之一，与常见的十八罗汉旁塑像供奉，道教奉之为"关圣帝君"。佛教、道教两种信仰体系互相渗透和借用的情况，导致普通民众对鬼神仙佛的信仰复杂化。佛教和道教神祇共同作为民众的宗教信仰对象是比较普遍的现象，民众们给吕洞宾过生日，也不妨碍日后参加浴佛节。遇有祈禳或丧葬的场合，请和尚或道士都可以，有时和尚道士同时举行法事，诵经、超度亡灵、捉鬼、降妖、画符念咒等。

民众对于宗教以及鬼神、偶像的崇拜往往是出自于一种比较现实的心态，将其作为享受人生的一种辅助方式。他们对宗教的真正要求并不在于其高深的哲理体系、玄妙的彼岸境界和缜密的逻辑思维，只是希望通过庄严而又随时可行的仪式来满足延年益寿、消灾避祸的心理。为谋求安全，免受病害、灾难以及社会不安定因素的困扰，他们跪拜在神灵的面前，虔诚祈祷，祈盼生活安定。他们能包容多种宗教及其神灵，对看风水、占卜、禳灾等形式全不拒绝。民众在人生遭遇坎坷磨难之时，往往跑到庙里求神问卜，请神媒降法扶乩。丧葬的场合，往往由佛道僧侣为之作法、诵经、超度亡灵，遇有疾病，便会问僧问道。民众，对待一般宗教的态度，"用菩萨挂菩萨，不用菩萨卷菩萨"的功利态度。当实用功利性成为民众选择崇拜、供奉的对象时，常常不管哪路神灵，只要以为有用就祭拜，然后去奉行，尤其生活在底层的广大民众，赖以为生的农耕生活，与大自然关系密切，他们在无力左右、改变自然界的情况下，常常视晴雨、丰歉为天意。为求得大自然的宽容与恩赐，保佑四季平安，减少或消除农业生产所遇到的各种灾难，他们便祈雨、献祭、禳灾，通过拜天地、供龙王等方式礼遇一切关系，关乎一年四季农作物生长、丰歉的天体、气象、动物、土地、山川河流等，这些数不胜数的神灵受到虔诚的祭祀和供奉，成为生活中崇拜的对象。

小　结

任何一种民俗，都是民众在日常生活当中普遍遵守，以一种观念或意识为基础，很少发生改变或偏离的规矩或现象。在儒、释、道文化圈内，民众的民俗行为在这些宗教思想的影响下形成并传承，是这种宗教思想在民间生活领域的体现。"在俗民的生活中，我们很难说他属于哪门哪派，但在日常的信仰和行为中，这些思想往往是交织在一起的。民间信仰行为是这些宗教相互影响之下的一种衍生传统，是制度化宗教的民间化存在。"① 相对普通民众来说，常常是在理念上接受某些儒家的观点，而在实践上又是佛道不分，混为一体。

总之，儒释道影响下的民俗文化生活，不管是物质的或精神的，还是有形的抑或无形的，其背后总有一只无形的手调控着这一切，这既是传统，又是规范，是一种标示性的地方文化的体现，通过民众的"日常"和"非常"的表达，最终汇入中华文化的滔滔长河中去。

① 王铭铭：《社会人类学与中国研究》，广西师范大学出版社 2005 年版，第 136 页。

第六章

各民俗文化圈之间的互动与共享

　　民俗文化圈是一个独特而丰富的多民族共有的文化空间。每一民俗文化圈都是多层文化累积的复合体，传播并传承着多民族或多地域的民俗与文化。而各民俗文化圈的核心是其各自的精神信仰民俗。从某种意义上可以说每一民俗文化圈的核心是以其宗教信仰为核心和主体，吸收和结合了其他文化而形成的一个文化群。各民俗文化圈之间同时并存着排斥、互渗、共享、共融等关系。其中民俗文化圈之间的排斥，是指两种或两种以上民俗文化圈在接触交流时由于文化误解或文化差异产生一些不相融，但其不是绝对的，而呈动态变化状态。互渗是指由于两种或两种以上民俗文化圈之间由于长时间交流造成各自吸取异文化因子，但其仍保持原有的文化内核。共融是指两种或两种以上民俗文化圈之间由于相互影响、相互吸收后，原有文化内核改变，融合形成一种新的文化。共享是指两种或两种以上民俗文化圈之间，共同拥有或分享同一种或几种民俗文化。

第一节　藏传佛教民俗文化圈与伊斯兰教民俗文化圈

一　藏传佛教民俗文化圈与伊斯兰教民俗文化圈间的排斥

　　由于每一个民俗文化圈都是在特定的地理环境、历史背景和文化传统下形成的，所以不同文化圈之间或者不同文化集团之间产生偏见是难免的，每一个民族或个体成员总是从各自的文化本位出发，去看待或处理别的民族文化。[①] 属不同民俗文化圈的各民族间，不但生产方式、宗教信

---

① 马成俊：《论民俗文化圈及本位偏见》，《青海民族研究》2000 年第 3 期。

仰、风俗习惯等不同，而且文化特质、文化形式及思维方式和价值观也有很大的不同。这在一定程度上造成了不同民族文化间的防范和排斥。藏传佛教民俗文化圈与伊斯兰教文化圈都有不同的信仰和禁忌习俗。每个社会成员必须遵守各自圈内的信仰和禁忌，如果有谁违反本民俗文化圈中所具有的信仰和禁忌，将受到当地社区、族群内部的唾弃或"神圣"的处罚。青海藏传佛教民俗文化圈涵盖青海境内的藏族、土族、蒙古族及部分汉族。其主要以佛教"四谛"、"六道轮回"等为核心内容，认为现实世界充满苦难，是虚幻的。人应该奉行佛法、行善积德、坚持修行，以求在死后到达光明幸福的彼岸——西方极乐世界。许多藏族、土族和蒙古族家中多有佛龛，供奉着释迦牟尼、菩萨、弥勒佛、迦叶佛、罗汉、莲花生祖师、宗喀巴大师、班禅等塑像或画像。敬"佛法僧"三宝。

藏传佛教民俗文化圈中最大的禁忌是滥杀生命，认为无论何种动物都有生存的权利，任何人都不能滥杀生灵。青海藏族、蒙古族和土族由于信仰藏传佛教，只食偶蹄动物的肉，禁食奇蹄动物的肉。部分藏族由于龙神崇拜的缘故，还禁食龙子龙孙（如鱼、虾、蟹、青蛙、蛇等）。

青海伊斯兰教民俗文化圈涵盖青海境内的回族、撒拉族等民族。明清以来，中国伊斯兰教格底目、伊赫瓦尼、西道堂、哲赫忍耶、虎夫耶、嘎底林耶和库布林耶等教派相继形成，在青海各有传播。其基本信仰一致，都以《古兰经》为根本教义；以"五桩天命"（念、礼、斋、课、朝）为基本功课；以"六大信仰"（信安拉、信天仙、信经典、信先知、信前定、信后世）为基本信仰。不主张无所追求，安于清贫苦难，相反认可享受自己劳动成果。在饮食民俗方面禁食自死之动物、动物血及非伊斯兰教徒屠宰的牲畜，禁食猪、狗、驴、骡、马、猫及一切凶猛禽兽。信仰民俗方面禁止崇拜偶像、算命、求签、占卜，不信风水阴宅及财神、山神等。家里忌摆各种人物和动物塑像，只挂书法、建筑及山水画等作品。

由于藏传佛教民俗文化圈与伊斯兰教民俗文化圈在精神信仰上的不同，其在商业民俗、饮食民俗、居住民俗和丧葬民俗方面产生了排斥。如藏族重视劳动的产品，比如门前牛羊的多少，而穆斯林更重视利润。回族、撒拉族讲求"厚养薄葬"，丧葬方式为土葬。死者不用灵柩，不穿新衣，不放置陪葬品，不看风水，不择时日，主张入土为安。葬礼中家眷不用披麻戴孝，不挂挽联挽幛，不动声乐。青海藏族、土族和部分汉族受同一民俗文化圈——藏传佛教民俗文化圈影响，根据地域差异则有天葬、土葬、火葬等丧葬方式。届时请藏传佛教僧人为亡者念指路经。由于伊斯兰教民俗文化圈与藏传佛教民俗文化圈核心价值观的不同，在一些行为方式上引发冲突。如刚察县何日乡一些外来穆斯林牛羊商贩，为了节约牛羊屠宰成本，在街边宰杀牛羊，由于具有一定屠宰量，整个场面显得血淋淋的。因此受到当地一些藏族群众的反对，并在一些店铺张贴禁止宰杀的宣传图。部分内容如下："从远古到现在，没有出现过这种粗暴的事情。具有同情心的人，对此谁也不能忍受。所以，我们要团结起来，从根本上消除这种行为，不符合佛法的行为在信仰佛法的这个地方要永远根除。兄弟，为了真理、和平，我们死而无悔。"[1]

伊斯兰教民俗文化圈中规定，结婚双方必须是穆斯林。《古兰经》告诫穆斯林说："你们不要娶以物配主的妇女，直到她们信道。已信道的奴婢，的确胜过以物配主的妇女，即使她使你们爱慕她。你们不要把自己的女儿嫁给以物配主的男人，直到他们信道。已信道的奴仆，的确胜过以物配主的男人，即使他使你们爱慕他。这等人叫你们入火狱，真主却随意地叫你们入乐园，和得到赦宥。他为世人阐明他的迹象，以便他们觉悟。"[2]穆罕默德也曾说："穆斯林大众要互相关心、友好、爱护；他们就像一个有机整体，一处痛疼，全体不适"，"信士之间的关系好比一座建筑物，彼此紧结在一起"（《圣训珠玑》），因此，信仰伊斯兰的各民族这一方面保持了强烈的认同感、归属感和亲情感，但另一方面造成了对藏传佛教等民俗文化圈信仰习俗的排斥性和自我封闭性。在伊斯兰教民俗文化圈内，一些民间传说中也隐含着对藏传佛教民俗文化圈的排斥。如据传马来迟到卡力岗地区传教时，当地活佛正在求雨，但天不下雨，活佛无奈就让马来迟求雨，马来迟说："佛爷求不来雨，我更不行。"活佛说："我求雨不见效果，你求吧。"马来迟依活佛之言而求雨。当时他在一小屋中先做了两拜乃玛孜，然后就一直念经，念到大约沙目（昏礼）之时，空中开始下起了毛毛细雨。[3] 这则传说表现出民间伊斯兰教与藏传佛教存在一些相互

① 参见鲁顺元：《青藏高原藏文化圈当代演化与和谐民族关系构建——以青海为例》（打印稿），国家社科基金资助项目（07XMZ001），2007年9月—2011年6月，第325页。

② 《古兰经》第二章第211节（马坚译本）。

③ 丁明俊：《中国边缘穆斯林族群的人类学考察》，宁夏人民出版社2006年版，第134页。

排斥的情结。

青海伊斯兰教民俗文化圈和藏传佛教民俗文化圈某些区域有时相对封闭，缺乏相应的互动和联系。随着历史上人口迁移和宗教传播，在藏传佛教民俗文化圈的单一性受到外来民俗文化圈影响时，便形成对外来民俗文化圈的排斥，甚至造成不同民俗文化圈民族个体间产生心理隔阂。以青海同仁等地为例，在清朝中后期，由于同仁等地区改信伊斯兰教的穆斯林人数增多，引起当地佛教寺院僧侣和各部落头人的不满。清咸丰末年，隆务寺活佛五世夏日仓和相佐下了一道命令：要求与藏族不同习俗的民族要入乡随俗，遵从藏族习惯，信仰伊斯兰教的群众要改信藏传佛教，并在各村寨的路口强行修建嘛呢康和嘛呢彩门。① 此举遭到当地穆斯林的反对，一些村落的穆斯林群众捣毁本村落的佛塔，从而引发两教群众的直接冲突。② 此后，又发生了当地部分信仰藏传佛教的部落头人，对信仰伊斯兰教的保安族进行驱逐的事件，保安族被迫迁徙。

如果每个民俗文化圈内部认同过于强烈，或对异民俗文化圈过于排斥，那将阻碍与异民俗文化圈的交流与互动。根据一些学者的调查发现，在藏传佛教民俗文化圈内由于部分民众的误解也产生了一些对其他文化的排斥。比如同仁隆务镇信仰藏传佛教民俗文化圈内的一位女童，当隆务镇清真寺传出伊斯兰教音乐时，她就赶紧捂住耳朵。问其缘由时，小姑娘回答："我们和他们不一样，不能听他们的东西，不好。"③ 这个案例同时也反映出，藏传佛教民俗文化圈内个别民众由于对伊斯兰教民俗文化圈内一些文化行为的误解而产生一些排斥。

二　藏传佛教民俗文化圈与伊斯兰教民俗文化圈间的互补

青海藏传佛教民俗文化圈和伊斯兰教民俗文化圈之间，虽然在宗教信仰、生产生活方式等方面有较大的差异，但这种差异反过来又为彼此之间的交往造成了可供互补的条件。如藏族由于宗教、地理环境、生产

---

① 参见同仁县志编纂委员会编：《同仁县志》，三秦出版社 2001 年版，第 939，968 页。

② 参见迈尔苏木·马世仁：《在"田野"中发现历史——保安族历史与文化研究》，中国社会科学出版社 2008 年版，第 84 页。

③ 宁昊然：《汉鼎孤烟——青海省同仁藏族自治县汉族移民文化变迁传播研究》，硕士学位论文，兰州大学，2010 年，第 57 页。

方式等方面的原因，在观念上重畜牧业，轻视商业。而伊斯兰教肯定、鼓励经商，把商业视为真主所喜爱的事业，认为只要勤奋地从事商业活动，就能得到真主的喜悦，因此，善于经商是穆斯林的传统优势。由于这种差异，许多穆斯林常常进入藏族地区进行贸易活动，藏族地区的畜产品、土特产品和生活用品的贸易交换也依赖穆斯林商人。并且在这种长期的交往中，相互间形成了一种互利共生现象，许多藏族地区对穆斯林的商贸活动提供了一定的便利条件。如黄南藏族自治州同仁县隆务寺六世夏日仓·罗桑丹贝嘉措（1859—1915）主持隆务寺后，为了发展隆务地区商业和手工业，由寺院出资在隆务街修建铺面房舍，于光绪初年从河州、循化等地招来多为穆斯林的工匠和商人，活跃了经济发展。① 又如在青海循化地区"撒拉族不足的粮食、柴草，需要文都、道帏等地的藏族农业区和化隆的回族供应，而藏族需要的蔬菜、果品、茶、布、工艺品等则由撒拉族和其他族转运过去，并将藏族居住区的羊毛等畜产品转运外地"②。当前，许多村落藏族、土族、蒙古族群众的牛羊出售和屠宰，皮毛、药材等物产的出售，多由走村串乡或集市设点的穆斯林完成；与此同时，穆斯林又从外界带进藏族所需的生产、生活用具，等等。

因此，在商贸交易传统习俗上，青海各民族有共同的交易方式，即不用语言谈价钱，而在袖筒中或在一块布单下捏手指谈。食指表示一，食、中二指表示二，再加无名指表示三，再加小拇指表示四，全部五指表示五，大拇指加小拇指表示六，大拇指加上食指、中指表示七，大拇指加食指表示八，食指捏弯表示九。至于千、百、十、元、角等则由口中说出。如"536 元"这个数，捏住五指说："这个百数。"捏住食、中、无名指说："这个十数。"捏住大拇指和小拇指说："这个零头。"如果对方讨价还价，也这样捏价。③ 可见，藏传佛教民俗文化圈与伊斯兰教民俗文化圈之间的诸多差异，在长期的相互交往中已经形成了一种互补、互利共生现象。

---

① 参见同仁县志编纂委员会编：《同仁县志》，三秦出版社2001年版，第952页。
② 《撒拉族简史》编写组：《撒拉族简史》，青海人民出版社1981年版，第78页。
③ 赵宗福、马成俊主编：《青海民俗》，甘肃人民出版社2004年版，第30页。

三　藏传佛教民俗文化圈与伊斯兰教民俗文化圈间的互渗

藏传佛教民俗文化圈与伊斯兰教民俗文化圈之间相互交流的过程中出现了互渗现象。如尖扎地区历来就有"加回"、"卧回"之说，"加回"指改信伊斯兰教的汉族。"卧回"是指改信伊斯兰教的藏族。[①] 在循化撒拉族自治县，信仰伊斯兰教的撒拉族与信仰藏传佛教藏族之间民俗生活上也有着互渗。如撒拉族先民为了族群的延续和发展，历史上选择了与藏族联姻。因此，至今撒拉族称藏族为"阿让"（阿舅之意，藏语借词），"阿舅"在撒拉族中具有至高无上的地位。一些清真寺的建筑风格上也融合了撒拉族、藏族、汉族、回族等民族文化，甚至在修建时得到了藏族群众的积极支持和帮助。比如撒拉族祖寺街子清真大寺原来的两人才能合抱的一根大梁由当时孕楞乡的藏族群众捐赠。修建科哇清真寺时，斜昌沟藏族赠送木料，并出工出力。该寺整体布局和建筑外观为传统汉式，而内部装修大部分则都体现出藏式风格。[②]

循化县孕楞藏族乡和查汗都斯乡（撒拉族）大庄村交界处，距县城30 公里左右有一座称作"夏吾"的山。附近藏族认为上面居住着阿尼夏吾山神，并插有"拉则"。夏吾山阴面悬崖上有一山洞，不同的宗教信徒对其有不同的解释。周围信仰伊斯兰教的回族、撒拉族称它为"庵古录拱北"，周围信仰藏传佛教的藏族、蒙古族、汉族认为它是阿尼夏吾的修行洞，由于这两种民俗文化圈内信教群众互相包容、互相尊重、共同发展，从未因此发生过大的排斥与矛盾。

又如化隆回族自治县西南卡力岗地区的特殊族群卡力岗人，他们使用藏语安多方言，生活习俗与当地藏族相似，但又虔诚地信奉伊斯兰教。一个卡力岗人一般有三个名字，汉语名、教名和藏名。其住房建筑风格，带有原有的藏族村落特征，单扇大门，屋内灶头连炕，院子中间院墙四角放置白石。背水、拾牛粪、晾晒牛粪等生计方式仍带有藏族风格。在许多生活细微之处，也依旧保留着藏族风俗。如吃肉时刀尖向内，卖牛卖羊时拔

---

① 参见黄南藏族自治州编纂委员会编：《黄南州志》，甘肃人民出版社 1999 年版，第 1348 页。

② 曾江：《循化县撒拉族民族文化考察记》，《中国社会科学报》2011 年 7 月 21 日第 3 版。

三束毛，对邻村的"拉则"和"嘛呢本康"怀有一种敬畏感，不去破坏等。卡力岗人结婚时，亲朋前来祝贺，欢唱藏族人民传统的酒曲。女方送亲的人们临走之前，一般要推举出一位德高望重的长者说一些对新婚夫妇表示美好祝愿和代表女方家表示歉意的话。送亲的时候，娘家人要去婆家，婆家热情招待。双方都选派能说会道的人，赞颂对方。娘家人告别时，婆家要给他们送羊肉茶叶。①

海晏、祁连等地的"托茂人"操蒙古语，穿蒙古族服装，但信仰伊斯兰教。托茂人迁移到青海以前就信仰伊斯兰教，属于虎夫耶教派，现今大多数人属于伊赫瓦尼教派。② 由于托茂人长期与蒙古族进行经济文化交流，迁移初期具有明显的蒙古文化特色。伊斯兰教在托茂人的宗教生活中居于主导地位，但社会生产生活中也处处流露着蒙古文化的遗迹，其文化具有明显的伊斯兰和蒙古文化的双重特色。其部族在清代时居牧于湟中县上五庄水峡，与上五庄回族关系密切。清真寺大殿顶部装饰有蒙古包顶饰物，邦克楼顶部装饰蒙古族兵器长矛。

土族中还融合有回族、维吾尔族的成分。据调查，民和河边马家和大庄的十几户土族群众，在一百多年前是回族。当时此地无阿訇，遇有婚丧之事，要到黄河南岸大河家（今甘肃积石山保安东乡撒拉族自治县）请阿訇念经。传说有一次，一家有丧事，恰逢河水猛涨不能渡，无法请阿訇，经众人集议，决定请一位土族喇嘛念经安葬老人。此后，当地回民遇有婚丧之事，不再到大河家请阿訇，大河家的回族也不再承认他们是回族。这部分回族群众改信喇嘛教，融合于土族中。迄今这一部分土族群众祭五辈以上老坟时必用牛羊肉，绝不用猪肉，而祭五辈以内新坟可用猪肉。③ 足见其对土族文化从排斥到接纳的过程。

第二节　藏传佛教民俗文化圈与儒释道民俗文化圈

一　藏传佛教民俗文化圈与儒释道民俗文化圈的互渗

儒释道的文化价值体系已经自成一体，以孔孟之道为核心的儒家文化

---

① 丁明俊：《中国边缘穆斯林族群的人类学考察》，宁夏人民出版社 2006 年版，第 146 页。
② 同上书，第 117 页。
③ 《土族简史》编写组：《土族简史》，青海人民出版社 1982 年版，第 33 页。

占据着主导地位，同时中国传统哲学的模糊性和开放性也为佛教等外部信仰的进入、传播、演化提供了思想观念上的接入点。藏传佛教民俗文化圈也是善于包容和吸纳异文化，因此，藏传佛教民俗文化圈与儒释道民俗文化圈共处和融合的空间相对较大。

两种或两种以上文化的交流融合从来都是双向的，藏传佛教民俗文化圈吸收儒释道文化的同时，也将本文化圈内文化因子源源不断地输入到儒释道民俗文化圈的系统当中，两种民俗文化圈互相潜移默化，导致各自文化结构和内容发生变化，并更具有地域性特征。

儒释道民俗文化圈主要是以儒家伦理文化为基础形成的多元文化，传统的信仰以儒、释、道并重，天、地、人、鬼、神共存，其宗教信仰的心理基础是万物有灵论及人、鬼、神一统论，因而构成儒、释、道杂糅，各取所需的局面。注重祭祖，崇尚圣人，以孝为立身之本，遵循"三纲"、"五常"，讲求耕读传家，"修身、齐家、治国、平天下"。儒释道民俗文化圈不仅涵盖青海汉族，而且对土族及青海东部藏族、蒙古族等信仰藏传佛教的民族深有影响。从明清开始，青海农区的藏族、土族、蒙古族子弟尤其是上层子弟接受了儒学教育。如清中叶时土族中就有因"与民（按指汉民）厝杂而居，联姻结社，并有不习土语者"。又如清代西北贸易重镇丹噶尔，"亦有蒙番子弟，资性聪颖，入塾读书，粗明理义，遂化为汉族者。尝见蒙古男子供差公门，衣冠楚楚，其妻室番装也。其子娶汉女为妇，再生子女，皆汉族矣，此变俗之渐也。亦有汉人赘于番族，衣冠言帽甘于异类者"①。这样的现象在河湟地区可谓比比皆是。

在两大文化交叉、汉藏民族杂居的地带，婚俗文化上藏传佛教民俗文化圈与儒释道民俗文化圈间的互渗更为明显，甚至出现融合的情形。如青海东部农区许多藏族由于与汉族长期杂居，习俗渐近，和汉族一样从事农业生产、过定居生活、主要交流全部使用汉语、夹杂个别藏语词组。史料记载"其族属僻居山边者，仍其榛抚之旧。至与汉民杂住之处，庐室衣服，无或异也，婚丧吊庆，相与往来，惟女子装饰为别耳"②。一般先媒

---

① （清）杨治平：《丹噶尔厅志》卷6，载于青海省民委少数民族古籍整理规划办公室：《青海地方旧志五种》，青海人民出版社1989年版，第316页。

② （清）长庚：《甘肃新通志》卷42，兰州古籍书店1990年版。

后婚，由男方家请媒人去女方家说亲，或称"提亲"。如女家许诺，则男方主人、舅舅、媒人等结伴送礼茶、衣物至女家，谓之"订婚"，并言定聘礼数额和送达日期，然后"送礼"，或称"送酒"（现定婚、送礼多合并进行）。最后择定吉日，由男方家迎娶成婚。迎娶时，铺床、泼清水洗礼、摆设上马席和下马席、撒红筷子、跨松篷避邪、摆针线、抬针线、谢媒、装箱、官戴新郎，第三天新娘"抬包子"、"坐头回娘家"，女方家"撒棚"等。① 从总体上看，婚姻习俗呈现出向儒释道民俗文化圈方面发展的趋势，但摆设上马席、下马席，喝上马酒，男方向女方家送"肉方子"等，带有明显的藏传佛教民俗文化圈文化因子。

青海东部地区藏传佛教寺院文化，深受儒释道民俗文化圈影响。如瞿昙寺、宏化寺、塔尔寺等都采用了汉藏结合的建筑形式，除保留藏族传统的建筑风格外，吸收引进了汉族建筑艺术中飞檐、斗拱、藻井、雕梁画栋和中轴线排列等特色。特别是瞿昙寺作为藏传佛教寺院，建筑形式却是典型的中原汉式风格，完整地保留了明代官式做法，是西北地区保存完好、首屈一指的明代建筑群。寺内隆国殿的建筑彩画，其内檐彩画石榴旋花心以黄色代金，彩画色调统一，图案规整，与北京地区明代早期官式彩画同出一范。② 塔尔寺酥油花花架音乐，虽然三十多首乐谱都以藏族传统曲子为主，但其中部分来自五台山汉传佛教寺院音乐，如《万年欢》、《月儿高》、《小开门》等，有些还借鉴了湟水流域汉族民间曲牌，如《香香德悟》（顺风点）、《拉里呗巴》（八仙）、《却白拉毛》（八谱）等。③ 正是因为吸纳了多元民族音乐，所以塔尔寺酥油花花架音乐才能被各民族群众所接受，成为多民族共享的经典音乐。

道教崇奉的关公、二郎神、文昌帝君成为许多藏传佛教寺院供奉的护法神。藏传佛教高僧章嘉·若必多吉、达擦丹白贡布、土观·洛桑曲吉尼玛，撰写关帝祈文，将关帝藏族化、藏传佛教教化。西宁金塔寺、塔尔寺、三世光明寺等还将关帝奉为寺院护法神，镇守寺院，驱除邪魔。在海

---

① 蒲文成、王心岳：《汉藏民族关系史》，甘肃人民出版社 2008 年版，第 276 页。
② 赵春娥：《明清时期汉文化西渐青海——以儒学传播为例》，《西北民族大学》2011 年第 1 期。
③ 赵宗福：《西北花儿的文化形态与文化传承——以青海花儿为例》，《西北民族研究》2011 年第 1 期。

西蒙古族地区最大的寺院都兰寺也设有"关老爷庙"，每逢年节，周围赛什克乡，铜普乡及茶卡乡部分蒙古族要到关老爷像前烧香磕头、求签问卦。土族纳顿节中的关王舞、三将、五将舞等节目中，关羽是最重要的角色，在全场表演中始终处于首位，连刘备也居其下位。土族法师举行请神仪式中有奉请"关圣帝君谢天大帝"字句。青海贵德、共和、化隆等地藏族民众特别崇信文昌帝君，称为"阿米尤拉"，意谓"地方神"。据民国时期姚钧著《贵德县志》：贵德城西的文昌庙"依山傍水，河流索绕。汉番信仰，士民供奉。每逢朔望，香烟甚盛，有事祈祷，灵应显著，久为汉番信仰祈福消灾之所"。① 可见，二郎神信仰也广泛被同仁、尖扎、贵德和民和等地区汉族、藏族、土族群众所信奉。

藏传佛教民俗文化圈对儒释道民俗文化圈也深有影响，两者之间存在着互渗关系。明清以来，青海东部农区汉族子弟入藏传佛教寺院出家为僧者为数不少。据《西宁府新志》记载，"番人、土人有二子，必命一子为僧。且有宁绝嗣而愿令出家者。汉人亦有为番僧者"②。青海东部农业区一些村落庙会中，道教阴阳师的清醮道场和藏传佛教的"升幡"仪式出现在同一场合。而在一些丧葬仪式中，既有请阴阳师（即道士），也有请藏传佛教僧侣的。阴阳师们为亡者按道教的仪式进行祭奠活动，僧侣们则为亡者按藏传佛教的仪式进行念经和超度活动。

藏传佛教护法神吉祥天女、大威德金刚等被青海汉族、土族虔诚供奉。如吉祥天女，又称"吉祥天母"、"功德天"、"宝光天女"等，藏语称"班达拉姆"，土语称"勒姆桑"，是藏传佛教护法神体系中居首位的女性护法神，主司命运和财富。她不仅在各大藏传佛教寺院被广为供奉，而且在青海汉族、藏族、土族、蒙古族等多民族中作为家神、村落保护神、部落保护神或地方保护神而被虔诚膜拜和精心供奉。从以上民俗事象可以看出，儒释道民俗文化圈与藏传佛教民俗文化圈在长期的文化互动中，已互渗到精神信仰领域，这在一定程度上维系着民族团结、国家的统一。

----

① 王昱主编：《青海方志资料类编》（下），青海人民出版社1988年版，第1098页。

② （清）杨应琚编纂，李文实校点：《西宁府新志》卷15，青海人民出版社1988年版，第385页。

二 藏传佛教民俗文化圈与儒释道民俗文化圈间的排斥

虽然藏传佛教民俗文化圈与儒释道民俗文化圈具有较高的包容性，但由于各民俗文化圈差异性和参与互动双方的不对等性，各民俗文化圈交流与传播过程中也会在某些方面造成排斥，甚至引发对抗。

藏族的价值观中有更多的出世、忍受、无争等被动性、消极性的成分。而儒释道民俗文化圈则注重现实，有更多的奋斗、争取等主动性、积极性的成分，主张"穷则独善其身，达则兼济天下"，要求人生有所作为。受自然环境影响，藏族崇奉自然，爱护人类生存的生态环境，而汉族则更看重人事，关注人类生存的人文环境。这都是适应特定的自然和社会环境的结果，各有其存在的积极意义和合理性。因为这些差异，两种民俗文化圈完全融合的可能性就很小，甚至在某些方面产生了排斥。青海牧区的藏族有许多信仰上的禁忌，放生动物，尽量不杀生。在湟鱼产卵搁浅于岸边时，会用木桶等工具放生湟鱼。许多藏族不吃鱼，认为鱼是"万子鱼母"，杀一条鱼等于杀了一万多条生命。

历史上藏族崇尚白色，认为白色是最纯洁、最美丽、最高贵、最吉祥的颜色。因此，藏族的民歌中，把白雪比喻为高贵，用白色的牛奶表达诚挚，以洁白的哈达表达忠诚；在日常生活中，娶亲骑白马，座席铺白毡，献礼用白哈达。把红色视为不吉利和灾难的象征。儒释道民俗文化圈中，恰恰尚红忌白，认为红色可以驱邪，成为喜庆的象征，如许多人在本命年穿红内衣、红裤衩、系红腰带。而白色则被视为不吉利或者是灾难的预兆。

在数字崇拜方面：藏传佛教民俗文化圈中，许多藏族、蒙古族崇单忌双，在单数中特别崇尚三，认为三是最吉利的数字，一切自然之物都分为上、中、下三类，天上有日、月、星三光，宇宙有天上、地上、地下三部分，佛有过去佛、现在佛、未来佛三世佛、保佑平安有佛、法、僧三宝等。表现在生活中，敬酒要敬三杯，重大活动一般都安排在单日进行。而儒释道民俗文化圈中崇尚偶数，婚礼仪式等重大活动都安排在偶数日进行，追求好事成双。但随着各民俗文化圈之间频繁的交流接触和相互影响，许多民俗事象都已互相吸收，相互接近。

藏传佛教民俗文化圈与儒释道民俗文化圈在生态保护理念上，有时也会发生一些排斥。儒释道民俗文化圈主要以农耕文化为基础，为获取新的生产生活资料，需要开垦新的土地，而藏传佛教民俗文化圈以游牧为主，常常反对开垦牧场。青海东部农业区汉、土等民族把开犁春耕视为很重要的活动，在正式耕种之前要选好吉日。青海许多牧区的藏族、蒙古族认为凡未被挖掘破坏的草地是"活地"、"健康之地"，即有生命力的土地；被挖掘了草皮的土地是"死地"，因为它已被剥去了大地的皮肤。他们严禁在草原上乱采滥挖，以免使草原山地破相、土地肌肤受伤。1927—1934年，垦务局在青海牧业区或半农半牧地区的开垦活动受到藏族、蒙古族人民的反对和抵制。"'蒙人视农垦为畏途'，'藏人认垦殖为触犯山神'，所以蒙藏人若闻开垦，就不惜多方阻挠"。① 在藏传佛教民俗文化圈与儒释道文化民俗文化圈接触交叉的地方，各自生产民俗也具有依赖和互补性。如汉族、回族租地开垦，藏族、蒙古族可就近获得粮食，青海适宜农耕的地方的牧主也愿意招垦获利。如顺治五年（1649），一些汉、回民众流落于青海蒙古麦力干黄台吉部落草场时，麦力干不但接纳了他们，而且为他们提供种麦、豆、青稞等，经垦种"地横亘百数十里，村堡相望"②，这说明了藏传佛教民俗文化圈对农耕文化的适应。

　　在藏传佛教民俗文化圈中心，由于上层精英缺乏对儒释道民俗文化理解，因此受到排斥，甚至发生冲突，造成民族隔阂。据一些学者调查，20世纪20年代，青海黄南同仁保安汉族与藏族发生过一次冲突，个别部落头人利用藏汉之间的民族矛盾，挑起事端，发动藏族群众包围攻打保安城，并对汉族提出一些苛刻的条件，例如要汉民改穿藏服、家里有男孩的入寺庙当僧人等。后搬了救兵才给保安城解围。这样的事件加深了汉藏的民族隔阂，也使得汉族群众形成了对藏民难以改变的刻板印象。③

　　此外，在生育和婚姻习俗方面，藏传佛教民俗文化圈与儒释道民俗文化圈间也有差异。如藏族、土族为新生儿起名以部分日月、神佛等称呼起名，如卓玛（度母）、先巴（未来佛）、多杰（金刚）、尼玛（太阳）等等。部分汉族给婴儿多起贱名，如狗蛋、锁柱、狗剩子，等等。藏族无重

---

① 杨生彬：《开发西北与垦殖问题》，《开发西北》1934年第1卷第3期。
② 梁份著，赵盛世等校注：《秦边纪略》，青海人民出版社1987年版，第69页。
③ 宁昊然：《汉鼎孤烟——青海省同仁藏族自治县汉族移民文化变迁传播研究》，硕士学位论文，兰州大学，2010年，第55页。

男轻女生育观,顺乎自然,不强求。汉族受"不孝有三无后为大"等传统观念影响,注重多子多福,追求传宗接代,延续香火。

三 藏传佛教民俗文化圈与儒释道民俗文化圈间的共融

青海儒释道民俗文化圈与藏传佛教民俗文化圈通过长期的交流与互动,在某些方面虽有过排斥,但其共同特点是宽容和吸收异文化,因此各自在饮食、语言等民俗方面产生了融合。在儒释道民俗文化圈与藏传佛教民俗文化圈交叉和交流频繁地区,出现各民族间互相融合同化现象,甚至出现新的文化复合族群"家西番"等。

属于藏传佛教民俗文化圈内的西宁等地土族,由于受人口流动、民族迁徙等原因长期受儒释道民俗文化圈的影响,在心理认同、文化认同上逐渐趋向汉族。《秦边纪略》载:起台、保安、归德三堡,"其兵民俱非汉人,乃土人也"。保安堡,"堡皆土人","今其兵皆土人,无一汉人者"。又记载三堡土人或云:"其先世夷人,居中土已久,服食男女与中国无别,且久与汉人联姻,与汉人言,则操汉人言,又能通羌、夷语,其实心为汉,非羌夷所可及云,西宁、庄浪者亦然。"① 反映出其深受汉族儒释道民俗文化圈影响,服饰、饮食诸俗与汉族无别。与此相反,一些汉族由于长期处于藏传佛教民俗文化圈的影响,其文化融合于藏传佛教民俗文化圈。《循化志》记载保安四屯:"屯兵之初,皆自内地拨往,非番人也。故今有曰吴屯者,其先盖江南人,余亦有河州人。历年既久,衣服、言语渐染夷风,其人自认为土人,而官亦目之为番民矣。"② 其人不仅衣服、语言"渐染夷风",且"自认为土人",说明其风俗习惯、乃至民族心理都发生了变化,完全同化为土族或藏族。官方也承认这个事实,"亦目之为番民"。

家西番是青海宗喀藏族在河湟地区自明朝中后期定居农耕,历经两三百多年的历史演进,与汉、回、土、蒙古等族群杂居,到清康熙年间基本上完成生活习俗与语言的汉化,又保留自己的族群身份和部分生活习俗而形成的一个文化复合族群。其社会文化特征为:经济生活以农耕为主,政

---

① 梁份著,赵盛世等校注:《秦边纪略》,青海人民出版社1987年版,第35页。
② (清)龚景翰编,李本源校:《循化志》卷4,青海人民出版社1981年版,第163页。

治上长期处于中原王朝地方政府管辖之下，宗教方面坚持以敬天尊祖的宗法传统宗教、藏传佛教、道教和儒家学说为体系的多元综和宗教模式信仰，使用汉语而又保留部分藏族风俗习惯的地方亚文化共同体。[1] 家西番和汉族共同的信仰体系呈现明显的多元宗教信仰特征。信仰藏传佛教的土族中也融合有汉族的成分。据土族的民间传说和一些族谱记载，在明洪武年间，曾有一批汉族人民从山西等地迁入三川地区，从南京迁到互助地区，与当地土族人民长期相处，互通婚姻，有些就融合到土族中去。民和官厅土族张家、贾家的家谱称其祖先原系山西平阳府人，秦家家谱称其祖先原籍山西大柳树庄人。清中叶又有许多汉族人民陆续从四川、甘肃等地迁居于今互助境内，与土族杂居，互相通婚，结为亲戚，逐步融合到土族中。[2]

在青海语言民俗上，这两个文化圈也有许多融合之处。一些研究者认为，青海的汉语方言，就是以藏语的语法、语序为基础形成的。[3] 在藏、汉两种语言中，也有不少借词沿用至今。如青海汉语方言中的"闪巴"（屠夫）、"拿巴"（残疾人）、"当玛"（过去）、"囊玛"（内部）等都为藏语借词，而有些词汇则是藏汉合璧，如"沙娃"（"沙"为汉语，淘金者；"娃"为藏语，人也）、"大惹斧头"（"大惹"为藏语，"斧头"之意）。藏语中也有许多汉语借词。

饮食民俗上，藏族生活中不再是单调的手抓肉加糌粑，学会了做各种面食的技巧，烙饼、面条、米饭等已进入一日三餐中。再如节日，藏、蒙、土等民族除过本民族的节日外，也过汉族的春节，甚至连中秋、端午等节日也过。在东部农业区，无论是哪个民族，都采用汉族的民居建筑样式，只在布局和内部陈设方面有各自特色；而许多汉族习惯了喝藏式奶茶，外出劳动、游玩也接受了藏族帐篷为家、三石为灶的习惯。

在青海汉藏杂居的地方，儒释道民俗文化圈与藏传佛教民俗文化圈交融更为突出。藏族修建居宅重堪舆，凡都以山水方向主言吉凶，趋生旺而避衰败。旧时，先向僧人或"本本子"算卦，卜问吉凶、日期等。东部

---

① 李占录：《家西番：乡村社会生活中的族群构建——以湟中县上五庄镇柏树沟村及周围乡村社会为例》，硕士学位论文，中央民族大学 2011 年，第 1 页。

② 《土族简史》编写组：《土族简史》，青海人民出版社 1982 年版，第 33 页。

③ 敏生智：《汉语青海方言与藏族安多方言》，《青海民族学院学报》1989 年第 3 期。

农区藏族的居室内除有宗喀巴大师等神像外，常有毛主席像、寿星图、山水图等。过春节时许多藏族也贴春联、放鞭炮，同时也参与本村落的社火队表演，舞狮子、跳藏舞、踩高跷等活动。

在民间信仰上，儒释道民俗文化圈与藏传佛教民俗文化圈频繁接触地区融合度较高。许多藏族和土族深受儒家文化"礼法施于人民则祀之，以死勤事则祀之，以劳定国而祀之，有御大灾捍大患则祀之"① 造神原则的指导，许多历史上造福百姓的功臣成为当地民众信仰的对象。汉族地方官、藏族武士死后被活佛命为山神、土地主之事，在青海农牧区非常普遍。塔尔寺祈寿殿不仅建筑特色带有浓厚的汉族宫殿式风格，而且殿外柱廊左侧的一间小神堂内供着管理当地土地的阿尼刘琪山神像，其具体形象是一尊头戴乌纱帽、身穿蟒袍、腰束玉带、足登朝靴、长须飘飘的汉族老者塑像。

据说山神刘琪是位籍贯为甘肃河州大河家的汉族进士。相传咸丰年间（1851—1861），七世班禅进京谒见皇帝，在河州突遇山洪，眼看即将被淹没时，一老者救出班禅等人，问其姓名，回答说姓刘名琪。后来班禅返回塔尔寺，进花寺拜佛，发现刘琪在门后，班禅连忙问他为何在此，刘琪说："我随大师而来，不料这里竟没有我立足之地。"班禅便在山上建了一座山神堂，供奉刘琪，作为报答。后来在花寺建了这个小佛堂，让刘琪也享受信徒们的祈拜。塔尔寺周围的汉族、藏族群众十分崇拜这位汉族山神，每逢年节，都要进香点灯，煨桑磕头。塔尔寺僧人也要按期上庙诵经礼神。可见，儒释道民俗文化圈和藏传佛教民俗文化互动交流频繁地区，许多神灵为各民俗圈所共同接受。

国内外享有盛名的玉树"卓"舞，传说也是由今玉树藏族自治州玉树县结古寺第一世嘉那活佛多昂松却帕文根据玉树民间歌舞创造的。其祖籍地是西藏自治区昌都囊同，自幼聪慧好学，青年时期曾到西藏和印度学习佛经，后又去四川峨眉山、山西五台山等佛教圣地苦修 20 余年。晚年留居在玉树结古寺，在江河源区传经布道。嘉那活佛是个佛学知识渊博的人，精通藏、汉两种语言文字，其身穿汉地僧人服饰，与其他高僧形成区别，所以僧俗民众又尊称他为"嘉那朱古"（汉活佛）。嘉那朱古还精于

---

① 《礼记·祭法》。

复杂的建筑设计学，他与西藏结古寺大堪布巴德秋君共同设计和建造的玉树结古寺大经堂，可容纳千余名僧人。他还结合汉藏地区的舞蹈创作了称为"多昂曲卓"的100多个舞蹈。①

青海部分汉族、土族由于长期受藏传佛教民俗文化圈辐射影响，除保持原有的信仰习俗外，还接受了藏传佛教信仰。与此同时，一些信仰藏传佛教的藏族、土族还接受了汉族的节庆活动。

除夕夜，许多农区藏族、土族和周围汉族一样全家团聚吃"年饭"，守岁直到凌晨。正月初一早晨，人们相互拜年，先到长辈和有老人之家拜年，再到平辈之家。整个春节期间，携礼走亲访友。此外，部分藏族、土族欢度的二月二、端午节、腊八节等节庆活动内容与汉族的仪式过程极其相似。藏传佛教民俗文化圈内吸纳了儒释道民俗文化圈中的"孝道"、"祭祀"等思想。农区藏族清明时带馒头上坟，烧纸祭奠祖先，有些人在天社（春风后5日或清明节前10日）祭近祖或新亡故的亲人。② 许多地区，汉族和藏族土葬方法有一定区别，但一些禁忌、仪式却基本相同。如家人去世一年内，不过任何节日，不拜访亲友，不搞修建，不办喜事；吊唁时，亲友送花圈，外家送金银斗；在坟地烟火一百天；姑娘、女婿三天换孝。孝子百日内不理发，百天换孝。这些似乎都是对汉族丧葬文化的吸收。有些地方甚至接纳道教，让道士为亡人诵经超度，从心理上完全接受了汉文化。③

第三节　伊斯兰教民俗文化圈与儒释道民俗文化圈

一　伊斯兰教民俗文化圈与儒释道民俗文化圈间的排斥

伊斯兰教民俗文化圈强调公正、公平、权利，儒释道民俗文化圈强调身份、情理、义务。伊斯兰教民俗文化圈强调信仰、意志、奋斗、勇往直前，后者讲究天时、地利、机缘、迂回前进。伊斯兰教民俗文化圈中伊斯兰教的教义思想在各民族精神价值追求中处于核心地位。认为伊斯兰教教

---

① 参见云公保太：《漫谈民族文化交流》，青海人民出版社2004年版，第77页。
② 蒲文成、王心岳：《汉藏民族关系史》，甘肃人民出版社2008年版，第276页。
③ 同上书，第275页。

义是正道，是最有理性的，最简明易懂，最和谐的，也是最平衡的方法。出于这种理解，阿訇敦促穆斯林学习《古兰经》："吾教所著之书，皆本真主所降之经，与圣人所译之语，以为凭。不涉于荒渺，亦不沦于虚无。不敢妄为增，亦不敢妄为减。"

儒释道民俗文化圈中汉族、土族受儒家传统文化的规范影响，经商意识淡漠甚至持反对态度。如土族纳顿节表演中有这样的劝诫和指点："七十二行务农为本。赌博伙里出盗贼，买卖伙里生奸心。千买卖，万买卖，不如地里翻土块。务农是庄稼人的根本，庄稼是宝中之宝。庄稼人一心务农才是本份。"伊斯兰教民俗文化圈中经商被看作是高尚的事业，《古兰经》中充分肯定经商是真主所喜爱的事，因为真主从商人中选派了使者（25：7.20）。圣训讲："商人犹如世界上的信使，是真主在大地上的可信赖的奴仆。"

伊斯兰教民俗文化圈建宅等活动中，忌算命求签，建房时不请风水先生，而是择主麻日为吉日开工。届时，一般要请阿訇、亲友念"亥亭"，祈祷平安，告慰先人。期间，家庭富裕者还要向清真寺或贫困者散"乜提"。上大梁时用一块红布将粮食、钱以及古兰经经文缠到梁上，意为五谷丰登、财源茂盛，并且祈求真主保佑主人家人畜平安。有的人家以少许酵面置于大梁上，以求发家致富。穆斯林建房只选主麻日开工，没有请阴阳看风水的习俗。在男女穿着服饰上，禁止男子穿金戴银，禁止女子头发、耳朵、脖项外露，因此，穆斯林女子一般都戴盖头或缠纱巾。

伊斯兰教民俗文化圈中认为一个人的寿限是由真主决定的，因此穆斯林老人一般都不庆祝自己的寿辰。这与儒释道民俗文化圈中一些道士修炼灵丹妙方以求长生，晚辈为长辈操办过寿等习俗形成鲜明对比。儒释道、土族文化民俗圈中长寿是一个基本的价值观念，汉族、土族非常重视为年迈的父母举行大寿庆祝活动，强调身体调养、饮食文化和自我养生之道。在祝寿宴会和结婚宴会上，人们习惯于向年迈的父母亲表达祝愿他们长寿的美好愿望。

在丧葬习俗上，汉族、土族等为心爱的人的逝世悲痛不已甚至哭泣时，信仰伊斯兰教的民族却在葬礼上既不痛哭也不号泣，他们认为这是前定的不可避免的结果，是对真主的复归。儒释道民俗文化圈中实行火葬或土葬，一般亡者坟前立有石碑；伊斯兰教民俗文化圈中实行土葬，埋葬亡者时自然形成坟包，不立碑石。

在饮食民俗上，伊斯兰教民俗文化圈除禁食猪肉、血液和自死动物之外，还禁止抽烟、饮酒和赌博。青海儒释道民俗文化圈中，许多民族却有"无酒不成席"的说法，通常都喜欢饮酒。喝酒时，一般先要敬座中的长辈，再和同辈猜拳。

二　伊斯兰教民俗文化圈与儒释道民俗文化圈间的互渗

伊斯兰教民俗文化圈与儒释道民俗文化圈在历史与当下相遇接触颇为频繁。中国传统文化强大的辐射力和吸收力，以及多元互动的文化生态决定了青海伊斯兰教民俗文化圈与儒释道民俗文化圈间的互渗尤为之深。这在各宗教学者学术著作和修行方式当中有所反映。如明清时期王岱舆、刘智、马注、马德新等一些杰出的中国穆斯林学者利用自身所拥有的伊斯兰文明和中华文明的双重秉赋、双重文化基因和双重身份，开展了"以儒诠经"活动。① 以上学者在各自著作中，吸收了儒学"明德之源"思想和佛教的"佛性说"等，丰富了"真赐"的含义。将中国传统文化的"道"、"无极'、"太极"说与伊斯兰教的宇宙观和创世说结合起来。② 在伊斯兰教一些门宦创始人的著述中也存留着道士生活方式和自我克制、修养的痕迹。如中国伊斯兰教四大苏菲学派传教士阿布杜·董拉希在我国传教 16 年。阿布杜·董拉希通晓汉语文，对中国儒家、道教、佛教以及诗文书画都有研究和爱好。他在传教时，往往融汇这方面的内容来解释其学理。认为："道之初境，先守八德：四少、四常。少食、少饮、少睡、少言；常洁、常念、常斋、常静。此八德是立教之柱也。"嘎的林耶大拱北门宦中也认为：人由气生，气由神旺，养气全神，可保真道。嘎的林耶道功入门下手处，主要是保精、养气、炼身还灵。在谨守五功天命之余，修真养性，力行苦功，以绝尘弃俗为入道之门，清心寡欲为修道之功。故凡进入大拱北出家者，皆以淡泊宁静守身，脱尘绝俗，终身不求婚配。从而一心归主，静心修道，达到归真复命的最终目的。③ 后子河门宦创始人杨

---

① 马明良：《伊斯兰文明与中华文明交往历程与交往前景》，博士学位论文，西北大学，2004 年，第 76 页。

② 同上，第 77 页。

③ 高占福：《中国西北回族等穆斯林民族的门宦宗教教理》，《回族研究》1995 年第 3 期。

保元（1780—1873），是今大通回族土族自治县良教乡人，其前后在甘肃
长麻尔（今玉门县境内）南山石洞、陕西北吉原坐静修道 10 余年，达到
了"纯真无俗，天人浑化"的境界。此外一些道祖撰写的《论出家》、
《出家修行》、《无极说》、《十八真言》、《大道没在文字中》等文章，都
成为该门宦修道的歌诀，需铭记于心。

伊斯兰教民俗文化圈中，个人人生礼仪和生活礼节虽大部分都来源于
伊斯兰教，但部分人生礼仪和生活礼节也体现了儒释道民俗文化圈的影
响，尤其是其吉凶祸福观念和人生观。诞生礼中，通常称妇女怀孕为
"有喜"，妇女在孕育期还有许多避讳和禁忌，如不参加婚丧仪式等。在
一些节日习俗中，青海民族杂居的城市或城镇，许多穆斯林在汉族过春
节、端午节、中秋节等时都会给汉族同胞拜年，吃清真粽子、清真月饼，
与汉族一起分享节日带来的欢乐。

在回族修建清真寺等重大宗教活动中，汉族等民族也积极参与其中，
或大力支持。如西宁东关清真大寺改建时，需要二人合围的高大栋材。乐
都县胜番沟（今引胜沟）坟院内的范家有棵参天巨树，主持工程的地方
官员马麒即派副官前去商洽。范家认为："回族修寺，汉族修庙，都是行
善功德。"因而情愿献出。马麒闻讯后，即派代表拉马搭缎、携带银元，
登门致谢。

三　儒释道民俗文化圈与伊斯兰教民俗文化圈间的共享

儒释道民俗文化圈与伊斯兰教民俗文化圈，在基本人文精神和一系列
伦理思想方面存在着一定的相似性和一致性。如儒释道民俗文化圈中宣扬
"敬天法祖"、"天人合一"、"中庸和谐"等人文精神和"忠孝仁爱"、
"礼仪廉耻"、"温良恭让"等伦理思想；伊斯兰民俗文化圈中宣扬"认主
独一"、"敬主爱人"、"和平中正"的人文精神和"惩恶扬善"、"诚信忠
厚"、"平等公正"等伦理思想。这为两者之间互动与共享奠定了思想基础。

此外，儒释道民俗文化圈中讲求"宽以待人"，"己所不欲，勿施于
人"。要求人们以自我的情感、意志去推想他人的情感与愿望，从而慎重
地对待自己的行为，不对他人造成伤害。要求做人"诚实正直"、"光明
磊落"、"襟怀坦荡"、"克己奉公"、"言行一致"、"忠厚善良"、"廉正俭
朴"，等等。伊斯兰教民俗文化圈中也要求以宽恕、公正之心待人，提倡

仁慈大度、自我牺牲、克己为人、富有同情心等美德。《古兰经》说："当孝敬父母，当优待亲戚，当怜恤孤儿，当救济贫民，当亲爱近邻、远邻和伴侣，当款待旅客，当宽待奴仆。"（4：36）《圣训》把爱人与信仰相提并论，说："你们任何人不可能进入乐园，除非凭信仰；你们任何人不可能有信仰，除非凭对他人之爱。""爱人如爱己，方为真信士。"伊斯兰教还提倡宽容、谦让。《古兰经》："善恶不是一样的，你应当以最优美的品行去对付恶劣的品行，那末，与你相仇者，忽然间会变得亲如密友。"（41：34）穆罕默德要求穆斯林"宽容忍让地对待对你轻率鲁莽的人；原谅对你不公正的人；给对你刻薄的人施恩；与跟你断绝关系的人保持友谊"①。

儒释道民俗文化圈与伊斯兰教民俗文化圈都重信诺，倡义举，崇不义之财不取，不义之行不为。青海伊斯兰教民俗文化圈中的"人亏人，胡大不亏人"等俗语，与儒释道民俗文化圈中"人恶人怕天不怕，人善人欺天不欺"格言包含的人生态度和价值取向完全相同。儒释道民俗文化圈中的"当仁不让"、"路见不平，拔刀相助"等仁道义风与青海穆斯林为维护正义、主持公道，挺身以赴，不避艰险的道德准则同出一辙。

在饮食民俗方面，儒释道民俗文化圈与伊斯兰教民俗文化圈除宗教规定的禁食性物品以外，基本相同。青海传统主食馒头、花卷、油花、焜锅等都为两个文化圈的民众所共享。盖碗茶、熬茶、油茶等为汉族、回族等民族所共同喜爱。

第四节　各民俗文化圈内部与外部关系

一　各民俗文化圈内部的关系

每一民俗文化圈的生成和发展是一个不断演进的过程，是由核心文化吸附多种文化元素后，加以综合与提炼，并构成一个完整而和谐的文化圈体系。

每一民俗文化圈内部犹如考古遗址层层叠压的文化地层一样，保留了大量的古老历史文化积淀。包含了多元族群文化因子，在语言、民俗、建

---

① 马明良：《伊斯兰教的普世价值》，《文化》2004 年第 12 期。

筑等许多方面含有大量多元文化的因素。经过历史上的多次交汇，呈现出融合、复杂、包容、多样、复合、封闭与开放等特点。但按照文化结构理论，一种文化通常可以分为物质、制度和精神三个层次，其中以价值观念为核心的精神层次决定着该种文化的文化属性。这些价值观影响着各民族日常生活、礼仪交往，也影响着他们的处世原则，立命信条，不仅影响着他们的行为规范，而且影响着他们的审美情趣。青海各民俗文化圈都有一个核心或主导文化，儒释道民俗文化圈中，中原汉族文化占该文化体系的主导文化，儒家伦理道德价值观念成为该民俗文化圈最重要的文化心理。藏传佛教民俗文化圈核心价值来源于佛教，相信生命轮回、因果报应，提倡行善。伊斯兰教民俗文化圈中最高的哲理意念要求是作证"万物非主，唯有安拉。穆罕默德是安拉的使者"。

每一民俗文化圈代表着一个相对独立的文化空间，历史上人口迁移、民族交融、文化流动和互动，使其不断丰富。民俗文化圈是在长期的历史发展过程中逐渐形成的，它是本文化圈中的每个个体对传统习俗文化实践的总和，它不是一朝一夕一蹴而就的。一个民俗文化圈一旦形成并定型，便显现出区别于其他文化圈的文化个性或文化风格，并且形成比较稳定的特性。每一个民俗文化圈是该文化圈中每个个体内化了的习俗构成的外在文化体系，这个文化体系是在不断的文化整合过程中逐渐形成的，文化体系一经形成，便对该文化圈中的每一个成员发生影响，并形成一定的文化类型或人格类型。个体生活历史首先是适应由他的社区代代相传下来的生活模式和标准。从他出生之时起，他生于其中的风俗就在塑造着他的经验与行为。到他能说话时，他就成了自己文化的小小的创造物，而当他长大成人并能参与这种文化的活动时，其文化的习惯就是他的习惯，其文化的信仰就是他的信仰，其文化的不可能性就是他的不可能性。每个出生于这个团体的孩子都将与其一起分享它们，而出生在这个地球另一半球的孩子，则不能分享到这一半球的千分之一的风俗。没有什么社会问题比风俗作用问题更令我们有责任去理解了。① 由此可见，一个民俗文化圈对每个人成长和人格形成所起的作用。每一个民俗文化圈在各自精神民俗和物质

---

① ［美］露丝·本尼迪克特著：《文化模式》，何锡章、黄欢译，华夏出版社1987年版，第2页。

民俗等方面具有较为牢固的聚合力。

二　各民俗文化圈间的关系

历史上青海各民俗文化圈之间流动、互动与交融，青海各民俗文化圈一方面保持了各自的传承和特点，另一方面又结成了多种民俗文化圈互动和共享的关系。虽然各民俗文化圈接触时某些方面会出现一些排斥，但各民俗文化圈在整体上以相互影响、相互渗透和相互吸收为主，圈内每个民族通过互动与接触，从其他民族文化中汲取各种养分、丰富自身文化的内涵，许多民俗事象都达到了一种"你中有我，我中有你"的相互交融状态。

青海儒释道民俗文化圈、藏传佛教民俗文化圈和伊斯兰教民俗文化圈，分属于农业、牧业两大传统产业文化圈。与此同时，以上三大文化圈进一步可分为汉、藏、蒙、回、土、撒拉等民族民俗文化圈。但由于文化差异，其在经济与生产方式上又呈现出互动互补关系。如清同治三年（1864），同仁地区信仰伊斯兰的保安族被驱赶后，当地往日繁荣的农贸市场消失，广大僧俗民众的日常生产生活受到严重影响。清光绪年间，从夏河拉卜楞寺学经而回的隆务寺六世活佛夏日仓罗桑丹贝嘉措，为了恢复发展隆务地区原有繁荣的商业和手工业，招募部分穆斯林商人和工匠，加以保护，使之从事商业和手工业。当地穆斯林商人为表达感激之情，每年隆务寺有重大佛事活动，就会主动上门拜贺。

许多民俗事象由于历史上人口迁移、民族交融、商贸活动、文化流动而带来各民俗文化圈之间文化互动和文化同化。如据《同仁县志》记载"甘肃河州马来迟阿訇深入到同仁保安地区传播伊斯兰教教义，四寨子的很多居民随信了伊斯兰教"。[①] 当时，一部分土族男子改信了伊斯兰教，妇女仍信仰藏传佛教，每到主麻日，男子到清真寺做主麻，妇女到藏传佛教寺院转经，孩子留在家中。[②] 多元民俗文化圈间相互交融，在一些宗教建筑上的表现更为直观。如被称之为"青海清真寺建筑史上一绝"的洪水泉清真寺在建筑风格、装饰特点等方面融合了汉、回、藏等民族的建筑

---

① 同仁县志编纂委员会编：《同仁县志》，三秦出版社 2001 年版，第 9392 页。
② 参见迈尔苏木·马世仁：《在"田野"中发现历史——保安族历史与文化研究》，中国社会科学出版社 2008 年版，第 37 页。

特点，表现出了多元的建筑和装饰风格，体现了清真寺对中原的建筑艺术和佛教建筑装饰特点的吸收借鉴。整个建筑既有伊斯兰教建筑的特点，又采用汉式古典建筑的形制，同时还掺杂着藏传佛教建筑的某些符号。在清真寺大殿殿脊正中竖立的是具有藏传佛教风格的三只彩塑砖雕宝瓶。还有在山门前檐及柱子上雕刻有颇具藏式建筑装饰风格的图案。上下两层的北厢房也具有藏族建筑风格。值得一提的是在大殿的隔扇条环板上分别刻有象征佛教和道教用具的图案。比如，佛教传说中由法轮、宝伞、金鱼（双鱼）、宝瓶（贯）、莲花、法螺、盘长、白盖八种象征吉祥的器物组成的"吉祥八宝"图案等。道教宫观常用来作为装饰的"暗八仙"图案也出现在这里，它是由八仙所持的器物，即宝剑、扇子、葫芦、渔鼓、云板、花篮、笛子和荷花组成的图案，可见在这座清真寺的建筑艺术中已经融汇佛教和道教的某些典型符号。各民俗文化圈之间频繁交流或具有文化重合、相交的地区。各民俗文化之间相互融合现象也较为突出，因此出现了"家西番"、"卡力岗人"、"托茂人"等多元文化复合族群。如土族和被称之为"家西番"的青海东部农业区部分藏族，由于长期处于儒释道民俗文化圈和藏传佛教民俗文化圈的交叉地带，其文化体系受到双重影响。

　　青海各民族和各族群在不同的生态环境和社会环境中，从自身的生存、发展出发，开创自己的生存空间，创造出自己必需的物质、精神财富。同时，杂居共处，共同开发、建设家园，始终有着频繁的民间交往。在长期的交往中，彼此学习，相互交流，互通有无，产生了相互依存、共同发展的密切关系，在生产生活方式、宗教信仰、民俗风情、文化艺术等各个方面相互吸收、交融，形成许多共同的特点。许多习俗因具有传承教化、人际调节、凝聚人心、心理慰藉、文娱体育、信息交流、商品交换等功能，符合各民族内外需求而被接受。如花儿、格萨尔、锅庄、饮食等成为超越单一民俗文化圈，多民俗文化圈共享的象征。如"花儿"是青海汉族、回族、土族、撒拉族和部分藏族、蒙古族等6个青海世居民族和其他民族共同用汉语演唱的民歌，民间也叫作"少年"，主要流行于东部农业区以及贵德、门源等县。① 花儿会则是"花儿"的演唱会场，它是青海

<hr />

① 赵宗福：《西北花儿的文化形态与文化传承——以青海花儿为例》，《西北民族研究》2011 年第 1 期。

多民族文化的集合体，映射了青海各民族和睦相处的社会内涵。各民族对唱或听"花儿"有着相同的爱好，也有着相似的禁忌，禁止在家里或村子里唱。

《格萨尔》是世界上迄今发现的史诗中演唱篇幅最长的，它既是族群文化多样性的熔炉，又是多元民俗文化圈深入互动的见证。它历史悠久，结构宏伟，卷帙浩繁，内容丰富，气势磅礴，流传广泛。其主要流传于藏族、蒙古族、土族、裕固族等民族中，以口耳相传的方式讲述了格萨尔王降临下界后降妖除魔、抑强扶弱、统一各部，最后回归天国的英雄业绩。

锅庄舞，又称为"果卓"、"歌庄"、"卓"等，藏语意为圆圈歌舞，是藏族三大民间舞蹈之一。舞蹈时，一般男女各排半圆拉手成圈，有一人领头，分男女一问一答，反复对唱，无乐器伴奏。整个舞蹈由先慢后快的两段舞组成，基本动作有"悠颤跨腿"、"趋步辗转"、"跨腿踏步蹲"等，舞者手臂以撩、甩、晃为主变换舞姿，队形按顺时针行进，圆圈有大有小，偶尔变换"龙摆尾"图案。锅庄舞姿矫健，动作挺拔，既展舞姿又重情绪表现，舞姿顺达自然，优美飘逸，有一定的力度和奔跑跳跃变化，动作幅度大，老幼皆宜，有明显的健身作用。跳锅庄舞蹈能使身体的每一个部位都得到了很好的锻炼。近几年，西宁许多群众都喜欢在住宅小区或附近广场跳锅庄，胜过现在流行的健身舞，锅庄早已成为城市一道亮丽的风景。

青海各民俗文化圈既具有差异性和多样性，同时也具有同一性和互补性的特性。差异性和多样性是各民俗文化圈自我认同的基础，同一性和互补性是中华文化圈认同和团结的基础。正如德国哲学家伽达默尔所指出的那样："只有通过他者，我们才能获得有关我们自己的真正知识。"① 每一民俗文化圈的传承和创新一方面依赖于自身文化圈的纵向传递，另一方面则需要与异质民俗文化圈的交流与碰撞。不同民俗文化圈互视互动过程中，每一民俗文化圈才得以丰富和扩充。各民俗文化圈通过彼此接触和交流，增进了文化认同和文化理解。如回族谚语提倡"回汉是两教，理是

---

① Hans - Georg Gadamer. "The Problem of Historical Consciousness". Interpretive Social Sciences: A Reader, Berkeley: University of California Press, 1979: 107, 转引自朱耀伟《当代西方批评论述的中国图像》，中国人民大学出版社 2006 年版，第 139 页。

一个理。""回汉一条心，黄土变成金。"

随着社会发展，人口迁徙、民族交往，青海各民俗文化圈生计方式、衣食住行，甚至节日等许多方面文化共享，甚至产生融合。如饮食民俗是反映民族文化发展轨迹和变迁的又一直观表现，三大民俗文化圈内的饮食民俗有许多相似之处，这正是互相影响吸收的结果。如茶成为三大民俗文化圈各民族生活必需品，嗜茶成癖，有"宁可三日断粮，不可一日无茶"之说。食物方面，藏族的手抓羊肉、青稞炒面、酸奶、肉粥、肉汤挂面，以及肉肠、面肠、肝肠等各种灌肠被汉族、回族广为吸收，成为饮食的重要组成部分。汉族的面片、擀面条、馄锅馍等又被农业区乃至牧业区藏族群众普遍吸收。回族、撒拉族的油香、馓子、麻花、白面锅盔、羊肉臊子面、酸辣面、牛肉拉面、炒面、揪面片、小笼包子、八宝饭、麦仁饭、粉汤、酿皮子、切糕、油面子等清真面食和小吃也深为汉族、藏族和土族等民族喜爱。许多食品通过不同民族厨师的改进，变得越加丰富多彩，难以辨别其属性。如近几年为适应市场需求，招徕各族顾客的光临，许多清真餐厅和穆斯林厨师不断摸索，积极吸收粤菜、川菜等特色，清蒸鲈鱼、蒜香牛排、秘制羊脖、清水萝卜炖牛腩、吉祥人参果、虫草花拌苦菊等符合青海人饮食习惯的新菜种层出不穷，不仅丰富了各民族餐桌，其独具的色、香、味也赢得了国内外游客的赞赏。

小　结

青海儒释道民俗文化圈、藏传佛教民俗文化圈、伊斯兰教民俗文化圈的共生共存，形成了独特稳定的民俗文化生态结构，促进了青海各民俗文化和美共荣，也防止了某一种民俗文化圈走向扩张极端。青海多元文化的传播，各民俗文化圈的互动与共享，对青海地域文化的形成与发展，促进各民族文化理解与认同起到了重要作用。如儒释道民俗文化圈与伊斯兰教民俗文化圈交叉地区，儒释道民俗文化圈内的民众对伊斯兰教的一般教规、禁忌比较了解，大部分民众都知道伊斯兰教的"五功"、"斋月"，"开斋"等，了解伊斯兰教对于饮食的禁忌，妇女服饰的禁忌等。各民族一起活动时，照顾信仰伊斯兰教群众的习俗。禁止以异文化圈民俗禁忌开玩笑，并提升到了道德的高度。虽然在历史上，青海各民俗文化圈在某一区域聚拢、接触初期，由于文化差异，彼此间产生误会和隔阂，甚至造成一些冲突。但随着时间的推演，民俗文化圈间长时期交流、对话和磨合，达到沟通理解，彼此尊重、求同存异，甚至深度融合或相互弥补，从而为人类文明和青海区域发展作出了贡献。

第七章

民俗文化圈与其他文化

　　青海是多元民俗文化并存的典型地域之一，来自中原的儒释道文化和来自西域的伊斯兰文化，来自北方草原的萨满教文化，产生于本土的藏传佛教文化在这里交融并存，形成了各种特征的民族宗教文化；青海是历史上多民族驰骋的舞台，众多的民族所孕育的多元民族文化在这里汇合、交融，建立在多元民族文化基础之上的多民族民俗文化互融互补。青海民俗文化圈在形成、传播与当下社会的适应过程中，吸收融合了汉藏文化、草原文化与游牧文化等文化因子。同时，青海民俗文化圈也无疑受到了青海其他文化如宗教文化、政治文化、精英文化与其他的各种文化互相影响，彼此借鉴融合，在双向的互动中形成了多元与多样性的特色。

第一节　民俗文化圈与宗教文化

一　"自上而下"——宗教文化与民俗文化圈的互动

　　青海地区是宗教多元化的典型地区，民俗文化具有浓郁的宗教特质。在这里来自于中原的儒释道、多个民族穆斯林民众信仰的伊斯兰教和历史悠久的藏传佛教形成了浓厚的宗教文化，同时多样化的民间信仰和民间宗教也遍布于各个地区。青海民俗文化圈在形成和发展的过程中，受到了宗教文化的影响，青海民俗文化圈与宗教文化的相互影响和互动主要表现在两个方面，一方面是宗教文化特别是生存于这一地区的制度性宗教对民俗文化的影响，另一方面是民俗文化对制度性宗教的影响。

　　制度性宗教是肇始于中国文化土壤之上的、本土的道教、儒教，自印度东传的佛教和来自于西域的伊斯兰教。这些宗教从中原地区不断地向青海地区传播，自明清以后在原来处于"华夏边缘"的青海地区生根并不断发展，渐成规模。制度性宗教可以"下沉"为弥散性的民间宗教与民间信仰，制度性宗教对民俗文化的影响主要体现在道教民间性、道教和佛教世俗化或佛教的中国化与地方化。制度性宗教在流传的过程中，要适应传统文化的要求，历史上佛教在中国的广为流传与中国传统文化的适应密切相关，正是佛教在中国的本土化与民间化，促进了佛教自汉代以来的兴盛。同样，制度性宗教在某一地区的流传与其是否适应当地文化传统关系密切。制度性宗教在青海地区的流传过程中，都与当地文化相调适，地域化为一种能适应地方传统的宗教形态，主要表现为世俗化和本地化，在这一过程中，儒释道等宗教就与当地民众的生活紧密地结合在一起，"下沉"为一种老百姓日常生活的一部分，成为一种"民俗宗教"，民俗宗教的特点是，其文化形态不再是那么深奥的思想、烦琐的仪式与完备的经典，而是能满足民众信仰生活与精神寄托的形而下的民间宗教或民间信仰。

青海民俗文化中的民间信仰多由汉族移民由内地带来，不仅在城镇中占有一席之地，在乡村中也长盛不衰。青海各城镇中多建有文庙、关帝庙、城隍庙、雷祖庙、马神庙、马祖庙、马王庙、火神庙、三师殿、北斗宫、药王宫、真武庙、龙王庙、海神庙、河神庙以及名宦祠、忠孝祠、八蜡祠等庙祠，这些信仰多属于儒释道的范围。历史上青海地区的几次移民，特别是明朝初年从江淮地区移民，在青海的屯军政策使得这一地区的汉族移民群体不断扩大，儒释道在这一地区的发展有了较好的文化基础。儒释道的影响地区和范围主要以汉族聚居地区的河湟地区为主。对民俗文化的影响主要体现在日常生活的层面，即民俗生活中。这种影响主要表现在观念和行为两个方面。例如儒家思想是中国几千年来的占统治地位的思想，儒家思想对民众的思想影响至为深远，体现在河湟地区汉族中，大到"天地君亲师"、小到"慎终追远"、"父母在，不远游"、"孝道"等观念，至今是这一地区民众的伦理标准和做人的规范。

道教传入青海河湟地区后，通过与当地的民俗、民间信仰融汇结合使得道教文化在河湟地区以其独特的方式扎根、生存、发展、繁荣。遍布于河湟地区的阴阳师的道场活动是河湟东部民俗与道教结合的最佳例证。阴阳原属于道教正一教，这些在家修行的人生活方式与平常人一样。阴阳师的道场依当地民俗习惯举行。如村中有庙会或葬礼时，则进行斋醮仪式活动。一般分清醮和亡醮两种。清醮多与保护庄稼、祈福禳灾等内容有关。亡醮则是丧礼时的道场活动。带有宗教功能的斋醮仪式，借助民俗信仰演化为河湟东部民间祭祀习俗的重要内容。各地大大小小的村庙则是民间信仰与道教结合的纽带。村庙在河湟汉族甚至有些少数民族群众中占有重要地位。几乎每村都有村庙，村庙的规模或大或小，依每村的规模而定。其中供奉着地方神，这些神灵与民众的生产生活息息相关。庙中供奉的神灵有民族英雄，也有佛、道两教中的神灵。并且会选出品德好、有责任之人出任庙官，专门负责香烛、扫洒事务。① 村庙在河湟民众的精神生活中占有重要一席，人们对生产、生活方方面面的关注折射于庙会活动之中。许多庙会活动糅入了道教文化内容。如隔年举行的农历正月十三乐都七里店九曲黄河灯会，会中人们走九宫八卦阵。农历四月初八的乐都洪水乡祈将会，五月十三关羽圣诞，各关帝庙要唱戏娱神。西宁大通县"六月六朝山会"，历史较为久远，参加民众甚多。农历七月十五日，民和巴州城隍会，民和马场垣香水村三官殿庙会，农历十月初二日西宁南川沈家寨"满场会"，人们到九天玄女庙降香叩拜。

与中原地区不同的是河湟地区的佛教，在青海的传播中，受当地浓厚的藏传佛教文化语境的影响，多呈现出藏传佛教的文化色彩，如汉传佛教寺庙中，也供奉藏传佛教的一些神灵，因而具有地域化的特色。在长期的发展过程中，有些宗教仪式在传承过程中逐渐演化成为传统节日中民俗生活的重要内容，有的传统节日习俗就是直接从宗教祭祀活动演变而来的，如藏族的大祈愿会、望果节、燃灯节、观经会，土族的青苗会，蒙古族的敖包会等都受到藏传佛教影响下产生的民俗活动。

藏传佛教经历了千年的发展，成为一种制度性的宗教，青海多个民族如藏族、土族、蒙古族等民族都全民信仰藏传佛教，不论是从社会、心理、生活、价值观等方面藏传佛教都对这些民族产生了极大的影响。在青海地区也存在着一个横跨千里的带有浓厚藏传佛教色彩的民俗文化圈，但是除了藏传佛教职业宗教者之外，民众对藏传佛教的体悟与信仰都表现在民俗生活层面上，最明显表现出这个特点的是"嘛呢"信仰。

---

① 马婧杰：《试析青海东部河湟地区民俗与道教——以民和、乐都两县民俗与道教为例》，《青海民族研究》2007 年第 1 期。

"嘛呢"原为藏语，即六字真言，指唵、嘛、呢、叭、咪、吽六个字，又称"六字大明咒"，在藏传佛教地区家喻户晓。六字真言为密教重要咒语，又称观世音菩萨心咒。依密教所传，此六字系阿弥陀佛见观世音菩萨而叹称之语，被视为一切福德、智慧及诸行的根本，为藏族地区家喻户晓之真言，在汉族佛教地区也相当盛行。嘛呢调是藏传佛教信徒们经常吟唱的宗教祈祷歌。它用于信徒日常围绕寺院的嘛呢轮转经、朝神山圣地、磕长头、寺院举行宗教仪式活动，某些地区办丧事时也唱嘛呢调。藏族和土族以及部分汉族民众，无论是僧侣俗人，都认为六字真言"嘛呢"都是神圣、力量、功德、佛法的象征。反复念诵，可利今生造福来世，亦可洗尽一身罪孽，免受地狱之苦。他们在日常生活中嘴里总是不断小声念诵"唵嘛呢叭咪吽"，辅以手指不停拨动嘛呢珠。特别是上了年纪的老年人，无论什么时候都带着嘛呢廓罗（小转经筒）和嘛呢珠，逛街时也是右手摇转嘛呢廓罗，左手数着嘛呢珠。有的老人自己规定每天念诵多少万遍六字真言，规定每隔四至五天到寺院转经。在家中也设有各式各样的转经筒，有手摇的，有放在炕桌上的，随时可以拐转。全家各转各的转经筒，并不断念诵六字真言，睡觉前齐唱几遍嘛呢调。有些虔诚的朝圣者，跋山涉水、千里迢迢，历尽人间的苦难，从自己的家门起，长头磕拜，口中一边念诵六字真言"嘛呢"或唱嘛呢调，一步一叩头一直叩到拉萨，或佛教名山、圣地、名寺院等。嘛呢歌唱的形式有独唱、齐唱，有轻声吟唱，放声唱。青海藏族地区办丧事时最盛行唱嘛呢歌。亲属请十几位喇嘛到家念经，为死者超度亡魂和免罪。白天全寨老年人聚集到亲属家为死者念嘛呢，晚上喇嘛在经堂内诵经，经堂外在塔形的铁灯架上点一百零八盏酥油灯，亲朋好友和全寨男女老少都围坐在铁灯架下，由一人起头大家跟随反复齐唱嘛呢调，要唱三四小时才告结束，火化那天离火葬处十几米外搭帐篷，帐篷内喇嘛诵经，其他人坐在帐篷外同样齐唱嘛呢调，直到火化完为止。[①] 还有遍布藏区的石刻嘛呢六字真言和一些地方绵延数里，达到数以亿计的嘛呢石墙。黄教六大寺院之一的塔尔寺每年举行四次大型法会和两次小型法会，在四大法会期间，举行最隆重盛大的佛事活动"跳神"，"晒大佛"和大型酥油花展等宗教民俗活动，都体现了藏传佛教对

---

① 且木秋：《藏传佛教六字真言"嘛呢"及嘛呢调》，《民族艺术》1997 年第 1 期。

青海民俗文化圈的影响。

二 "自下而上"——民俗文化圈对宗教文化的影响

呈现多种复杂形态的青海民间宗教与民间信仰是构成青海民俗文化圈的重要内容。民间信仰是千百年来民众认识和把握人生、把握社会、把握世界及其相互关系的一种方式。它既试图帮助人们认识和把握外部世界，也试图引导和帮助人们去认识和把握内部世界，以及两者之间的那些可知不可知的关联。尽管这种把握具有不可以理喻甚至拒绝理性的特征，但它贯穿于民众精神和意识世界的历史，解释着一切，宣示着一切，也使民众虔诚地接纳着它所诠释和认可的一切。社会人类学家和部分宗教学家认为可以把民间信仰和祭祀仪式看作一个完整的体系。正如中国道教最初产生于汉代的民间信仰与民间宗教，民间信仰与民间宗教文化可以"上升"进入制度性宗教中，成为儒释道等制度性宗教的重要组成部分。

关公信仰原是中原农耕文化中非常兴盛的英雄崇拜与民间信仰，历经千年的发展，关公信仰逐渐上升成为广泛祭祀的祭典，至北宋中叶，关公崇拜已经波及全国，关公庙也已遍及中原大地。关公随即进入"官祀"的范畴。不仅如此，来自于民间的关公信仰进入青海地区，也成为藏传佛教的内容之一。历史上两宋之际风行中原的关公崇拜，影响到了周边藏区。宋代以来在一些汉藏杂居相处的地区，如河、湟、洮、岷、瓜、沙等地，即今甘肃、青海、四川等省的一些地方，林立的关帝庙中的拜祭者应该不乏藏族同胞，神勇善战、忠义千秋的关公精神也必然受到一些藏族同胞的崇敬。元代以后，关公信仰逐渐被众多藏族民众接受，成为藏传佛教神灵崇拜的内容，进而纳入了藏传佛教护法神系统。有学者认为藏族诗史格萨尔主人公原型就是关公，这似乎是自宋代以来汉地关公崇拜长期影响的结果。然由于史料的缺乏，很难找到相关的佐证，只能根据分析当时关公崇拜的现状而推断。[①] 但从当下藏传佛教民俗圈的调查来看，关公信仰已经成为青海民俗文化圈中的部分内容，也成为藏传佛教的内容之一。青海民俗文化圈中的二郎神信仰也是如此，这说明制度性宗教吸收了民间信仰中的因素，不断丰富自己；民间宗教、民间信仰与制度性宗教互动的结

---

① 孙悟湖：《宋代汉藏民间层面宗教文化交流》，《西藏研究》2006 年第 1 期。

果使民俗文化圈不断地充实并丰富了其文化内涵。

青海民俗文化圈中民间信仰对制度性宗教的补充与互动是较为常见的现象，例如原藏传佛教流传地区，有浓厚的本教信仰，本教建立在史前原始宗教的基础之上。藏传佛教在形成过程中，吸收了本教的成分。本教的神灵为数众多，体系庞杂，它吸收了许多史前信仰中的神祇，这些神灵来自于民间信仰中的自然崇拜，如至今还遍见于藏区的"龙神"、"年神"、"赞神"、"土主"（土地神）、"家神"、"灶神"，还有山神、水神、精怪以及马神、牦牛神、羊神、山羊神、门神等许许多多的神灵都是自然崇拜现象的遗存。除了众多的自然神外，本教还有"玛"、"都"、"赞"等神灵，他们中有些来自弥药、吐谷浑、象雄、勃律和汉地等。[①] 本教在被融入藏传佛教之前，有安鬼神、兴人宅，以占卜、法术、禳解除煞的仪轨以及多神的特点。假如某家要打庄盖房，首先要在开工动土的地方，煨上桑烟，摆上祭品，其意义是告知土主佑护，并祈求土主保佑，没有土主的护佑，俗信土主发怒，就会将打起的墙推翻，盖起的房会倾斜甚至翻倒。许多家庭在盖房时还要埋宝瓶，宝瓶中主要装有金银、五色线、各种粮食等。在藏传佛教进入藏区后，本教逐渐衰落。由于建立在民间信仰基础上的本教的仪轨遍于一切领域，成为老百姓民俗生活的一部分，藏传佛教为了更好地扎根于这一地区，便把本教的神灵和宗教思想也融入到藏传佛教之中，成为藏传佛教的一部分，而来自于本教的这些民间信仰，也成为藏传佛教的一部分。

青海民俗文化圈中的宗教文化，是青海民俗文化的重要组成部分，多样性与多元性的宗教文化呈现了青海民俗文化丰富多彩的一面。多年来，对宗教民俗文化的看法有偏颇，宗教民俗文化被认为"陋俗"、"迷信"而一概被打压，取缔。如今在重塑中国传统文化，抵制西方文化的时候，当我们重新去审视青海宗教民俗文化时，就会有不同的看法。青海宗教民俗文化包含着广大民众的道德价值观（如"善有善报"、"行好"）、解释体系（看香与香谱、扶乩、风水判断、神判、解签等）、生活逻辑（生活节奏、与超自然存在建立拟制的亲属关系、馈赠与互惠、许愿和还愿、庙会轮值与地域社会的构成等），还深深地蕴含着他们对人生幸福的追求、

① 丹朱昂奔：《藏族文化发展史》，甘肃教育出版社 2001 年版，第 506 页。

对社会秩序的期待以及可以使他们感到安心的乡土的宇宙观（如"阴阳"、"和合"、"天人合一"、"平安是福"等）。构成中华民族主体的是底层社会，是下层民众，他们虽然数千年被压在金字塔的下层，终生贫困，而且得不到文化的布施，在帝王将相、神仙佛祖的茫茫人寰中，劳作着，构筑着，奉献着，熙熙攘攘，奔走于途，但他们亦有所思所欲，所喜所惧，所依所持，他们也有自己的幻想和理想，此岸和彼岸，有喜闻乐见的文化与信仰。虽然它可能粗糙，低级，甚至怪异，荒诞，没有正统神学的威严，沉郁的格调，或飘逸着上层文化特有的气韵，但它们也自成体系，古朴，率真，较少伪善，直抒胸臆。不仅如此，它还是一切高雅文化的、正统神学的孕育之母。

不仅如此，许多人认为，作为"小传统"的民间文化与国家"现代性"相矛盾，但事实证明，亚洲一些取得长足发展的新经济体如日本、韩国等与中国传统文化相像的国家，不仅未受传统文化的困扰，相反其经济的快速发展得益于其传统文化的反哺。① 社会学家彼得·柏格（Peter L. Berger）教授和人类学家李亦园教授在讨论东亚经济文化发展的文化因素时，曾对民间宗教的实用功利主义给予了很正面的评价，他们认为，在"民俗宗教"中完全可以找得到亚洲现代性的"精神"；甚至包括儒家和大乘佛教等所谓"大传统"，也都是深深地根植于较不精致的民间宗教的宇宙观里的。② 近年来，青海宗教民俗文化得到不断的提升与挖掘，例如青海本地藏传佛教文化圈、伊斯兰文化圈宗教民俗的推介，成为青海文化大发展与建立青海文化名省的重要内容。

第二节　民俗文化圈与精英文化

一　文化精英对民俗文化的重新认识

民俗的传播者与继承人是俗民，在最初的民俗学界俗民仅仅被理解为"保持着旧时态度以及旧风俗的那一部分人，亦即农民，乡下人"；以后，

① 周星：《"民俗宗教"与国家的宗教政策》，《民俗研究》2006 年第 3 期。
② 李亦园：《台湾民间宗教的现代趋势———对彼得·柏格教授东亚文化发展因素论的回应》，载李亦园《田野图像———我的人类学研究生涯》，山东画报出版社 1999 年版。

俗民又被解释为"纯洁而率直的大众人群"，是"最富保守性的那部分人"；再到后来，俗民被解释成为代表大多数人的文化特色的人。事实上，无论何种人，不管他是下层社会中的老百姓，还是高高在上的最高统治者，不论他是生活在繁华的都市，还是偏僻的农村，也不论他是一个对民俗文化熟悉的人，还是一个对民俗文化一知半解的人，只要他是一个社会性的人，他就不得不有意或是无意地按照民俗所规定的模式去生活，不得不接受民俗对他的约束和规范。因此，所有的人都可以称为俗民。① 从这个意义上说，青海民俗文化圈中所有的民众，都是这一区域民俗文化的传承者和享用者。

民俗学大师钟敬文先生认为"我国是一个开化较早的大国，又是一个民族和人口众多的大国。我们所拥有的社会文化十分丰富。在这个汪洋无际的民族文化的大海中，大略可分为'上层文化'（即过去主要为封建阶级所创造的文化）和'下层文化'（即过去广大农民、工匠等所创造的文化），或者两种文化各有其优秀的部分（其中不少已经可以夸耀于世界文化）。而后者（下层文化）还是民族文化的基础，也是我们今天创造的具有中国特色的社会主义新文化决不能漠视的。"② 这儿所说的"上层文化"，即精英文化。从这个意义来说属于精英文化的一部分文化人即文化精英，作为精英文化的传承者和享用者，同时也是民俗文化的享用者和传承者。

在青海民俗文化圈的形成过程，不同历史时代的文化精英都起了重要的作用。传统民俗文化中难免有一些落后的民俗，这些"陋俗"、"恶俗"对当地民众的生活、心理都造成了严重的影响。一些文化精英中的有识之士就致力于对传统民俗的移风易俗，如现代民和土族的朱海山就是这样一位对恶俗的批判和改造者。1936 年秋，朱海山针对官亭地区妇女均裹小脚的传统陋习，在官亭小学召集全校师生，号召在官亭开展一次禁止缠足的运动。他说："北京、上海、南京的郊区，农民男女都穿一样的鞋，干同样的活。我们三川地区还保留封建制度下的妇女缠足旧习。男的抽大烟，女的缠小脚。这样，再过一千年也文明不了！今天我们要组成宣传队，到各乡宣传缠足的害处，放脚对个人、对社会都有利无害。这个坏习

---

① 叶涛、吴存浩：《民俗学导论》，山东教育出版社 2004 年版，第 123 页。
② 钟敬文：《钟敬文文集·民俗学卷》，安徽教育出版社 1999 年版，第 600 页。

惯非铲除不可……"全校编成 8 个宣传组，组员手执三角彩旗，上写
"缠足是封建社会产物"、"不缠足是文明"、"缠足是妇女一生的痛苦"
等口号。通过宣传动员，有的青年妇女放了脚。同时也有不少尚未缠足的
少年女子不再缠脚了。1937 年，在修建官亭图书馆之际，他还以个人威
望展开了一场严厉的禁吸鸦片活动。在动员、劝诫的同时，与地方头人等
协商，成立了戒烟训练班。在吕家河滩搭起了 6 顶帐房，集中了吸毒者，
昼夜不让回家，并让其进行半日劳动。这批烟民中，除有吸毒百姓外，也
包括地方一些头面人物。如绅缙辛成文（任过区长）、李守户（人称李老
爷）、朱进奎（人称尕乡长）等。连自己的亲哥朱松柏禄，也被叫来受训
3 个月才放回。官亭富有声望的吕崇德（人称吕贡爷）的烟具，被他亲自
索取后砸毁。①

　　历史上文化精英对于对于青海民俗文化圈的贡献主要在于对青海民俗
文化的搜集、辑录和整理，这些民俗事象主要见于历朝文化精英的著述、
地方志、诗词、历史文献等书面材料中。历代诗人用竹枝词对青海各民俗
风情做了记载，如王芑孙《西陬牧唱》、祁韵士《西陲竹枝词》、萧雄
《西疆杂述诗》、黄恩锡《中卫竹枝词》、叶礼《甘肃竹枝词》、项应莲
《西昭竹枝词》、李若虚《西藏杂诗》、李焕章《河阴竹枝词》、钱召棠
《巴塘竹枝词》等诗人的文学创作，真切地反映了西部山川地理、政治社
会、民族宗教、风情民俗、文化艺术等各方面情况，并真正体现西部独特
的气势、精神、品格、姿貌之美。竹枝词的内容既有对西部雄浑辽阔苍茫
山川的描绘，又有对异域民俗风情和富饶物产资源的记录，在世人面前展
现了一幅又一幅凸显青海自然风光与社会民俗生活写实图画。竹枝词用诗
词的形式来记叙一地的风土人情、山川名胜、市肆景象、岁时趣事乃至方
言俚语的同时附有注文，注文短者十数字，长者七八百字，相当于一篇中
等篇幅的散文，不仅增添了竹枝词的容量，而且凸显"有韵的地方志，
鲜明的风情画"的特点，对于研究青海民俗学、方志学等有多方面的文
献价值。② 再如本土诗人李焕章撰写了《贵德竹枝词》，又称为《河阴竹

---

① 赵宗福：《青海历史人物传·朱海山》，青海人民出版社 2002 年版，第 229—333 页。
② 参见赵宗福《中国西部诗歌史概述》，《青海师范大学学报》1987 年第 1 期；米海萍：
《试析清代文人之西部竹枝词创作》，《青海师范大学学报》2008 年第 6 期。

枝词》，全词共计 20 首，一首一俗，独立成篇，20 个镜头和谐组合，构成了一幅展现清末民初青海农业区藏族民俗的优美风情画。[①] 古代、近代文化精英对青海民俗文化仅限于搜集、辑录，还谈不上研究。文化精英对青海民俗文化圈以及其珍贵的民俗文化的重新认识与挖掘研究，主要是在20 世纪 80 年代后展开的，这与当时文化精英对民间文化的重新认识和文化热的兴起不无关系，也与国家西部大开发对西部文化的重视以及文化精英对民族民间文化遗产的保护热情高涨有密切的关系。

二　当代文化精英与民俗文化的提升与再造

近现代以来，在青海这片热土上，涌现了王洛宾、王云阶、李文实、昌耀、朱乃正、根登琼佩、才旦夏戎等一大批在国内外有重要影响的文化名人以及许许多多的非物质文化代表性传承人。他们在对青海民俗文化的借鉴和提升推广方面发挥过重要作用。比如王洛宾利用青海民歌形式创作的《在那遥远的地方》，蜚声海内外；王云阶对青海民歌的搜集整理与出版推广，李文实对青海民族文化史的研究，等等。20 世纪 80 年代后，对民族文化、民俗文化的重新认识与思考，促使文化精英重新面对青海的民俗文化的价值与功能，认为民俗文化作为民族文化之根，在传承中华民族文化与重新塑造民族精神中具有重要意义。特别是在近年来学界对昆仑文化为主体的青海文化的研究与推广，最终使之成为政府确定的青海文化定位。[②] 这一切，都反映了文化精英与民俗文化之间的互动关系。

下面以青海花儿研究为例。花儿是以河湟、洮岷地区为中心，向北、东延续到甘、宁六盘山地区，西海固、同心一带，向西延伸到新疆的乌鲁木齐、昌吉、伊犁和周边地区，其余波及内蒙古和四川，在 9 个民族中用汉语演唱的一种以情歌为主的山歌。[③] 在这 9 个民族中，有信仰儒释道的

---

① 朱刚：《清末民初的青海农业区藏族风俗画——读李焕章的〈贵德竹枝词〉》，《青海民族大学学报》1992 年第 3 期。

② 参见赵宗福、鄂崇荣《2012 年青海经济社会蓝皮书》，社会科学文献出版社 2012 年版，第 17 页。

③ 学界长期以来沿用"花儿是 8 个民族演唱的民歌的说法"，根据青海民间文艺家们的田野成果，青海东部农业山区的蒙古族也是花儿的创造者和传承者，从花儿流行的所有民族看，共有 9 个民族在唱花儿。详见赵宗福《西北花儿的研究保护与学界的学术责任》，《民间文化论坛》2007 年第 3 期。

汉族，有信仰藏传佛教的藏族、蒙古族、裕固族、土族，还有信仰伊斯兰教的回族、保安族、东乡族、撒拉族。花儿其流传的地域之广，民族之多，并用一种语言来演唱，成为横跨阿尔泰语系、汉藏语系好几个语族的共生文化，带有游牧文化、农耕文化和商业文化的复合文化因子的民歌，这在世界上也是不多见的。正像郝苏民先生所说："花儿在九个民族民众中达到了不同语言语境中的文化认同，且表现出涵化共融的特点，显示出它具有平行纬度空间的张力。就其所反映的文化内涵来看，流布于中国北方的这种民歌，作为中国各民族文化史的折射，成为中国民族关系'多元一体格局'的生动诠释和实证。"①

　　近年一些学者致力于花儿的研究，取得了不菲的成绩。国外一些学者也投身于花儿的研究，一批博士生、硕士生也参与到花儿田野研究的队伍中，用新理论、新方法提升花儿的研究层次，其成果因其独特的专业性和崭新的理论视角而卓尔不群。新时期花儿研究新的特点是学者的研究注重田野和理论的结合。在非遗的保护中，更多的专业学者在青海花儿这一具体的非物质文化事象上深入实际，做了一些扎扎实实的田野工作和理论研究。青海花儿的研究与保护成为学者责无旁贷的学术责任。

　　青海花儿从在民间田间地头民众传唱的"乡野小曲"、"野曲"，到进入世界非物质文化遗产名录，享誉世界，与文化精英的努力是分不开的。另外像《青海花儿大典》、《青海省首批国家级非物质文化遗产代表作名录丛书》、《河湟民间文化代表作丛书》等一批民族文化典籍和研究成果相继出版，我们可以看得出，文化精英在促进青海民俗文化价值的提升和新时期青海民俗文化圈的建构方面用力甚勤，所获颇丰。

第三节　民俗文化圈与政治文化

一　"因俗化民"与"神道设教"

　　政治文化指的是政治方面的认知和习惯、风俗等，是在特定时期流行的一套政治态度、信仰和感情。政治文化是本民族的历史和现在的社会、

---

① 郝苏民：《文化场域与仪式里的"花儿"——从人类学视野谈非物质文化遗产保护》，《民族文学研究》2005 年第 4 期。

经济、文化的活动进程中形成的。政治文化作为一个时代的主流文化，对
于民间文化和民俗文化有较强的影响和制约，统治阶层经常通过"因俗
化民"、"教以化之"，实现"经夫妇，成孝敬，厚人伦，美教化，移风
俗"的目的。因此，政治文化对民俗文化和民俗文化圈的形成有深远的
影响。当今青海民俗文化圈，包括各少数民族文化圈、各宗教文化圈是当
下政治文化的组成部分，是社会主义政治文化的有益补充。对青海民俗文
化圈的精华与糟粕的扬弃，是青海民俗文化圈同社会主义政治文化相适应
的过程，这对于青海民族地区的政治、社会稳定，经济发展，民族团结，
共同繁荣具有积极的意义。

　　民俗文化与政治文化存在着互动的关系。这一方面表现为民俗文化要
经常性地受政治文化的制约和影响，"上以风化下"，统治阶层处于政治
考虑与国家统治，"因俗化民"使民俗为其所有，为其所用，对民俗的制
约或提倡，使民俗向朝着有利于自己的方向发展和演变；统治阶层的
"为政之要，辩风俗最其上"，在官方的支持下，某些风俗在民间传开，
形成一种当时特有的风俗。如中国古代王朝大都尊崇儒教（或道教、佛
教），很多民间信仰往往被作为"怪力乱神"和"淫祀"而遭到冷遇或禁
毁。朝廷为了把民间诸多杂神及其信众尽可能均纳入一元化的管制之下，
遂经常汲取或"升格"民间杂神，把那些被认为对社稷有好处、对民众
有恩泽的神祇，经由地方官上奏，由朝廷赐予封号或匾额之类，使之有选
择地纳入朝廷"祀典"。

　　以流传于青海东部的金花仙姑传说和信仰为例。肇始于明成化年间，
起源于兰州，在传说基础上建立的金花仙姑信仰，从兰州向西，进入青海
民和、乐都等地，在河湟地区形成一个金花娘娘的信仰圈，在信仰圈的基
础之上，民间宗教教派又把这个传说和信仰编创为一部宝卷。金花仙姑信
仰的产生、流布与信仰圈的扩大，使官方对此信仰产生兴趣，对此信仰加
以利用，"因庙而祀"，进入官方的祭祀。光绪年间，关于金花仙姑修行
成道、显应救助百姓的传说影响很大，地方官吏、绅士开始筹划把这一信
仰引入官方祭祀。光绪七年（1881）农历正月十九钦定后，陕甘总督左
宗棠准旨敕建灵感神祠，并自捐俸银500两，募集白银5000两，在同治
二年焚毁废墟上重建池庙及大殿，左宗棠亲笔书写"敕建灵感神祠"铜
匾一块。后传说甘肃总督张广建又在一次金花娘娘行神降雨后，封金花为

"总统菩萨",称金花仙姑为"灵感金花仙姑总统带雨菩萨慈悲普济元君"。金花仙姑信仰也为民间教派宗教所用,编撰为宝卷《金花仙姑成道传》,在河湟地区《金花仙姑成道传》是民间宗教组织嘛呢会乞雨仪式中重要的文本。以金花娘娘为中心的信仰的建立,既有民间力量的参与,也有官方的参与,特别是朝廷以"神道设教"为目的,促使金花娘娘信仰进入官方的祭祀序列,成为民间与官方信仰建构互动的一个特例。地域化的金花仙姑传说与信仰历经明、清和民国三代,从统治中心兰州,逐渐向西传播,形成了横跨甘肃兰州、永靖、临夏和青海民和、乐都、平安等地的信仰圈,这与官方的参与是分不开的。[①] 金花仙姑信仰说明官方以"神道设教"为目的,通过政治手段对民俗加以利用,以达到"因俗化民"的目的。

二 民俗文化圈对政治文化的影响

政治、民俗都是社会上层建筑的一部分,同为社会经济基础所决定,民俗与政治的本质有着内在的联系。历史上,民俗曾为政治服务,政治通过民俗来巩固其统治;同时,政治也成为民俗文化圈发展壮大的有力武器。而民俗通过其能动性对一个时代的政治产生影响,官方可以"观风俗,知得失",改变其统治策略,重新认识民间的诉求。民俗文化圈也依靠政治的支持来发展来构建,扩大其影响力和社会功能。统治阶层可以"观风俗,知得失",说明民俗文化对于官方政治也有自下而上的渗透作用,这种民俗文化或许逐渐生长壮大成为当时主流文化。

以藏传佛教文化圈为例,历史上曾对当地政治生活产生十分深远的影响。从元朝起,整个藏区被纳入中央王朝的直接治理之下,萨迦派的八思巴成为西藏地区的政教首领,开始了"政教合一"统治。同时,噶玛、直贡、蔡巴等噶举派亦备受尊崇。明、清两朝,仍袭元制,利用藏传佛教各派的宗教力量来加强对西藏的统治。随着格鲁派的兴起、强盛,固始汗以格鲁派"护教法王"的姿态走向统一青藏高原的政治舞台,在青海建立起了一批以藏族、蒙古族为主要僧源的藏传佛教格鲁派寺院,为格鲁派

---

① 青海原属甘肃,1929 年甘宁青三省分治,青海建省。金花仙姑信仰西传的内容参见刘永红《传说与信仰的互动——宝卷〈金花仙姑成道传〉》,《青海师范大学学报》2012 年第 3 期。

的发展也起了推动作用。清朝前期，清政府为安抚蒙古、藏族等民族的权贵，采用"兴黄教，所以安众蒙古，所系非小，故不可不保护之"，"修一庙，胜用十万兵"，"因其教不易其俗"和"用僧导化"等政策，极力支持和崇信宗教活动，赢得了广大蒙古、藏族人民的信任，维护了祖国统一。

清乾隆年间，针对西藏长期以来各种政治势力角逐最高权力引起的社会动荡及格鲁派有着深厚的群众基础的情况，进一步提高了达赖喇嘛的地位，成立噶厦地方政府，在西藏确立了格鲁派"政教合一"的统治。这种把宗教和政治的最高权力集于一身的现象，标志着藏传佛教的影响达到登峰造极的地步。在青海藏区曾有过局部区域性的"政教合一"统治，塔尔寺、隆务寺等部分寺院，不仅参与政治，干预政治，而且对政治有举足轻重的影响。

藏传佛教各大寺庙都有大大小小的属寺，通过寺庙的阶梯制度与等级制度，实施对藏区的政教合一的统治。例如历史上塔尔寺在格鲁派的教区划分上，基本属于哲邦寺领导的系统，即隶属于哲邦寺郭莽扎仓的桑洛康村。格鲁派的拉萨三大寺及日喀则扎什伦布寺的各个学院（扎仑）下，有低于它一级的"康村"等组织。这种康村，有的为地名，有的则另取别的名字。康村之下，有的还划分密村；有的在学院之下，不设康村，只有密村，如扎什伦布寺。这些康村和密村所联系的地域，即是格鲁派的这四大寺院遥控的教区。康村或密村不论它带有地域名称与否，实际上它即是地域性的组织。它通过这个组织来联系、遥控庞大的、遍布于蒙、藏、土、裕固等兄弟民族地区的本派寺院。这个长期的传统，自固定下来之后，任何人不得更动，一个僧人入何寺，该归哪个扎仑与康村，都得遵守这个教区划分的规定，个人没有选择的自由。此外，这种康村组织，不仅对于僧人是这样，对于本康村所联系地区的一般俗人，也紧密地进行联系。[1]青海佑宁寺的活佛们各有属寺，如互助金刚寺，乐都马营寺，大通松布寺以及甘肃肃南的裕固族自治县的马蹄寺，北京嵩祝寺，等等。却藏寺所属的寺院有化隆的夏琼寺，湟源的扎藏寺，共和的白马寺及甘肃肃南裕固族自治县的乃曼寺，新疆焉耆县哈喇沙的却藏苏木寺（约有僧侣100

---

① 吴均：《青海藏传佛教寺院》，佛教导航（http://www.fjdh.com/wumin/2010.10）。

人），甘肃永靖县的夏日苏木寺（约有僧侣500人）以及静修庵54处等，而黄南隆务寺，亦有大小属寺30余座。

实际上，藏传佛教文化圈对政治的影响更多的是通过藏传佛教各寺庙举行的宗教民俗文化潜移默化的作用而实现的。民国二十四年（1935）5月15日，九世班禅大师赴塔尔寺，驻锡尺巴禅堂。20日登殿诵经，并亲赴对山参加晒佛大会，到场的喇嘛约3560名，俗人男女不下2000。当年10月28日，塔尔寺全体呼图克图及僧众，要求在宗喀巴的降生圣地，举行时轮金刚法会。大师（九世班禅）即命高僧等分别筹备第八次时轮金刚法会，五色宝石绘画坛城，诵经灌顶如法施予。共计一月光景，蒙藏王公、千百户、僧俗民众远近参加者不下八万余人。康熙五十七年（1718）建立塔尔寺的跳神院。翌年春节，七世达赖照例宴请塔尔寺法台、经师则敦夏茸、青海和硕特蒙古察汗丹津亲王、郡王额尔德尼额尔克蒙藏僧俗首领，在塔尔寺举行规模宏大的正月祈愿法会，会上首次在跳神院表演法舞，从此塔尔寺每年四大观经时都举行跳神法舞活动。届时，来自青海、甘肃、四川、云南、内蒙古等地的广大藏、蒙古、土、汉族男女信徒云集会场向法王和马首金刚顶礼膜拜，远近前来朝佛的群众难以计数。[1]

除了通过宗教民俗文化扩大政治影响力，一些民俗事象也成为族际交往和或国家政治生活的重要内容。藏族是一个嗜爱喝茶的民族，自从茶从内地输入藏区后，茶很快受到藏族人民的欢迎，无论是牧区还是农区的藏民，几乎一年四季离不开茶，于是逐渐形成了丰富的茶民俗文化。历史上藏区茶叶需求很大，为满足生活的需用，藏族的先民吐蕃就用马、牛、羊及其畜产品与内地交换茶叶、丝织品等，汉地也获得了作战需用的马匹，这种交易就是历史上著名的"茶马互市"。因此藏民族喝茶的生活需求与习俗上升成为与中原交往的经济生活，也成为藏汉政治生活的一部分。茶马互市自唐以来就成为中原王朝与周围少数民族特别是藏族进行经济与政治交流的重要途径。明朝与藏族地区的茶马互市不仅规模大数量多，而且各项制度也比较完整。为便于同藏族进行茶马互市，洪武三十年（1397）明朝改秦州茶马司为西宁茶马司，迁其治于西宁。青海成为茶马互市的主要场地。明朝政府为控制藏区各部，并从茶马互市中得到足够的马匹，禁

---

① 赵菱贞：《试论青海塔尔寺的宗教、文化和教育影响》，《佛缘资讯》2011年第1期。

止民间的贸易，特别是禁止私茶入藏。"私茶出境与关隘失查者，并凌迟处死。"① 茶叶的贸易成为中原王朝控制藏区的政治手段，藏区也通过茶马贸易来掣肘中原地区的战马需求。可以看得出，一个地区的民俗事象，因为其在民众中生活的重要地位，成为不同民族间经济交流的重要原因，也成为政治上控制与被控制的原因。

三　政治文化对民俗文化圈的影响

历史上民俗文化经常作为一种资源而为政治服务，民俗文化成为官方政治生活的一个组成部分，也成为推广其意识形态和国家统治的工具。20世纪三四十年代，在民族和国家处于危亡之际，平常不为人注意的民间文化，上升为民族精神的载体，被给予极大的重视。由于严酷的抗日战争和国内战争的需要，民间文化的社会功能被提高到无以复加的高度，民间文化承担了意识形态的宣传工具，这与当时的政治时局紧密地联系在一起，强调民间文化主要也是出于政治的需要。这在抗战时期的延安表现得非常明显。因此，政治对民俗文化的影响首先在于民俗文化是民族国家现代化语境的一部分，国家对藏族等少数民族民俗文化与语言的保护即为体现民族国家话语的实例。

其次，民俗文化被政治资本视为能够产生经济效益和社会效益的文化资本，通过加强与提升民俗文化，使之产生社会效益，带动饮食、住宿、购物、交通、就业、招商引资等第三产业的发展，促进地区经济融入全球化市场体系。在中国当下的经济发展过程中，文化资本被纳入到许多地方的现代化建设之中。民俗文化资本的某些特殊形式，如地方性的民俗文化、富有历史韵味的传统文化，等等，从原先的民族国家现代化话语的边缘开始上升为一种能够转化为经济资本的文化资本，在这一过程中，民俗文化才可能在现代性话语中获取合法地位，进而提高民俗文化在社会符号等级体系中的位置。提高与提升民俗文化的价值，重新认识民俗文化的重要性，并使之成为一个国家可持续发展的推动力是当下政府的主要共识。80年代后，政府大力发掘民俗文化的初衷是为了提高经济发展水平，"文化搭台、经济唱戏"，主要体现在由政府主导，以文化为形式促进经济的

---

① 翁独健主编：《中国民族关系史纲要》，中国社会科学出版社2001年版，第626页。

发展。在这一时期，青海民俗作为可利用的资源，政府将民俗旅游作为一个新的切入点和经济增长点，努力挖掘和整理民俗文化资源，用民俗文化提升青海旅游业的品位，努力构建"文化青海"的旅游品牌，使之成为地方经济发展的推动力，青海民俗为促进地方经济的发展与提升青海形象起到了重要作用。

进入21世纪，在世界范围内各国越来越重视民族文化与民俗文化对于一个国家文化安全与文化竞争的重要作用。各个国家逐渐认识到一个国家要在世界民族之林中立于不败之地，除了强大的经济实力与军事实力，还要有强大的文化软实力，而且文化软实力是国家竞争之根本。在全球化日渐加快的今天，西方文化在其强大的经济支撑下逐渐在世界其他地区渗透，西方的好莱坞电影、快餐文化、嬉皮士等会对中国传统文化造成严重的冲击。重视国家文化安全，提高民族文化竞争力成为当下迫在眉睫的大事。

基于以上的认识，青海民俗文化得到政府的高度重视，青海民俗文化呈现出繁荣的局面。这与政府在当下对国家层面民俗文化的重新认识有关，也与以政府为主导的文化建设有关。政府运用国家强制手段提供优惠政策为保护传统民俗文化提供支持，政府可以集中整个国家的力量为保护和发展传统民俗文化提供优质的服务。近年来青海省政府成立了青海省文化遗产保护领导小组，省非物质文化遗产保护专家委员会和省非物质文化遗产保护中心，建立了非物质文化遗产保护工作联席会议制度，正式公布三批省级非物质文化遗产代表作名录150项，省级非物质文化遗产项目代表性传承人153人，其中，国家级项目57项，国家级传承人40位。热贡艺术被成功列入联合国人类非物质文化遗产代表作名录，同时入选《格萨尔》、藏戏、花儿等项目。我国藏族聚居区第一个文化生态保护实验区——热贡文化生态保护实验区被文化部正式批准设立，"中国民间文化艺术之乡"达29个。已有40多位民间艺人赴联合国总部、港澳台、北京2008奥运会、全国非物质文化遗产大展、对外文化交流等活动献艺。省政府每年于"文化遗产日"期间举办国际唐卡艺术与文化遗产博览会暨民族文化旅游节，集中研讨、宣传、展示和弘扬青海省丰富的非物质文化遗产资源，着力打造文化品牌，扩大青海的知名度和影响力。

随着对文化在国家战略与安全、经济发展与国家长治久安中的作用的认识进一步深化下，政府才真正把文化作为可持续发展的动力来看待，青海民俗文化与民间文化才被提升到一个前所未有的高度。而且重新认识民俗文化的价值，就是一种文化自觉。文化自觉是对文化地位作用的深刻认识、发展规律的正确把握、历史责任的主动担当。同时，青海作为一个多民族地区，建构多元、多样性的民俗文化，对于这一民族地区的政治稳定、经济安全、民族团结与文化认同有着非常重要的意义。

由于政治对民俗的重视和尊重，使青海民俗文化在自由和谐的氛围内发展。近年来政府在挖掘、整理青海民俗文化并使之成为青海可持续发展的动力源泉，在提升与整合青海民俗文化走出中国，走向世界中取得了不菲的成绩，这些成绩与政府对青海民俗文化的重新认识，精品的打造不无关系。这些成绩都与政府引导、文化精英的努力与青海民众文化自信、文化自强的确立是分不开的。政府的政治影响、文化决策与文化精英、民众的积极参与对新时期富有活力的青海民俗文化圈的建设将产生深远的影响。

第四节　民俗文化圈与其他文化

一　青海民俗文化与西域文化

青海民俗文化圈在形成与发展中，不断地吸收了其他地域文化的精华，聚合了不同民族的民族文化，多种宗教文化因子，形成了具有多元与多样性特点的民俗文化圈。因此，青海民俗文化圈建构在多个民族的优秀民族文化基础之上，是多样性宗教文化与多种地域性文化的集大成者。同时，由于所处的多种文化碰撞与交融的特殊地理位置，不同民族融合与交流的历史场域，青海民俗文化圈也具有开放的胸襟，与西域文化、印度文化及其他世界文化取长补短，双向互动，在世界文化交流中写下了"大美青海"的华章。

印度文化随着佛教的传入，对藏族文化产生了深远的影响，这些影响至今仍见于藏族民俗文化圈的民众生活中。印度文化对藏族文化的影响体现在诗歌、故事、戏剧、文学创作理论、绘画艺术和学术思想等各方面。在藏族故事中，有许多故事原型来自于佛经《本生论》、《百缘经》、《贤愚经》等，像世界著名故事《一千零一夜》一样的藏族故事《尸语故事》，是典型的"连环套"故事类型，学者普遍认为受印度故事影响而产生。在印度《五卷书》的第一卷第九个故事，记载了一个动物报恩的故事，故事里的主人公分别救了老虎、猴子、蛇和一个人。在主人遇到危险的时候，老虎、猴子和蛇履行了它们的许诺，通过各种办法去帮助主人，而被救的那个人，为了自己丑恶的私欲，却处心积虑地去谋害主人，最后只能自食其果。这个故事与青海流传的"忘恩负义"型的故事在内容、故事情节和叙事模式上如此相似，另外在佛教故事里也有此类故事，那么就有这样一种可能，那就是佛教在东传的过程中，印度的民间故事也随之传到青海，并且逐渐地域化而融入当地的文化语境中，成为青海很有特色的一类民间故事。《甘丹格言》以诗化的语言记录了"老虎怕漏"的故事。《藏族文学史》作者在评论这首诗所讲："老虎怕漏的故事，不但在藏族中流传，而且也在汉族中流传。追其根底，盖来源于佛教故事。"德国学者艾伯华也指出该类型的故事历史渊源"涉及印度"。看来该类型故事是通过佛教和民间边贸往来等渠道传播到中国，在漫长的岁月里各民族对它进行了整合，使其具有厚实的存活土壤而受到我国民众的喜爱。①

在口头民俗中青藏高原动物故事数量很多，许多故事的教育意义接近于《伊索寓言》和《格林童话》，而中原地区这类故事比较少，青海地区的故事特别是藏族和蒙古族的故事与中原地区民间故事有许多的差异性，给人的感觉是青藏高原上流传的故事既有中原地区民间故事的某些特点，又有印度乃至西方民间故事的一些特点，可能由于青藏高原这个中西方文化的交流通道所处的特殊的位置，青藏高原的民间故事在文化交流的大背景下，同时具有中原文化的因子，也带有明显的西方文化的某些因子，因此，这一地区流传的民间故事特别是藏族的民间故事带有一种"向东"和"向西"的过渡特点，因而具有多元文化的色彩。②

青海撒拉族的族源据传说来自于中亚。传说中亚撒马尔罕的尕勒莽、阿合莽兄弟二人，在伊斯兰教门中很有威望，国王非常忌恨，便设法诬害他们。后来为了避免迫害，兄弟二人率领 18 个族人，牵了一峰白骆驼，驮着故乡的水、土和《古兰经》，离开了撒马尔罕向东进发，去寻找新的

---

① 刘守华主编：《中国民间故事类型研究》，华中师范大学出版社 2002 年版，第 471 页。
② 刘永红：《青藏高原多民族民间故事刍议》，《中国土族》2008 年夏季刊。

乐土。两兄弟离开故乡后，一路历尽艰辛，到了循化街子，在那里发现一眼清泉，走失的骆驼卧在泉水中化为白石。众人喜出望外，决定就把这儿作为自己的家乡。撒拉族在形成的过程中，吸收了许多民族的成分与文化，其中吸收蒙古族、藏族、回族、汉族的成分较多，据本民族的传说，撒拉族初到循化，首先与当地藏族通婚，因此至今撒拉族仍保留着当地藏族的某些风俗习惯，例如衣服不放在衣柜里而挂在横杆上，结婚时把牛奶泼在新娘所骑的马蹄上以及在院墙围墙的四个角上放置白石头等。① 她是一个以撒鲁尔人为主体，以伊斯兰文化为纽带，接受中华文化熏陶，吸收了周边许多民族成分而形成的一个人口少但凝聚力强的、生命力旺盛的新的民族。撒拉族在形成的过程中，传承了伊斯兰文化的两世兼顾，终极关怀理念。② 撒拉族教俗不分，民俗与宗教融为一体，互为表里，宗教规范民俗，民俗体现在宗教中，以伊斯兰教为中心的民俗生活对撒拉族的影响至为深远。

　　中国三大民族史诗之一《格萨尔》早期的形成受到印度史诗的影响，它是在藏族的神话、传说、民间故事、民歌和谚语的丰厚基础上产生和发展起来的。除了在国内的少数民族中流传外，在我国周边国家蒙古人民共和国、日本、俄罗斯、布里亚特地区以及喜马拉雅山以南的印度、尼泊尔、巴基斯坦、不丹、锡金等国也有流传。2001 年 10 月 17 日在巴黎召开的联合国教科文组织第三十一届大会上《格萨尔》被列入 2002—2003 年联合国教科文组织参与项目，即《格萨尔》千周年纪念。此外，《格萨尔》被译为英文、日文、俄文、德文、法文、蒙古文、印地文、西班牙文出版。而且 30 多个国家的外国藏学专家，专门进行《格萨尔》的搜集、整理、翻译、出版和研究工作，取得了较好的成绩，涌现了帕拉斯（俄国）、帕塔宁（俄国）、佛兰克（德国）、达维·尼尔（法国）、石泰安（法国）、策·达木丁苏伦（蒙古）等一批著名的《格萨尔》学专家。这一切说明，藏族英雄史诗《格萨尔》不但在国内广为流传，而且正在走向世界。③

---

① 刘永红：《青藏高原多民族民间故事刍议》，《中国土族》2008 年夏季刊，第 123 页。
② 禹规娥主编：《中华民族大家庭读本·撒拉族》，新疆美术摄影出版社 2010 年版，第 13 页。
③ 角巴东主、马都尕吉：《雪域传奇〈格萨尔〉》，青海人民出版社 2010 年版，第 5 页。

二 多民族文化与青海民俗文化

生活在青海地区的藏族吸收了汉传佛教和印度佛教精华，创造了地域化和民族化的藏传佛教，并影响了周边民族土族、裕固族和蒙古族等民族；回族的伊斯兰宗教文化深深地影响着回回民族的生活行为和心理素质，成为他们日常生活的规范和准则，同时伊斯兰宗教文化也是阿尔泰语系突厥语族民族如撒拉族、保安族、东乡族等民族的主体文化，由此构成了伊斯兰教民俗文化圈。汉族传统信仰道教和佛教，同时儒家文化深深扎根于民族的文化之中，更多的是儒、道、佛的融合。以儒家文化为中心的农耕文化对周边的少数民族产生了深远的影响。各民族创造了富有民族色彩和民族传统的民间文学、民间音乐、民间舞蹈、民间戏曲、民间曲艺、人生礼俗、民间美术、民间传统工艺、岁时习俗等丰富多彩的民俗文化，由此构成了青海多民族民俗文化圈。青海民俗文化圈的多元性与多样性不仅表现在多民族文化的丰富性上，每一个民族在其形成的过程中不断地吸收他族文化的优秀因子，改造融合于自身的文化体系中，使自身的文化能够适应并参与民族生存的竞争，同时在单一的民族文化也表现了多元性与多样性的特征，从而形成了"你中有我，我只有你"的民俗文化格局。

汉藏自唐开始的大规模的战争、联姻促进了两个民族之间的大规模文化交流。发自于上层社会的文成公主进藏、茶马贸易、汉藏会盟以及吐蕃对秦、成、渭、兰、廓、河、鄯、洮、岷、瓜、沙等地数百年的统治无疑促进了两个民族的交流，使汉文化进入藏区，同时也使这一地区的汉族浸染了藏族文化，这些文化的影响多体现在民众衣食住行等日常生活中，如唐朝诗人白居易《新乐府·缚戎人》曰：

> 自云乡贯本凉原，大历年中没落蕃。一落蕃中四十载，身著皮裘系毛带。唯许正朔服汉仪。敛衣整巾潜泪垂。誓心密定归乡计，不使蕃中妻子知。

同样，文化的交流也使藏族吸收了汉族文化，王建《凉州行》中写道：

凉州四边沙皓皓，汉家无人开旧道……多年中国收妇女，一半生男为汉语。蕃人旧日不犁耕，相学如今种禾黍。驱羊亦著锦为衣，为惜毡裘防斗时。养蚕缲丝成匹帛，那堪绕帐传旌旗。城头山鸡鸣角角，洛阳家家学胡乐。

两个民族在历史上的民俗文化交流，对青海多元民族文化圈的形成有着重要意义，而且这种多元文化色彩一直保持到今天。

《格萨尔》是我国藏族人民集体创作的一部伟大的英雄史诗，是藏族人民智慧的结晶。《格萨尔》的内容丰富，结构宏伟，卷帙浩繁，气势磅礴，是世界上最长的一部英雄史诗。一些外国学者给它以很高的评价，称它为"东方的《伊利亚特》"。这一多民族共享的诗史作品是高原文化的结晶，代表着藏族民俗文化与口头叙事艺术的最高成就。这部史诗影响到国内外的许多民族。《格萨尔》诗史除流传在青海地区之外，在西藏、四川、云南等省区以及内蒙古、新疆的多个民族中传唱。蒙古族、土族、裕固族、普米族、纳西族、白族甚至撒拉族等民族都在生生不息地传唱着同一个英雄故事。

回鹘是维吾尔族与裕固族的祖先。在历史上，回鹘与吐蕃在政治、经济、文化等诸方面发生过密切的联系，藏族对裕固族的形成发展产生过深远的影响，今日裕固族中还包含了不少的藏族民俗文化成分。藏族语言、藏传佛教、民间文学及生活习俗对河西回鹘产生过较大的影响。[①] 藏族文化的影响在如今的河西回鹘——裕固族身上能够十分明显地得以考证。

历史上蒙古族一直与藏族保持着密切的关系，自元以后，青海多民族格局的形成，使青海藏族和蒙古族的沟通更加频繁，除了高层的、官方的交流外，民间通过"熬茶"、觐见活佛，朝圣等方式，特别是明朝格鲁派传入蒙古地区与和硕特蒙古势力进入藏族地区等历史事件更加促进了两个民族的文化交流，使两个民族的文化交流更为频繁，蒙古族的民俗文化也

---

① 阿布都外力·克热木：《从藏族对裕固族的影响看吐蕃与回鹘的文化交流》，《西北民族大学学报》2011 年第 2 期。

成为青海多民族民俗文化圈的有机组成部分。藏传佛教进入蒙古，与之相关的信仰民俗也传入蒙古地区，这些民俗对蒙古人的生活至今还有巨大的影响。

西北河湟一带是中华民族文化的摇篮，氐羌人即源于此。根据多年研究的结果，学者们得出彝族及西南藏缅语族民族均起源于氐羌的结论，古代的氐羌族群是彝族及藏缅语族民族的先民。其一部分融合于华夏族，另一部分经过迁徙发展，形成为汉藏语系藏缅语族诸族的核心，并逐渐与当地原有的土著民族融合，从汉代开始，直到清朝，最后形成西南地区的藏缅语族各民族。① 氐羌也是汉族和藏族的祖先，这一点已被学界所认同。因此，河湟地区的藏汉等民族与西南藏缅语族的少数民族有天然的血缘纽带关系。相同的民族构成血缘必然有相同的文化表现。

历史上西南少数民族族群与青海藏族等有着密切的接触与文化交流，特别是藏传佛教曾一度传入这些民族中。藏传佛教是青海民俗文化圈对其他地区的民族民俗文化产生影响的纽带。历史上，藏族的势力曾一度到达过渭河平原、蒙古高原和云贵高原。藏传佛教的影响比这个范围还要大。根据相关记载和有关调查，青藏高原及其南部边缘从东到西的羌、彝、普米、纳西、傈僳、怒、独龙、门巴等多个民族居住地区过去均有大量的本教寺庙和藏传佛教各派寺庙，有的地区现在也有不少。藏族面具文化对这些少数民族的影响持续时间较长。藏族面具在青藏高原及其南部边缘地带从东往西的羌、彝、普米、纳西、傈僳、怒、独龙、门巴等多个民族居住地区都有分布。部分西南民族中还演出藏戏。藏族面具文化与藏戏的影响多与本教和藏传佛教的传入有着密切关系。有藏族面具与藏戏分布的地区，一般是藏族宗教影响所及的地区。根据史志记载和调查资料，从羌族地区到门巴族地区，本教和藏传佛教传入的时间都很早，藏族与这些民族毗邻而居或共处一地的时间也很早。因此，藏族面具文化很早就对这些民族有了影响，而且这种影响持续不断。②

青海蒙古族也曾与西南民族有过接触。16—18 世纪初青海蒙古族各

① 参见王钟翰《中国少数民族史概要》，山西教育出版社 1997 年版，第 386 页。
② 赵心愚：《藏族面具文化对西南地区部分少数民族的影响》，《西南民族大学学报》2003年第 7 期。

部曾进入藏彝走廊活动，从正德九年（1514）青海蒙古部落开始进入川西北松潘、茂州等地活动，青海蒙古部落除进入川西北松潘、茂州等地活动外，还向康区发展。万历元年（1573），土默特蒙古首领俺答率部经青海南下康区，征服沿途的一些部族，或进至康区东部的鱼通和南部的理塘附近。明末，卫拉特蒙古四部之一的和硕特部在固始汗率领下由天山南路袭据青海地区，又南下击溃康区北部的强豪白利土司。① 在此过程中，青海蒙古族对西南一些民族的文化产生了影响。

通过商业贸易、战争、宗教等多种途径，青海多个民族与中国境内的其他民族发生文化交流，其中民俗文化的相互影响、借鉴、融合在不同的历史时期都曾有过。因此，青海民俗文化圈为构建中国多民族民俗文化、多元文化作出了自己的贡献。

三　传统与现代之间——现代文化对民俗文化圈的影响

在时间、空间与民俗内容构成的三维坐标中，时间与空间的变化必然导致民俗内容的重要变化。当下全球化的脚步越来越快，在经济全球化和信息高速发展的背景下，世界在逐渐变成一个地球村。现代文化对传统民俗的冲击要求民俗必须适应新的社会经济形势与社会生活。也就是说，随着现代文化的传入，经济发展与城镇化步伐的加快，物质生活的逐渐丰富，现代化的、新的生产方式和生活方式不断地对民众传统的生产生活方式产生巨大影响，青海民俗文化圈的传统民俗所依赖的外部条件发生较大变化，民俗内容也必然发生与此相适应的变异。因此，在全球化语境下现代文化、现代化的生活方式也悄然改变着青海乡村民俗与传统的民族民俗。青海民俗与青海民俗文化圈每天都发生着新的变化。受现代文化、城市文化的影响，传统的民俗逐渐浸染现代的气息，由此产生文化变迁。一些传统的乡村民俗，进入城市，成为都市民俗一部分；而一些都市民俗，逐渐被乡村接受，也转化为乡村民俗的一部分。

锅庄舞因最早围着火塘或篝火举行而得名，是流传于藏族聚居区、深受藏民族喜爱的一种民间舞蹈。跳锅庄人数不限，不要伴奏，也不要化

---

① 曾现江：《中国西南地区的北方游牧民族———以藏彝走廊为核心》，《思想战线》2010年第 1 期。

装，舞蹈动作简单易学，节奏明快，跳舞者围成圆圈，且歌且舞，由左而右，顿地为节，人们用歌舞来消除劳动的疲劳，年轻人则在舞蹈中追求意中人。锅庄舞原是藏族所创造的一种原生态的歌舞艺术。近年来，这种舞蹈逐渐被推广到城市里，成为都市民俗文化生活的一部分。在青海大大小小的城镇里，傍晚时刻斜阳余晖下，在广场上，在公园里随处可见载歌载舞的人群，锅庄舞成为广场文艺的一种形式，也是市民休闲文化的重要内容，不仅如此，锅庄舞逐渐向东传播，在中原甚至南方都能看到她的身影。

青海素有"花儿家乡"的美称。盛况空前的花儿会，自农历四月后相继开始。届时，河湟地区山花烂漫，峰青水秀，身着各民族盛装的人们熙熙攘攘，欲献绝技的歌手摩肩接踵，嘹亮的歌声此起彼伏、漫山遍野，成了花儿的海洋。最初这种在多民族中传唱的原生态民歌在演唱时有许多禁忌，如不能在村庄或家里演唱，也不能在长辈前演唱等。但当花儿进入城市后，许多禁忌已不复存在，逐渐成为都市休闲的"新贵"，传统的花儿以全新的面貌出现，成为都市新民俗。目前全省已出现了30个左右的花儿茶社，20个左右的花儿演唱艺术团，它们在民间深受民众的喜爱。新编花儿歌词、花儿音乐以及花儿歌舞剧、花儿叙事诗、花儿相声也接踵而来，如《马五哥与尕豆妹》、《六月六》等歌舞剧就曾引起过社会的很大反响，网络也成为花儿传播的一种时尚媒介。种种新的花儿传承手段，新的表演形式，对青海花儿流传和发扬光大起了重要的作用。这些花儿多以再生态甚至新生态的形式适应社会发展形势，并得到了年轻人的喜爱。

在青海的农牧区，受现代文化的影响，农牧民的生活、生产方式正在发生急剧的变化，与之相适应的民俗文化也在随之发生变化。在青海牧区，以前游牧的生活方式决定牧民过着逐水草而居的生活。但随着近几年受现代生活方式的影响与三江源生态保护工程的展开，青海部分牧区游牧生活方式改变为定居的生活方式，许多地区的传统民居——帐篷已经被楼房或平房所代替。即使以游牧为生，原来骑马或骑牦牛牧羊，现在已经为骑摩托车代替。现代文明的影响，首先体现在生活方式的改变上，继而影响到了传统民俗的变化。再如当今兴起的都市电话、短信拜年风俗，也成为乡村拜年的方式之一；青海地区的大部分婚俗仍遵循由古代"六礼"

演变而来的环节：提亲、定亲、送聘礼、送日子、迎娶、回门等。但在婚礼中融入了西方婚礼的元素，即由主婚人、证婚人、司仪等主持婚礼的进行，期间要介绍男女双方的结合等过程，这明显是对西方婚俗的模仿和借鉴，也成为婚礼的环节。这种新的婚俗，不仅在城市中常见，也逐渐被乡村接受，成为青海婚俗的一部分。

但是，青海乡村民俗并不是完全地照搬城市民俗，在很大程度上现代语境下的乡村民俗更多地保留了传统民俗的内容，并对某些现代生活方式有所抵触。如现在乡村民众也穿西服，女孩开始穿裙子，但对于超短裙、吊带等穿着暴露或一些城市里流行的奇装异服带有较强烈的抵触情绪；城市里一些来自于西方的"洋节日"——圣诞节、情人节等也不被乡村民众接受。在现代语境下，相对于经济发达地区，青海民俗文化圈对传统民俗的固守相对要执着。

现代语境下青海民俗圈的另一个重要特征是不同地域、不同民族民俗的结合、共享。青海地区是典型的多民族地区，不同的民族民俗在这里被欣赏、体悟，并被不同的民俗载体所共享。现代社会中，民族间的交往比之以前要频繁，民族交流和沟通的结果是民众对不同民族的民俗产生浓厚的兴趣，并亲身参与其中。在旅游中体悟、享受其他民族的民俗文化是当下旅游民俗的一个特点。在青海不同族群身份的人可以去草原上坐一坐藏族的帐篷、蒙古族的蒙古包，去土族风情园看一看土族姑娘的七彩绣服装、参加土族的传统婚礼；去撒拉族人家喝一杯"八宝茶"……在以前某个民族所独有的民俗事象，在当下成为不同民族都可享用的民俗文化。即使在一个民俗事象中，也呈现了多种、多元的民俗特色，如现在青海饮食文化，就集中了青海本地的汉族传统饮食、回族清真餐饮、藏式餐饮等本土的餐饮民俗，也会聚了川菜、湘菜等餐饮文化要素。

青海民俗文化圈的多民族民俗文化互相借鉴、共享乃至融合的趋势较为明显，这与现代语境下人们思想观念的改变、经济生活的提高与民族团结不无关系，这种趋向也反映了青海民俗文化圈所呈现出来的新的特色。正如叶涛教授所论："民俗所具有的继承和延续，对于通常所说的民俗圈的形成具有重要的决定作用。……实际上，在文化学研究中，任何文化区与文化带的区分标准，一个重要的依据就是看这些地区存在着何种民俗组合。在任何一个地区，任何民俗事象的存在并不是单一的，而是由多种民俗组合在一起，形成了一种民俗特有的集合。这种民俗集合不仅能够充分反映这一地区的文化本质，而且能够深入反映这一地区未来文化的发展方向。"①

　　尽管在现代文化影响下，青海民俗正在发生着不断的变化，但变化的基础仍是传统民俗稳定的内核。都市民俗与乡村民俗文化的借鉴、吸收和互动，也是在改造传统的民俗的背景下进行的。特别是乡村民俗并不具备全部吸收现代文化的条件，它对现代文化的价值体系并不完全认同，即存在着吸纳和否定的双重态度；都市民俗也是如此。但不可否认，青海民俗文化圈正在发生着传统民俗与现代文化的复合。

小　结

　　青海民俗文化圈建构在多个民族的优秀民族文化基础之上，是多样性宗教文化与多种地域性文化的集大成者。在形成与发展的过程中，青海民俗文化圈不断地吸收了其他地域文化的精华，聚合了不同民族的民族文化，多种宗教文化因子，具有多元与多样性特点。青海民俗文化圈与多种文化互相影响，双向互动并形成了自己的特色，由于所处的多种文化碰撞与交融的特殊地理位置，不同民族融合与交流的历史语境，多元宗教共存的场域、现代文明与传统文化交互的时代，青海民俗文化受到了青海其他文化如宗教文化、政治文化、精英文化、国内国外多民族文化、现代文化等各种文化互相影响，而青海民俗文化对以上文化也发挥了不同的作用，且彼此借鉴融合，在双向的互动中形成与构建了"和而不同，美美与共"的青海民俗文化圈。

---

① 叶涛、吴存浩：《民俗学概论》，山东教育出版社2004年版，第210页。

第八章

民俗文化圈的文化特征

　　青海民俗文化圈的形成、发展，以青海高原严酷、恶劣的自然地理环境为独特的孕育环境，在逐步适应自然地理环境的过程中，创造了适合高原环境的民俗文化的初步模式。随后，以此为原初的文化背景，在青海高原这个历史舞台上，多种民族民俗文化交相辉映，多民族民俗文化历经历史风雨，经过各民族文化的接触、采借、整合，逐渐形成了具有区域的独立性、信仰的和谐性、样式的包容性、产品的共享性、形态的古朴性、时代的适应性等特征的民俗文化圈。青海民俗文化圈是适应青海自然地理环境、历史人文环境的综合产物。

第一节　区域的独立性

一　区域自然环境的独立性

　　青藏高原被誉为"地球第三极"，是一个具有特殊意义的独特地理单元。地处我国第一级地势阶梯的青海省，以高海拔、高寒的自然地理环境为主体，首先形成了一个相对独立的民俗文化的孕育环境。近乎东西走向的高大山脉，以及高差悬殊的地势，类型多样、具有明显地域特色的地貌形态，为青海民俗文化圈的生成、演变提供了物质场所和物质基础，对于区域民俗文化的生成、传承以及与其他文化之间的交流均起到重要影响。

　　青海作为青藏高原的重要组成部分，是以青海南部平均海拔 4200 米以上的青南高原为主要内容的。青南高原占青海省面积近三分之二，在开阔平缓的山原地貌背景上，海拔 5000 米以上的雪山冰峰高耸，河流纵横、湖泊棋布。而其中诸多山脉、湖泊，又是区域内藏族等民族的崇拜对象，孕育出了丰富多彩的神山神湖崇拜文化体系，并由此演绎出独具特色的高原生态文化。作为青藏高原的重要组成部分，与青藏高原一道在历史上即对中原文明起到无以伦比的屏障作用，中国农业文明"一度受到举世无双的西藏屏障的保护；这一屏障的功效，除掉撒哈拉沙漠和极地冰块之外，在世界上或许是无与伦比的"①。基于如此巨大的屏障作用，在成为东亚文化圈、南亚次大陆文化圈、中亚—西亚文化圈、北亚文化圈等文化类型的文化边界之外，其实，它本身又无可否认地受到这些文化类型的熏染，为青藏高原这一独立的地理单元中多元文化的发育奠定了地理基础。

昆仑山是青南高原与柴达木盆地的界山，同样区分出了山脉南北两侧民众不同的生计方式。西部的布喀达坂峰海拔6860米，是青海省最高点。昆仑山，以其雄浑博大，称为"万山之祖"，而由此孕育的昆仑文化影响更是广布海内外。

河湟谷地是青海省主要农业区，也是青海省主要的人口聚居区和经济发展区，集中了全省三分之二以上的人口。这里，自古就开始了农耕，公元前61年，赵充国屯垦戍边，促进了区域内种植业的较大规模发展。此后，随着中原人口断断续续西迁进入，中原文化和农耕技术不断传播进入，逐步发展成为具有高原特色的农耕民俗文化。

青海省的独特地理位置亦为青海民俗文化圈的独立性提供基础。从综合自然区划上看，是东部季风区、西北干旱区、青南高寒区的交会。其中，河湟地区属于东部季风区，处于中国东部季风区向青藏高原区和西北干旱区的过渡地带，也是青藏高原与黄土高原交接过渡地带。因此，河湟地区兼有东部季风区、西北干旱区、青南高寒区的自然地理特征，并在作为人类活动基础的地质地貌、气候水文、生物土壤等方面表现出来，体现出明显的过渡性和交汇性。集中了全省70%的人口、80%以上的耕地面积、80%以上的工业总产值以及主要城镇而只占全省面积8%的东部地区，在青海经济社会发展中具有举足轻重的地位和作用②。

一个民族的文化传统由人们在其所处的自然与社会人文环境中创造的

---

① ［英］哈·麦金德:《历史的地理枢纽》，林尔蔚等译，商务印书馆1985年版，第55页。
② 张忠孝:《青海地理》，青海人民出版社2004年版，第203页。

文化要素凝聚而成。由于人与环境交互作用的多样性，便形成了文化传统的原初模式的差异。青海独特的地理环境是各民族传统文化产生、传承的基础，她给生活、生产于其上的各族民众提供了最初的生存空间、创造文化的场所和物质可能。在与自然界共同前进的长期历史过程中，各民族对于与自己生产生活密切攸关的自然现象、自然事物逐步有了较为清晰的认识，其中对捉摸不定的自然力的各种错误、幻想的观念衍化为他们的原始宗教，形成了大自然崇拜、动植物崇拜、鬼魂崇拜、图腾崇拜、偶像崇拜等方式。这里，各种崇拜对象都以人们的生产生活密切相关的自然物质为原型，并根据自己的现实生活的需要规定了神的性能和地位。以藏族民俗文化为例，藏族先民在广袤的青海高原上的生产生活受到青海高原自然条件强烈的限制，畜牧业自然成为可选择的最佳产食适应方式，并由此直接创造产生了畜牧文化。青海高原作为畜牧文化的载体，畜牧文化初期的生产方式、生活方式受制于当地的自然条件，同时也成为藏族先民进行更大范围的文化创造的基础，是更深广的文化层次的物质前提。

二 区域人文环境的独特性

青海高原独特的自然地理环境，除了为长期在这里繁衍生息的人们提供了环境基础之外，也限制、约定了他们的生计方式。从经济类型或者生计方式上看，是游牧与农耕的分野与交融。青南高原，以游牧为主，是青海高原畜牧业生产基地；河湟谷地以农耕为主；柴达木盆地、环青海湖地区农牧兼有，而柴达木盆地凭借光热资源，发展绿洲农业。

青海省独特的地理位置，亦从民俗文化发展、交流等方面为青海民俗文化圈的独立性提供基础。从文化圈角度考量，青海民俗文化圈是藏传佛教文化圈、伊斯兰文化圈、儒释道文化圈的相互交会的文化地理空间。

以上这种独特而又多元的自然、人文环境，对于青海民俗文化圈的孕育、发展提供了丰富而独具特色的民俗素材，对于青海民俗文化圈的逐步定型并成为一个相对独立的民俗文化圈起到重要影响。自然与民族民俗的发展之间，建立起了一种"自然的人文化"过程，并由此铸造了青海民俗文化圈独特的民俗文化景观。其中，可以区分出青海民俗文化圈中时空设置中的时间制度和空间设置两个大的方面。

"时空设置是一种社会文化关于时间和空间的划分、标志和安排。时空设置是生活世界的基本结构。生活世界是日常活动的经验世界，是可以直接了解和观察的世界，而时空设置是其中的时间设定和空间布置。"①时间制度是人们对于自然时间赋予其文化内涵而形成的一种文化现象，对时间的感知能力并非是人的一种自然本能，而是人的社会性和文化发展的直接结果，反映着特定群体对于时间的观念、感知方式以及行事方式。拥有不同文化的群体，具有不同的时间制度。在社会和文化对时间制度的建构过程中，仪式为年度时间的分割、确定具有标志作用，通过仪式，相应的时间就具有了一定的文化意义，为人们的生产、生活提供了规范要求。传统时间制度在乡土社会中的作用仍然不容忽视。共同的时间制度是在历史进程中逐步形成的合作的产物，时间上的共同概念或者制度，为群体的共同的社会行为模式提供了基础，时间制度具有社会集体活动的节奏。人们在自然的时间框架中，赋予了自身的时间文化意识。空间设置是人们对于自然空间赋予其文化内涵而形成的一种文化现象，对空间的感知能力同样是人的社会性和文化发展的直接结果，同样反映特定群体对于空间的观念、感知方式以及行事方式。在不同文化观念支撑下，表现出不同的空间设置方式。对于空间设置，可以表现为以居住的聚居区为核心的同心圆形式的不同圈层结构，最内层为核心区，也是被认为是最洁净、安全的空间，随着逐渐向外扩散，其洁净度、安全性逐渐降低。对于洁净、安全的掌控，通过各种方式的空间设置来完成。

比如，青海特有少数民族土族在由游牧的生计方式转向农业以后，逐步借鉴汉族的历法，并结合当地的气候条件，形成了具有自身特色的农时体系，其中就自然时间赋予了相当浓厚的文化意义，从自然时间转化为社会时间，形成了土族农业生产的时间制度。② 而土族村落的空间结构特征，与土族民众的经济生产类型相适应，并反映他们的空间观念。村落与村落之间，反映村落的边界及其文化意义；村落内部格局呈现封闭内向的生活样式，每个自然村落均表现出一定的同心圆结构；庄廓及其内部展现私有空间的文化因素。③ 而庄廓，其实具有典型的河湟地域特色，是河湟

① 高丙中：《现代化与时空观念及其设置的转型——以土族为例》，乔健、潘乃谷主编：《中国人的观念与行为》，天津人民出版社1995年版，第96—97页。

② 文忠祥：《论时间制度——以青海民和土族为例》，《青海民族研究》2010年第1期。

③ 文忠祥：《土族村落的空间结构及土族的空间观》，《青海民族研究》2007年第1期。

地区汉族、土族、回族、撒拉族、藏族、蒙古族等民族共同的居住形式。只是由于信仰差异等因素，在内部空间格局上稍有差异。青海的其他各兄弟民族同样拥有诸如此类的各种时空设置方式，将自然的时空赋予文化意义，使之拥有自然和人文双重属性。

各族民众通过各自的文化体系，或者是具有典型区域特征的为各民族所共享的区域文化，对自然物（包括时间和空间）赋予文化意义。他们认为自然物具有神秘的性质，赋予时间和空间神秘的力量，造就了生活环境中的信仰空间和信仰时间。进一步，对于信仰的时空进行禁忌化、民族化、象征化，形成了各民族特色各异的时空观。比如，在青海随处可见的、在村落周围高山上设置的鄂博就是用以镇灾辟邪，保佑村落平安的一种空间设置方式。

在独特的民俗文化生成语境下，青海民俗文化圈逐步发展成为一个独立的民俗文化单元。其独立性，一则表现在空间概念上。以独特的自然地理环境和人文环境为基础，逐渐孕育、发展、传承了典型的青海民俗文化。而更为重要的是表现在心理层面上的文化边界意义。在青海民俗文化圈内部的兄弟民族，互相之间以此为纽带建立了一种心理认同。这种认同，大家在圈内时由于民族认同而较难表达，而在走出圈外，亦即走出青海省时，这种心理认同得到了明显表现。不管哪个民族，在省外相处时，均有较强烈的认同，互相认为老乡，言谈之间透出一种亲切。

青海民俗文化圈具有的区域独立性特征，是自然与人文环境长期综合影响的结果。在民俗圈发育之初，自然环境的影响表现明显，并对绵延传承至今的民俗事象留下了自然环境的烙印。后来，随着青海高原上多民族民俗文化的"上演"，在这一独特的地理环境中各民族民俗文化互相影响、互相吸收，并逐渐发育成为具有显著的区域独立性的民俗文化圈。

第二节　信仰的和谐性

一　信仰追求和谐的功利目的

人为了改变本能匮乏的状态做出了不懈努力，他们进行大量的文化创造，并且在不断地继承和发展中用文化塑造自己、完善自己。文化的不断创造所营造的文化环境，使人的本能匮乏得到了不断的补偿和进一步的完善。这样，人就具有了生物性和文化性，是生物性和文化性的完美统一。人类为了自身生存的需要，创造了各种各样的民俗文化。人们为了获取能够满足他们最基本的物质生活要求的物质时，为了保证种族的繁衍时，想尽各种方法来解决。其中，很大部分就是民俗上的方法。

　　人在面对自身本能匮乏时，希望能够从动物身上得到自己所没有的能力和不具备的特征，以弥补本能的匮乏。源自青海的西王母，最初是人兽同体，虎面獠牙。这些形象的产生，与图腾崇拜相关，而图腾崇拜包容了人类对自身生物性本能匮乏进行补偿的期盼。再如，每年吃不饱，家无余粮，就产生了"吉庆有余"、"连年有余"的美好愿望，甚至产生了"日进斗金"等暴富的愿望来安慰困苦生活。青海民间无论是农区，还是藏区，抑或半农半牧区，传承至今的许多祭神仪式，实际上就是为了祈求神灵保佑生产平安，庄稼丰收，村落安全，人丁兴旺，就是为了更好地生活。"民俗信仰的所有活动，都是从民众的现实生活需要出发的，具有相应的功利目的。"① 民间，俗民为了"活着"，创造了许多在今天看来丰富多彩却是满含艰辛的民间生活中的民俗文化。在古代，"物质生产在于确保人类能够生存下来，而人类的自身生产则在于能够使人类繁衍下去。前者为'活'，后者为'生'。前者为已有个体的存活，为的是已有生命的延续，而后者则是未有个体的问世，为的是种族的延续。只有两者兼备，人类才能得以生生不息，一代一代地延续下去。"② 这样，更有许多生殖崇拜等民俗文化事象。因为十分重视自身的繁衍，也就重视婚姻，并使婚姻习俗成为各类民俗中最为丰富多彩的一种民俗事象。

　　马林诺夫斯基曾经指出："无论有多少知识和科学能帮助人满足他的需要，它们总是有限度的。人事中有一片广阔的领域，非科学所能用武之地。它不能消除疾病和腐朽，它不能抵抗死亡，它不能有效地增加人和环境的和谐，它更不能确立人和人之间的良好关系……不论已经昌明的或尚属原始的科学，它并不能完全支配机遇，消灭意外，及预测自然事变中偶然的遭遇。它亦不能使人类的工作都适合于实际的需要及得到可靠的成

---

① 钟敬文主编：《民俗学概论》，上海文艺出版社 2000 年版，第 204 页。
② 叶涛、吴存浩：《民俗学导论》，山东教育出版社 2002 年版，第 140 页。

效。"① 这段话揭示了人在生存和发展中面临的复杂环境。在科学无法提供帮助的情况下，人们往往会寻求一些辅助的手段。其中，在民间社会，民俗信仰至今仍起着一定的心理辅导作用：如对问题的发生提供某种说明，能吐露心中隐秘的愿望，在困难中提供希望和解决问题的方法，等等。而且唯灵是信，无事不登三宝殿，临时抱佛脚，在需要时才想起要求神拜佛，充分显示了信仰的功利性。信仰，对于广大民众而言，实则是调和人与自然、人与人、人本身各种关系趋向和谐状态的一种民间途径。

二　信仰的和谐表现

和谐，可区分为静态和动态两种状态来看待。从相对静态角度来看，和谐是指多样、差异甚至对立事物之间的一种稳定平衡的存在状态。从动态角度来看，和谐是事物有序运行的一种生存与发展状态。和谐体达到和谐状态后，不是一劳永逸、静止不动的，而是处于持续不断的运动状态。作为一种价值取向的和谐，主要倡导人们自觉形成和睦友好的天、地、人之间的和谐关系。在人与自然的关系上，要求人们应与天地万物和睦相处，尊重自然、适从自然。在人与人、人与社会的关系上，主张人是社会群体的一部分，人与人之间具有平等性，强调人的社会价值，重视人们间的礼仪与谦让，以此达到人与人之间的和谐以及整个社会的和谐。在人与自身的关系上，主张身心和谐或神形合一，即个人应保持平静、悠然、恬淡、寡欲的心态。一个人只有做到神形合一、身心和谐，才能以开阔的心态化解世俗的隔阂与不和，形成天、地、人的和谐统一。② "民俗信仰是他们的一种世界观，以解释人与自然的关系，又是他们的人生观，以解释人之生死，人与人的关系。"③

从历史过程看，青海民俗文化圈内的各民族，不论先后，逐渐加入到青海民俗文化圈以后，接受、整合的各种民俗事象或多或少均表现出追求人与自然和谐相处的目标。占据民俗内容相当分量的青海高原的原始宗教，为协调人与自然关系发挥着重要的桥梁作用。如大通出土的五人舞蹈

---

① ［英］马林诺夫斯基：《文化论》，费孝通译，中国民间文艺出版社 1987 年版，第 48 页。
② 韩美群：《和谐文化论》，博士学位论文，武汉大学，2008 年，第 1—4 页。
③ 钟敬文主编：《民俗学概论》，上海文艺出版社 2000 年版，第 205 页。

彩陶盆，反映出崇尚数字"三"和"五"的观念，可能是中国五行说之最早起源。而柳湾出土的"阴阳合体壶"反映了生殖崇拜，其他许多彩陶上的多种符号被认为是最早的文字或数字。在人与自然环境关系上，"鸟为人师，兽为人师"，"虎豹为群，鸟雀为群"，对动物崇敬有加，显示出当时人与自然和谐统一的状况。

　　本教是生根于青藏高原的一种万物有灵的信仰，其崇拜对象包括天、地、日、月、星辰、雷电、山川甚至土石、草木、禽兽。追求人与自然的和谐，产生了天神崇拜、火崇拜、星辰崇拜以及山神崇拜等自然崇拜形式。后来伴随着藏族自身的社会历史进程，上层建筑各领域经历了复杂的演变，使藏族本教形成了庞杂的信仰体系。① 约在东晋十六国至魏晋南北朝时，佛教传入今青海地区，五凉割据河西地区时佛教就十分流行。唐代以后，吐蕃王国兴盛，西藏佛教东进，并在青海地区普遍流行起来。青唐政权时，河湟吐蕃普遍信奉佛教，当时青唐城内塔寺众多，"城中之屋，佛舍居半"（李远：《青唐录》）。

　　纵观信仰民俗发展史，青海民俗文化圈的信仰开放包容，接纳了诸多外部的信仰内容以求和谐，道教、汉传佛教、藏传佛教、伊斯兰教等诸多宗教形式在区域内和谐并存，有些在一个民族的信仰生活中并行不悖，如土族先民最初信仰萨满教，而迁徙到青藏高原之后，接受了羌族的民间信仰，接触了汉族道教，及至后来接受了藏族本教的一些成分，后来随着藏传佛教的兴起和传入皈依藏传佛教，主流信仰格鲁派，聚居区内自明代起修建的藏传佛教寺院林立，而汉族道教也在土族地区得到传播。而在内部，各兄弟民族互相之间广泛借鉴、吸收他者的信仰文化。"撒拉族建庄窠时，先在四周打墙，由于受到藏族影响，在庄窠围墙的四个转角处放置四块圆形白石头，传说能镇邪驱鬼。"② 可以说，从历史发展层面看，为了达到和谐的功利目的，不断历时地吸收、丰富信仰文化，追求人与自然关系的和谐，人与人、人与社会的和谐等，逐步发展整合成为青海民俗文化圈的宗教信仰的现状。

　　"自从有了人类社会以来，每个人都回避不了三个关系问题：人自

---

① 林继富：《藏族本教信仰中的古老崇拜》，《青海社会科学》1992 年第 4 期。
② 赵宗福、马成俊主编：《青海民俗》，甘肃人民出版社 2003 年版，第 102 页。

身、人与他人（人与社会）、人与自然之间的关系。对这三个关系的认识和处理，直接关系到我们每个人的生存，关系到人类整体的生存和未来。第一个关系处理得好，我们就会得到身心和谐，第二个关系处理得好，这个社会就是一个和谐的社会，第三个关系处理得好，人类就会有一个和谐友好的生态环境。"① 青海民俗文化圈中信仰民俗的历时态发展过程以及共时态的现状均充分说明，信仰民俗在追求三个关系和谐的过程中创造、借鉴了大量和谐文化，蕴含着诸多和谐文化因子。

（一）人与自然关系的和谐性

信仰民俗通过各种方式来协调人与自然关系，祈求达成和谐。如土族纳顿节，过去的三川地区农业自然灾害频繁，尤其是旱灾连年发生，间有雹灾等危及作物。在当时生产力水平低下的情况下，尤其是土族先民开始从游牧民族向农耕民族转化的初期，各种农耕技术尚欠发达，自然灾情更难以控制。② 作为维系群体社会意识的宗教活动，借助于舞蹈的表现形式，把人们对生活最真实最质朴的情感，倾注于宗教活动的信念中，以对付不可理解的自然现象而导致的自然灾害。为了缓解恐惧、痛苦和沉重压抑的心理负荷，通过假设的宗教偶像在舞蹈的激烈氛围里，力图企盼与大自然的客观世界和迷茫中的精神意识相互沟通，获得迷惘失望中的一种虚拟征服感，从而给人以生存的希望和信心。在无法控制自然的状况下，暂且不说其有用与否，通过各种仪式活动在客观上调节了人与自然紧张关系是毋庸置疑的。

而藏族、土族共享的热贡六月会也是沟通人与自然关系的重要方式之一。六月会与纳顿节同属于农事祭祀活动，同样具有通过神灵崇拜，沟通人与自然关系，为人们的生产生活提供精神寄托的心理秩序。他们通过祭拜各个等级的山神、被地方化的汉地二郎神等求得心灵的慰藉。

再如道教斋醮仪式，仍然要调节人与自然关系。某些醮仪中供奉的神灵是民间将自然人格化的形象，实际反映的仍然是人与自然的关系。如山神土地是被祭祀的对象，以免除现实生活中破坏环境的"罪责"。通过安

① 张训谋：《发挥宗教文化在促进和谐社会方面的积极作用》，载社会问题研究丛书编辑委员会编：《文化安全与社会和谐》，知识产权出版社2008年版，第286页。
② 文忠祥：《民和三川土族"纳顿"体系的农事色彩》，《青海民族学院学报》2005年第4期。

置被污染的圣泉及龙王，安置被破坏的山脉，安置地煞，捉拿了危险的鬼灵，安抚了本村亡魂，与各路神灵取得了较好的沟通。

而民间更多的在家庭层面、个人层面来协调人与自然关系的小型仪式、法事活动更是不胜枚举。

（二）人与人（社会）关系的和谐性

信仰民俗对人与社会关系的和谐性的追求，仍然以纳顿节、六月会、道教斋醮仪式为例。纳顿在不断调节人与人之间的关系。民间为了农业用水，共同修渠引水，村庄集体联合。以"牌头"为首，组织人手进行联合工作，负责分配水分、维修水渠和村庄道路、勘察本村地界、田间管理，并协商处理与邻村间的事务或纠纷。通过神灵的名义，牌头组织民众进行区域社会自我组织，良性运行。此外，调节村落与村落之间关系。土族社会从畜牧业向农业过渡后，在稳定的村落居住环境和农耕生产条件下，在生产、生活方面的许多重大问题上，出于一种实际需要，村落之间共建一座庙，同供一尊或几尊地方神，以庙会的形式将民众聚集起来，借福神的威严来调解民事纠纷，裁决和安排浇水、祈雨、田间管理等与民众相关的各项农事活动。而且，在现实中，通过纳顿节的联合组织、表演等互动，加强了村落之间的联系，在调节村落之间秩序。

六月会规范村落内部秩序功能十分明显。"在六月会仪式中，代表神的法师和膜拜神的部落成员发出同样的喊叫、踩着同样的节奏、做着同样的舞姿，群体中不同性情、不同背景、不同年龄的成员在共同的仪式场域中、在共同的膜拜对象前趋于一致、体验着人神共舞的和谐；在这种和谐中重温着统一的集体生活、表现着强大的部落群体力量。这便是六月会对隆务河中游谷地部落式农耕村落社会所具有的实质意义。"[①] "'六月会'时，土族四寨子中的年都乎的千户——土把总要讲话，每讲必谈到部落的历史，必强调部落的祖先和部落内部的团结。可见，无论是历史上还是今天，'六月会'都起着维护部落情感，加强民族亲合力的作用，是一条不可多得的精神纽带。"[②] 保安村在六月会清晨煨桑结束后，全村男性民众

---

① 薛艺兵：《青海同仁六月会祭神乐舞的结构与意义》，《艺术探索》2003 年第 1 期。

② 刘夏蓓：《青海隆务河流域的"六月会"及其文化内涵》，《西北民族研究》1999 年第 1 期。

在村庙中集中，由法师主持，对于自上一年六月会以来一年间村中发生的各种事件进行总结，对于好的加以鼓励、表扬，对于不好的现象进行谴责，对于一些尚未解决的村内纠纷也进行评判、解决。这里，神圣与世俗，经由信仰民俗事象的展演得到巧妙的结合，六月会对于凝聚村落，规范村落秩序的客观效果极为明显。同时，强化村落之间和谐秩序。在村落的舞蹈表演期间，不断有邻村的法师和长者前来会场道贺，与本村的法师一同作法煨桑，敬神娱神。作为土族村落的年都乎村六月会上，每年有藏族村落四合吉的法师和群众前来道贺。此外，年都乎村，实际包括几个自然村落，通过六月会对几个自然村进行有序的整合。

再如为村落安全而举行的斋醮仪式将每一个村落成员都带入仪式情境之中，自仪式开始起，不管是否相信真的有神灵，不管是否愿意，都要为斋醮仪式服务，全村人的步调都与斋醮仪式同步。仪式过程中，每个人丧失了"自我"而被集体意识"集体化"了，集体情感得到极大的培养。它通过"激活"内化于村民历史记忆之中的神灵崇拜与风水信仰的权威力量，来加强村落的自我认同感，消解潜在的利益冲突，以保证村落信仰空间的边界不受侵犯以及社会文化秩序的稳定性。斋醮仪式在强化道德规范方面充分显示了信仰的威慑力量，凝聚人心，强化合作精神。醮仪在一定程度上整合了全村得以调动的资源，把涣散的人心整合得紧密了。

（三）个体本身内部的和谐性

心理学强调个人心理活动的意义，认为宗教的本质就在于信仰者个人对神或神圣物的主观感受和体验。有了这种宗教感受和宗教体验，才会表现出外在的宗教活动，对体验到的神圣对象进行崇拜、祈祷、祭祀，并规范化为宗教仪式，概念化为神学信条和宗教教义，组成宗教团体。感觉到神灵的存在才会信神。

各族民众通过各种仪式活动，虔心的信徒真心认为有神灵的真实存在，通过自己的不断祈求等活动，可以将自己的愿望让神灵知晓，而神灵也会帮助他，帮他解决实际问题，至此，心理上获得将困难得到解决的慰藉；而一些将信将疑的民众，通过这些仪式活动，虽然不十分相信神灵的存在，但由于从众，只怕自己不参与仪式而被神灵排除在受益范围之外而参与到仪式中来，由此也在心理上获得了部分的安慰；而一些不相信神灵存在的民众，因为迫于集体舆论而被动参与到仪式，客观上解除了受到集体舆论压力的危险。由此可以看出，不管属于哪种人群，参与到民间信仰仪式活动中，都会客观上将心理、行为上的紧张、焦虑、不安全转换到了舒畅、安心、平和的状态，顺利完成了从一种状态到另一种状态的过渡，人们的生活又进入了常态。客观上，各种信仰民俗仪式均要创造让民众安心、安全的生活、生产的理想状态，建立一种和谐的社会生活秩序，最终让民众在心理上获得安宁，达成俗民个体身心内部的和谐。

就像民间信仰中随处可见的禁忌，"从积极作用方面来看，禁忌对人们的行为有过规范功能，在法令产生之前，禁忌起着社会契约的作用，约束着人们的行为，在法产生后但法又不完整时，禁忌又起着一种补充的约束作用。于是在社会生活的一定时期内，通过禁忌的规范，使个人行为与他人、与社会协调一致。同时禁忌中的某些内容和条款，在生产、生活、交换、分配中，调整了人与自然、人与社会、人与人之间的关系。"① 使得三种关系得以和谐。

三 信仰与现实社会的秩序

根据功能理论，宗教之所以具有意义，是和人类由其生存状况的基本特征即偶然性、脆弱和匮乏所产生的经验内容分不开的。在这方面，宗教的功能无非就是提供这样两样东西：第一，在短绌和挫折仍被感到富有意义的条件下，提供一个关于来世的更广阔的视野；第二，为促进同这个可以给人类以足够安全感并确保人类维持其士气的来世的联系，提供一种仪式工具。宗教社会学家奥戴在《宗教社会学》中，将宗教的社会功能首先概括为六个正功能。② 宗教来自社会需要，宗教是解决人生根本问题、满足社会需要的工具。有些人认为宗教最基本的特征是相信人生根本问题能够得到解决，宗教就是解决死亡、罪恶、痛苦、不幸等问题，是获得最高幸福的工具或手段。根据青海民俗文化圈内的信仰民俗实际，我们认为信仰民俗在民众面对无法掌控的局面时，能够为民众提供一定的心理支持。同时，信仰民俗涵盖的区域社会、民族世代相传的民族道德规范，通

---

① 李绪鉴：《禁忌与惰性》，国际文化出版公司 1994 年版，第 115 页。

② ［美］托马斯·F. 奥戴、珍妮特·奥戴·阿维德：《宗教社会学》，刘润忠译，中国社会科学出版社 1990 年版，第 26—28 页。

过各种形式得到重申、传承、强化，这些道德规范对人们有着极大的道德教育作用，通过调节人与自然、人与人、人本身等和谐关系，为构建和谐的社会秩序方面表现出一定的积极作用。

一般而言，宗教要改变的是人而不是社会；宗教关注的是人在道德、行为方面的缺陷，而不是社会缺陷。宗教的这种超越性，使之采取了与世俗社会相容的态度，让信众与现存社会保持和谐关系，客观上具有稳定社会秩序功能。宗教信仰从组织、信众、规范等各层面均采取与现实社会积极认同的态度，在社会许可范围内开展活动。而且，开展的联村、村落、家庭、个人等各种层面的仪式活动等，宗教以其独特的和不可替代的社会控制机制，造成全社会对权威（神灵等）的无条件服从。而宗教通过强化共同的价值观念，维护社会的团结和凝聚，客观上或多或少地产生维持社会稳定的效果。同时，宗教信仰通过各种仪式活动，尤其是联村性质的大型仪式，使不同村落、不同群体获得一个互相交流、沟通的平台，达到增强合作、增进友谊的社会效果，营造和谐秩序。

此外，青海民俗文化圈内各种宗教形式和谐共处。"民俗信仰虽然来自巫觋信仰，但是它在我国民间信仰范围中并不是孤立的存在，它与其他信仰发生许多关联，一是巫与萨满的交流，二是后来又与道教、佛教、伊斯兰教等人为宗教发生了接触，尽管接触中也有过彼此排斥和斗争，结果还是能互相容纳。"① 青海民俗文化圈内，藏传佛教信徒众多，影响深远，而伊斯兰教同样与其信徒生活密切相关，汉传佛教、道教、基督教在区域内也得到了一定程度传播，各民族的民间信仰更是根深蒂固。这些宗教形式在区域内和谐共存。多种宗教形式的共存共生，本身就是一种和谐的表现。信仰民俗依托信仰机制，完成对于区域社会的自组织过程，使之达到一定的秩序化效果。信仰民俗在各民族历史上既发挥动员社会、凝聚人心的社会功能，也承担维系社会秩序的作用。信仰民俗在目前仍然具有其独特的、无法取代的社会功能，只要合理转换，在一定程度上可以促使社会生活形成健康的发展机制。因此，要善于利用信仰民俗的形式，用一些与时代相一致的新的价值观念，对其合理因素进行"移易改造"，在批判不合理因素的同时，赋予其积极的价值观念。例如把对山神崇拜改造转化为

---

① 钟敬文主编：《民俗学概论》，上海文艺出版社 2000 年版，第 205 页。

保护山林、保护环境的价值观念；自然崇拜中的水崇拜等改造转化为生态伦理价值观念；祖先崇拜改造转化为尊老爱老的伦理价值观念等。让从事信仰民俗活动的本民族人员，积极整理、发掘已有道德规范、文化资源，并就时代的发展，整理伦理资源、道德资源，提出如何为社会发展提供更有力的支持，与社会发展相协调。对于不会在短时期内消逝的信仰民俗，进行合理的内容"置换"，可以成为构建和谐民间社会秩序的文化资源，与主流文化资源互为补充，相得益彰。

第三节　样式的包容性

一　多民族和谐共存的文化格局

据考古测定，至少在 23000 年前，就有人类生活繁衍在青海高原上，并创造了灿烂丰富的远古文明。源自于青海的昆仑神话，后来东传，春秋时完全形成，对后来的华夏文化产生了极为深远的影响。青海地区新石器时代的马家窑文化更是璀璨夺目。羌人拥有农业文明后，逐渐转向游牧文明。当时青海境内除羌人外，还有中原汉族、卢水胡、湟中月氏、鲜卑族的秃发部、乙弗部和吐谷浑部，以及由于丝绸南路青海道的创通而有一些中西亚商人迁居于此或在此活动。其中吐谷浑立国时间最长，影响最大。吐谷浑在立国历史中，兼并羌、氏，与南、北朝通好，与隋、唐联姻，广泛吸收汉文化，疏通丝绸南路青海道。因而，这一时期的青海地区民族成分复杂，多民族错居，形成了羌文化、中原汉文化、北方草原文化及中西亚文化等多种文化汇合，多元文化交融并存、共同发展的雏形。及至元明，青海多民族格局基本形成，并一直延续至今。而历史上形成的多元的民族格局，为民俗样式的包容性提供了基础。

二　多民族民俗文化的相互采借

青海民俗文化圈多民族共存共荣的特性，决定了多民族民俗文化之间必然会互相吸收对方民俗文化的优秀部分，融合进各自的民俗文化之中，发生互相采借。"一种新的民俗在一个民族、一个地区形成，在经历了一段时间的完善之后，它的功能和价值被充分显现出来，它不仅为该民族、该地区的民众所接受，成为传统文化的延续和发展，而且开始向其他民族地区渗透。""在民俗文化的扩布中,正常的和平采借方式,表现为一种完整的过程,……第一,采借者一方对被采借者一方的新民俗,首先是自觉或不自觉地做出价值判断,然后与本民族本地区的民俗文化作比较、选择;第二,在比较基础上,决定对新民俗做出取舍选择;第三,如决定采用,则对将要采纳的新文化,根据需要作形态、意义和功能上的改造,并将其置入本民族本地区原有民俗文化传统中,使新民俗得到有效的扩布。"① 那么,采借何以发生?发生的根本动力是被采借的民俗事象所承载的共同利益。共同利益和愿望既是民俗生成过程中被群体所认同的基本条件,也是民俗传播过程中被其他人类群体所认同的根源所在。与其他文化比较,民俗文化的传播也具有自身的规律。如,科技文化,以其真理性被大家所接受,而民俗文化需要依赖民俗事象所具有的人类的共同利益;另外,科技文化的接受有时候是无条件接受的,而民俗文化是有选择地接受,除了共同利益外,还需要一个认同过程。俗民对于新的民俗事象的认同过程,反映着他们对于这种民俗事象所包含的文化价值的判断、评价、吸收以及消化和加工的过程。② 接触本身并不总是能够导致变迁,并不总是引起一个或两个民族的急剧变迁。在一个"失去平衡"的系统中,会比一个很好整合的系统更可能发生借用。借用的范围在很大程度上决定于两个民族之间接触的持续时间与密切程度。那些不断直接进行接触的民族,比那些偶尔零星接触的民族更可能互相借用。③ 采借具有明显的选择性,接受一方并不是完全接受他们与之接触的一个或几个群体的文化内涵中提供的或已有的所有东西。一般来说,文化特质的被接受与排拒,视其效用、适应性以及对接受一方的文化有无意义而定。一项特质必须对可能的借用者有效用才能被接受。因此,某些创新比其他的更能迅速地被接受。"对某一特定的创新所采用的速度,决定于创新在接受一方文化中的相对优越性、适应性、复杂性、可行性和可鉴性。相对优越性是指一种创新被认为比它所要代替的特质优越的程度。适应性,是一种创新被认为与现存的价值观

---

① 钟敬文主编:《民俗学概论》,上海文艺出版社 2000 年版,第 15—16 页。

② 叶涛、吴存浩:《民俗学导论》,山东教育出版社 2002 年版,第 192—193 页。

③ [美]克莱德·M. 伍兹:《文化变迁》,何瑞福译,河北人民出版社 1989 年版,第 34 页。

念、经验和需要等相一致的程度。复杂性是一种创新被认为难以理解和应用的程度。一种创新的积极结果，能够被其他人看到的程度就是可鉴性。简言之，罗杰斯认为，某一特定的创新其被采用的速度，是与被认为它比所要替代的东西的优越程度、它与现存模式的适应程度、它易于被理解和应用的程度、它能够在特定的条件下进行试验的程度，以及它对于其他人是明显可见的程度等成比例的。在与上述原则相反的情形下，即使不是完全阻止接受，也将会延缓接受某一特定的创新。"①

在具有相似的文化内涵中，借用的数量更大。借用的范围与速度，受到相互接触的民族拥有的共同文化意义和文化内容的程度大小之影响，这在逻辑上是基于这样的前提的，即具有相似文化特质和丛体的民族较可能"适应"，以及某些因素是另一些因素的先决条件。西方社会复杂的技术无法为一些民族所借用，因为他们不能生产诸如钢铁之类的东西，也无法聚合巨量的动力。②

三　多民族民俗文化的包容样态

第一，特殊的地理环境背景下各民族生计方式呈现互相包容的样态。青海特有的地理环境与特有的民族生计文化形态要求各民族生计方式趋同。从自然地理的角度来说，这里是农耕文化与游牧文化的交汇地带。受自然生态环境的制约，历史上生活在这里的许多民族都发展了一种介于农耕与游牧经济形态之间的半农半牧或农牧兼营的生计方式。也可以说，只要迁徙进入该区域的民族，在民族文化发展过程中均会逐渐适应区域地理环境，并逐步采用适应区域自然环境的生计方式。而这里就存在对于生计方式的互相采借。在青海民俗文化圈内部，互相采借最为明显的地域又当属河湟地区。

第二，青海在地缘上的文化边缘性促进各民族民俗文化的包容样态。河湟地区，从文化圈角度考量属于典型的边缘地区。而边远地区由于地处各种文化的边缘地带，与文化核心区域存在较大的空间距离，并由此营造

---

① ［美］克莱德·M. 伍兹：《文化变迁》，何瑞福译，河北人民出版社 1989 年版，第31—32 页。

② 同上书，第 36 页。

出一种文化心理空间距离。比如，中原文化在一定的历史时段中，对于河湟地区而言还是属于薄弱区。在蒙元时期，河湟地带西部，是正在或已经被伊斯兰化的回鹘、突厥文化的最东端，但远离其核心地区，当时的伊斯兰教化正处于其向东扩展的强劲势头，大有不可阻挡之势。在其北部则是新兴的蒙古族即卫拉特蒙古，在地理位置上正好处于亚洲北部高原的边缘地带，离蒙古文化的核心地区即蒙古高原和准噶尔盆地及其周围都比较远。在其南部，主要与藏文化相毗邻，但其仍然远离藏文化核心地区。在其东部，虽然有相对十分强大的汉文化，但是仍然是汉文化的边缘薄弱地区。在这样一个各种文化的边缘地带，远离母体的边缘文化关系的发展演变呈现一些特殊的现象："弱弱相和"效应——势力较弱的若干个文化相互交融，和谐趋同，相互依存，取长补短，最终形成一种新的复合型的文化共同体，进而发展成为一种新的民族文化。青海省的土族和撒拉族等，这些民族及其文化的形成都不同程度地与边缘文化有关。青海地区历史上虽然都属于中原王朝统治，但都处于汉文化的边缘地带，也是一些少数民族特别是其中的游牧民族活动的边缘地区，是一个多种文化交织的边缘地区，同时也是一个多民族共处的地区。[①]

第三，各民族交错分布方式加强了各民族民族文化的包容样态。由于区域内各民族交错分布，民俗文化之间的接触频繁，多民族共存共荣的生存方式为不同民俗之间进行采借提供了便利。

比如，青海民俗文化圈内，藏传佛教文化与伊斯兰文化虽说分属不同的宗教形式，而且在教义教规等方面存在较大差异，但在青海民俗文化圈中，两种文化形式互相包容，相互交融，共存共荣。以承载伊斯兰文化的青海独有少数民族撒拉族为例。撒拉族远徙到达青海以后，为了能在这片土地上生存发展，为了保全民族主体，他们向邻近的藏族居民求婚，接受藏族头人提出的四个条件之一，仿照藏族的风俗习惯，在院墙的四角顶部放置白石头。撒拉族人与藏族人联姻后，很多藏人固有的生活习俗也被带入到撒拉族文化中。形成了佛教寺院与清真寺同建一地，佛教文化和伊斯

① 贺卫光：《论边缘文化与复合型文化——以裕固族及其文化的形成为例》，《西北民族研究》1999 年第 2 期。孙尚：《中国突厥语诸民族文化发展研究》，博士学位论文，中央民族大学，2003 年，第 40 页。

兰文化你中有我，我中有你的局面。① 藏穆关系历史悠久、互动频繁，无论从量上还是质上，都丝毫不逊于藏汉之间、汉穆之间、蒙藏之间的互动关系。自回族和撒拉族相继立足青藏高原后，他们和藏族之间的经济、文化、社会交流就没有停止过，而且交往的范围越来越大，从青藏高原东部逐步向西藏延伸；交往的内容越来越广泛，从商品交换到通婚。但藏穆互动，主要表现为民间互动，在量上和质上是更广泛、更深刻的互动。"藏穆互动的根源是藏族和穆斯林各自所形成的不同生产方式之间的互补，这种互补造成了他们之间的互利共生现象，并经过长期的逐步模式化，成为藏穆之间长期互动的基础。""经过数百年的民族互动，藏族和穆斯林之间已不仅在经济上建立起了稳定的分工协作和交换模式，而且在文化上相互适应、相互学习、相互渗透，形成了一种民族文化和谐交融的局面。"② 此外，藏传佛教文化圈与伊斯兰文化圈之间互动的典型例子，当属于回族与藏族之间的"卡力岗"现象③、蒙古族与回族之间的"托茂人"现象④。

青海民俗文化圈中，儒释道文化与伊斯兰文化之间更是形成交错分布，互相交融，共同繁荣的包容格局。信仰伊斯兰教的回族、撒拉族、东乡族、保安族等民族的文化发展与儒释道文化保持密切关联。传入中国的伊斯兰文化与汉文化之间进行了深刻交流。中国穆斯林的先贤们，如明清两代的王岱舆、马注、刘智、金天柱、马复初等一大批穆斯林学者被人们尊称为"学通四教"、"中阿兼通"的"回儒"，他们以儒诠经，从而形成了中国伊斯兰教宗教哲学体系，伊斯兰教已由外来宗教转化为本土宗教。明朝，青海各穆斯林民族中相继涌现出一批宗教学者。青海回族中先后涌现出奴尔阿訇、李定寰阿訇等全国闻名的学者，并拥有一批高水平的讲经人。青海清真寺建筑形式受汉式建筑影响较深，多

---

① 孙岿：《中国突厥语诸民族文化发展研究》，博士学位论文，中央民族大学，2003 年，第 43 页。

② 段继业：《青藏高原地区藏族与穆斯林群体的互动关系》，《民族研究》2001 年第 3 期。

③ 刘夏蓓：《一个特殊回族群体的人类学调查——以卡力岗两个回族村为个案》，《回族研究》2004 年第 4 期；马宏武：《信仰变异与民族特征——卡力岗回族民族特征浅议》，《青海民族研究》2002 年第 2 期。

④ 丁明俊、马亚萍：《青海托茂人族源与族群关系探析》，《宁夏社会科学》2005 年第 6 期；马生林：《托茂人及其宗教信仰》，《西北民族研究》2002 年第 4 期。

为中国汉式殿宇式建筑形式，只是在近几年才出现了穹窿顶、拱门式建筑。闻名遐迩的西宁东关清真大寺，建于明洪武年间（1368—1398），至今已有600余年的历史。礼拜大殿顶端具有中国传统文化的"明脊暗卷"式古老宫殿的建筑风格，给人以古老苍劲的印象。立于大殿殿脊中央的三个镏金经筒和宣礼塔六角顶上安装的两个镏金经筒，遥遥相对，相映成辉，在整体建筑群的碧绿色琉璃瓦的映衬下，越发显出独有的气韵，犹如天造地设一般。位于青海平安县的洪水泉清真寺，建于明代，融汉藏回建筑文化于一体。卡力岗回族一般打庄廓作为围墙，大房一般是座北朝南，土木结构居多，中梁要用红绸缎包起来、中缝里还塞进铜元等钱币，可能是表达祈求财富的一种愿望，这种做法叫作"宝梁"，一般安装木制花格子窗户。有的家门口立有照壁以表达避邪的愿望。①这种居住格局及习俗，与青海东部的汉族、土族等非常相似，理应属于区域内部的包容采借。过去，"有的地区回族妇女中有缠小脚的现象，这更与伊斯兰教无关，完全是受了汉习俗的影响"②。

　　作为中原主流文化的儒释道文化与主导西陲文化的藏传佛教文化的交流，历史悠久而且深厚，交往频繁，在区域历史上具有重要的地位和影响。青海民俗文化圈中的藏族、土族、蒙古族以及杂居地区的汉族同样信仰藏传佛教，而藏族同时又信仰关老爷、文昌帝君及二郎神等汉族神灵。表现出在宗教上的相互交融。属于藏传佛教文化圈的土族别具一格的端午文化，见证了与汉文化交融。佩戴五彩绳、挂香包、吃粽子、喝雄黄酒等端午风俗在土族同样盛行。按照互助土族的风俗，端午节家里不能生火做饭，所以当天家家户户都在外面野炊，早就准备好了粽子、凉粉、韭菜合子、凉面等食物。野炊结束后，年轻的小伙、姑娘在回家前不忘了把手腕上的"五彩绳"解下来，放到河流中漂走。据说，这可以让自己在六月六花儿会上实现找到心上人的愿望。土族民间信仰由于地理位置、历史过程、民族交融等原因，既有原始宗教的成分，也有佛教、道教等正式宗教的内容，既有汉族民间信仰的内容，也有藏族等兄弟民族的信仰的成分。

---

　　① 马宏武：《信仰变异与民族特征——卡力岗回族民族特征浅议》，《青海民族研究》2002年第2期。

　　② 南文渊：《伊斯兰教与西北穆斯林社会生活》，青海人民出版社1994年版，第248页。

第四节　产品的共享性

一　物质产品的共享

物质产品，主要指在生产生活中涉及的各种民俗物质产品，主要包括生产、生活两大类。

生产方面的共享性，青稞的种植具有较强的代表性。不管农区，还是牧区或半农半牧区都有种植，尤以高寒农田种植最为普遍。青稞耐寒力强，生长期短，高产早熟，适应性强，成为藏族人民食用的主要粮食，是"糌粑"的主要原料。而蒙古族、土族，乃至于汉族、回族等群众也部分食用青稞面、糌粑。而以青稞酿制的青稞酒，更是藏族、土族、蒙古族同胞招待客人、逢年过节的最好物品。而在生产工具方面，传统农具如犁、耙、耱、木锨、木杈扬、连枷、榔头、碌碡等为农区各民族所共享，没有民族区分。

生活方面的共享性，主要表现在衣食住行等方面。服饰方面虽然各民族都有各自的民俗特色，但其中基于特定的地理环境仍然有一些产品的共享，如羊皮袄、皮大衣等不分民族，只在款式上稍有区别而已，坎肩、皮帽等亦为共享产品。食物方面，由于区域限制，各民族均以面食为主，喜食牛羊肉，尤以手抓羊肉为最，而小麦、青稞、洋芋等为各民族共享。再如甜醅，是民俗圈内不管信仰差异的各民族喜食的传统食品；青海月饼，是汉、土、藏等民族在"中秋节"时的食品，其别具一格，与市场销售月饼迥然不同；原本的端午节节日食品粽子，在青海民俗文化圈中亦为各民族所共享。居住方面，农区各民族共享土木结构的四合院格局的"庄廓"，只在内部陈设上稍有差异。在交通方面，过去各民族多以马、骡、驴等为乘骑，水上以羊皮筏子为渡河工具。

二　制度产品的共享

制度产品介于物质产品和精神产品之间。青海民俗文化圈中，有些制度化的民俗事象，亦为个民族所共享。比如，牙行，是农村市场中的中介，作为买卖双方之间的撮合人，以撮合成功后提取佣金为目的。他们在谈价时，均不明言，而以袖筒中捏指头进行，以免他人听见。捏的各个指头的组合表示确定的数字，食指表示一，捏住食指和中指表示二，再加上无名指表示三，再加小指表示四，全捏住表示五，捏住大拇指与小拇指表示六，再加无名指表示七，捏住大拇指和食指表示八，将食指捏弯表示九。具体的单位在议价时说出。比如，捏住对方的大小拇指，说："就这么个百数"，再捏住大拇指与食指说"这么个十数"，对方明白是"六百八十元"。牙行在不断与买方、卖方之间分别捏价方式撮合生意。有时买卖双方出价与要价之间差距太大时，不再继续，另寻他人。

人生仪礼在青海民俗圈内同样具有共享性。各民族都有基本类似的诞生礼，会举行庆祝生日的活动。各民族的婚礼，除去一些宗教限制的仪式外，其婚礼程序等在民俗圈内基本相似，婚礼程式为各民族共享。葬礼，藏族、蒙古族、土族乃至于汉族都有火葬、土葬、水葬等不同形式，只是各有侧重。

再如，文化娱乐项目也在区域内共享。赛马亦为各民族所共享的一个重要民俗。青海是我国著名产马区之一，自古以来青海马享有很高声誉。青海赛马分"走马"（以美而平稳的交叉步伐领先）、"跑马"（双蹄同时跨步奔跑领先）两类。有些赛马比赛中还设有技巧比赛。社火在东部农区为汉、土、藏族等民族所共享，并发展出了具有地方特色的社火节目。

三　精神产品的共享

通过长期的接触、交流，最为深层次的精神产品也为各民族所共享。区域内的各民族大多具有豪放奔放、吃苦耐劳的精神素质，在世界观、价值观等方面均具有很大的共享性。以下仅举数例就可明见。

青海随处可见的"拉则"、"鄂博"等山神信仰的外化形式，在藏、蒙古、土、汉等各族中通行，各族均具有山神崇拜的行为。

腊八节不同于内地的是，汉、藏、土等民族在腊八日的黎明前，每户人家到河边去打"腊八冰"。把整块的厚冰搬到家里，分别献在佛前、中宫、庄廓四角及附近农田里。同时，从山泉中汲来清水，舀上第一碗献在中宫里。待结冰后观察冰中胞粒形状，以此占验来年作物收成。比如，圆形颗粒多，认为豆类作物收成好。通过祭冰，祈求来年风调雨顺，五谷丰登。

四 语言产品的共享

由于持续交往，青海民俗文化圈中呈现出回族、撒拉族、土族、蒙古族、汉族等会说藏语，回族会说土语等情景。在调查中看到，黄南年都乎土族，在家、村内说土语，在遇到藏族时说藏语，遇到汉族说汉语，同时掌握三种语言的情况。而在各民族语言之间的借用更是普遍，在语言方面的共享随处可见。

青海"花儿"是青海汉族、回族、土族、撒拉族和部分藏族、蒙古族、东乡族等民族共同用汉语演唱的民歌。"花儿在这方面更具有典型性，这里的 6 个世居民族都在唱花儿，而且基本上都用汉语演唱，其歌词格式、音乐曲令、歌唱程式在适度保持地域性和民族性特色的同时，几乎完全一样。""这些民族中既有信仰儒释道的汉族，又有信仰藏传佛教的藏族、土族、蒙古族，还有信仰伊斯兰教的回族、撒拉族、东乡族。……这些民族语言不同，宗教信仰不同，风俗习惯也不相同，但是他们都共同用汉语演唱花儿，体现出了一种民族亲和、兼容共存的内在精神。"① 尤其是其中许多所谓的"风搅雪"花儿，往往是汉语与藏语、汉语与撒拉语、汉语与土语以及阿拉伯词汇交汇混用，"类似这样巧妙地即使用两种语言又完全符合格律的合璧艺术在中外文学中恐怕也是罕见的"②。

汉语词汇大量进入各民族语言之中。不管藏族、蒙古族等拥有本民族语言文字的民族，还是没有本民族文字的撒拉族、土族，在民族语言中汉语词汇在今天随时显现。尤以现代新名词，直接被借用进入民族语言。

而在各少数民族之间的语言借用、共享也十分普遍。青海蒙古族、土族信奉藏传佛教，在文化上与藏文化存在密切关系，在蒙古族、土族语言中吸收了很多的藏语词汇，其中，很大一部分即为宗教用语。土族语与撒拉语之间，同样存在一些共同的词汇，如"alima"（果子）等。

此外，社火中的演唱内容，在汉、土等民族之间存在很大的共享性，而宴席曲中，汉、土、回族又存在很大的共性。

---

① 赵宗福：《西北花儿的文化形态与文化传承——以青海花儿为例》，《西北民族研究》2011 年第 1 期。

② 赵宗福：《花儿通论》，青海人民出版社 1989 年版，第 211—213 页。

第五节　形态的古朴性

一　生计方式的古朴性

青海民俗文化圈中的农业生产方式可区分为农业区、半农半牧区、牧业区三种形式。其中，牧业区中的农业属于牧业的辅助，种植制度仍然保持古朴性。多实行隔年休耕制，耕作时在适耕地撒下种子，用犁铧翻开土层后，任其自然生长，待到成熟时收割。晒干的麦秆在较平整的硬地上摊开，赶着马群或牛群反复踩踏，让麦粒脱尽后，利用风力扬场，除去杂质。古朴的耕作方式，导致种植管理粗糙，"靠天吃饭"，收成很低。即使在相对精耕细作的农业区，前些年仍然维持着"二牛抬杠"，而玉树地区采取类似的"二牛顶杠"，将圆木横挂于两头牛的四只犄角上。维持肥力采取人畜粪便以及灶灰、炕灰等农家肥。收割时，山区多用手连根拔麦秆，川水地区用镰刀割。碾场时，两头牲畜拉着碌碡碾压，结合连枷敲打，用木杈翻。

在古朴的农业生产之外，牧业生产更是保持着原始的游牧方式，过着逐水草而居的生活。"历史上，青海牧区都有轮牧的习惯，就是将所辖草场分冬、夏、秋三季牧场，在各个不同的季节里，严格按照划分的季节牧场放牧，赶着畜群一片一片地采食。冬季牧场叫'冬窝子'，夏季牧场叫'夏窝子'，秋季牧场叫'秋窝子'。……谚语云：'夏季放牧上高山，春秋返回山腰间，冬季赶畜去平川。'随着气候的冷暖变化，畜群逐渐由低到高移动。"[1]

此外，作为生计补充的畜产品加工方式、采集方式以及酿造业、采金业、部分交通方式等仍然保持着古朴的方式。

二　信仰生活的古朴性

信仰的古朴性，指原始宗教信仰在各民族民间信仰中的广泛遗存。青海各民族的宗教信仰，尤其是民间信仰接续了先民们源远流长的原始宗教的成分，历经民族迁徙、交融、整合、传承，至今仍然保留着很大的原始

---

[1] 赵宗福、马成俊主编：《青海民俗》，甘肃人民出版社2003年版，第26页。

性，表现为信仰生活的古朴性。比如，土族先民最初信仰萨满文化，后来远徙来到青海高原以后，继续传承流布，如今在土族社会中仍然存活的"梆梆会"即为萨满教遗迹。青海同仁六月会上演的"开红山"，当属于原始血祭在青海境内的遗留。而在农历十一月二十日的隆冬时日展演的年都乎村的"於菟"，更被认为是古羌文化在青海的残迹。即使信仰伊斯兰教的青海独有少数民族撒拉族民间，仍然残留着突厥文化的信仰遗迹，比如敬天、敬地等自然崇拜遗留。

虽然今天的青海民俗文化圈中，道教、佛教、伊斯兰教影响很大，乃至于基督教、天主教等都有传播，但在民间社会中仍然保留着的民间信仰中表现出诸多的原始痕迹，民众信仰生活充满古朴性。

三 社会组织形式的古朴性

青海民俗文化圈中，村落是一个重要的民俗文化单元，也是构成区域社会的基本单元。青海各民族的众多自然村落基本依据自然地理环境，自由聚居而成，正如《秦边纪略》所载："土人所居，悉依山傍险，屯聚相保，自守甚严，莫敢犯其疆域者。"[①] 而这些自然发展的村落中，历史上多是同姓的单一血亲家族村落。这种村落演变出相应的村落组织结构。如，青海特有少数民族土族和撒拉族中，"阿寅勒"、"阿格乃"和"孔木散"等家族组织或者基层组织，就具有十分典型的古朴性。

青海民俗文化圈中的青苗会，也是一种颇具地方特色的社会性组织。学术界通过华北社会史研究表明，华北的青苗会是临时的以防守庄稼被盗而设立的护青组织。杜赞奇指出，看青的重要性并不在于其护秋功能，而在于其在村财政中的摊款分配，另外，为了明确存于村之间财政权和管辖权的界限，青圈亦成为村界[②]；杨念群认识到青苗会具有一面为国家办理赋役，一面主持乡村祭祀的两面性。[③] 地处西北边陲的青海民俗文化圈内的青苗会，受脆弱、恶劣的生态环境限制，以及多民族杂居的居住格局影响，它从临时护青的农业协同组织，拓展到村落之间以及村落内部的农、

---

① （清）梁份，赵盛世等校注：《秦边纪略》卷1，青海人民出版社1987年版，第50页。

② ［美］杜赞奇：《文化、权力与国家：1900—1942年的华北农村》，王福明译，江苏人民出版社2003年版，第143页。

③ 杨念群：《华北青苗会的组织结构与功能演变》，《中州学刊》2001年第3期。

林、牧等生计方式的自我管理、互助合作，青苗会负责组织管理青苗，一方面是进行防雹工作直到收获，同时，还兼管村落水利设施、道路交通等公共设施的建设维护。青苗会的互动空间打破了家庭、宗族、村落的界限，有些村落甚至超越族群，在汉、藏、土等多族群情景中实现了跨村落、跨文化的社会关系的联合。这种现象，"以一村，或周围几个村子之间形成一庙一会，则完全遵从了共同的生产需求这一法则。这在以血缘关系为基础的宗法社会里，不能不说是个特殊现象。"① "土族的青苗会与华北地区的青苗会无论从组织还是从功能方面都有许多相似之处。从少数民族地区的青苗神信仰，我们可以更加清晰地认识华北青苗会组织的原始状态。"②

青海民俗文化圈，由于地处边陲，历代保留了较为完整的民俗文化现象，近现代受到现代化文化冲击相对较小。许多在内地已经消失的古代的民俗现象至今仍然得以保留，呈现出强烈的古朴性特征。

第六节　时代的适应性

一　与时俱进、顺时而变的青海民俗文化圈

"没有变异性的民俗文化是不存在的。"③ 民俗文化的变异，体现在民俗事象所包含的实际内容和文化内涵上的变化上。地域环境和社会环境是民俗得以生存的最为重要的营养剂，是民俗生存和延续的必备条件。民俗变异的主要原因，在于民俗存在与延续的环境发生了较大的变化。"变迁一般是由社会文化环境或自然环境的改变引起的。这两方面的变迁经常是同时或先后发生的。这里所称的社会文化环境指人、文化和社会，而自然环境指的是某一特征的生态环境，包括天然的（如山脉、平原）和人造的（如建筑物、道路）两种。……无论如何，当环境的改变有利于新的思想模式和行为模式时，社会文化变迁的先决条件就具备了。"④

---

① 马光星：《三川"纳顿"与水》，《中国土族》2006 年春季号。
② 张松梅、王洪兵：《青苗会组织渊源考》，《东方论坛》2010 年第 1 期。
③ 钟敬文主编：《民俗学概论》，上海文艺出版社 2000 年版，第 18 页。
④ ［美］克莱德·M. 伍兹：《文化变迁》，何瑞福译，河北人民出版社 1989 年版，第 22页。

民俗文化的变异，"局部变异和整体变异，内容变异和形式变异等各种情况都可能出现。民俗的变异有量和质的不同，但都属于自发和渐进的过程"①。青海民俗文化圈的民俗变异，多因其孕育、生存环境的改变而改变。目前看来，随着历史变迁，青海民俗文化可谓与时俱进，顺时而变，从内容到形式，从局部到整体，都在发生着不同程度的质与量上的变异。同样处于现代化情境之中的青海民俗文化圈，顺应社会文化环境的变迁浪潮，与时俱进，在具有古朴性等特征之外，大量借用现代化文化，从最易改变的物质民俗到最难改变的观念层次，都表现出强烈的时代适应性特征。

二　适应生产需要的民俗变异

随着科学技术的不断普及，新的科技产品的不断涌现和进入民众生产领域，技术推动民俗的变迁。技术变迁带动民俗变迁，即文化系统中某一部分的变迁，引起其他部分的相应的变迁。即使单单一个技术上的创新，也会引起反应，导致一系列的连续变迁。这种情况在青海民俗文化圈的物质生产民俗中表现得极为突出。由于现代化设备的进入，过去的传统农业耕作方式发生了极大改变，农区几乎看不到"二牛抬杠"的耕作方式而代之以拖拉机；收割时不再是人工镰刀刈割、碾场、扬场，而是收割机、脱粒机的普遍使用；过去极为讲究的一年要应农时而进行的几次人工锄草，代之以喷洒除草剂。由于机械化的发展，农村过去必不可少的耕牛等大型役畜的饲养随之匿迹，耕作习俗发生了快速的适应新世代的变异。

传统民俗文化中的生态观与当下的生态保护诉求契合，具有重要作用。人类、自然与文化的关系，"呈现出一种圈层结构，即人类居于中心，文化在人类之外，自然又在文化之外。以人类为主体或核心，文化是内环境，自然则是外环境。人类以文化为直接生存方式，并通过文化为中介而与自然发生作用。自然对人类的影响，也是以文化为中介的，这表现为自然对人类文化形态发生选择作用而制约和规范人类的发展。

①　钟敬文主编：《民俗学概论》，上海文艺出版社 2000 年版，第 19 页。

文化逐渐向自然扩张，从而拓展人类的生活天地。"① 因此，文化因素对于区域生态与可持续发展具有重要作用。在青海民俗文化圈中占有重要地位的藏族文化，面对脆弱而有限的自然环境，认识自然、改造自然、适应自然，总结经验、世代相传，形成了统一完整的生态文化系统。由于高原自然环境的脆弱，自然资源的珍贵，藏族生态文化以保护自然环境、爱惜自然资源为出发，藏族的观念与行为，精神文化与物质文化都以保护自然环境为前提，并以此为主导而展开延伸。保护自然，珍惜一切生物生命是藏族生态文化的基本特征，建构了人、神与自然为一体的宇宙与人、神与自然相互依存，同生共存的自然人文生态系统；人们的社会活动与行为方式也与自然、人文生态系统相一致，使社会活动、人文活动与自然环境高度和谐。藏族生态文化提出了万物一体，崇敬自然，尊重生命的价值观念，使人与自然融为一体，主张奉行和谐、节制的生活方式，实现人与社会的和谐。创造了与高原自然环境高度和谐相处的生产方式，创造了人与自然和谐统一的审美境界。这些观念和行为深深扎根于藏族人民头脑之中，并有效地影响着长期与藏族人民共同生活的兄弟民族的行为。② 在三江源生态保护建设工作中，藏族生态文化发挥着重要作用。

青海穆斯林发扬宗教民俗精神，与时代发展相适应。"现世积极劳作、奋斗是一种善行的观念，重视商业经济发展的观念，对鼓励穆斯林艰苦奋斗，发展商品经济，争取有所作为起了促进作用。"③ 穆斯林同胞大力弘扬、发展商业经济的特点为大家所公认，为发展地方经济作出了一定贡献。

三　适应生活需要的民俗变异

民俗生活亦因科技进步而不断改变。最明显的是，随着电视的普及，文化生活得到了极大改善。民众过去用以调剂生活的民间艺术形式，多数受到冲击，不再受到新生代的钟爱而处于日益边缘化的境地。而交通形式

---

① 韩民青：《当代哲学人类学》（第三卷），广西人民出版社 1998 年版，第 450—451 页。
② 南文渊：《藏族生态文化的继承与藏区生态文明建设》，《青海民族学院学报》2000 年第 4 期。
③ 南文渊：《伊斯兰教与西北穆斯林社会生活》，青海人民出版社 1994 年版，第 184 页。

的改变可以说是翻天覆地，过去的骑驴、骑马在东部农区几近绝迹，而代之以私家车、摩托车。

基于民俗文化的民间自我组织，顺应时代，有力调整村落社会秩序。青海同仁六月会中，有些村落在传统表演节目之外，结合新时代思想风潮的小品表演，对于一年来在村落中发生的好事给予褒扬，对于坏事进行讽刺鞭挞。小品角色，每年不固定，有新时代的新娘新郎，也有政府职员、警察、工商税务人员等，更有最为熟悉的农牧民形象。

我们在田野调查中发现，青海土族社会中悄然兴起了一种新的民俗事象——"老年团拜会"。在每年春节之前一两天，有些村落组织安排本村的老人聚在一起，让老人们互相见面聊天，互致问候，而同时年轻人向老人表达一份祝福和敬意。届时，表演一些自编自演的节目娱乐，向老人敬酒，发放慰问品。有些体弱多病的老人，一年中因此得以互相见面，在欢乐祥和的氛围中，开怀畅谈。这种活动，从 1991 年开始从中川辛家村开办，后有一些村落效仿，至今社会反响很好。基于"孝道"的尊老爱老传统，通过"老人团拜会"的新形式，得到了传承和发扬。这种新形式就是与时俱进的民俗现象，与新时代所提倡的伦理观相契合。

民间制度民俗也发生悄然改变。过去，许多庙会的组织者中，是禁止女性参与的，而随着男女平等观念的深入人心加上农区青壮年外出务工而造成人员缺少，现在一些村庙组织开始接纳女性参与。

最主要的，也是最深层次的变迁，是观念的改变。随着社会发展、经济富裕、科技进步，人们对于民俗的观念，或者民俗原先承载的观念逐渐得到置换、改变。过去虔诚的信仰民俗，其信仰成分日益淡化，只是一种美好愿望的表达，大型信仰民俗诸如庙会的娱神成分日渐淡出，而代之于娱人、娱己。民俗符号是构成民俗事象最基本的且带有统帅和灵魂特点的一种单元。民俗符号的缺失和变更，不仅能导致民俗物被排挤出民俗事象构筑之中而变为自然物，而且能够造成民俗物的变换乃至于其含义的更新。……民俗变异的核心和实质在于民俗符号的改变，这自然应引起移风易俗中的高度注意。①

---

①　叶涛、吴存浩：《民俗学导论》，山东教育出版社 2002 年版，第 116 页。

　　青海民俗文化圈中民俗内容变异，表现为两种或两种以上的民俗事象经过不断的继承和延续，其含义逐渐交融在一起，形成了一种合流形式的民俗事象。例如，除了伊斯兰教以外的其他诸多民间信仰仪式活动中，大部分呈现出多种宗教形式包容共存、并行不悖的状况。这种状况是不断吸纳不同宗教的仪式形式并进行不断整合而成。在藏族、土族、蒙古族、汉族等民间仪式过程中，藏传佛教、汉族民间信仰、本教、萨满教等因素或多或少都有所表露。此外，民俗的文化内涵被新的观念和意识所替代，使民俗事象表达的观念和意识发生变革而出现一次较大的民俗创新。

　　民俗事象的形式仍然存在，但是民俗事象的内容或者荡然无存，或者已经发生了根本性的变化。例如，每年春天来临时，在城市、乡镇中随处可见放风筝。放风筝本意在于将自己不顺心的事情写在风筝上，将风筝放飞，寓意自己的苦恼要被风筝带走，而剩下顺心如意的事情。但是，现在放风筝已经丝毫没有了这种内涵，而演变成为了一种健身、娱乐的休闲活动。

　　一些民俗事象在其变异过程中，不仅连这种民俗所表达的含义都荡然无存，甚至连这种民俗事象也已经成为了历史，成为了死亡的民俗。比如，在新中国成立之前青海民和土族中女性盛行裹脚，但这种习俗随着新时代的来临，虽有高龄女性残留着裹脚，但习俗早已绝迹。

小　结

　　青海民俗文化圈基于青海高原的自然地理环境和历史人文环境的独特个性，表现出区域独立性。而由于严酷的自然地理环境影响，孕育其间的各种民俗事象大多具有浓厚的信仰气息，弥漫其间，追求人与自然、人与人（社会）、个体本身内部的和谐，构成其信仰的和谐性特征。在独特的自然与人文环境中孕育、创造、传承的民俗文化，保留了原始民俗样式的基础上，又不断发明、借鉴、吸收、整合新的包括不同民族民俗在内的各种民俗样式，呈现出与多民族和谐共存的文化格局密切相关的极大的包容性特征。独特的自然地理条件和人文环境孕育的纷繁复杂的各种民俗产品，包括物质产品、制度产品和精神产品、语言产品等，表现出强烈的共享性特征。综观青海民俗文化圈中的各种民俗事象，大部分民俗事象至今仍然残留着较为明显的原始民俗文化形态的痕迹，表现为形态上的古朴性。不过，民俗的稳定性毕竟是相对的，而变异是绝对的。青海民俗文化圈内的民俗同样与时俱进，顺时而变，为了适应生产生活，积极吸纳时代产品为我所用，民俗不论从形式上还是内容上，都发生着重要变异。

第九章

民俗文化圈的社会功能

    文化是人类独有的创造物，一直以来，探寻文化产生发展的规律是许多学科的终极命题。文化功能主义理论认为"文化是包括一套工具及一套风俗——人体的或心灵的习惯，它们都是直接地或间接地满足人类的需要。一切文化要素，若是我们的看法是对的，一定都是在活动着，发生作用，而且是有效的"①。他们倡导把社会和文化作为有机整体来研究，认为各种文化要素和复合要素并非零散的，而是相互作用，有机结合，形成一个整合的系统形态。青海多元民俗文化圈是长期历史积淀的结果，它作为一个整体的文化现象在青海区域发挥社会功能，这与零散的民俗文化事象所发挥的文化功能有差别，民俗文化圈对于青海区域起到了一种整合的社会效用，这种整合力量主要由其自身的文化特性来决定。在多元文化背景下各种文化要素是如何协调运作是我们阐释青海多元民俗文化圈的关键之一，通过前文分析得知，宗教性和多元共生性是青海多元民俗文化圈最为突出的特征，前者是维系文化圈自身的精神要素，后者是维系文化圈发展的必要因素。也正是这两个特征直接影响了民俗文化圈对青海区域社会的客观效用，并凸显了民俗文化圈在民众社会生活与文化系统中的位置。在本章中我们将青海多元民俗文化圈作为文化整体来关照，从历时与共时两个层面，并围绕文化圈宗教性和多元共生性这两个突出的文化特性来梳理民俗文化圈要素的社会功能，以加强理解青海多元民俗文化圈的形成和发展规律。

---

① ［英］马凌诺斯基著：《文化论》，费孝通译，华夏出版社2001年版，第15页。

第一节　民族文化的历史传承

一　文化传承与民俗文化圈

从历时的角度看，文化是以累积的方式向下一代传递，它依赖于人们的传承而得以延续，传承是文化能够继续发展的前提条件。对于一个民族而言，历史文化的传承是其保持民族特色和民族生存发展的根基。民俗学家乌丙安先生提出民俗传承论，他认为要探讨民俗的传承就要"包括民俗的一切传的形式或行动方式。它既包括由一代传给另一代的传，也包括由一个局面向另一个局面的传，还包括在横的方向直接或间接的传递"[①]。另外，他还强调"在探索传承的法则性本质时，不能不关注传承人或者传承者、民俗传人的主体位置"[②]。如此来看，传承内容、传承方式或途径、传承人是民俗文化得以传承的重要因素。其中，传承人是文化传承的主体，传承内容是文化传承的外在表现形式，传承方式是文化传承的操作手段，三者共同作用使文化传承得以顺利进行，而影响这三者的因素除了自然环境、社会环境之外，传承人主体的精神意识和价值观念则是非常关键的内在动因。

青海多元民俗文化圈是由儒释道民俗文化圈、藏传佛教民俗文化圈、伊斯兰教民俗文化圈构架而成，其构架的文化内核是宗教信仰，作为文化传承的内在动因，不同文化圈的宗教色彩在很大程度上是各民族文化传承的主导性因素。青海各民族历史文化的传承内容主要有物质民俗、精神民俗和社会民俗等，下文将分别从这三个方面来探讨和分析多元民俗文化圈对民族文化的历史传承功能。

二　物质民俗文化的传承

"物质民俗，指人民在创造和消费物质财富过程中所不断重复的、带有模式性的活动，以及由这种活动所产生的带有类型性的产品形式。它主要包括生产民俗、商贸民俗、饮食民俗、服饰民俗、居住民俗、交通民

---

① 乌丙安著：《民俗学原理》，辽宁教育出版社 2001 年版，第 284 页。
② 同上书，第 288 页。

俗、医药保健民俗，等等。"① 物质民俗是青海多元民俗文化圈构建的基础，反观之，民俗文化圈也是物质民俗的历史传承得以保障的根源。

（一）物质生产民俗的传承

在青海多元民俗文化圈的作用下，青海各民族的物质生产方式基本秉承了历史传统，即汉族、土族主要从事农业生产；藏族、蒙古族主要从事畜牧业生产；回族、撒拉族主要从事商业活动。在经济生产上六个世居民族互通有无，互为补充。

首先，物质生产民俗内容与形式的传承与青海多元民俗文化圈的自然语境关系密切。物质生产民俗主要反映人与自然的关系，它有很强的地域性和季节性特征。青海位于青藏高原东北部，"从地理位置上看，东部地区属黄土高原的边缘地带，西部和南部属青藏高原，两种不同类型的地域在境内连接过渡"②；青海气候类型上来说，包括青南高寒区（青南高原）、西北干旱区（柴达木盆地）和东部季风区（河湟谷地）三大自然区。正是在这样多元的自然环境中形成了青海兼有农业生产和牧业生产的物质生产民俗。

其次，物质生产民俗内容与形式的传承与青海多元民俗文化圈的文化核心关系密切。汉族所属儒释道民俗文化圈，以儒家文化为文化核心，儒文化重义轻利、重农抑商，汉族自汉代就已从中原移居青海并开创了青海农业之先河，并以此为生存之本，选择生活聚落之地以青海适宜农耕生产的河湟地区为主。藏族、蒙古族、土族所属藏传佛教民俗文化圈，以藏传佛教为文化核心，在历史上藏族、蒙古族和土族先民主要以游牧业生产为主，"藏传佛教慈悲万物（戒杀生）的情怀形成二位一体的紧密关系，对牛羊屠宰上市的买卖行为不以为然，认为牛羊屠宰是'杀生造，必遭报应'（害生养生）的行业"③。使得农牧经济交往有一些环节缺失。回族、撒拉族所属伊斯兰教民俗文化圈，以伊斯兰教为文化核心，主要从事商贸活动。"伊斯兰文化重视商业。穆圣曾讲'商人犹如世界上的信使，他是真主在大地上可信赖的仆人'。伊斯兰教充分地肯定了商业的价值，甚至

① 钟敬文主编：《民俗学概论》，上海文艺出版社 1998 年版，第 5 页。
② 王昱：《论青海历史上区域文化的多样性》，《青海社会科学》1999 年第 6 期。
③ 马进虎：《河湟地区回族与汉藏两族社会交往的特点》，《青海民族学院学报》2005 年第 4 期。

对儿童从小就实行'实用教育'，从小就培养他们的经商意识。"① 回族和撒拉族以官商、藏客、平民经商几种方式联结起青海本地以及外地的农牧经济往来。如此一来，多元民俗文化圈为青海地区农业生产、牧业生产、商贸活动的民俗传承提供了坚实的精神文化价值支撑。

（二）物质生活民俗的传承

物质生活民俗主要包括饮食、服饰、居住等，它是构成民族文化的重要组成部分。首先，生活民俗很大程度上取决于物质生产方式；由于青海独特的自然环境影响，这里不同民族在物质生活民俗上有许多共性，从历史上看，日常服饰中羊毛、皮制品是主要面料来源；饮食以耐饥、热量较高的面食、牛羊肉为主，蔬菜品种较少；民居则根据生产方式的不同主要有庭院式和帐篷式两种。其次，物质生活民俗是不同民族维系本民族特性的重要文化标志，因此，青海多元民俗文化圈对于不同民族维系自身特色的作用至关重要。从历史发展的角度来看，衣食住行等物质生活民俗是最容易随着时代的变革、技术的发展而发生变迁；就青海世居的六个民族格局来看，从元明时代以来就已经形成，发展至今仍保持着各自民族的文化特性，这与青海多元民俗文化圈的文化支撑关系密切。例如伊斯兰教文化圈对回族和撒拉族的饮食和服饰民俗的历史传承功能就十分突出，饮食和服饰是回族和撒拉族突出的的民族文化外在表征，其传承深受伊斯兰教影响，伊斯兰教是伊斯兰文化圈的文化核心，它对饮食有明确的禁忌，如禁食猪肉、自死物、血液；禁饮酒等习俗，② 这与伊斯兰教产生的阿拉伯半岛的文化背景与时代背景有关，这种饮食习俗至今很好地传承于回族和撒拉族民众生活中。在服饰方面，回族、撒拉族的头饰非常明显，男性一般戴有叫作"号帽"或者"顶帽"，女性传统有戴"盖头"的习俗，这两样头饰应该说是一种伊斯兰教精神意识外化的物质表征。"号帽"无沿，方便礼拜时额与鼻尖着地；"盖头"则是女子用来遮住头发、脖颈等"羞体"的装饰。回族服饰中有一些禁忌也都受到伊斯兰教的影响，"禁止妇女穿只掩盖身体某几个部分或稀薄、透明的衣服，禁止妇女赤脚行走，要

---

① 田娜、陈兴鹏、薛冰：《伊斯兰文化对西北少数民族地区经济发展和环境变化的影响分析》，《甘肃民族研究》2009 年第 2 期。

② 从恩林：《伊斯兰教饮食文化与禁忌》，《中国宗教》2005 年第 11 期。

求上下服饰能全部遮盖住羞体；严禁妇女穿故意突出乳房、腰部、臀部等处的紧身衣裤；严禁女扮男装和男扮女装，以免造成伦理的混乱；禁止文身，限制外科美容术和牙齿美容术，禁止修美、续发和戴假发等，因为这样会损害健康，有失于庄重，引发不良的社会后果。"① 因此，可以说伊斯兰教对于回族、撒拉族的民族特色维系、民族文化认同和传承起到了十分重要的纽带作用。

三　社会民俗文化的传承

"社会民俗，亦称社会组织及制度民俗，指人们在特定条件下所结成的社会关系的惯制，它所关涉的是从个人到家庭、家族、乡里、民族、国家乃至国际社会在结合、交往过程中使用并传承的集体行为方式。它主要包括社会组织民俗（如血缘组织、地缘组织、业缘组织等）、社会制度民俗（如习惯法、人生仪礼等）、岁时节日民俗以及民间娱乐习俗等等。"②青海世居民族的社会民俗文化非常丰富，尤其是其中的民俗节日和人生仪礼都是民族文化特色的集中，下面我们就来具体分析。

（一）民俗节日的传承

在青海高原，民俗节日的内容和形式多种多样，中华民族的传统节日和独具地方特色、民族特色的节日习俗共同构建了青海的节日文化体系，成为中国节日文化体系中不可或缺的有机组成部分。节日是人们周期性参与的活动或事件，它与人们的日常生活不同，但又与人们的日常生活密不可分，它更为集中地反映了社会历史、经济生产、宗教道德和文化艺术等方方面面，节日习俗是人们物质的、精神的、行为的文化综合体的集中体现，是人们长期历史积淀的结果。青海各民族节日习俗的产生主要与青藏高原的生态环境，人们的经济生活和生产方式有关，其民俗节日的传承更离不开多元民俗文化圈的综合作用，尤其是少数民族的传统节日与其民俗文化圈的宗教色彩密不可分。

由于不同文化圈信仰体系不同，使得民俗节日的传承也呈现了不同的

---

① 陶红、白洁：《回族服饰文化与伊斯兰教》，《青海民族研究》（社会科学版）2002 年第1 期。

② 钟敬文主编：《民俗学概论》，上海文艺出版社 1998 年版，第 5 页。

风格。一种是在藏传佛教文化圈的作用下，藏族、土族和蒙古族的节日风格从内容到形式都具有佛教信仰的特色，节日体系中传承保留了许多宗教性的节日活动，如藏族的传昭大法会，酥油灯节、晒佛节等，土族的佑宁寺的"观经"大会，这些节日的内容都以宗教活动为主，且举行的地点也都在寺庙中。在伊斯兰教文化圈作用下，回族和撒拉族的节日体系主要由宗教性特色节日构成，如开斋节和"古尔邦节"是世界穆斯林的宗教性节日，圣纪节则是纪念圣人穆罕默德的节日，从节日活动的选择日期来看就是遵从世界穆斯林通用的宗教历法希吉拉历，从其内容和主题来看，都与伊斯兰文化不可分割，反映了人们敬圣、敬主，虔心信仰的意识形态。

（二）人生仪礼的传承

"人的一生就像竹子，其过程并不是平直的，而是有许多'节'，表示着其阶段性的特征。人生是由若干阶段组成的，人就是在具备某些条件时，通过一个个'人生之节'，发育成长，走向终点的。"[①] 正因为如此，在民间要举行仪式活动来表示对其的重视，通过各种仪式活动来完成社会角色的转变，享有相应的社会权利并承担相应的社会义务。诞生礼、成年礼、婚礼和丧礼是人一生中最为重要的礼仪，这四种礼仪在青海各民族中内容丰富、形式多样，是民族文化的重要载体，其中包含了许多仪式活动，这些仪式活动的传承同样深受青海多元民俗文化圈宗教色彩的文化核心的影响。

在青海的各民族民众生活中人生仪礼的四个仪式过程中内容和形式各有突出、不尽相同，但其民俗文化圈的宗教信仰内核却贯穿始终，是传承民族仪礼文化的积极能动力。如命名礼是诞生礼中的一个重要环节，藏族、土族、蒙古族常用佛经内容、活佛名字取名的。如藏族取名为"多吉"，即金刚；"曲珍"，即佛灯；"丹增"，即圣法等。回族和撒拉族除了"学名"或"官名"外，还会取"经名"。"经名"一般是根据伊斯兰圣贤者的名字来命名，如"穆罕默德"、"尔布白克尔"等。这些命名方式都多以保命、祈福为主题。这些仪式虽然各有不同，承载的民族主体也不

---

① ［日］祖父江孝男等：《文化人类学事典》，乔继堂等译，陕西人民出版社1992年版，第193页。

相同，但都表达了成人为新生命祈福驱邪的意愿，而精神信仰是这一切得以传承的根本保障。另外，一些宗教信仰的媒介人本身就是民间人生仪礼的主持者、传承者，是民间人生仪礼文化传承的重要角色。如回族、撒拉族取名仪式通常要请阿訇来举行。在青海的贵德、尖扎等地保留的藏族女子成年礼，一般要在宁玛派（红教）僧侣的主持下，选定吉日并进行梳头仪式。丧葬仪礼中，回族、撒拉族会举行"讨白"仪式，这是一种临终前的忏悔仪式，由阿訇为其主持，祈祷真主饶恕其罪过。藏族、土族、蒙古族在人过世后，其亲朋好友、左邻右舍都会前来吊唁。亡者的亲人要向寺院报告亡者属相、生辰和亡日，由喇嘛占卜送葬日期，一般停尸的时间不会超过 7 天，并由喇嘛为其超度亡灵，做法事活动。

四　精神民俗文化的传承

"精神民俗，是指在物质文化与制度文化基础上形成的有关意识形态方面的民俗。它是人类在认识和改造自然与社会过程中形成的心理经验，这种经验一旦成为集体的心理习惯，并表现为特定的行为方式世代传承，就成为精神民俗。"[1] 由于精神民俗涉及范围较为广泛，本书就针对青海民俗文化的特色只谈及其中语言民俗和民间艺术。另外，宗教信仰作为重要的精神民俗文化，它是青海多元民俗文化圈构架的文化核心，其传承功能不言而喻，因此，对于宗教信仰的传承在此不另做讨论。

（一）语言民俗文化的传承

青海各民族的语言民俗十分丰富，既有少数民族语言和青海各地方言，又有各种民间俗语、谚语、歇后语、神话、传说、故事和歌谣，等等，这些语言民俗都有各自特定的展演形式和场所，特别是展演场所是其生存的根本，青海多元民俗文化圈则成为语言民俗传承的根本动力。

语言民俗的传承需要说者与听众动态交流，是在特定的时空场中展演进行的，失去了展演语言民俗的时空场，语言民俗的传承也就面临危机了。如藏族情歌"拉伊"的演唱一般都会依托特定的场合，有学者曾专门探讨过"拉伊"在黄南藏族不同民间祭祀仪式中的多维显现，如"六

---

① 钟敬文主编：《民俗学概论》，上海文艺出版社 1998 年版，第 5 页。

月会"中的"拉伊"、"於菟"、"邦"或"幌子"中的"拉伊"。① 具体阐释了"拉伊"在几个不同的民间仪式场合的展演形式和传承现状。又如花儿是青海世居六个民族中普遍流传的民歌形式，它的传唱主要依托花儿会来进行，在青海比较大型的花儿会有乐都瞿昙寺花儿会、民和七里寺花儿会、大通老爷山花儿会等，一方面，各族民众在田野山间对唱欢歌，充满了世俗的欢愉景象；另一方面，参与花儿会的民众还要祭祀神灵、进香礼佛，充满了浓郁的宗教气息，使得花儿会同时具备了娱人、娱神的社会功能。花儿会的举办地点与宗教场所密切相关，其活动与庙会活动融为一体的原因何在？有学者探讨认为，从原始社会开始，歌舞一直是沟通人神两界的重要手段，戏剧歌舞的功能既有原始娱神的遗存，又有后增的娱人成分。中国传统的庙会，就其最初的功能而言，主要是用于娱神，然后逐渐增加了娱人的和活跃经济的功能。庙会活动与花儿会在青海的结缘，并非偶然。瞿昙寺花儿会的形成就经历了先有大型宗教活动，信众前来进香口头，随着时间的推移，一些生意买卖、赛马射箭、杂耍唱戏等世俗活动逐渐融入，天长日久，一个与宗教原旨大相径庭的花儿会活动却在佛教仪轨的感召与庇护下产生了。② 由此我们可以看出，这些语言民俗具有调节心理、宣泄情绪的娱人功能的同时还具备神圣的娱神功能，甚至在很大程度上，多元民俗文化圈的宗教信仰内核是推动其产生发展、展演传承的潜在支撑力。

（二）民间艺术的传承

青海各民族的民间艺术文化非常丰富，如热贡艺术、塔尔寺酥油花与唐卡、丹麻玉雕、土族刺绣、湟中农民画、安多藏戏、土族安昭舞等，这些民间艺术的产生一方面与当地的物质生产关系密切，另外一方面与青海丰富的精神信仰文化有着难以分割的联系，青海多元民俗文化圈的宗教信仰内核是其产生、发展、传承的重要推动力之一。

从世界范围来看，许多考古资料已经印证艺术与原始宗教活动密切相关，二者关系的特点表现在"一方面，艺术胚芽和宗教信仰相互联系，

---

① 银卓玛：《神圣仪式与世俗情感——青海黄南民俗仪式及拉伊研究》，硕士学位论文，西北师范大学，2009 年。

② 李言统、陈荣等：《河湟花儿与花儿会》，青海人民出版社 2010 年版，第 7—8 页。

乃至相互渗透，另一方面，二者是在具有原则区别的社会基础上产生的，并且满足各种不同的社会需要，履行各种专门的社会职能，这两个方面决不是互为水火的。这一特点在阶级社会中也以变化了的形式保留下来。"①目前来看，许多宗教活动依然常以美术、音乐、舞蹈的形式来展现，艺术活动承载宗教信仰内涵，其艺术思想和表现形式深受宗教观念的影响，在青海大量的民间艺术中，这样的民间艺术形式就很多，甚至有一些可以说就是宗教的产物，例如藏传佛教文化圈中很多艺术形式便是如此。以唐卡②为例，唐卡可以说是佛教与艺术结合的奇葩，它的绘画内容以佛像、佛本生故事为主；它的绘制过程中更加讲求对佛法崇拜的行为，有严格的禁忌仪式，"唐卡艺人每天开工之前要清洁自身，并点灯熏香……如果画的是密宗本尊和护法神，还要根据本尊和护法神的习性，进行入密修炼，通过观修，得到该本尊或护法神的许可后，方可进行绘制。绘画期间忌食葱、蒜，不近女色"③。另外，唐卡是藏传佛教徒必须的供奉物，因此在青海藏传佛教文化圈内的藏族、土族、蒙古族信徒中，它的价值已超出了艺术审美的意义，更是人们精神信仰的体现，唐卡的技艺传承已成为藏传佛教文化圈内民众的普遍需要。

第二节 他者特色的文化认知

一 文化他者的认知与民俗文化圈

"'他者'（The Other）是相对于'自我'而形成的概念，指自我以外的一切人与事物。凡是外在于自我的存在，不管它以什么形式出现，可看见还是不可看见，可感知还是不可感知，都可以被称为他者。"④作为西方文论的关键词，从古希腊的柏拉图到后来的黑格尔、德里达等各时代西方哲学家对"他者"概念都有论述，并且强调其对于自我认知的重要性。

---

① ［苏］德·莫·乌格里诺维奇著：《艺术与宗教》，王先睿，李鹏增译，生活·读书·新知三联书店1987年版，第89页。

② 是一种卷轴画，一般专指有佛教内容的相当规范的画像。

③ 唐仲山著：《热贡艺术》，青海人民出版社2010年版，第42—43页。

④ 张剑：《西方文论关键词他者》，《外国文学》2011年第1期。

"他者对于自我的定义、建构和完善必不可少，自我的形成依赖于自我与他者的差异、依赖于自我成功地将自己与他者区分开来。"① "他者"的概念后来也被引入民俗学、人类学学科中，尤其是在人类学中，西方人类学家从一开始就非常重视"他者"的文化，以他者文化来定位自我文化，并以此来追寻文化的规律。正如人类学家弗思所说："作为一位人类学者，我将注重那些生活方式和西方文明不同的人民的习惯和风俗。我注重他们并不只是因为他们的生活方式在猎奇者看来比较新奇，也不只是因为这种知识对于在不发达国家工作的人大有裨益，而是因为对他们的生活方式进行研究能帮助我们明白自己的习惯和风俗。"②

文化是人类独有的创造物，不同人类群体的文化也不尽相同，文化的认知与交流是不同人类群体能够沟通的基础。在文化认知领域，他者文化对于自我文化认知十分重要，可以说由于他者的存在，主体的意识才得以确立，他者是自我的先决条件。在多民族生活的区域内，文化的交流与碰撞势必会产生他者与自我的区分，对于文化他者的确立有利于自我文化的认知，进而促进本族文化的认同。就青海区域范围内，"文化他者"所指有两个层面：一是儒释道、藏传佛教、伊斯兰教三个信仰民俗文化圈之间彼此互为他者；二是汉、藏、土、回、撒拉、蒙古六个世居民族之间彼此互为他者。可以说，在青海多元文化背景下各民族文化的确立、民俗文化圈的形成，离不开对异文化，即他者文化的认知；反过来，多元民俗文化圈的多元共生加强了民族间的他者特色的文化认知。

二　他者特色的构建

（一）宗教信仰的文化核心

宗教信仰内核是三个信仰圈民族之间互为他者的基础，宗教信仰的文化核心成为他者文化特色构建的核心力量。文化主要由物质文化、社会文化和精神文化三部分构成，精神文化是人们精神意识、价值观念的反映，总以物化、行为化等多种方式体现出来，在很多时候与物质文化、社会文化互为表里，是一个民族文化本质的直接体现。宗教信仰是精神文化的重

---

① 张剑：《西方文论关键词他者》，《外国文学》2011 年第 1 期。
② ［英］弗思著：《人文类型》，费孝通译，华夏出版社 2001 年版，第 3 页。

要组成部分，从历史发展来看，宗教是"人类精神文明最为典型、普遍的表达方式和传承、传播手段，是各民族创造力与思想智慧的集中表现。时至今日，普遍信仰某一宗教的民族，宗教文化对其价值取向、思想意识、伦理道德、行为规范、风俗习惯等仍有广泛而巨人的影响"①。宗教信仰对于一个民族的文化特色构建作用非常明显，关系着人们的精神世界和日常生活价值取向。

就青海地区来看，世居民族中全民信仰宗教的现象非常普遍，青海多元民俗文化圈就是由儒释道民俗文化圈、藏传佛教民俗文化圈、伊斯兰教民俗文化圈构架而成，其构架的文化内核是宗教信仰，宗教信仰是构建他者文化特色的文化核心力量，这样就形成了文化他者的第一个层面，即以不同信仰圈构成的互为彼此的文化他者。各个信仰圈之间文化差异非常明显，互为文化他者。如回族和撒拉族都信奉伊斯兰教，在很多生活习俗上有很大相似性，诸如饮食、服饰、节庆、娱乐等都带上了浓厚的伊斯兰宗教色彩，伊斯兰教民俗文化圈使二者共同区别于儒释道民俗文化圈和藏传佛教民俗文化圈的民族。

（二）生活习俗的文化表征

生活习俗的文化表征是世居六个世居民族互为他者的基础。生活习俗的文化表征包括很多方面，如语言、饮食、服饰、居住、节庆、祭祀、婚丧嫁娶等，这些都是他者特色构建的主要方面，正如前文所述，不同文化圈之间各个民族的文化特色差异很大，即便在同一信仰圈内，不同民族文化，虽然很多风俗习惯具有一定的相似性，但因历史传统、生产生活方式等不同也各有特色，构成不同民族之间也互为文化他者。以回族和撒拉族为例，二者同属于伊斯兰教民俗文化圈，在一些生活习俗的文化表征具有相似性，但是，"回族和撒拉族毕竟是两个不同的民族，他们各自在社会生活中又显现出自己的民族文化特色口无论在族源、发展历程，还是语言方面，都有很多区别"。② 如回族和撒拉族因迁移青海的主体和方式不同，形成过程中的文化交流经历不同，使得二者在语言、居住形式等方面文化

---

① 贾友军：《积极引导宗教文化与社会主义核心价值体系建设相适应》，《新疆社科论坛》2008 年第 3 期。

② 谢佐主编：《青海民族关系史》，青海人民出版社 2001 年版，第 100 页。

特色区别非常明显。青海回族形成时期与内地一致，即元末明初，主体以
屯耕军户、商户等为主，明清以来，"大分散、小集中"地生活在今西
宁、湟中、大通、民和、循化及门源、祁连等城镇和农业区，语言以汉语
为主。撒拉族先民主体是元朝从中亚撒马尔罕一带迁居青海的撒鲁尔人，
后以伊斯兰教为纽带，撒拉族不断吸收周围的回、汉和藏等民族成分，逐
渐散居在青海循化县全境和邻近地区，居住地区相对集中，有本民族的语
言，日常生活中借用了大量的汉语词汇和部分藏语词汇，"在服饰、居
住、游艺等方面吸收了藏族等兄弟民族的一些习俗"[①]。

三 文化交流与认知

他者特色的文化认知主要依赖于不同民俗文化圈和不同民族间的文化
交流来完成，从文化交流的时间性来看，可以分为日常和非日常两种。日
常文化的交流主要指人们衣食住行、语言等基本的生活交流往来；非日常
文化的交流主要指一些不同于平日的特定时间和场合中的特殊文化交流。
"节日、庆祝活动、祖先崇拜、礼仪、葬礼等作为特殊文化，且属于非日
常的这些活动，最为充分体现了活动的参与者们所共有的宇宙观、人生
观、规范、伦理体系、社会关系和权利结构。"[②] 这些非日常事件属于日
常生活领域的一部分，也是日常生活的一种延伸，"非日常有时证明、强
化日常，并使人重新认识日常；有时否定、隐藏，甚至改变日常"[③]。因
此，民俗文化圈对于他者特色的文化认知更突出地反映在非日常的文化交
流中。

现在以信仰圈层面的文化他者为例，来看看藏传佛教民俗文化圈作为
儒释道和伊斯兰教民俗文化圈的他者，其内部的藏族、土族、蒙古族三个
民族在非日常文化交流中的共性。如婚礼作为非日常文化十分具有民族特
色，蕴含着本民族悠久的历史和深厚的文化积淀，是传承民族文化的重要
载体。由于藏族、土族和蒙古族共同信仰藏传佛教，他们之间的文化交流

---

① 赵宗福、马成俊主编：《中国民俗大系·青海民俗》，甘肃人民出版社 2004 年版，第 14
页。

② 金光亿：《日常社会与人类学》，马戎等主编：《21 世纪：文化自觉与跨文化对话》，北
京大学出版社 2001 年版，第 445 页。

③ 同上书，第 445 页。

与交融的条件就更为适宜，文化联系也就更为密切，婚礼仪式中有许多活动都有着共同的反映和相似之处，充分显示了同为一个信仰民俗文化圈的文化特色。如在婚礼中礼物的馈赠，哈达是不论任何婚礼仪式程序中的必需品，表达了双方的互相尊重与祝福。"雍仲"符号的出现，如藏族婚礼上新娘在男方家下马时的垫子上用麦子摆成的"雍仲"图案，以及蒙古族叩拜天神仪式中"雍仲"符号。亲迎礼中充分体现了他们能歌善舞的一面，整个过程都沉浸在歌舞之中，尤其是其中的婚礼歌是非常宝贵的口头文化传统。迎亲时在女方家也都有留下福气的仪式，虽然仪式的具体活动并不完全一样，但举行仪式的共同目的成为这几个民族之间的文化相互交融的直接例证，藏语中"阿扬"或"央"有"福气"、"运气"的意思，有学者认为"在'央'崇拜的地区有这样的习俗，如果一个人想卖掉他的马，就从马背上揪下一根鬃毛粘在马厩上，这是马被出售以后保留'央'的一种办法。在人们看来，如果一匹马被卖掉或丢失了，那么就会被看成是福运丢失了。因此，必须进行招福仪式"[①]。新娘作为女方家的一员，她身上的福气与其他成员共同构成了一个整体，而当她出嫁时，以这样的仪式保存福气，以保障女方家族的吉祥，同样蒙古族的包有粮食的哈达和土族的九种吉祥物来留下新娘的福气，这些都体现了这几个民族共同的原始吉祥文化意识。

第三节 区域社会的精神维系

一 区域社会的精神维系与民俗文化圈

文化是维系一个区域社会稳定和发展的重要因素，民俗作为一个区域民众的传承不断被后代复制，是社会维系稳定和发展的生命力之一，民俗具有很强的维系功能，"民俗不仅统一着社会成员的行为方式，更重要的是维系着群体或民族的文化心理"[②]。民俗文化之所以有如此强大的维系力量关键在于群体成员对于文化的认同作用，因而探讨维系功能，必须要分析其中的认同是怎样发生和如何作用的。认同（identity），

---

① 索瑞智：《卓仓藏族的几项婚俗及其文化内涵》，《青海民族学院学报》2001 年第 3 期。
② 钟敬文主编：《民俗学概论》，上海文艺出版社 1998 年版，第 30 页。

有两种基本含义：一是身份，即"指某个个人或群体据以确认自己在一个社会里之地位的某些明确的、具有显著特征的依据或尺度，如性别、阶级、种族等等"①；另外一个是认同，即"当某个人或群体试图追寻、确证自己在文化上的'身份'时，'identity'也被称为'认同'"②。认同与文化连用时，更加强调以文化来确认自己的所属，因而有学者认为"文化认同是人类对于文化的倾向性共识与认可"③。并认为，文化认同源于劳动实践、自身发展的族体归属和自然崇拜为核心的原始宗教三个方面。④ 群体文化认同的主要因素有地理环境、民族同源、认知、宗教、认同过程中的"伟人效应"等。⑤ 由此来看，多种认同并存是文化认同的特性之一。

青海多民族聚居、多元信仰并存、多种文化传统传承，不同文化的交流与碰撞产生了文化他者与自我，形成了多种文化认同层级：最小层级为一个民族内部的文化认同；其次是相同宗教信仰形成的民俗文化圈内部的文化认同；然后是扩及整个青海区域的文化认同及中华文化的认同；最后上升为对中国国家的主权认同。就促成区域文化认同与群体情感维系的普适性文化因素来看，影响五个层级的认同因素具有许多共性，如地理环境、物质生产、语言、衣食住行、节庆、礼仪、艺术、宗教等。如何在多种认同并存中使自我的文化特色更加凸显，增强不同层级内部的情感联系成为必然需求，多元民俗文化圈的存在强化了这一需求，是不同文化认同层级群体内所有成员保持向心力和凝聚力的核心维系力量。

二 增强民族及文化圈认同的核心凝聚力

在青海多元文化背景中多民族、不同民俗文化圈之间的文化交流频繁，如何保持个性、维系情感是文化传承、发展的关键，民俗文化圈的多元共生性则强化了青海地区民族内部的认同，以及同一信仰民俗文化圈内的群体认同。

---

① 汪民安主编：《文化研究关键词》，江苏人民出版社 2007 年版，第 283 页。
② 同上书，第 283 页。
③ 郑晓云著：《文化认同与文化变迁》，中国社会科学出版社 1992 年版，第 4 页。
④ 同上书，第 10 页。
⑤ 同上书，第 99—123 页。

（一）民族认同

民族认同在本书中主要指民族群体成员对于民族本身，即族属的认同。我们知道，在民族发展的过程中，由于时代与社会的变迁、民族之间的融合，民族构成的要素如地域、血统、文化、心理等都有可能发生不同程度的变化，对于自己民族族属的认同往往成为民族能够存在的支撑力量，而且这种认同总是以一种集体的历史记忆方式传承着本民族自身认同，这在很多民族的发展历史过程中已被多次证明。例如中国主体民族汉族在历史上就有多次大移民、与其他民族多次融合的现象，在民间传说里充分保留了对自己族属以及家族原籍的历史记忆，其中"山西洪洞大槐树移民传说在明清以来的华北各地流传甚广，研究者多认为它反映了明洪武、永乐时期大移民的史实……其实无论口碑传说、族谱还是碑刻、地方志等文献，都反映了某种对祖先历史的集体记忆，也反映了移民的生活境遇。在这些记忆中，我们看到的是移民家族定居、发展的历史，北方族群关系变化的历史"。[①]

在青海多民族共同聚居的背景下，各民族间的文化交流非常密集，维系民族自身的认同是一个民族维系民族情感和民族发展的核心力量，多元民俗文化圈的多元文化共生的特性强化了民族群体间他者与自我的区别，并加强了民族内部认同的凝聚力。如青海汉族属于儒释道民俗文化圈，儒释道三种文化精神在青海汉族的日常生活互渗共生，尤其是儒家重视寻根问祖、宗族血缘的中国传统文化精髓尤显突出，共同表达了青海汉族对于族属的认同。在青海民间广泛流传着"南京竹子巷"的传说，虽然这个传说不能概括青海汉族的移民历史，在学界有一定争议，但也反映了特定时期移民历史的侧面以及相关的族属历史记忆，尤其是随着汉族迁入青海的汉传佛教对于这个传说的祖先记忆的传承作用非常突出。有学者考证认为，"现今民和麻地沟的汉族是南京竹子巷的真正移民，麻地沟能仁寺（汉传佛教寺院）所主持的宗教剧《目连戏》和河湟地区的民间社火是'竹子巷'传说的真正载体和传播者。宗教戏是阐释宗教教义，宣传宗教思想的工具和载体，在民众观赏剧目的同时，记住的是剧中的情节和内容，接受的则是所信仰宗教的说教，这些说教最终都转化成了

---

① 赵世瑜：《祖先记忆、家园象征与族群历史》，《历史研究》2006 年第 1 期。

他们的记忆。"①

（二）文化圈内群体认同

青海多元民俗文化圈的宗教信仰内核是促进民俗文化圈内部群体意识认同的核心力量。三个文化圈有各自的信仰核心，这些信仰核心已不仅仅是一种世界观，还与文化圈内群体文化的很多方面交织，对其成员的物质生活、艺术、节庆、礼仪、伦理道德等都产生了广泛的影响，形成了以信仰为精髓的文化圈体系。

青海六个世居民族分属于儒释道、藏传佛教、伊斯兰教民俗文化圈，除了对本民族内部的认同外，还有超越民族界限的文化圈群体意识认同，尤其是以藏传佛教和伊斯兰教文化圈为典型，这两个文化圈内都包含有不止一个民族，同一个文化圈内群体认同的核心主要以信仰为基础。一方面，这种认同意识渗透于人们日常生活的方方面面。例如伊斯兰教中的很多规范，做"五功"、食物禁忌、开斋节和宰牲节等宗教性的节庆活动，这些在伊斯兰教文化圈中的不同民族具有一致性，促成了伊斯兰教文化圈的多民族共同体的意识认同。另一方面，从人类自身繁衍来看，民俗文化圈对群体成员认同意识的强化还十分突出地体现在通婚原则上。青海各民族为了维系自身发展，除了普及性的血缘外婚制外，原则上是民族内通婚，但族际间的通婚则多以同一民俗文化圈的民族为主对象。例如土族的传统通婚原则就充分显示出文化圈群体意识的核心认同力，"在土族传统的通婚原则中民族的因素也是被考虑的，一般都是本民族之间通婚，也有与藏族、蒙古族通婚的，与汉族通婚的较少"。②

三 强化区域及中华文化认同的核心向心力

与世界上主要的古老文明相比，中国文明没有中断的重要原因之一，就是各民族文化的互补和相互交融，这种互补与交融也正是中华民族多元一体格局的形成过程，即"它的主流是由许许多多分散孤立存在的民族单位，经过接触、混杂、联结和融合，同时也有分裂和消亡，形成一个你

---

① 霍福：《"南京竹子巷"与青海汉族移民》，载霍福著：《沉睡的记忆》，青海民族出版社2010年版，第167页。

② 贺喜焱、马伟：《土族婚礼·撒拉族婚礼》，青海人民出版社2010年版，第7页。

来我去、我来你去，我中有你、你中有我，而又各具个性的多元统一体。"① 正是这样一个自觉的民族实体的存在使得中华五千年的文明得以延续，进而造就了中华文化的多元一体性，即"我中有你，你中有我，又各具个性"。就青海区域文化而言，如同整个中华文化一样，也具有多元一体的文化特性，正是由于历史上不同民族文化间交流、融合、发展，才形成了今天其青海文化这样一个多元一体的格局。可以说，自元明时期逐渐形成至今，青海多元民俗文化圈就是青海多元一体文化的产物，也是中华多元一体文化的缩影；反过来，多元民俗文化圈形成和存在的客观现实强化了其内在的各民族群体成员对于"我中有你，你中有我，又各具个性"的文化认同。

（一）青海区域文化认同

区域文化，"它是文化的空间分类，是类型文化在空间地域中的凝聚和固定，是研究文化原生形态和发展过程的，以空间地域为前提的文化分布"②。区域文化一般来说是实际地域与观念形成的结合体，它的形成既与自然地域密不可分，又与造就它的群体文化密切相关。首先，青海的地理位置，"东部地区属黄土高原的边缘地带，西部和南部属青藏高原，两种不同类型的地域在境内连接过渡"③；其次，从文化来看，青海处于中原、西藏、西域、北方草原四种不同文化圈的交融地带，形成了自己区域特色的多元民俗文化圈。这两个方面共同造就了青海在地域和历史文化上的的边缘性、融和性、多元性，青海的区域文化正是在各民族的相互交融与影响中不断得以保持和发展。每个民族一方面传承自己的传统文化，延续自己独立的文化品格；另一方面还不断吸收和借鉴其他民族的文化传统，取长补短，凸显了"我中有你，你中有我，又各具个性"的文化多元一体特性，同时也表达了青海区域内不同民族主体构建这种多元一体文化的文化认同意识。

青海区域文化虽然由于民族多元、文化圈多元而各有特色，但还是拥有许多共享文化，这些共享文化是多元一体最直接的表现，也是区域内不

---

① 费孝通主编：《中华民族多元一体格局》（修订本），中央民族大学出版社1999年版，第3页。

② 李勤德：《中国区域文化》，山西高校联合出版社1995年版，第2页。

③ 王昱：《论青海历史上区域文化的多样性》，《青海社会科学》1999年第6期。

同民族对区域文化认同的表达。例如物质文化方面，饮食是区域内不同群体最为日常的文化事件，青海的饮食结构虽然有农业区和牧业区两种形式，但是在饮食原料的共享性却十分突出，饮食基本以青稞、小麦、肉、奶、茶等为主；喜热、味重的食品；在某些食品的种类、制作方法上都有很多共性。这些饮食原料及结构受自然地理和气候物产影响固然重要，各族民众最普遍的饮食行为就是靠就地取材来完成。[①] 但是，文化圈多元文化互补共生对于青海饮食文化的构成也不容忽视，正如前文所述，民俗文化圈的多元共生促成了青海农业、牧业、商业的经济互补，使得生活在这里的不同民族之间相互交流、借鉴、互通有无，形成了饮食民俗在用料、加工方法、口味及品目上别具一格的地域特色。如"手抓羊肉"[②] 原本作为游牧民族的藏族、蒙古族特有主食，也因其热量较高，营养较为丰富，适宜在高寒地区食用，现已成为回、汉、蒙古、撒拉等各族民众餐桌上常见的食品。

（二）中华文化的认同

中华文化是中华民族在形成、发展过程中共同创造的文化，儒家思想是其核心，并且以儒释道文化相互交融为基础形成了一种共有的生活价值观及其生活方式，它不断被中国历史上众多族群所认同、接受，从而积淀成一面中华民族的精神旗帜，它在维系国家统一和民族兴盛、促进经济社会与文化的繁荣发展中一直发挥着关键作用。中华文化不仅包括以儒家思想为代表的汉族传统文化，也囊括了其他各个民族的文化，中国的国家形态从诞生之日起就是由多个族群（民族）基于共同的理想而组成，中华文化的核心精髓就是以儒家的"和谐"、"和而不同"、"仁、义、礼、智、信"，道家的"精、气、神"，佛家的"戒、定、慧"等多元文化的高度融合，共同造就了中华文化多元一体的文化品格。就青海区域文化而言，它是中国文化的有机组成部分，它的特色如同整个中国文化一样，是一个多元一体的文化，自元明以来形成的青海多元民俗文化圈体系是青海区域文化的基本结构，其自身的多元性对于

---

① 贺喜焱：《青海饮食文化的区位研究》，《青海师范大学学报》2008 年第 1 期。
② 手抓羊肉，将新鲜的大块带骨羊肉，以羊肋条肉为上品，放入锅清炖，放入少量食盐、生姜、花椒等调料，或不放任何调料，肉炖至七八成熟即捞出食用。以手抓肉，用刀割食。

青海区域的不同民族来说就是一种在漫长历史记忆和文化承传中的多元一体共性特征的强化认同过程。

对于中华文化认同的要素有很多，语言作为人们日常沟通交流的工具，也是中华文化精髓得以传承的载体，"语言认同是一种文化心理的趋同现象，它所反映的是人们对自己或者他人语言的社会价值的认识和所持有的肯定性评价，其内容包括以下两方面：一是对某种语言感到亲切而承认、认可和赞同；一是具有自觉地使用该种语言作为交际工具的意愿，前者所体现的是对语言的情感倾向，后者则指语言使用的行为倾向"①。如此来看，作为中华文化认同的基本要素，首先是对于语言，即汉语的认同。青海历史上人口的迁徙、多民族聚居并长期相处，形成多元民俗文化圈，使得这里的语言文化也很丰富，世居民族中除了汉族和回族说汉语外，藏族、土族、撒拉族、蒙古族都有民族语言，从语种来看，蒙古语、土族语、撒拉族语属于阿尔泰语系，藏语与汉语属于汉藏语系。各民族共同聚居一个地域，语言交流需要一个共同的媒介，而汉语作为中国的通用语言文字，语言文字的同一性，成为人们生活、信息交流及情感融和的坚实基础。这样，汉语成为青海区域不同民族沟通的语言媒介就已不仅仅是具有客观需求的使用倾向，而具有了强化中华文化认同的主观需要的情感倾向。青海的不同民族对汉语认同的最好例证莫过于都使用汉语来歌唱"花儿"，青海的"河湟花儿"是花儿两大流派之一，境内世居民族都在传唱，影响力巨大，它也是青海各民族共享的口头语言民俗文化的代表，"这里世居的六个民族都在唱花儿，而且基本上都用汉语歌唱，其歌词格式、音乐曲令、歌唱程式在适度保持地域性和民族性特色的同时，几乎完全一致。各地花儿会也是当地各民族都热情参与，不分彼此，相互唱和，和睦亲密，集中体现了多民族文化认同，多民族文化交融结晶的河湟文化特征"②。

---

① 王莉、崔凤霞：《我国少数民族聚居区内的汉语言认同问题研究——以新疆维吾尔族聚居区为例》，《甘肃社会科学》2009 年第 5 期。

② 赵宗福：《西北花儿的文化形态与文化传承——以青海花儿为例》，《西北民族研究》2011 年第 1 期。

四　加强国家认同的核心支柱力

青海多元文化圈对于区域社会的精神维系的最高层级体现，即是加强国家认同的核心支柱力。对于国家认同的概念，不同学者表述也不尽相同，如认为"国家认同是指一个国家的公民对自己祖国的历史文化传统、道德价值观、理想信念、国家主权等的认同，即国民认同"[①]。又如，"国家认同是一种重要的国民意识，是维系一国存在和发展的重要纽带。国家认同实质上是一个民族自觉归属于国家，形成捍卫国家主权和民族（国族）利益的主体意识"[②]。这些观点都反映了国家认同在很大程度上与社会秩序的生成密切相连性，以及它具有的强烈政治色彩。由此有学者进一步认为，"国家认同的形成是国家和谐稳定和统一发展的需要。国家认同的水平直接影响着国家的安全和社会的稳定，而公民的国家认同根植于社会中的每一个人"[③]。从这些观点可以看出，一个区域社会的稳定和发展必须有赖于国家的安全和稳定，同时，区域社会的稳定和发展也是国家和谐稳定的重要组成部分，因此，对于国家认同的重要性也就越发凸显。

作为认同而言，每个社会成员个体都有多重认同，有民族认同、区域认同、国家认同等。中国是一个多民族国家，在中国社会中社会成员个体的多重认同是不容争辩的客观事实，而青海多元民俗文化圈的存在对于这里的各族民众而言，提供了一种多元文化氛围，使得不同民族的个体成员对于"自我"和"他者"有了认知的基础，并强化了认同的多重特性。实践证明，一方面，青海各民族的现实生存和自我认同都离不开国家；另一方面，国家参与及日常管理行为也对青海各族民众的民族认同起到了积极的强化作用。例如当下正在积极开展的非物质文化遗产保护活动中，青海省的格萨尔说唱、热贡艺术、土族"纳顿"、撒拉族婚礼等许多文化都被列为非物质文化遗产名录中，其中国家级项目有 64 项，省级 150 项。国家参与在其中承担了非常重要的角色，政府组织申报工作，并开设各类

[①]　贺金瑞、燕继荣：《论从民族认同到国家认同》，《中央民族大学学报》2008 年第 3 期。

[②]　贾志斌：《如何加强少数民族大学生的国家认同教育》，《西北民族大学学报》2011 年第 1 期。

[③]　袁娥：《民族认同与国家认同研究述评》，《民族研究》2011 年第 5 期。

保护工作培训班，以媒体宣传遗产保护，并呼吁集全社会力量共同关注文化遗产的抢救与保护工作。这些文化既是青海不同民族珍贵的传统文化遗产，同时也是民族认同的重要依据，对于文化遗产的保护本身就是对民族认同的强化过程。反之，各民族民众对于国家参与非物质文化遗产保护积极响应，也强化了捍卫国家主权和民族利益的主体意识。

第四节　和而不同的文化构建

一　和而不同的中国文化哲学

"和而不同"是中国古代就有的文化哲学，最先是以探讨"和"与"同"之间的关系开始，崇尚和谐、"和为贵"是一种中国传统文化哲学，如何能够达到"和"，"和"与"同"的关系探讨在《国语·郑语》中就有记载，西周时期，周太史史伯与桓公讨论国家兴衰时提出："夫和实生物，同则不继。以他平他谓之和，故能丰长而物归之；若以同裨同，尽乃弃矣。故先王以土与金木水火杂，以成百物。是以和五味以调口，更四支以卫体，和六律以聪耳，正七体以役心，平八索以成人，建九纪以立纯德，合十数以训百体。"认为物质能够存在、口味能够美味、音乐能够悦耳等世间事物能够和谐统一是多种不同事物或因素共同作用而成，如果只有"同"，事物就难以存在，即"夫和实生物，同则不继"。另外，春秋末年的齐国晏婴与齐景公讨论君臣关系时也进行了"和"与"同"之辩，《左传·昭公二十年》记载："如和羹焉，水、火、醯、醢、盐、梅以烹鱼肉，燀之以薪，宰夫和之，齐之以味，济其不及，以泄其过。……声亦如味，一气、一体、二类、四物、五声、六律、七音、八风、九歌，以相成也；清浊、大小、短长、疾徐、哀乐、刚柔、迟速、高下、出入、周疏以相济也。君子听之，以平其心，心平德和。"晏婴运用日常生活中的烹调和音乐打比方，提出君臣之"和"的本质如同事物是由不同事物或因素相互补充、调剂而成一样，要能不盲目苟同，才能和谐。孔子在此基础上提出"和而不同"的观点，《论语·子路》："君子和而不同，小人同而不和。"孔子认为敢于坚持原则，阐述自己的思想和意见才是君子所为，而小人则盲目附和、不讲原则，不敢提出自己的见解。"孔子讲'和而不同'，实际上阐述的是一种文化观，这种文化观旨在说明作为文化代表人的君子承认存在差异性的多种文化的并存，因此能以一种平和、宽容的态度面对社会百象、学术纷争。同时，多元文化之间又有吸收和继承，有创新和发展。达到一种'和谐'状态。"①

当代，在全球化时代背景中，对中国文化如何生存、发展的问题探讨十分热烈，社会人类学家费孝通提出"文化自觉"理论，以此来解决正确处理自己的文化与其他民族文化之间的关系问题，他认为："在中华文化的发展过程中，多元的文化形态在相互接触中相互影响、相互吸收、相互融合，共同形成中华民族'和而不同'的传统文化。"② 并指出："中华文化的包容性和中国古代先哲提倡'和而不同'的文化观有密切的关系。'和而不同'就是'多元互补'，'多元互补'是中华文化融合力的表现，也是中华文化得以连绵延续不断发展的原因之一。"③ 他用"各美其美，美人之美，美美与共，天下大同"④ 四句话高度地概括了文化自觉的本质内涵，提出了在多元背景下，不同类型的文化只有相互沟通、理解、尊重，并取长补短、共生共荣才能和平共处。

二　青海多元和美的文化构建表现

"在长期的历史演变中，青海境内诞育了不同类型的民族文化在具有较大独立性的同时，又在相互融汇中发展与变迁，从而展现出差异、渗透、共存的历史文化图景。"⑤ 这一历史发展过程与民族多元、信仰多元、文化传统多元整合有关，多元民俗文化圈则是多元共存文化的整合定格并延续至今，这种整合的民俗文化圈结构进一步加强了青海多元和美的文化构建，其构建方式便是"和而不同"。正如有学者认为："这里多种文化同住共存，互相采借，求同存异，生动体现了多民族文化'和而不同'的相处原则。'和而不同'中的'不同'，指各民族对于自己族属及其重要文化特征稳定的认同以及这种认同受到充分的尊重；'和'体现的则是

① 胡国威：《论孔子"和而不同"的文化观及现代意义》，《昭通师范高等专科学校学报》2006 年第 2 期。

② 费孝通：《费孝通文集》第 14 卷，群言出版社 1999 年版，第 407、408 页。

③ 同上书，第 407 页。

④ 同上书，第 196 页。

⑤ 张科：《和而不同：论青海多民族文化的鼎力与互动》，《青海民族研究》2007 年第 4 期。

文化宽容与文化共享的情怀，它包括不同的信仰体系和文化传统在同一社会空间和平共处；各族人民具有多重的认同；有理性解决矛盾的机制等。"①

民俗文化圈以"和而不同"的文化相处原则构建了青海多元和美的文化格局，表现在各民族民众生活的方方面面。首先，经济生产方面，汉族、土族主要从事农业，藏族、蒙古族从事游牧业，回族、撒拉族从事商业。农业、牧业与商业三种不同的生产文化类型和谐共处，互通有无。其次，精神信仰方面，儒释道、藏传佛教、伊斯兰教在文化本质、教义规定、价值观念等方面各有特色，不同信仰圈能够彼此尊敬，在青海地区并行不悖、和谐共荣。第三，语言民俗方面，世居六个民族中除了汉族、回族说汉语外，其他均有自己的民族语言，在日常交流和公共节庆中主要以汉语作为民族间的交流工具，各种语言文化在这里和谐共荣。第四，生活习俗方面，衣食住行在物质生活的使用原料上具有一定共享性，总体呈现农业区、牧业区两种格局，以及不同民族自我文化特色维系的多元和谐共生状态。5个世居少数民族在节日庆典与社会礼仪上文化个性十分突出，既有本民族传统的凸显，如藏族藏历新年、天葬，土族婚礼、"纳顿"节，蒙古族"那达慕"会；又有同一信仰圈的文化共性，如同信仰藏传佛教的藏族、土族的观经会，同信仰伊斯兰教的回族、撒拉族的古尔邦节、尔德节；还有同一区域的文化共享性，如不同民族共享参加的花儿会，六月会等。

三　和谐共生的文化建构模式

正如前文所述，在青海多元文化背景中，青海各族民众以"和而不同"的相处原则来进行文化的交流与互动。多元不同是文化交流与互动的基础；物质文化、社会文化和语言文化、精神文化是交流与互动的内容；多元文化和谐共生是交流与互动的结果；使这一切能够整合在一起的关键则是交流与互动的方式。针对青海多元文化特色，我们得出互补、互敬、借鉴、交融等几种方式是和青海多元文化和谐共生的最基本构建模

---

① 班班多杰：《和而不同：青海多民族文化和睦相处经验考察》，《中国社会科学》2007年第6期。

式。并且需要说明的是，这几种构建模式并不是完全独立或相互排斥的，在文化交流互动中它们有时具有共存、互渗的特性，甚至在同一文化内容的交流互动上有可能是这几种模式共同作用的结果，但是总会有一个模式会起到较为凸显的作用。

（一）互敬式

所谓互敬式就是指不同文化交流与互动采用一种既保持自我文化个性，又不相互排斥，尊重彼此的建构模式。互敬式是青海区域多元文化交流互动的基础，首先需要每个民族有坚定的文化独立性，多元文化才能存在，彼此尊重则是多元文化和谐共生的前提。

互敬式是青海不同民族文化交流与互动最为基础的一种形式，三个民俗文化圈其精神信仰内核不同，民族历史传统不同，文化差异性非常明显，和谐共生的最基本方式就是彼此间相互尊重，求同存异。一方面，体现在日常交流互动上。伊斯兰文化是回族文化观念的核心，这体现在回族日常生活的方方面面，尤其是在饮食上有很多禁忌，"禁食猪、驴、骡、马、狗等动物的肉；禁吃自死动物的肉；禁饮动物的血液；禁吸烟、禁喝酒"①。"凡宰食牲畜、家禽时，必须由阿訇或懂得屠宰规矩的穆斯林信徒动刀，否则会被认为为不洁而不能食用。"② 这样就形成了风格独特的清真饮食，以及相应的用餐礼仪。因回族善于经商，再加之清真饮食的特色，在青海城镇有很多回族开设的清真饭馆，饭馆作为不同民族较为容易相遇互动公共场域，非穆斯林民族在这里用餐时一般都会自觉地遵从清真餐馆的用餐礼仪，不吸烟、喝酒，更不会把非清真食品带入餐馆，充分显示出不同民族之间和而不同、和谐相处的互敬式交流方式。另一方面，体现在一些非日常的文化互动上。"西宁东关清真大寺的大殿脊顶中心，竖立着三尊鎏金金筒。据说，这三尊金筒是当年由甘肃夏河拉卜楞寺院的嘉木样活佛派众僧人用托牛驮运到西宁，作为赠送给大寺落成的礼品。不仅如此，在该清真大寺的'唤醒阁'（宣礼塔）落成时，塔尔寺的住持和僧众还持珍贵礼物前来参加落成典礼，表示祝贺。这是藏传佛教尊重伊斯兰

---

① 赵宗福、马成俊主编：《中国民俗大系·青海民俗》，甘肃人民出版社2004年版，第134页。

② 同上。

教的生动例子。"①

（二）互补式

所谓互补式就是指不同文化交流与互动采用一种互为补充、互通有无的建构模式。拥有不同文化传统的民族在一些文化形式上进行沟通协作、多元互补以求本民族的生存和发展是互补式模式建构的主要原因。

互补式比较突出地体现在不同民族的物质生产民俗文化上交流与互动中。前文我们已经阐述了因为各个民族居住环境和历史传统的原因，青海多元民俗文化圈内同时具有农业、牧业和商业的经济生产方式，这三种生产文化类型互为补充、互通有无。例如回族从事商业，并善于经商，一方面这与伊斯兰教密不可分，"伊斯兰教鼓励穆斯林经商，穆斯林商业经济又促进了伊斯兰教的发展，二者相辅相成，互为条件，构成了伊斯兰教在中国独特发展的历史"②。另外一方面，回族善于经商特质的发挥也得益于与周边民族的互动往来。经学者调查研究，1870 年前的黄南藏族自治州同仁县隆务镇交通闭塞，与外境基本没有贸易往来，经济匮乏、物资短缺。因此，隆务寺第六世活佛夏日仓·罗桑丹贝嘉措开辟了高原藏区生活模式多样化的新路子，他与三大扎仓的主要僧官商议，决定在隆务寺河西岸灌木地建一座供商人居住的土城。这里陆续安置客商 800 户，其中多半来自于新月群体，这部分人从以往的客居变成了定居，并携亲带友来此定居，形成隆务镇今天的回族成分，从此改变了当地的民族构成。③ 此个案非常典型地反映了回族与藏族互动交流的互补式建构模式，体现了青海区域内不同民族文化多元互补的生存智慧。

（三）借鉴式

所谓借鉴式就是指不同文化交流与互动采用一种相互吸收、采纳的建构模式。不同文化的交流互动中总会有一些文化特质因为了满足彼此的需要而被认同或接受，进而发生文化特质的采借，这是文化交流互动十分常见的一种方式。

① 班班多杰：《和而不同：青海多民族文化和睦相处经验考察》，《中国社会科学》2007 年第 6 期。

② 马文慧：《宗教文化与青海地区信教群众的社会生活》，《青海民族学院学报》2001 年第 1 期。

③ 马海寿：《隆务镇回族文化变迁的人类学思考》，《青海民族研究》2005 年第 3 期。

借鉴式比较突出地体现在青海各民族交往比较密集的文化内容上，尤其是其中的语言文化。在青海各民族中汉语是族际间通用的主要交际语言，一方面，各民族对汉语的使用逐渐形成了青海汉语方言的特色。青海汉语方言虽属于北方方言体系，但它吸收了许多其他民族的语言特色，有学者研究发现，语音方面，青海境内汉语方言的声调系统单字调以三个为主要特征，这与其境内的阿尔泰语系语言的蒙古语、撒拉语、土语中只有重音、没有声调的影响不无关系。词汇方面，青海汉语方言借鉴许多少数民族语言词汇，如"一挂"（全部），"干散"（精干）来自土语，"朵罗"（头）来自蒙古语，"卡码"（合适），"阿拉巴拉"（凑凑合合）来自藏语。语法方面，青海汉语方言在语序上常用 SOV 式（主语＋宾语＋谓语），不同于汉语普通话的形式，这是少数民族语言通过母语的表达习惯对青海汉语有规则有系统地干扰和渗透。① 另外一方面，不同民族的语言词汇中吸收、借用了大量汉语词汇。例如土族吸收的外来词汇中汉语借词占到了 18.5%，据清格尔泰先生对土语 5000 多条词分析，藏语借词有 5.6%，突厥语借词 0.5%，在近 40% 的土语借词中，汉语的借词比例最大。由于土族没有书面语言，随着社会发展，很多新名词术语的不断涌现，这些词汇都被土族民众从汉语中原原本本地借鉴过来。②

（四）交融式

所谓交融式就是指两个不同文化的交流与互动时其文化特质融合在一个模式中，成为一种新文化整合体的建构模式。这种新文化整合体虽不完全相同于原来的任何一个文化系统，但它源于前两个系统，并自成一格。

交融式主要出现在两个文化系统同在一个区域内，日常往来较为密切，经过文化间的交融式互动，逐渐形成自己的文化特色，其结果主要体现在一些较为特殊的族群上，例如"家西番"、卓仓藏族、托茂家、卡力岗人等族群的文化就充分显示了交融式的特点。我们现以汉藏文化交融和藏回文化交融为例来具体分析。"家西番"族群文化的形成非常典型地显

---

① 马梦玲：《青海多元文化交融下的语言接触现象》，《青海师范大学学报》2007 年第 6 期。

② 郝苏民主编：《甘青特有民族文化形态研究》，民族出版社 1999 年版，第 90、91 页。

示了汉藏文化的交融模式，"家西番"主要生活于湟源、湟中及大通等地，这里处于农业区与牧业区、汉族聚居区与纯藏区的交界地带。"家西番"在文化上既区别于藏族，又不同于汉族，他们以农业为主要生产方式，交际语言使用汉语，允许与汉、蒙等族群通婚；但宗教信仰依然是藏传佛教，宗教活动大量渗透于日常生活中。因此，有学者认为，实际上"家西番"是以藏族为主，融合了汉族、蒙古族而形成的一个特殊群体，其社会文化具有藏、汉、蒙3种文化特征。① 卡力岗人的族群文化的形成典型地显示了藏回文化的交融模式，卡力岗人主要居住于化隆回族自治县的德恒隆乡、阿什乡、沙边堡乡等地，作为藏族和回族文化交融的整合体，其形成比较复杂，"他们的祖先有的是藏族，有的是回族，此外还有撒拉族和汉族"②。20世纪80年代前，卡力岗人着藏服说藏话，居住风格是藏式建筑，并保留有藏族骑马射箭的习俗；同时，他们信仰伊斯兰教，宗教生活和饮食上完全遵循伊斯兰教的仪轨与禁忌。这种文化的交流与互动仍然在继续，并有了新的发展，据学者调查，20世纪80年代以后，虽然语言仍然使用藏语，并保留着烧干牛粪和用藏语唱藏族情歌拉伊等生活细节的习惯，但在日常生活样式上与回族文化交融的现象更多一些，在服饰、饮食、居住、节庆、丧葬都与回族基本一致，并与与周边的藏族保持着严格的婚姻疆界，两族间没有通婚现象。充分体现了宗教对于卡力岗人的文化选择起到了决定性作用。③

小　结

综上所述，青海多元民俗文化圈作为一种整合性的文化体系，它是各种民俗文化要素有机结合的结果，它在青海地区发挥着十分重要的社会功能和整合的社会效用，这种整合功能的发挥主要与多元民俗文化圈的宗教性和多元共生性有关，进而凸显了民俗文化圈在民众社会生活与文化系统

---

① 马建春：《浅析族群关系中的文化认同——以河湟地区族群为例》，《西北民族大学学报》2005年第4期。

② 班班多杰：《和而不同：青海多民族文化和睦相处经验考察》，《中国社会科学》2007年第6期。

③ 同上。

中的位置。青海多元民俗文化圈是由儒释道民俗文化圈、藏传佛教民俗文化圈、伊斯兰教民俗文化圈构架而成，其构架的文化内核是宗教信仰，构架机制是和而不同、多元共生。民俗文化圈主要从多元文化的传承与发展、族群关系的维系、文化认同等几个维度整合了青海地区的社会生活，具体表现在：民俗文化圈对青海区域内各民族物质民俗、精神民俗和社会民俗等历史文化具有传承功能；民俗文化圈对青海多元文化背景下的文化他者、文化自我的确立与认知具有强化功能；民俗文化圈是青海区域社会的民族认同、信仰民俗文化圈内部认同、地域文化认同、中华文化及国家认同的核心凝聚力；民俗文化圈是青海地域文化和而不同、多元和美的文化构建的主要支撑力。除此之外，我们在强调多元民俗文化圈的正功能外，我们也应注意到一些负面影响和作用。作为整合体的多元民俗文化圈是由多种民俗文化要素构成，这些民俗文化要素只有协调运作才可以发挥对社会的整合作用，如果过于强调其中的某一要素，其结果肯定会打乱多元民俗文化圈的和谐构架，进而影响到各民族的生活和发展。

第十章

民俗文化圈与当代文化社会建设

藏传佛教、伊斯兰教和儒释道三大民俗文化圈在长期的历史发展中对青海的政治、经济、文化和社会等各个领域产生了广泛而深刻的影响。从历时性的角度看，青海各民族历史上的重大事件、生活生产方式的变迁、文化的积累与创造，均与多元民俗文化圈有着千丝万缕的联系。中华人民共和国成立以来，青海的社会主义建设事业蒸蒸日上，三大民俗文化圈成为了彰显区域文化特色和推动地区经济社会发展的重要力量。尤其是在当下，随着传统文化的再度复兴和国家对民间文化的重视，青海的多元民俗文化圈在文化名省建设、增强文化自觉与文化自信意识、构建和谐社会和推动文化大发展大繁荣方面均有着积极的意义。

第一节　彰显特色文化　提高文化自信

一　民俗文化圈与文化自信

（一）文化自信的理性认知

文化自信是在近代中西文化冲突下产生的学术概念，它指的是对自身文化价值的充分肯定和自身文化生命力的坚定信念，是对民族文化传统科学把握后的文化自豪感，是一种高尚的主体觉醒和自信。中华民族历来有着强烈的文化自信，正是有了对民族文化的自信心和自豪感，才在漫长的历史长河中凭借聪明才智创造了绵延 5000 年辉煌灿烂的中华文明，并在亚洲形成了著名的"汉文化圈"，对世界的文明发展作出了重要贡献。当今，随着中国综合国力和国际地位的提升，中国文化在世界的影响逐渐扩大，出现了"中华文化热"，甚至一些外国学者提出"世界文化东移论"，认为"21 世纪将是亚洲世纪"，认为"未来在很多方面西方要向中华文明取经"。但我们要清醒地认识到，中国若要真正实现文化的大发展大繁荣，成为世界上的文化强国，必须树立理性的文化自信，以理性、科学态度进行文化反思与展望，在全面认识和正确把握自己文化、理解并接触多种文化的基础上，充分认识自己文化的独特优势和发展前景，进一步坚定对自己文化的信念和追求。只有对自己文化有坚定的信心和强烈的自豪感，才能鼓起奋发进取的勇气，焕发创新创造的活力，才能不断提升自己文化的转型能力和品位，在世界多元文化中树立中华文化应有的地位。

（二）民俗文化圈与文化自信的互动

民俗文化圈是在长期的历史发展中形成的，具有维系和传承功能。在同一民俗文化圈中，每个成员、每个家庭、每一个社区都生活在传统民俗之中，并日复一日、年复一年地继承、实践和创造着自己的传统习俗。而传统习俗在潜移默化中对民俗文化圈中的成员的行为方式、思维特征产生着重要影响，他们从日常生活的各个方面逐渐加深对自己传统文化的感性认识，并进而产生认同感和自豪感，产生文化自信，这种自信反过来又促进了民俗文化圈的形成和传承。因此，民俗文化圈是民众维系和传承传统习俗的重要文化空间，文化自信则是民众对自己传统文化的理性认知。从互动角度来说，民俗文化圈是文化自信产生的土壤和源头，文化自信是推动民俗文化圈维系和传承的强化剂。

青海六个世居民族的三大民俗文化圈，均有自己优秀的文化创造，有相对独立的文化个性和文化系统。在藏传佛教民俗文化圈内，藏传佛教是藏、蒙古、土等民族社会发展和文化形成的至关重要因素。正是凭借着博大精深的藏传佛教文化和本民族固有文化的滋养，藏传佛教民俗文化圈内的各民族才创造出了独特而灿烂的民俗文化。如那些遍布高原或古朴或宏伟的寺院佛塔，处处散发着万物有灵意识和慈悲心的生命观，精美绝伦的藏传佛教艺术，浩如烟海的民间口头传承文学，人神狂欢的民间节日，富丽华贵的民族服饰，风味独特的饮食，载歌载舞的婚礼习俗，以及渗透在日常生活和人生礼仪中的宗教意识和情结等，都是藏、蒙古、土等民族世世代代所创造和传承下来的珍贵而独特的民俗文化遗产。在伊斯兰教民俗文化圈内，伊斯兰教渗透到了回、撒拉、保安和东乡族等民族生活和生产的各个方面，其清真寺建筑、饮食、手工艺品制作、民间文学都别具特色，明显区别于其他民俗文化圈。儒释道民俗文化圈基本上是以儒家思想、伦理道德和汉族民间信仰为基础，在其形成和发展过程中吸收了当地少数民族文化，虽然基本上保留了华夏文化的传统，但与内地汉族民俗文化相比，其语言、信仰、生产、游艺、民间文艺及工艺美术都带有显著的青海高原地域特色。

　　民俗文化圈是在传承和实践中产生文化自信，又通过文化自信加强自身的维系和传承的。青海三大民俗文化圈中的各民族成员，从小就生活在浓厚的民俗文化氛围中，在耳濡目染中传承、实践着自己的传统文化，熟知自己文化的细微元素，相对文化圈之外的人，更能领略和感悟自己文化的美妙之处，也更能懂得自己文化的价值，对自己的民俗文化有着强烈的认同感，而各个民族深厚的文化积淀和独特的文化创造，是他们产生文化自信的根源。如汉族的社火、曲艺、皮影戏、排灯、农民画，藏族的寺院建筑、英雄史诗《格萨尔王传》、热贡艺术、藏医藏药、民族工艺品，回族和撒拉族的清真寺、商业贸易、饮食、民居，土族的民间歌谣、叙事诗、纳顿节、盘绣、轮子秋等都是杰出的文化创造，凝聚着各民族的聪明才智，是他们引以为豪的艺术瑰宝。正是由于对自己的民俗文化有着无与伦比的热爱和坚定的自信心，各民族才能在长期的历史发展和社会变迁中，世代维系传承、创造积累自己的民俗文化，使自己的民俗文化保持活力和恒久的生命力，并逐渐向外界传播和扩散，扩大自己民俗文化的影响力和辐射力。

二　多元民俗文化圈中的地域特色文化

　　青海是"中华民族文明的发祥地之一、中华民族文化的交融地之一、中华民族精神的展现地之一"[①]，而"以昆仑文化为主体的多元一体民族民俗文化就是这三个'之一'的鲜活表征。从古老的昆仑神话到丰富多彩的各类非物质文化遗产，都给世人留下了神圣、神奇、神秘而令人神往的大美青海印象，同时也彰显出了极为丰厚的文化内涵和十分鲜明的文化特色"[②]。昆仑文化是青海的标志性文化，融汇了不同时空的多元文化。

---

　　① 强卫：《在全省文化改革发展大会上的讲话》，《青海文化》2011 年第 4 期，第 7—9 页。
　　② 赵宗福：《在青海省民俗学会成立大会上的讲话》，青海省民俗学会编印：《青海省民俗学会通讯》（内部资料），2012 年 5 月，第 6 页。

从文化源头看，所谓昆仑文化就是昆仑神话。从区域文化看，所谓昆仑文化就是以昆仑山为标志的青海高原各民族文化，既包括历史文化，也包括现当代文化；既包括各类精英文化，也包括各民族民间文化。昆仑文化应该是一个区域性的文化整体。① 青海的昆仑文化与三大民俗文化圈之间有着十分紧密的联系，三大民俗文化圈既是青海以昆仑文化为主体的多元一体文化的基础组成部分，也是其传承和发展的重要载体。昆仑文化博大精深，包罗万象，涵盖了青海历史的、多地域、多民族、多宗教、多层次的文化。大致地说，它包括青海民俗文化圈内的以下几方面文化：

一是悠久灿烂的历史文化。青海早在 3 万年前就有人类活动遗迹，马家窑文化、齐家文化、辛店文化及青海土著宗日文化、卡约文化、诺木洪文化等史前文化遗址遍布全省。起源并长期生活于青海高原的羌人，是中国古代许多民族的祖先，在不断的发展迁徙中，形成了中华民族的早期文明。除羌人外，青海辽阔的土地上还先后有党项、汉、鲜卑、回纥、吐蕃、蒙古等 20 多个古代民族繁衍生息，共同创造了青海高原灿烂丰富的历史文化，如彩陶文化、羌人文化、河湟汉文化、吐谷浑文化、吐蕃文化、宗喀藏族文化、蒙古文化、河湟伊斯兰文化等。

二是神秘厚重的多元宗教文化。青海是多宗教和睦共生的地区，藏传佛教、伊斯兰教、道教、汉传佛教等与青海固有的原始宗教本教、萨满教等长期碰撞交融，形成了神秘、厚重的多元宗教文化。青海目前有藏传佛教寺院 600 多座，伊斯兰教寺院近千座，还有少量的道观和基督教、天主教教堂。各民族群众围绕着湟中塔尔寺、同仁隆务寺、互助佑宁寺、乐都瞿昙寺、西宁东关清真大寺、循化街子清真寺等形成了一个个小信仰圈，围绕着遍布于青海农业区各村庄的村庙形成了无数小祭祀圈，其信仰和宗教活动十分频繁，宗教渗入各民族生产、生活、礼仪、文学和民间工艺美术等各个方面。

三是古朴绚丽的民族文化。青海六大世居民族的文化既丰富多彩，又独具个性。青海汉文化的基本形态是农耕文化，以儒家伦理思想为统领，昆仑神话、花儿、方言、庄廓、曲艺、皮影戏、社火、排灯、九曲黄河灯会及祖宗信仰等都是其代表性文化。藏文化的基本形态是游牧文化，以藏

---

① 赵宗福：《论昆仑神话与昆仑文化》，《青海社会科学》2010 年第 4 期，第 10 页。

传佛教为统领，藏族历史、语言文字、典籍、信仰、社会制度、生产生活方式、人生礼仪、民间文艺、藏医藏药、工艺美术等共同构成了博大精深的藏文化体系。回族文化以伊斯兰教为统领，清真寺建筑、服饰、饮食、宴席曲、花儿、婚丧习俗等都是其标志性的文化。撒拉族文化也以伊斯兰教为统领，却有自己的特点，撒拉语、族源传说、民居、服饰、舞蹈、刺绣、口细等是其独特的文化积淀和创造。土族文化深受汉文化和藏传佛教文化影响，具有多元杂糅的特点，土语、扭达、七彩袖、载歌载舞的婚礼、拉仁布与吉门索、安昭舞、纳顿节、於菟、轮子秋、盘绣等是其代表性的文化符号。青海的蒙古族文化虽与国内其他地区的蒙古文化一脉相承，但有鲜明的地域特色，蒙古语和文字、蒙古包、具有藏化特征的服饰、饮食、礼仪、汗青格勒、祭海、那达慕等均是其民族文化的形象表征。

四是生机勃勃的当代文化。昆仑文化是不断发展的文化，具有包容性和持续性。新中国成立之后，党和政府领导青海各族人民创造了充满活力的当代文化，如从点点新绿到满园春色的文艺创作，日益繁荣和活跃的学术研究，蓬勃发展的报刊、电视台、电台等新闻业，形式多样的节庆活动和文艺汇演，传统与现代完美结合的各民族民俗文化，如火如荼的非物质文化遗产保护，方兴未艾的高原旅游文化，发展前景良好的文化产业，以及从 20 世纪 50 年代以来一直激励青海人艰苦奋斗的柴达木精神、青藏高原精神、自信开放创新的青海意识、玉树抗震救灾精神等精神文化。这些文化创造与昆仑文化一脉相承，在现代化语境下绵延不断地演绎着昆仑文化和昆仑精神，是昆仑文化在当代的延续与发展。

三　用文化自信促进地域特色文化建设

（一）培养和激发各民族文化自信

由于历史上的偏见和文化教育的滞后，某种程度上青海各族人民长期存在文化自卑的心理和情结，总认为自己文化落后，甚至认为自己没文化，即使是在各民族传统文化得到充分挖掘的今天，这种文化自卑心理仍然存在。近几年，在农村和牧区做田野调查时，跟农牧民群众访谈，常常可以听到"我们没文化"、"我们文化落后"之类的自谦言辞。而实事求是地说，生活在各民俗文化圈中的成员，虽然是本民族传统文化的创造者、传承者和享用者，他们生活在传统文化之中，却往往只知其然，而不知其所以然，更认识不到自己文化的珍贵。可以说，许多青海人其实并不了解自己家乡的文化，他们对身边的文化熟视无睹，甚至不屑一顾，认为其是落后或是愚昧的，尤其是那些深受现代文明熏染的年轻一代，对自己民族的传统文化知之甚少，他们的目光被现代文化和西方文化所吸引，认为传统文化是枷锁，是历史包袱，将其弃置一旁，全盘接受西方的生活方式和思想意识，这种思想倾向严重影响了青海人的文化自信和文化创造力。文化自卑心理是阻碍青海地域特色文化建设的重要障碍，而以三大民俗文化圈为主体和重要文化空间、在中国文化史上享有崇高地位的昆仑文化是青海各族人民文化自信的源头。我们要通过学校教育、报刊宣传、广播电视、节庆活动、文艺创作等多渠道、多角度地强化传统民俗文化教育，进一步维系和稳固三大民俗文化圈在当代的传承和发展，深化人们对青海以昆仑文化为主体的多元一体地域文化的理性认识，树立本土文化观，激发和培养青海人的民俗文化自信心理，进而用理性的文化自信推动昆仑文化建设，在当代社会重构传统文化的力量。

（二）以高度的文化自信推动地域特色文化建设

青海由藏传佛教、伊斯兰和儒释道三大民俗文化圈共同构建和承载的以昆仑文化为主体的多元一体地域文化在中华文化中独树一帜，具有典型性的意义和价值。昆仑文化不仅是青海地域文化的形象表征，还是青海经济社会发展的一个重要支撑点，是青海地域文化之所以能傲视全球，并引起国内外广泛关注和高度评价的重要依托和凭借。因此，在建设"文化名省"的过程中，我们要以高度的文化自信，充分挖掘青海民俗文化圈中的优势文化资源，进一步打造昆仑文化品牌，努力推动青海地域特色文化的大繁荣大发展。

昆仑文化品牌的打造是一项宏大的、长期的工程，应遵循"政府主导、统一规划、市场运用、民众参与、学界支持和媒体宣传"① 的战略方针。首先，省委、省政府应继续发挥以往在打造昆仑文化品牌方面的主导作用，联合省、市（州）、县各级政府相关部门，在全省范围内营造重视昆仑文化、狠抓昆仑文化品牌建设的良好氛围，并加强各部门、各州县之

---

① 赵宗福、鄂崇荣：《打造昆仑文化品牌的历史回顾与发展思考》，《2012 年青海经济社会形势分析与预测》，社会科学文献出版社 2012 年版，第 304 页。

间的联动，形成合力，联合打造昆仑文化品牌。其次，应全盘考虑，统一规划，组织力量对昆仑涵盖的多元文化进行全面挖掘和系统梳理，在此基础上制定科学、合理的昆仑文化品牌发展规划。发展规划要有具体的实施项目和量化的阶段发展，按步骤进行开发，要处理好重点开发与兼顾一般的关系，避免昆仑文化资源的盲目、无序开发。第三，应充分发挥学界的力量，加强学术研究和学术成果的转化。在支持省社科院继续办好昆仑文化国际论坛的同时，还要陆续举办"热贡文化论坛"、"格萨尔国际史诗论坛"、"原生态舞蹈国际论坛"等若干分论坛，对昆仑文化与各民族文化、各区域文化等关系梳理对接，提供新的资料，创新观点，为政府决策提供理论依据。继续发挥省社科院、昆仑文化研究会等研究机构和群众性研究团体的作用，集中力量生产高质量的学术成果，编辑出版"昆仑文化"系列丛书，逐步构建比较系统、完整的昆仑学，形成具有地域特色的昆仑学派。① 第四，应做好宣传推广工作，进一步提升昆仑文化的影响力。继续以各种重大节庆活动和体育赛事为重要平台，向外大力推介昆仑文化品牌。邀请国内著名导演、策划人和表演艺术家精心创作、编排以昆仑文化为题材的影视、动漫、演艺精品，投入市场，有效扩大昆仑文化的影响力。继续借助国内外媒体和互联网的力量，开展多层次、多方位、立体式的持久宣传。第五，应充分运用现代化的营销手段，进行市场化、产业化运作。把昆仑文化品牌建设与旅游业发展结合起来，将神圣的昆仑文化资源转化为特色人文旅游经济资本，实现二者的互动发展。建立昆仑文化博物馆和昆仑文化产业园区，加强昆仑文化的品牌公益性使用和产业化运作，使其更好地在青海文化产业发展中发挥辐射和示范带动作用。

第二节　弘扬优秀传统　增强文化自觉

一　民俗文化圈与文化自觉

（一）文化自觉的理性认知

著名社会学家费孝通先生指出：文化自觉就是"生活在一定文化中

---

① 赵宗福、鄂崇荣：《打造昆仑文化品牌的历史回顾与发展思考》，《2012 年青海经济社会形势分析与预测》，社会科学文献出版社 2012 年版，第 305 页。

的人对其文化有'自知之明'，明白它的来历、形成过程、所具有的特色和它的发展趋向，不带任何'文化回归'的意思，不是要'复旧'，同时也不主张'全盘西化'或'坚守传统'。自知之明是为了增强对文化转型的自主能力，取得为适应新环境、新时代而进行文化选择时的自主地位。文化自觉是一个艰巨的过程，首先要认识自己的文化，理解所接触到的多种文化，才有条件在这个正在形成中的多元文化世界里确立自己的位置，经过自主的适应，和其他文化一起，取长补短，共同建立一个有共同认可的基本秩序和一套与各种文化能和平共处、各抒所长、联手发展的共处守则。"①

费孝通先生的文化自觉概念是为应对经济全球化和文化多元化而提出来的，它指的是对自身文明和他人文明的反思，就是指一个民族国家在全球化和现代化的潮流中如何重新反省传统，认识历史文化，确立文化主体意识，增强民族文化的认同感；就是如何在多元化的世界文化形态中理解和认识其他文化，审时度势，取长补短，让自己的传统文化与时俱进，实现传统与现代的发展更新，进而在世界文化秩序中获得自己文化的坐标与位置，实现本民族文化的价值。近几年来，随着费孝通先生文化自觉重要学术思想的提出，随着21世纪初以来中国非物质文化遗产保护工作的深入展开，随着党的十七届六中全会强调"培养高度的文化自觉和文化自信"，文化自觉成为了中国全社会关注的热点，并逐渐成为我们党和学术界的共识。

（二）民俗文化圈与文化自觉的互动

文化自觉与文化自信一样，源自于深厚的历史文化传统。传统民俗文化是在日常生活中传承的生活文化，是传统文化的重要组成部分，而民俗文化圈是传承传统文化的特定的文化空间和重要载体。可以说，民俗文化圈与文化自觉之间有着密不可分的联系，二者在现代化进程中相辅相成，互相促进，共同发展。

民俗文化圈是文化自觉的力量和源泉。就某一个特定民俗文化圈而言，因其拥有不同于其他文化圈的语言、饮食、服饰、生产方式、信仰、节日、民间文学、民间工艺、游艺竞技等，才造就了这个特殊的、独一无

---

① 费孝通：《论文化与文化自觉》，群言出版社2005年版，第344页。

二的文化圈。这个文化圈中的每个成员，从小生活在自己区域或民族浓厚的民风习俗之中，对自己的传统文化有较深刻的了解和强烈的认同感，相对他者，他们更能准确地把握和分析自己文化的优劣之处，并做出取舍，也更有权利决定自己文化的最终走向。因此，民俗文化圈是文化自觉的立足点，民俗文化圈内独特的文化传统和文化积淀是各民族文化自觉之所以产生并发挥实际效应的动力与源泉。

文化自觉是民俗文化圈持续发展的思想基础和前提条件。民俗文化圈是一个特定的文化空间和文化系统，是人们直到今天仍在鲜活传承的精神家园。文化自觉是文化主体自我意识的觉醒、文化创造欲的涌流和文化实践变革力的显现，民俗文化圈内的各个成员只有具有了文化自觉意识，才能增强对民族文化的觉悟，更加深沉地热爱和守护本民族的历史和文化，并努力去创造新的文化，实现本民族民俗文化的创造性转化，即实现从"传统的"到"现代的"转化。文化自觉是传统文化持续传承的先决条件，只有以世界眼光，重新审视和反思自己的文化，准确把握自己文化的特点、价值和发展趋势，并以宽大的胸怀理解和学习其他文化，创新性地发展自己的文化，才能最终实现民俗文化圈的可持续性发展，才能最终实现中国文化的现代化。

目前，青海全社会的文化自觉意识正在自上而下，在政府层面的引导下开始提倡和普及，但远未成熟，尚无法应对各种文化的冲击及民俗文化圈传承濒危、特征淡化的危机。针对这种情况，知识分子应该站在时代的前沿，保持先觉，主动承担"文载于道"的社会责任，加强对民俗文化圈内各种文化事象的调查和研究工作。青年一代应改变对传统文化无知、无感情的状态，重新学习和认识本民族的传统文化，夯实文化根基，自觉地参与到传统文化的保护和创新发展之中。广大农牧民也应该深化对传统文化的认识，主动、自觉地传承自己的传统文化。当然，作为行政官员，也应有文化自觉意识，减少文化决策中的功利心，按照文化的规律去做文化的事。只有真正实现全民的文化自觉，始终保证青海民俗文化圈的可持续性发展，不断提升青海以昆仑文化为主体的多元一体文化的价值，才能最终在世界文化中找到青海文化的一席之地。

二　多元民俗文化圈的当代价值

(一) 传承和弘扬优秀传统文化

"民俗文化圈是在长期的历史发展过程中逐渐形成的,它是本文化圈中的每个个体对传统习俗文化实践的总和,它不是一朝一夕一蹴而就的。一个民俗文化圈一旦形成并定型,便显现出区别于其他文化圈的文化个性或文化风格,并且形成比较稳定的特性。"[①] 民俗文化圈一旦形成,便具有传承性和稳定性,那些凝聚了各族人民聪明才智的民俗文化传统就是在民俗文化圈这个特殊的文化空间中通过口头、行为和心理方式世代传承下来,而具有相同文化氛围和社会生活习俗的同一文化圈反过来又强化了民俗文化传统的传承和扩布,为优秀传统文化提供了其得以维系的肥沃土壤和文化营养。藏传佛教文化圈内的英雄史诗《格萨尔王传》是藏族人民杰出的文化创造,被誉为"东方的荷马史诗"和"东方的伊利亚特"。它既是目前世界上发掘的篇幅最长、流传最广的史诗,也是唯一仍在民间流传的活史诗,而这部伟大的史诗之所以内容包罗万象、卷帙浩繁,并直到现在仍在活态传承和不断被创造,就是因为藏传佛教文化圈内博大精深的藏文化给予了其源源不断的文化滋养,就是因为那些神奇的闻知、掘藏、吟诵、巴仲、圆光等演唱艺人才华横溢的创造和传播,就是因为藏族人民由衷喜爱本民族的这部伟大史诗,并有在各种集会、年节盛会和平日说唱格萨尔史诗的文化传统,才使得《格萨尔王传》具有如此恒久的生命力和永无止竭的创造力。

(二) 构建和谐社会的思想源泉

和谐社会是社会文明高度发展的标志,是一种在一定社会机制作用下,人与人、人与社会、人与自然之间,安定有序、和谐相处、协调发展的社会形态。和谐社会是社会主义社会的本质属性,也是建设中国特色社会主义社会的重要战略任务。作为各民族人民直接感知、最易于产生文化能量的文化传统,青海的多元民俗文化圈内蕴含着极为丰富的和谐思想源泉,如各民族的格言、歌谣、民间传说与故事、部落习惯法等,蕴含着极为丰富的关于实现人与人、人与社会、人与自然和谐相处的宝贵思想。如

[①]　马成俊:《论民俗文化圈及其本位偏见》,《青海民族研究》2000 年第 3 期,第 93 页。

汉族谚语："珍珠玛瑙不稀奇，团结和气无价宝"[①]；藏族谚语："茶叶离不开盐巴，汉藏两族是一家"[②]、"芍药牡丹一条根，各族人民是一家人"[③]；回族谚语："回汉人民心连心，个个是患难的兄弟"[④] 等颂扬了各民族的和睦团结。汉族《十劝人心》、土族《父母亲友歌》、回族《和睦歌》等民间歌谣劝诫人们父慈子孝、兄弟团结、妯娌和气、姐妹和顺、邻里和睦。

青海高原多元民俗文化圈中还蕴含着丰富的生态理念，尤其是藏传佛教文化圈内的各民族，在长期的历史发展中形成了极为丰富的环境保护理念和独特的生态观，并切实地将这观念落到了现实生活和生产实践中去，在生产生活中形成了许多保护自然、珍惜生命的禁忌习俗。如《律藏注疏》中所记述的比丘、比丘女必须遵循的、有关环境保护的准则：不得饮用有鱼类动物在内的水泽而伤害它们；不得在树茂草丰的地方重建房舍；不得乱砍滥伐花草树木；不得故意杀生；不得伐树割草以及炒青稞损坏种子等。[⑤] 此外，受不杀生观念影响而经常发生的藏族和蒙古族群众自愿"放生"活动，为敬神、消除污秽气而举行的藏族"煨桑"仪式，高原各民族所普遍具有的神山信仰、树木信仰、水神信仰等，都蕴含着可贵的环境保护意识的萌芽，体现着人与自然和谐相处的精神。各民族形成的这些独特的生态观对青海的环境保护发挥着潜在而不可低估的积极作用，是我们构建和谐社会的重要思想源泉。

（三）推动区域经济和社会持续发展的重要依托

当今时代，传统文化不仅是民族的生命基因和精神家园，更是一种宝贵的资本和资源。青海民俗文化圈中丰厚而独特的文化资源，是推动青海区域经济和社会持续发展的重要依托。在现代化和经济全球化背景下，重视和挖掘青海民俗文化圈深远的文化传统、博大精深的民俗文化资源，打通文化走向市场的通道，使民俗文化资源转变成文化资本，是实现文化自觉的重要环节。首先，民俗文化资源是发展文化产业的重要依托。青海各

---

① 《中国谚语集成·青海卷》，中国 ISBN 中心 2007 年版，第 226 页。

② 同上，第 336 页。

③ 许英国选编：《青海藏族民间谚语选》，青海人民出版社 1987 年版，第 121 页。

④ 《中国谚语集成·青海卷》，中国 ISBN 中心 2007 年版，第 229 页。

⑤ 桑杰端智：《佛学基础原理》（藏文），民族出版社 1997 年版，第 113 页。

少数民族特有的民间工艺、宗教艺术、医药、民族歌舞等文化产业，形成了独具特色的文化产业体系，取得了良好的经济效益。这些独特而丰富的文化财富和艺术瑰宝，一旦被纳入产业化发展的快车道，必将产生质的飞跃。其次，民俗文化资源也是发展文化旅游的重要依托。文化旅游是旅游产业深化的必然结果与阶段，民俗文化是文化旅游的重要资源和内容。近年来，青海将民俗旅游作为一个新的切入点和经济增长点，努力挖掘和整理民俗文化资源，用民俗文化提升青海旅游业的品位，努力构建"文化青海"的旅游品牌，凸显了青海文化旅游的优势。最后，民俗文化资源还是推动文化大繁荣大发展的重要依托。党的十七届六中全会根据历史和现实的变化发展，提出了推动社会主义文化大发展大繁荣、建设文化强国和中华民族共同精神家园的重大使命。青海民俗文化圈不仅是地域特色文化的重要载体，还是当代社会主义文化的重要组成部分，是各民族创造和生产新文化的动力和源泉。

三 构建优秀传统民俗文化传承体系

（一）全球化视野下的非物质文化遗产保护

"在21世纪全球经济一体化和现代化进程快速发展的背景下，留住记忆，保护和传承非物质文化遗产，已成为人类社会发展的重要课题之一。"① 非物质文化遗产保护是人类意识到文化多样性的重要性后，对自己民族传统文化反思和寻根的结果，不仅是文化自觉的重要标志，还是传承和弘扬优秀传统民俗文化、维护民俗文化圈可持续性发展的有效路径。中国自古以来就有保护非物质文化遗产的传统，但真正意义上的非物质文化遗产保护工作的深入开展，还是以2003年文化部、财政部、国家民委和中国文联联合启动的"中国民族民间文化保护工程"为标志，开始走上了全面、整体性的保护阶段。青海的非物质文化遗产保护工作与全国基本上是同步进行的，近10年来，通过政府引导、媒体宣传、学者的参与和呼吁，非物质文化遗产保护观念深入人心，各级政府也将非物质文化遗产保护列入重要工作之中，取得了显著成绩。而在非物质文化遗产保护工作的推动下，青海民俗文化圈内绚丽多彩的各民族传统民俗文化得到了保

---

① 王文章：《非物质文化遗产概论》，文化艺术出版社2006年版，第15页。

护与弘扬，甚至一些濒危或已消亡的民俗事象也得到了抢救和保护，并得到了创新性的发展。如湟源排灯、热贡艺术中的珍珠唐卡和木雕唐卡技艺、河湟皮影戏、目连戏、土族轮子秋和盘绣等。

　　非物质文化遗产保护工作的深入开展，唤醒了青海各民族民众对自己历史和文化的重视，提升了他们对自身文化的认同和自觉，也使青海民俗文化圈焕发出了新的生命力。但从非物质文化遗产抢救意识的唤醒到文化自觉是一个漫长的过程，也是一项艰巨的工程。在实施非物质文化遗产保护、提升各民族文化自觉的文化工程中，我们首先要充分认识非物质文化遗产保护对传承和弘扬优秀传统文化的重要性。青海民俗文化圈中丰富灿烂的非物质文化遗产是各民族优秀的文化传统和宝贵的精神财富，那些通过口传心授的方式世代相传的文化遗产中蕴含着各民族的精神特质、心理结构、文化理念和文化创造。因此，做好非物质文化遗产保护工作，就是延续了各民族的精神血脉和文化活力，对恢复各民族的文化传统、文化价值和文化尊严，维系和巩固民俗文化圈有着积极的意义和作用。其次，非物质文化遗产保护工作不能以商业化和产业化为最终目的。在非物质文化遗产保护过程中普遍存在一个认识误区，即以开发性和生产性保护作为非遗保护的主要手段，简单地将产业化和商业化视作非遗保护的最终目的，忽视非物质文化遗产传承和弘扬优秀传统文化与民族精神的社会价值。产业化发展是非遗项目保护的重要手段，但绝不是最终目的，对非遗项目开发利用的前提是尊重，是保持其良性传承，是在不损伤其文化品质和原生性的基础上，适度地进行创意和包装，走高精尖、突出其文化含量的市场路线。最后，正确看待在非物质文化遗产保护工作中某些文化遗产的变异和消亡现象。作为传统文化的精髓，文化遗产也是在传承中不断地发生变迁，随着传统社会向现代化社会转型，一些文化遗产会发生变异，还有一些文化遗产也可能消失。由此，要正确对待民俗文化圈内文化遗产的变异性特点，不能一叶障目地用"不变"来要求文化遗产，尽可能地做好非物质文化遗产普查工作，在不断地调适中寻求更理想的保护途径和手段。

　　（二）民俗旅游村和文化生态实验保护区建设

　　在当代中国，民俗旅游村是一个文化空间概念，特指改革开放后在旅游业的推动下出现的、实地开发的自然村寨，因具备独特的民俗文化和优越的区位等优势条件而被作为旅游开发对象。民俗旅游村是地方政府利用旅游开发实施民俗保护和管理地方文化多样性的有效途径，是对民俗文化圈内丰富多彩的地方传统的重建和复兴。青海的民俗旅游村建设较为滞后，虽然西宁及各州县都有以民俗文化村命名的旅游接待点，但大多以餐饮接待为主，民俗文化展示较少。就全省范围而言，互助的土族民俗旅游村建设相对完善，发展势头良好。以小庄村为例，民俗旅游不仅给小庄村带来了可观的经济效益，还促进了土族传统民俗文化的保护和复兴，激发了村民们的文化自信和文化自觉意识。在互助民俗旅游村中，濒临危机的土族服饰、花儿、轮子秋、安昭舞、歌谣等得到了抢救和复兴，成为各风情园文化展演的重要节目，即将失传的传统建筑工艺、酩馏酒酿造技艺得到了再现和展示，精美的手工刺绣品和盘绣品成为了深受游客欢迎的民间工艺商品。可以说，在旅游业的推动下，曾经一度没落的土族传统民俗在旅游中得到了传承和弘扬，实现了"文化记忆复苏"，并得到了一定的延伸和发展。

文化生态实验区是我国非物质文化遗产保护工作进一步深化的产物，是现阶段实现民俗文化圈整体性保护的创新和科学探索。2008年获批设立的青海热贡文化生态实验保护区是我国第三个国家级文化生态保护区，也是在少数民族地区设立的首个国家级文化生态实验保护区。整个保护区以同仁县为核心，辐射尖扎、泽库二县及坎布拉景区等地区，总面积达1.2万平方米，覆盖人口20余万，其建设工作重点是以黄南地区藏族、土族、汉族、回族、蒙古族等民族创造和传承的多元文化遗产为保护内容。该保护区处于青海藏传佛教、儒释道与伊斯兰民俗文化圈的交界地带，在这三大文化圈的长期碰撞和汇融之下，形成了以藏传佛教文化为主体的、文化形态多元和具有显著地域特色的热贡民俗文化圈。热贡文化生态实验保护区建设有力地促进了热贡民俗文化圈的传承和发展，那些承载着深厚历史文化意蕴的各类活态民俗文化成为热贡文化生态实验保护区各民族群众日常生活的一部分，热贡民俗文化圈内的优秀传统文化走上了生产性、整体性保护的渠道，焕发出了强盛的生命力。

互助小庄民俗旅游村和黄南热贡文化生态实验保护区的成功实践表明，民俗旅游村和文化生态实验区建设是传承和弘扬各民族优秀传统文化、实现和维护民俗文化圈良性传承的有效途径。尤其是民俗旅游村，很适宜在青海大范围推广。当前，须改变目前许多民俗旅游村只是一个符号和标牌，缺乏实质内容的现状，积极开发多种形式的民俗旅游项目，将青海各民族独特的饮食、歌舞、礼仪、民间工艺美术、手工技艺等民俗文化元素实实在在地融入到文化旅游中去，用绚丽多彩的民俗文化招徕游客，赢得美誉，进而通过民俗旅游村建设，激发民俗文化圈的自我创造性、自我发展和更新能力。在热贡文化生态实验保护区建设中，须注意文化生态空间的整体性保护，建立以非遗传承人和传承群体为主体，以非遗保护为核心，以文化空间和"文化基质"为保护重点的保护体系，实现热贡文化的科学保护、整体保护、活态保护和热贡民俗文化圈的良性传承发展。在严格保护文化遗产项目及其传承人和文化空间的前提下，科学发展热贡文化产业，允许能尽快产生经济效益的项目扩大发展，但也不能忽视对经济效益产生较慢，甚至只有社会效益的文化遗产项目的保护。在保持文化遗产本真性的基础上，根据时代要求，用现代科技适当进行改良和创新，赋予其新的活力。

第三节　构建民族和谐　促进文化认同

一　多元民俗文化圈的求同存异

青海藏传佛教、伊斯兰教和儒释道三大文化圈之间的社会交往和文化交流存在求同存异的显著特征，即在中华民族认同、国家认同和区域认同方面的求同，无论哪个民族都承认自己是中华民族的一员，承认自己是中国人，承认自己是青海人，且不同民族间统一用青海话（青海方言）交流。求异表现在文化多样性上，即各民族在尊重其他民族文化的前提下，各自发展自己的民族文化，注意保持自己的族群特点、文化传统和文化个性。而在多元民俗文化圈求同存异地发展的过程中，藏传佛教、伊斯兰教和儒释道三大民俗文化圈之间的互相采借、互相尊重和文化共享现象极为普遍。

（一）多元民俗文化圈的互相采借

"文化采借（Cultural borrowing）"指对外来文化元素和文化集丛的借用，是文化积累的途径之一。两种文化接触后发生传播，在传播过程中互相采借对方的文化，是文化发展的普遍现象。"① 青海的六大世居民族长

---

① 转引自《互动百科》，（www.hudong.com）。

期以来交错而居、共同繁衍生息，形成了"大杂居、小聚居"的分布格局，也形成了各民族宽容博纳、开放进取的民族性格。故而在语言文字、宗教信仰、建筑、服饰、饮食、民间文艺等方面，三大民俗文化圈内的各民族互相学习，取长补短，均存在大量的文化采借现象。如乐都县卓仓藏族位于河湟儒释道文化圈的中心区域，深受汉文化影响，其藏语中借用了大量的汉语词汇，其语法、语音也受到汉语的一定影响。道教崇奉的关公、二郎神、文昌君成为许多喇嘛庙中供奉的对象，安多地区藏族还把关公看作四大天王中的南色天王，即藏传佛教的财神。藏传佛教民俗文化圈中的藏族、土族群众也信仰汉族道教中的二郎神，塔尔寺、瞿昙寺、隆务寺、佑宁寺、夏琼寺等著名寺院的建筑具有藏汉合璧的特点，而东关清真寺、张尕寺、洪水乡清真寺等也既有汉族建筑艺术，又有阿拉伯建筑风格。土族《格赛尔》是对藏族英雄史诗《格萨尔王传》的采借，回族和撒拉族的民间故事《噗噜噜》、《鹆鹆阿吾》及土族的民间叙事诗《白鹦鸽》等故事是对汉族白鹦哥孝母——敦煌的《鹦哥宝卷》的采借，汉藏、土藏、汉撒拉语合璧的"风搅雪"花儿等，均是对彼此文化元素的互相采借等。

青海多元民俗文化圈中的文化采借现象不仅发生在三大民俗文化圈之间，也发生在同一文化圈内的各小文化圈之间，且各文化圈之间的采借也不是完全对等的，采借也不是毫无选择地进行的，情况十分复杂。具体地说，有以下特点：第一，汉文化和藏文化对其他民族文化的影响较大，被采借得文化元素也较多，彼此之间互相采借的情况也较为普遍，而土、蒙古族的文化元素被采借得较少。伊斯兰教民俗文化圈保持着自己的相对独立性，对藏传佛教、儒释道文化采借不多，而其他民族对伊斯兰信仰持尊重态度。第二，使用价值较大的文化元素和符合各民族特性的文化元素比较容易被采借，反之，与本土文化有抵触或差异大的则不易被采借。如在语言、饮食、生产技艺等方面，各民俗文化圈、各民族之间的采借现象随处可见，佛教、道教与民间信仰之间的采借较为普遍，但伊斯兰教信仰不易被其他民俗文化圈和民族所采借。第三，各民俗文化圈、各民族之间的文化采借不是对所有外来文化进行全部采借，也不是原封不动地采借，而往往是有选择性地选取符合本民俗文化圈和民族心理特性的先进文化元素，用本土文化元素进行改造、再创造，将其变为本土文化创造后加以运用。

　　（二）多元民俗文化圈的文化共享

　　青海多元民俗文化圈是一个文化共同体，三大民俗文化圈内的各民族在长期的生产和生活实践中创造了自己独特而丰富的文化传统，形成了自己的文化个性和文化系统，但与此同时，他们也共同创造、共同传承和共同享用着一些经典的文化事象，主要表现在节庆、民间文艺、生产和生活习俗等方面。

　　从节庆文化来说，东部农业区的藏、土和蒙古族与汉族一样，都过春节、元宵节、清明节、端午节、中秋节、腊八等传统节日。尤其是春节，是各民族一年中最隆重、最盛大的节日，其持续时间之长、仪式之繁缛、内容之丰富令人感叹不已。而从庙会、朝山会等民间祭祀活动演化而来，每年从农历二月二到九月，尤其是五、六月份各地集中举行的 30 多个花儿会，是青海各族群众共同参与的"诗与歌的狂欢节"。21 世纪以来，青海大力打造的国际性的"环湖赛"、"诗歌节"、"摄影节"以及西宁和各州县举办的形式多样的旅游文化节也都是多民族共同参与的文化盛会。从民间文艺来说，花儿是多元民俗文化圈内文化共享的典型例证。具体地说，花儿的唱词虽主要来源于汉族文学，但其曲调却充分吸收了藏、回族等少数民族音乐的文化元素，而宗教信仰不同又大都有自己本民族语言的青海六个世居民族用河湟方言共同传唱花儿、热爱花儿，从而创造了中国乃至世界民歌史上的一个奇迹。唐卡、壁画、堆绣等虽以藏传佛教文化为主体，但其中也融汇了藏、土、汉等多民族的聪明才智，是整个青海人民共享的文化财富。从生产技术来说，早在汉代赵充国屯田时，中原先进的耕作方法和生产工具如铁犁牛耕技术、水磨技术就传入了青海，一直到 20 世纪 80 年代，这些生产技术仍在沿用。可以说，青海东部农业区的各民族近两千年来一直在共享汉族先进的生产工具、耕作和灌溉技术。在生活习俗方面，除了一些特殊的习俗外，各民族的民居、服装、饮食越来越趋同化，手抓羊肉、面片、拉条、奶茶、酸奶等成为了深受各民族喜爱的地方特色食品，在人情礼节方面，各民族都遵守儒家的伦理道德，尊老爱幼，注重礼仪，十分好客。

　　（三）多元民俗文化圈的互相尊重

　　青海多元民俗文化圈内的各民族在保持自己民族特性的同时，"美人之美"，对其他民族的文化持有包容、尊重的态度，能采借的就采借，能

共享的就共享，不能采借和共享的，就包容和尊重，在文化上的互相尊重是青海多民族长期友好相处的重要原则。

从宗教信仰来看，青海是多宗教地区，本教、萨满教、藏传佛教、伊斯兰教、道教、民间信仰、基督教等多元并存，各宗教之间虽教义不同，但互相尊重，没有产生大的宗教冲突，还留下了一些各宗教互相尊重的事例和传说。如根据历史记载和民间传说，循化张尕寺是藏、撒拉两族人民互相尊重的见证，据说撒拉族先民迁来之后，需要宗教场所举行宗教仪式，当地藏族主动让出寺基，并担任了掌尺师傅，帮助砍伐木料，与撒拉族共同修建了清真寺。礼拜大殿修成后，撒拉族民众对藏民族的无私帮助十分感激，一致要求有所表示，纯朴善良的藏族掌尺师傅就在大殿前厅南北梁中央，精心雕饰了两个圆形套环，分别代表藏族和撒拉族。① 据《西宁东关清真大寺志》记载，该寺西宁大殿殿脊中央安装的 3 个镏金经筒是 1921 年大殿重建竣工时甘肃拉卜楞寺嘉木样活佛赠送的礼品。1999 年10 月，西宁东关清真大寺举行"旧房改造与扩建工程竣工典礼"时，塔尔寺西纳活佛、夏格日活佛、西宁北山土楼观主持喇宗静道长等亲自携礼来祝贺，这都是藏传佛教与汉文化尊重伊斯兰教的典型例证。

从民族交往来说，青海汉族、藏族、回族、土族、撒拉族、蒙古族人民长期互相尊重、和睦共处，是多元民俗文化圈不同文明交往成功的典范地区。早在唐代，汉藏之间就结成了舅甥姻亲，长期保持着友好交往的关系。而从中亚迁来的回族、撒拉族进入青海后，与藏、汉族通婚，逐渐形成了今日的民族共同体，尤其是撒拉族，早期与藏族通婚较多，至今仍称藏族为"阿香桑"、"阿舅家"。而在长期的交往中，青海汉、藏、土、蒙古族的人民尊重回族、撒拉族的禁忌习俗，在日常用语中将猪肉改称"大肉"，在与回族、撒拉族人打交道时，一般不说"猪"这个词，给回族人赠送食品或请客吃饭，都要用清真食品或到清真饭馆。

二 多元民俗文化圈是构建和谐社会的重要力量

（一）多元民俗文化圈中的和谐传统与特质

在多元民俗文化圈形成和发展的过程中，青海各民族在文化上互相交

---

① 云公保太：《民族文化交流漫谈》，青海人民出版社 2004 年版，第 37 页。

流、彼此交融、求同存异，在经济上互相依存、取长补短、互利互惠，形成了"和而不同"、"和睦相处"的和谐传统和特质。青海的多元民俗文化圈中蕴含着极其丰厚的精神内涵，其中有许多有积极意义的思想观念，对社会主义和谐社会构建起着积极的推动作用。就青海高原多元民俗文化圈这一整体而言，善、慈悲和爱是藏传佛教、伊斯兰教和儒释道三大民俗文化圈中最主要的精神内核。藏传佛教以"悲"为成佛的基础，"悲"就是慈悲心，指的是对有情众生的博大爱心和无限怜悯的同情心，其准则就是戒恶扬善，而因果报应和轮回转世的生命观与灵魂观是善与慈悲心的延伸，不伤生害命、积德行善、以修来世是藏传佛教信徒们的行为准则。汉族儒释道文化圈中"都要求信众止恶从善，善于分辨善恶、是非、真假，从而保持身心清净；……要有平等、真诚、慈悲、宁静的心态和温和、善良、恭慎、节俭、礼让的五德气质，涤荡淫欲、憎恚、焦虑、不安、疑惑等心智方面的骚乱不净"[1]。伊斯兰文化圈中也有很明显的和谐理念，如"你们当亲爱近邻、远邻和伴侣"（《古兰经》4：36），要求信众以和平善意待人，要诚信、宽容，提倡与人为善、与邻为伴、以诚相待、公平相处等。这些直到今天仍在人们的日常生活中发挥着重要作用的具有普世价值的信念和教义不仅能净化人的心灵，有益于人们的身心健康，还是青海构建和谐社会的重要思想基础。

青海各民族人民有着团结友好、互相帮助的良好传统。在经济方式上，藏族、蒙古族以牧业生产为主，为高原居民提供了大量畜产品，汉族、土族以农业生产为主，补充了畜牧经济的天然不足，回族和撒拉族则以商业经济为纽带沟通了牧业区和农业区的交流，形成高原特有的民族经济互补模式。在循化地区，"撒拉族不足的粮食、柴草需要文都、道帏等地的藏族农业区和回民供应，而藏族需要的蔬菜、果品、茶、布、工艺品等则由撒拉族和回族转运过去，并将藏族牧业区的羊毛等畜产品转运到外地"[2]。在经济互补的过程中，三大民俗文化圈内的各族人民缔结了深厚的友谊，形成了和谐共存的优良传统，这是青海和谐社会构建的坚实的历史和社会基础。

---

① 蒲文成：《河湟佛道文化》，青海人民出版社2010年版，第314—315页。
② 《青海回族撒拉族哈萨克族社会历史调查》，青海人民出版社1985年版，第47页。

（二）多元民俗文化圈的内聚力和向心力

民俗文化具有规范性和维系性，它对社会群体的"软控"是一种有力的深层控制，对社会群体文化心理的维系更是根深蒂固的。青海多元民俗文化圈自形成以来，便具有规范社会群体、维系和凝聚社会群体成员的功能，呈现出了较强的内聚力和向心力。

首先，多元民俗文化圈在意识形态方面具有凝聚力。如各民族的民间文学、曲艺、传统戏剧、礼仪、俗信等蕴含着各民族人民对自己历史文化和现实生活的朴素认知，蕴含着他们的世界观、人生观和道德伦理观，表达着他们热爱国家、热爱民族、崇尚美德、鞭挞丑恶的情感，在有形无形中尽着规范行为、凝聚人心、劝善诋恶的功能。其次，多元民俗文化圈中的传统节日和共享的文化事象具有凝聚力。青海各民族除了过春节、元宵、清明、端午、中秋等汉族的传统节日外，还有各自的民族传统节日，如藏族的藏历新年、回族的开斋节和古尔邦节、土族的纳顿节、蒙古族的火神节等。在全国性的节日中，各族人民的节日饮食、仪式、庆祝活动大同小异，大家在和谐统一的欢乐气氛中加深了对国家和中华民族的归属感与认同感，从而凝聚了人心，加强了团结。而在民族传统节日中，本民族成员们聚集在一起，膜拜同样的神灵，举行同样的仪式，展演自己民族的文化，无形中加强了民族内部的凝聚力。第三，多元民俗文化圈在宗教信仰方面具有凝聚力。青海多元民俗文化圈具有浓厚的宗教色彩，尤其是藏传佛教民俗文化圈和伊斯兰教民俗文化圈，宗教是其得以形成的至关重要的因素，其文化的各个方面，无不渗透着宗教的因子。如伊斯兰教民俗文化圈内的回族、撒拉族、保安、东乡等民族，由于都信仰伊斯兰教，对彼此的认同感很强，凝聚力也很强。第四，多元民俗文化圈在社会组织和物质生产方面具有凝聚力。过去，青海的民间组织较多，广大农村的许多村庄大都是以宗族为核心发展起来的单姓村，宗族组织的势力较大，如撒拉族的"孔木散"；而以寺院和清真寺为核心的宗教组织影响也较大，如回族和撒拉族的"者麻尔提"。此外，还有一些为举办社火或庙会而临时组织的民间组织和民间宗教组织，如汉族的火神会、土族的排头和嘛呢会等。这些民间组织不仅起着维系宗族、社区的社会秩序，规范和约束成员行为的作用，还加强了宗族、社区成员之间的交往与联系，强化了宗族和社区的凝聚力。

（三）多元民俗文化圈是构建和谐社会的集体无意识力量

青海是一个多民族多宗教的地区，在漫长的历史发展中，生活在这片广袤土地上的各民族人民彼此辅助、团结和睦，藏传佛教、伊斯兰教、道教、萨满教等不同宗教并行不悖、互相尊重，不同民族文化之间互相宽容、互相认同，形成了各民族和睦相处、多种宗教相融共处、民族文化"和而不同"的和谐历史传统。中华人民共和国成立之后，在中国共产党的领导下，在党的民族政策的引导下，青海各民族互相尊重、互相学习、互相帮助，更是形成了"汉族离不开少数民族，少数民族离不开汉族，少数民族之间也相互离不开的"的社会主义和谐民族关系。这些为我们今天构建和谐青海奠定了坚实的民族基础，构筑了良好的社会氛围，积淀了丰厚的文化底蕴。在青海和谐社会构建中，青海多元民俗文化圈不仅给这一区域的文化发展提供了丰富的人文资源和强大的精神动力，还以其深厚的历史文化传统对生态环境保护、促进人与自然和谐相处中发挥着积极的作用，从而成为构建和谐社会的"集体无意识"的力量。当前，我们要充分挖掘青海多元民俗文化圈中的和谐传统和特质，大力弘扬各民族长期积淀下来的民族内部成员之间、民族之间、宗教之间、人与自然和谐发展的内涵和优势，努力构建经济社会发展、民族团结、宗教和谐、生态平衡的和谐社会。

三 多元民俗文化圈是促进文化认同的思想根基

（一）历史记忆和族群认同

族群认同是指个体对本族群的信念、态度，以及对其族群身份的承认，包括自我认同和他人归类识别。而历史记忆是一个民族或族群的集体记忆，以族谱、传说、历史记载、口述史、碑刻等种种形式存在，是维系和强化族群认同的重要工具。青藏地域辽阔，民族众多，但由于地处偏远，历史上社会发展相对滞后，文献记载也相对简陋，有关各民族的族源和历史发展更是鲜见于史册典籍，但青海民俗文化圈内各民族的族源和氏族传说较为丰富，甚至一些部落和村庄也有自己的来历传说。如汉族"南京珠玑巷"的移民传说、藏族《藏族的起源》、回族《回回民族的来历》、撒拉族《骆驼泉》、保安族《保安族的来历》等都是著名的族源传说，是各民族对自己民族历史的民间记忆和追述，各民族人民通过讲述族源传说强化和维持族群边界，凝聚族群认同。

青海各民族分布广而杂，因聚居区生态环境、生产方式、文化空间的不同，即使是同一民族，其民族文化也有较大的差异性，且有些民族的历史来源十分复杂，在长期的历史发展中大都经过了民族融合和重构的过程，甚至到现在还在融合和重构，民族文化的涵化和各民族间的同化现象也较为普遍。因此，青海多元民俗文化圈中各民族的族群认同呈现出错综复杂的形态，既具有民族性，又有地域性，还有一些因长期受地域强势文化或宗教影响在文化心理和民族属性上趋同于他文化的族群认同。如同仁土族，由于长期受藏文化影响，加上藏语、藏文化在同仁地区处于优势，越来越多的年轻人开始倾向于认同藏族。而卡力岗人和河南"托茂家"则是受伊斯兰教影响，不仅在族属方面认同于回族，还在文化上越来越趋同于回族。

（二）多元民俗文化圈中的民族多重认同

人的社会身份是多重的，同样，文化认同也具有多重性。青海多元民俗文化圈中的成员均具有多重的社会属性，如国家属性、民族属性、地域属性、宗教属性等。即各文化圈的群体成员都是中国人，在这个前提下才具体属于某个民族、信仰某种宗教、是某个地区的人，也因此产生了多重认同，既有对国家、中华民族的高度认同，又有对青海地域的认同，更有对本民族和其他民族的认同。其中，国家认同、中华民族认同应超越于其他认同之上，即无论哪个民族、信仰何种宗教，必须首先承认自己是中国人，是中华民族的一员，这是青海多元民俗文化圈的文化认同中必须强调和重点建设的方面。其次，文化往往跟一定的区域相关，即使同一族群，不同的地域也会形成不同的文化风格，对地域文化的认同就是地域认同。三大民俗文化圈内的成员隶属于不同地区，对青海地域乃至自己生长的家乡的认同是其重要的情感，这种情感在本土内可能还感受不到或不太强烈，可只要到了异乡，地域认同就成了联系彼此的纽带，建在外省的老乡会、同乡联谊会就是地域认同的产物。第三，青海是多民族地区，族群认同是其文化认同的重要组成部分，汉、藏、回、土、撒拉、蒙古等民族的成员对自己和他人的民族身份有着明确的认识和定位，在交往时会互相认定对方是什么民族，或强调自己是什么民族，会自觉不自觉地遵守本民族的禁忌，尊重其他民族的风俗习惯，并对各自的民族文化也有强烈的热爱感和自豪感。第四，藏传佛教、伊斯兰教、汉传佛教、道教等制度性宗教对青海各民族影响较深，三大文化圈内的各民族在共同的信仰基础上建立起了文化认同，如藏、土、蒙古及部分汉族对藏传佛教文化的认同和尊崇，回族、撒拉族、东乡族、保安族等对伊斯兰文化的认同和尊崇，汉、土族对道教和民间信仰的认同与尊崇。这种宗教认同加强了各民族间的联系和文化认同，如信仰同一宗教的民族，其相互通婚的比例较高，社会交往也较密切。反之，信仰藏传佛教与信仰伊斯兰教的民族之间的族际婚姻较为少见。

（三）现代文明冲击下的文化认同与文化适应

全球化压缩了世界的文化空间，信息技术和互联网让各种思想、观念和文化在世界范围内迅速传播，现代文明正在润物细无声地改变着青海传统社会和文化的面貌，也影响着青海民俗文化圈内各民族的文化认同。就身处城镇地区的年轻一代来说，他们的视野越来越开阔，文化观越来越包容，也越来越会享受现代化带来的便利，其民族意识、信仰意识在逐渐淡化，地域认同、民族认同、宗教认同已不那么强烈，而对西方文化、现代文化的认同在日趋增强，西方的圣诞节、情人节已成为跟端午、中秋一样重要的节日，肯德基、美国好莱坞大片也成了深受青睐的餐厅和文化快餐。农牧区的年轻人虽然受西方文化相对较少，但便捷时尚的现代生活方式、经济利益至上的观点也在无形中影响着他们的人生观和价值观。在青海民俗文化圈现代转型的进程中，有些民族的传统服装逐渐成为了节日盛装或舞台上的表演服装，民间歌谣也渐渐远离人们的日常生活，取而代之的是流行歌曲，电视、书籍代替了生动的民间故事讲述，而随着农牧业生产方式的改变，一些传统的生产习俗、信仰观念和仪式也在慢慢消失。可以说，随着现代文化在各民族中的强势传播，青海多元民俗文化圈内的各民族，尤其是小民族的服饰、饮食、歌舞艺术、生活和生产方式基本上被现代化同化，趋同化的现代生活成为了当代民俗文化的主流。

但另一方面，青海多元民俗文化圈在现代化的浪潮冲击下不断地调适，甚至焕发了新的活力，出现了一些与时代前进相适应的新风尚、新习俗，形成了现代的新民俗文化。如近几年，春节期间，青海东部农业区兴起了团拜会，一些村庄搭起了戏台，在节日期间里请老人们到台下就座，安排专人做菜煮肉，轮番给老人敬酒，村里的年轻人则在舞台上表演节目，唱民族歌曲，跳藏舞，舞狮子，甚至还有少儿舞蹈，全村男女老幼聚在一起欢度佳节，气氛十分热烈。这是敬老、拜年和民间文艺等习俗在春节的特定时空和场域中的集中展演，是传统民俗在现代化背景下进行文化适应后的产物，显示了传统民俗的张力和活力。

第四节　利用资源创新　推动文化繁荣

一　当代民俗文化圈资源的整合

"所谓文化整合，即指不同文化相互影响、吸收、融化、调和而趋于一体化的过程。"① 文化整合是各种文化在社会发展进程中实现的更新与融合，是文化发展的一种正常趋势。作为各民族的日常生活文化，青海民俗文化圈中的民俗文化资源整合大致有两个方向：一是纵向整合，即传统民俗与现代民俗的整合；二是横向整合，即不同地区、不同民族之间民俗文化的整合。

（一）传统与现代的整合

从我国民俗的发展来说，当代民俗其实就是传统与现代整合后的产物，如从节日习俗来说，春节和端午节在民间被列入"四大节"的地位是在进入现代之后才定型的。辛亥革命后，中华民国政府为了标榜自己的现代性，放弃夏历，改用公历（西历），还将阴历 1 月 1 日称为"春节"，将其原有的名称"元旦"、"新年"让给阳历的 1 月 1 日。② "五一"劳动节、"十一"国庆节等是中华人民共和国成立后的新节日。近 30 年来，在中国大步迈向现代化的过程中，青海民俗文化圈内原有的许多民俗事象逐渐退出了现实的日常生活，成为了"遗留物"。如"二牛抬杠"、水磨、纺线、织褐、制陶等生产技术已成为了记忆，不复存在。但同时，青海民俗文化圈中的一些民俗事象与现代文化资源相结合，有了新的发展，尤其是与现代科技、经营理念的整合使传统民俗文化圈的面貌发生了巨大改变。

---

① 林耀华主编：《民族学通论》，中央民族大学出版社 1997 年版，第 395 页。
② 高丙中：《对节日民俗复兴的文化自觉与社会再生产》，《江西社会科学》2006 年第 2 期，第 9—10 页。

　　传统民俗与现代产业的整合是青海民俗文化圈发展的一大趋势。如酩馏酒原是青海汉族、土族等世居民族家酿的低度白酒，有一整套手工酿造的传统技艺，其酒坊都是手工作坊。中华人民共和国成立后，互助县威远镇成立了互助酒厂，配备了现代化的酿酒机器，形成了从踩曲、制坯到煮馏等完整的酿造技艺和独特的科学配方，研制了互助特曲、互助头曲、天佑德、七彩互助、八大作坊等新品种，多次在国际博览会、名酒评比中获奖，还成立了青稞酒业集团，成为上市公司。在青海民俗文化圈中，除了青稞酒外，热贡艺术、昆仑玉、藏医藏药、民族歌舞、民族工艺品等的产业化发展，不仅给各民族人民带来了巨大的经济效益，还极大地促进了这些传统习俗和技艺的复兴，使其呈现出了蓬勃发展的景象。此外，传统民俗与现代传媒、音像、动漫等现代文化资源的整合，使青海的民俗文化走向世界，扩大了青海多元民俗文化圈的影响力和辐射力。

　　（二）不同民族民俗文化资源的整合

　　青海各民族的民俗文化都不是单一、孤立发展的，而是在相互交流、相互整合中发展，尤其是在当代，各民族的文化交流更加频繁，文化整合的现象也日趋增多。在青海民俗文化圈中，各民族民俗文化的整合，有些是在政府主导下产生的，有些则是自发整合。各级政府为了推动区域经济、文化和社会发展，往往将管辖区内的各民族文化整合在一起，打造综合性的文化品牌，统一协调发展。如黄南州积极挖掘多民族文化资源，将其境内的藏、土、汉、蒙古、回族等民族的古建筑、民居、传统技艺、民间文艺、生产和生活习俗整合在一起，打造了一个区域性的文化品牌——"热贡文化"。而湟中县将农民画、壁画、泥塑、堆绣、雕刻（木雕、砖雕、皮雕）、镶丝、银铜器、藏毯等汉族、藏族民间工艺美术整合到一起，打造出了一个新兴的民俗文化品牌——"八瓣莲花"。各种级别和形式的民族文化旅游节是青海省整合各民族民俗文化资源的重要手段，从2003年开始，青海省在重视开展民间节庆的基础上，汇集众多的文化遗产项目，策划举办了多项融经贸、体育、文化、旅游为一体的节庆文化，如青海民族文化旅游节、中国土族文化旅游节，黄南热贡文化艺术节、果洛玛域格萨尔文化艺术节、海西柴达木民族文化艺术节等。这些节庆活动的内容包括非物质文化遗产成果展、民族民间工艺美术展、民歌演唱会、民族服饰与歌舞展演、花儿歌手邀请赛等，是各地各民族传统民俗文化的整合展演和弘扬。近几年，青海省大力打造的昆仑文化品牌，也是将各民族、各区域的传统文化整合在一起而形成的综合性文化品牌。

二　当代民俗文化资源的重构

（一）现代化语境下对优秀传统民俗文化资源的传承

当今时代，科技和信息高速发展，现代化不仅带来了政治、经济和文化的剧变，还对民俗文化圈的发展产生了深刻影响。在现代化的冲击下，青海民俗文化圈内的各族人民并没有舍弃自己的传统文化，而是通过各种方式传承和弘扬着本民族的优秀传统民俗文化。现阶段，青海多元民俗文化的传承主要有三种渠道：一是日常生活中的传承。各民族的民俗文化是其在长期的生产生活实践中创造的最具有历史底蕴和生活气息的文化，渗透于各民族的精神血脉之中。那些美妙的歌舞、古朴华美的服饰、风味独特的饮食、热闹非凡的民族节日，以及散发着神圣气息的信仰习俗，仍鲜活地存在于各民族生活之中，本身就是日常生活的一部分。在现代生活的语境下，虽然有一些民俗由于不适应时代的发展自然消亡，但更多的民俗事象得到了生活化的传承。二是开发利用中的传承。就是将民俗文化当成一种资源和资本，通过开发利用获取经济和社会效益。青海的文化产业和民俗旅游都是以三大民俗文化圈中的优秀传统民俗文化为重要资源而进行文化再生产的，前已所述的热贡艺术、昆仑玉、藏医藏药、藏毯、清真饮食等文化产业发展态势良好，产业化发展使青海的多元民俗文化圈获得了前所未有的生命力。三是保护和研究中的传承。新时期以来，政府、学界、文艺界和新闻界对传统民俗文化给予了高度重视和关注，藏族英雄史诗《格萨尔王传》的搜集整理取得了丰硕成果，各州县的"民间文学三套集成"、省级的"民族民间文化十套集成"及各种"花儿集"陆续出版，使青海民俗文化圈中浩瀚的民间口头文学得到了传承和保护。非物质文化遗产保护工作深入地开展，在很大程度上推动了传统民俗文化的传承和复兴，使青海民俗文化圈内的一些濒临灭绝的传统民俗文化得到了抢救和保护。

（二）具有地域和民族特色的新民俗建设

从青海民俗文化圈在当代的发展看，党和政府始终关注青海民俗文化的发展，将青海独特的民俗资源与全国性的文化运动结合起来，创造了一些具有地域和民族特色的新民俗。如在儒释道民俗文化圈中，20 世纪 50 年代，青海文艺工作者探索实践后，尝试性地将平弦曲艺的唱腔曲牌移植到传统折子戏和现代戏之中，产生了新的地方戏曲剧种——平弦戏；青海京剧团还将藏族民间音乐掺杂到京剧曲牌之中，把藏传佛教寺院音乐借用到京剧锣鼓音乐之中，在不同年代创编了一系列反映藏族题材的剧目；20 世纪 70 年代初湟中县兴起的民间绘画热潮，发展至今已拥有了由藏、回、汉等多民族成员组成的优秀的农民画创作队伍，也形成了青海民间艺术中一个独特的门类——"农民画"。湟中农民画以其独特的艺术风格和浓郁的地方特色而著称，是中国农民画中的一枝奇葩。

在藏传佛教民俗文化圈中，民间自发形成或革新后的新民俗有马背藏戏和黄南藏戏。1952 年，果洛州甘德县龙恩寺活佛班玛登宝为发展民族艺术，结合果洛游牧文化的精华和特征，改进了藏戏传统的表演方式和部分内容，形成了马背藏戏这一独特剧种。① 果洛地区马背藏戏的表演团体少则由十几套人马组成，多则由上百套人马组成，主要表演民间传说、神话故事、历史史诗等方面的内容，在表演时，往往还穿插诗歌、格言、谚语、故事、赞词等内容和丰富的马术演技，以展现和丰富剧目内容。黄南藏戏是安多藏戏的一个分支，中华人民共和国成立前只能在隆务寺演出，只准僧人观看，俗人不能观看。1957 年宗教改革后，隆务寺大批僧人还俗，不少艺人回乡，黄南藏戏从寺院走向了民间。1980 年以后，黄南藏戏得到了提高与革新，除了传统剧目外，还增加了展现唐卡艺人在"文革"时的遭遇，歌颂其热爱民族艺术执着情怀的现代藏戏《金色黎明》。

三 民俗文化的创新与文化繁荣

(一) 在传承中创新

法国社会学家皮埃尔·布迪厄认为：文化是动态的、不断发展变化的，是处于一个不断生产和再生产的过程，通过不断的"再生产"维持自身平衡，使社会得到延续。② 同样，民俗文化也是随着历史的发展、生

---

① 王传章：《文化记忆之马背藏戏》，青海博客（http://wwzwht.blog.qhnews.com）。
② 转引自宗晓莲《布迪厄文化再生产理论对文化变迁研究的意义》，《广西民族学院学报》2002 年第 2 期，第 22—23 页。

活的演进，自发和渐近地发生着变迁和创新。变迁和创新实际上是民俗文化机能的自身调适，也是民俗文化圈的生命力所在。我们所处的是一个信息高速发展、世界文化日益多元化的时代，民俗文化变迁的速度和广度超过了任何一个时代。在青海民俗文化圈中，许多古老的民俗文化事象也正适应形势的需要，在传承中创新，在创新中发展。其中，有的从民间日常生活走上各种表演舞台，在展演中重新获得生存空间。如以前不能登上大雅之堂，只在田野中传唱的花儿，在其民间的生存空间日益萎缩之际，成为了影像制作、文艺会演、广播电台及电视娱乐节目的宠儿，不仅拓展了其生存空间，还扩大了影响；有的顺应文化产业化的发展趋势，从神圣的宗教用品变成了深受人们喜爱的民间工艺美术品，走上了产业化发展的道路，如精美绝伦的热贡艺术从封闭的寺院走向广阔市场，成为青海民间工艺美术的龙头产业。热贡艺术业的方兴未艾，不仅使其传承人每年持续增加，传承链条进一步加强，还使已濒临灭绝的珍珠唐卡、木雕唐卡等技艺得到了抢救。

（二）古为今用的科技创新

科技创新是当代民俗创新的重要内容。20 世纪 90 年代以来，现代科技、信息和现代文化元素被频繁地运用到青海民俗文化圈中的传统民俗改良之中，使古老的民俗焕发了新的生命力。如近几年，湟源县文化部门在保留传统的基础上采用先进的光、电、声技术和新型材料对排灯进行了合理的创新，让排灯画面中的人物、山水、花鸟等活动起来；土族人用现代技术对轮子秋进行了多方面改进，用钢板、钢丝、滚珠轴承代替木制的车轮和车轴，还增加了轮子秋的整体高度和宽度，使轮子秋更为安全美观；塔尔寺的酥油花艺人们用现代技术对酥油花技艺进行了改造，使遇热就融化的酥油花能保持一年之久，让更多的人能欣赏到美妙绝伦的酥油花艺术；互联网、电视、广播等现代传媒在传播和弘扬民俗文化方面也功不可没。

（三）民俗文化创新是青海地域文化繁荣发展的不懈动力

任何民族文化的生命力、延续力都有赖于其自身不断创新、丰富和发展。文化创新是文化建设、改革和发展的灵魂，是我党在新世纪新阶段根据当代世界和中国发展的新特点提出的新要求，也是实现青海各民族文化自觉、繁荣发展地域文化的不懈动力。青海多元民俗文化的创新，必须开拓思路、突破观念、创新机制，必须激发各民族人民强烈的创造欲望和创新意识，以改革创新精神繁荣发展青海地域文化。要树立大文化的观念，将青海民俗文化放到整个中华民族文化体系中去定位，重新认识和估量多元民俗文化圈的价值；树立大开发的观念，将多元民俗文化圈的发展融入整个青海经济社会发展的大局中；树立大融合的观念，走借力发力、融合式、联动式发展之路；树立大开放的观念，在社会效益优先、兼顾社会效益与经济效益的前提下，用现代科技、文化元素及营销手法对传统民俗进行改良和创新，实现青海多元民俗文化圈的可持续性发展。此外，青海民俗文化圈中的民俗文化创新必须处理好传承和创新之间的关系，既不能一味追求创新，抛掉自己的文化之根，也不能因循守旧，抱着不适应时代发展的旧民俗、旧风尚不放，必须植根于各民族历史文化之中，在继承各民族优良传统的基础上进行创新，必须在传承中创新。

第五节 发展文化产业 实现文化自强

一 民俗文化圈的保护与利用

受现代化进程快速发展的冲击，青海藏传佛教、伊斯兰教和儒释道三大民俗文化圈的边界逐渐模糊，其文化特征正在日益淡化，其原有的农耕文明和牧业文明架构下的许多古老的民俗文化也正在迅速瓦解和消亡，青海民俗文化圈的文化丰富性和多样性面临着巨大威胁。在全球化和现代化语境下，如何更好地传承和保护、开发和利用传统民俗文化、促进青海民俗文化圈的可持续性发展是我们当前需要迫切解决的问题。

（一）保护与开发原则

实践证明，在立足保护的基础上，对传统民俗进行合理的开发利用是有效的保护。适应形势的需要，在保护中发展，在发展中保护，是促进青海民俗文化圈可持续性发展的科学途径。在青海民俗文化圈的保护与开发工作中，须遵循科学的保护与开发原则，即遵循人本性、本真性、活态性、整体性、可持续性原则。人本性原则就是以人为本，关注和尊重民俗传承人的现实需求，尊重他们追求经济发展和幸福生活的正当要求，同时，引导和激发他们的文化自信和文化自觉，让其自觉地承担起传承和保护自己传统民俗文化的历史责任。本真性原则就是要传承和保护各民族原生的、本来的、真实的民俗文化，保护其所遗存的全部历史文化信息和价值，传统民俗的本真性传承与保护并不意味着以保守的姿态对待流变的各民族民俗，而是要对其进行时代性的建设，赋予其新的文化和精神含义。活态性原则就是不割裂传统民俗与民众生活的关联，关注其在各民族日常生活中的生存状态，正确对待传统民俗的发展和流变。整体性原则就是对各民族优秀民俗文化进行全局的关注与保护，而不是对个别"代表作"和已经认证的文化片段进行"圈护"，就是要不但关注和保护一个个具体的民俗文化事象，还要关注和保护其赖以生存的文化生态环境。可持续性原则就是要充分认识传统民俗保护与开发工作的长期性和连续性，坚定保护和开发理念，持之以恒地开展这项工作。

（二）构建合理的保护与开发体系

非遗保护工作使政府和各民族民众意识到了传统文化的重要性，带来了传统民俗文化的复兴，也使日益衰亡的青海民俗文化圈获得了新的生机。我们要借助这个历史机遇，以非遗保护工作为核心和依托，构建符合我省省情的传统民俗保护与开发体系，促进青海多元民俗文化圈的可持续性发展。结合非遗普查工作，摸清青海省民俗文化的家底，建立各民族的民俗文化财产目录，做好民俗事象的拍摄、录音、记录工作，建立各民族的民俗文化资源数据库。在有条件的州县建立民俗文化博物馆，让那些已失去传承空间的民俗事象以固态、标本的形式保存下来，给后人留下一笔丰厚的文化遗产。挖掘和整理那些仍在民间活态传承的优秀民俗文化，让其走上电视屏幕和舞台，用现代传媒手段促进其传承和保护。加强民俗学的田野调查和研究工作，推动具有青海特色的地方民俗学建设，为各民族传统民俗文化的保护与开发工作提供学术支持。

（三）用产业化推动传统民俗的保护和开发工作

产业化发展是民俗文化保护和开发的重要途径，也是促进青海多元民俗文化圈可持续性发展的重要保障。我们要大力发展昆仑玉、青稞酒、热贡艺术、八瓣莲花、藏毯、刺绣等民族工艺品产业，大力发展以藏族、土族、撒拉族、蒙古族等青海世居少数民族文化为主要展示对象的民俗旅游，大力发展民族歌舞、花儿演唱、曲艺表演、藏戏演出等民族演艺业。产业化实现了传统民俗的经济和社会效益的统一，激发了各方面对民俗文化的保护与开发，但同时对民俗文化也产生了一些破坏。在民俗文化产业化的过程中，要注意避免同化，保持特色，避免出现假冒伪劣、粗制滥造产品，保证质量。

二　青海特色民俗文化产业的发展现状与存在问题

（一）民俗旅游业

青海民俗文化圈中的多元民俗文化积淀深厚，民俗旅游的发展空间很大，后发展优势强，但受诸种条件制约，青海民俗旅游发展相对滞后。目前，全省除了互助土族风情、循化撒拉族风情旅游、湟源县茶马古道民俗旅游稍具规模、有一定知名度外，其他各县的民俗旅游还未真正开展起来，青海省的民俗旅游业尚处在"起步、探索、培育、发展"的初级阶段，很多资源、项目没有得到真正开发。就全省范围来说，互助土族风情游发展较早，已建立了比较成功的模式，并取得了可观的经济效益。以小庄村为例，2011 年，全村从事民俗旅游的接待户达到 75 家，占总农户的49.3%；旅游直接从业人员达到 245 人，占劳动力总数的 70%。全年接待游客 10.8 万人次，全村旅游收入达到 360 万元，占总收入的 79.9%；农民人均纯年收入达到 8200 余元。[①] 目前，青海省民俗旅游存在的问题主要有：盲目开发、低层次开发现象严重，对各民族民俗文化挖掘、整理和展现不够，其资源优势远未转成经济优势，存在抱着金饭碗讨饭吃的现象；名不副实，许多民俗旅游接待点打着民俗旅游的牌子，实际上除了地方特色的餐饮和简单的住宿接待外，没有实质性的民俗旅游项目；资金投入不足，道路、信息不畅，基础设施不完善；民俗旅游景观和产品品牌少，知名度低，特色不明显，各州县的民俗旅游大都没有形成自己的特色，与其他地区类同；民俗旅游产业链短，市场培育严重不足，产业带动能力不强。

（二）民族民间工艺美术业

青海的民族民间工艺美术资源丰富，工艺品生产历史悠久，全省共有传统工艺美术 20 个种类 800 多品种，且民间艺人、民营企业众多，具有得天独厚的发展民族工艺美术业的优势。近年来，青海省立足自身实际，

[①] 《青海省海东地区互助县威远镇小庄村》，魅力城乡网（http：//www. 365960. com/item - 184864. html）

依托各民俗文化圈内丰富的民族文化资源，大力发展热贡艺术、昆仑玉、藏毯、民族刺绣、石雕等民族民间工艺美术业，取得了巨大的经济效益。据不完全统计，从 2003 年到 2010 年，短短 7 年间，青海民族民间工艺美术业的产值从 2 亿元发展到了 14 亿元，从业人员增长到 4 万，[①] 得到了飞速发展，而青海藏羊地毯集团有限公司、青海省工艺美术厂有限责任公司还被批准为第四批国家级文化产业示范基地。青海民族民间工艺美术业虽然发展态势良好，但也存在一些不足：产业发展不平衡，藏毯、热贡艺术、昆仑玉发展势头良好，但民族刺绣、石雕、木雕、农民画等发展较为缓慢，产值不高；缺乏宣传、经销人才，许多工艺美术大师身兼数职，既授徒，又创作，还要营销，精力严重不足；企业和艺人们的知识产权意识薄弱，不懂得维护自己的权益；市场不规范，有序竞争机制尚未形成等。

（三）民族演艺业

青海是歌舞之乡，三大民俗文化圈内蕴藏着极为深厚的民族民间演艺资源。20 世纪 80 年代，据有关部门普查统计，全省有近万首民歌和 1400 多种民族民间舞蹈。青海三大民俗文化圈内的各民族能歌善舞，尤其是藏族，有"会说话就会唱歌，会走路就会跳舞"的说法。虽然有着如此深厚的文化资源，但青海的民族演艺业发展一直较为缓慢，省、市及各州县的民族歌舞团以公益性演出为主，没有完全进入市场，民间演艺团体较少，较知名只有平安县阿伊赛迈民族歌舞团。在三大民俗文化圈中，藏传佛教文化圈内的民间藏戏演出团体较多，如黄南同仁县的江什加藏戏团、果洛久治县的德合隆藏戏团和门堂乡藏戏团、班玛县的智青藏戏团等，但其表演市场较为狭窄，收益不高。儒释道民俗文化圈内的曲艺、皮影戏等演出团体大都规模较小，且没有走出本乡本县，除了有一些能在旅游景点表演外，大多是自娱自乐，也没有完全走上市场。

三 大力发展民俗文化 促进青海文化自强

（一）树立文化名省战略

建设文化名省是青海未来发展的战略决策。这是由青海的省情来决定

---

① 周东平：《青海省大力发展民族民间工艺美术产业》，人民网（http://art. people. com. cn/BIG5/205643/206244/13967952. html）

的，青海虽然是经济小省，却是当之无愧的文化大省，三大民俗文化圈内的文化资源丰厚灿烂，且极具特色，具有建设文化名省的得天独厚的资源优势。在国际、国内竞争日趋激烈的当下，青海要想在全球竞争舞台中占有一席之地，就必须扬长避短，充分发挥民俗文化圈内的文化资源优势，树立文化名省战略。实施文化名省战略，就要充分重视民俗文化圈内的各民族传统民俗文化资源，继续大力打造和提升"大美青海"、"昆仑文化"等地域性文化形象品牌，深入挖掘以昆仑文化为主体的多元一体文化的人文精神、文化气派和文明底蕴，大力发展各项文化事业和文化产业，准确把握和切实满足各族人民精神文化生活的现实需求，从而促进和实现青海文化社会的科学发展、绿色发展和可持续发展。

（二）打造民俗文化品牌

品牌是民俗的名片和形象大使，发展民俗文化离不开品牌建设。目前，青海各级政府努力挖掘民俗文化圈内的优秀文化资源，打造出了一批较有影响力的文化品牌，如花儿、格萨尔、藏族歌舞、黄南藏戏、土族安昭舞等民间文艺品牌，热贡艺术、昆仑玉、青稞酒、八瓣莲花、藏毯、排灯、牛角工艺品、土族盘绣、农民画等工艺美术品牌，土族纳顿节、黄南六月会、玉树赛马会、塔尔寺酥油灯会、乐都七里店黄河灯会等民间节庆品牌，互助土族风情、循化撒拉族绿色家园、湟源丹噶尔茶马古道、海北金银滩草原藏族风情等民俗旅游品牌。对现有的文化品牌，我们要进行深层次开发，努力将其打造成精品，并形成民俗文化品牌集群，联动开发；同时，还要高标准、高起点地继续打造民俗文化圈内具有开发潜力的新民俗品牌，如汉族社火、曲艺、皮影、藏族锅庄、藏族婚礼、河南蒙古族风情、回族宴席曲、各民族服饰表演和饮食等。打造民俗文化品牌，还需多角度、多渠道地宣传和推广青海民俗文化品牌，进一步扩大青海民俗文化圈的影响力和辐射力。

（三）构建现代民俗文化产业体系

现代民俗文化产业包括民族民间工艺美术、民俗旅游、民族演艺、影视、饮食、服饰、民族医药、建筑等行业在内，是一个综合性的产业体系。青海的民俗文化产业体系尚不完善，我们要立足青海实际，在继续重点推进以热贡艺术、昆仑玉、藏毯为代表的民族工艺美术，以青稞酒、清真食品为代表的地方特色饮食，以藏医藏药为代表的民族医药及民俗旅游等文化产业发展的同时，还要继续深入挖掘青海民俗文化圈内的各民族民俗文化资源，积极探索，大力发展较为滞后的民族演艺、影视、建筑、服饰等产业，积极发展相关行业及服务业，建设健康的文化市场，从而构建现代民俗文化产业体系，形成青海民俗文化产业全面发展、民俗文化圈可持续性发展的良好局面。

（四）培养复合型高素质的民俗文化人才

促进青海民俗文化圈的良性传承和发展，必须培养复合型高素质的民俗文化人才。首先，在充分利用好省内各高校、文化部门、科研院所现有文化人才的同时，高度重视民俗文化人才的培养，在高校教学、旅游从业人员培训中增设与民俗文化、民俗旅游相关的课程，将纯正、丰富的民族、民俗内容充实到各类教育培训中去；加大人才培养力度，创新用人机制和激励机制，营造良好的民俗文化产业人才发展环境，促进民俗文化产业人才集聚。其次，打破各种条件限制，建立灵活的人才引进机制，鼓励和支持文化企业采取高薪聘用、客座制等多种形式，从省外引进一批高层次的民俗文化产业人才。第三，广大农牧民是民俗文化圈的主要载体，促进青海民俗文化圈的可持续发展，就必须提高农牧民对自己本土、本民族文化价值的认识，激发他们的民俗自信和自觉心理，使之成为传统民俗文化的主动传承者和保护者，并使其从民俗文化资源的利用中获得经济利益。

（五）实现青海多元民俗文化走出去的跨越式发展

实现青海多元民俗文化走出去的跨越式发展，首先必须将科技真正融入到民俗文化圈的发展中，努力提高民俗文化产品与服务的科技含量，即运用高新科技手段加强文化产品原创性创作与开发，加大文化制作、包装、传播等环节的科技含量；运用现代技术更新传统民俗文化产品与服务，提升文化企业的市场竞争力；运用高科技手段有效地打击各种形式的盗版与侵权行为。其次，必须突破目前尚停留在对外宣传、展示、推介的局面，大力加强对外民俗文化交流，扩大对外民俗文化贸易，进而提升青海民俗文化圈在国内和国际的实力和影响力。最后，还必须在总结以往实践经验的基础上，走深层次、多样化的走出去战略，即不仅要让民俗文化产品走出去，还要让以这些产品为依托的民俗文化产业走出去；不仅要让民俗文化产业走出去，还要让青海民俗文化产业各个层次的市场和服务走出去；不仅要让青海的民俗文化市场和服务走出去，还要让青海民俗文化的多样性、原生性、生动性走出去，让青海各民族和睦相处、和而不同的和谐传统走出去，从而完成从民俗文化产品走出去到民俗文化产业走出去，从民俗文化产业走出去到民俗文化市场、服务走出去，从民俗文化市场、服务走出去到文化形象、民族精神和文化传统走出去，尤其是青海"和而不同"、"和美共荣"的多元一体传统和谐文化走出去的跨越式发展。

小　结

历史发展到今天，受全球经济一体化和现代化发展进程加速的冲击，许多古老的文明正在告别传统走向现代，民俗学、人类学所记载的一些古老的传统文化已经或正在消失。在各民族民俗文化正在急剧变迁和整合重构的当下，我们要超越东方和西方、传统和现代的二元对立，重新认识青海多元民俗文化圈在地域特色文化建设方面的作用、意义和新的使命，从现代化、全球化的视角正确看待各民族传统民俗在当下的文化变迁与革新；超越激进的、单向的整体否定和肯定的态度，在承认民俗文化始终是在传承中创新、在创新中发展与多元民俗文化圈具有独特发展路径的前提下，用理性的文化自信和文化自觉积极主动地传承和保护各民族优秀传统民俗，正确看待其在现代化语境下的流变与消亡；培养和激发各民族人民的国家和中华民族认同意识，积极构建民族团结、宗教和谐、生态平衡的和谐社会；大力发展民俗文化，建构现代化的民俗文化产业体系，推动青海多元民俗文化圈的可持续性发展和以昆仑文化为主体的多元一体文化的发展与繁荣。

结　　论

通过以上十章的论述，我们对青海民俗文化圈及其相关问题可以得出如下结论：

一、青海地区是中华多民族文化的交融地之一，自古至今有十几个民族先后在这里繁衍生息，并和睦共处，共生共荣。元明清以来，在6个世居民族文化相互交流的语境中，逐渐形成了以宗教信仰为核心的三大民俗文化圈，这就是以藏族、土族、蒙古族3个民族为主体的藏传佛教民俗文化圈，以回族、撒拉族2个民族为主体的伊斯兰教民俗文化圈，以汉族为主体的儒释道民俗文化圈。

二、在长期的历史发展过程中，特别是新中国60多年的发展历程中，由于国家的民族宗教政策的实施以及经济社会文化建设的进步，三大文化圈在青海地区共生并存、和谐发展，呈现出了和而不同、和美共荣的民族文化格局，促进了多民族文化的相互认同，尤其是对中华文化的认同和社会主义祖国的认同。这在中国多民族地区具有一定的典型性和启示性。

三、三个民俗文化圈共同组成了多元的青海民俗文化圈，而统领这三个民俗文化圈的标志性文化就是昆仑文化。青海不仅是长江、黄河、澜沧江的发源地，而且是昆仑神话和昆仑文化的发祥地，也是华夏文明的重要源头之一。"赫赫我祖，来自昆仑"，昆仑山就横亘于青海；"河出昆仑"，昆仑山是中华母亲河黄河的发源地。青海文化呈现为以昆仑文化为主体的多元一体民族文化格局，而青海的多元民俗文化圈正是在以昆仑神话为源头的昆仑文化的历史文化语境中形成的。

四、多元民俗文化圈的形成与青海独特的历史文化和自然环境特别是民族格局密切相关。青海自然生态环境独特，三江源地区是中国的"水塔"，是我国三大自然区的交会之地，独特的自然条件形成了具有不同区域特色的民族民俗文化。青海在历史上是东西方文化的交通要道之一，也是农业文明和草原游牧文化的交会之地，更是中原文明、西藏文明、西域文明和北方草原文明等多种文明的交汇碰撞交融之地。正是如此独特而充满活力的自然人文环境，使得多元民俗文化圈和而不同，求同存异，相互采借，和美共荣。而从文化圈角度考量，青海民俗文化圈是藏传佛教文化圈、伊斯兰文化圈、儒释道文化圈相互交汇的文化地理空间。

五、藏传佛教文化在信众世俗生活与宗教生活的深入渗透，造就了以信仰为主题的多层次多角度的文化模式，并最终形成藏族、蒙古族、土族和汉族的在同一信仰下的藏传佛教民俗文化圈。藏传佛教在青藏高原经历了本土化过程，实现了对藏族、蒙古族、土族和汉族等世居民族的宗教文化整合，其整合内容包括了宗教义理仪轨与世俗民间文化，从而构建起了藏传佛教信仰的精神架构，民俗生活实现了藏传佛教信仰的现实实践。

六、藏传佛教民俗文化圈的基本特征主要有三点，一是二元结构的兼容性与排他性，即由于藏传佛教文化的兼容特点使得这一民俗文化圈呈现出了极大的兼容性，族源、语言完全不同的藏族、蒙古族、土族等几个民族都信仰藏传佛教以及相关的民俗生活方式，同时又由于民族传统和地缘、族群等因素，各自努力坚守着自己的文化特色。二是信仰实践的扩布性与世俗性，即该民俗文化圈信仰文化在空间上扩布的同时，受时代文化及亚小区域文化的影响，不断走向世俗化。三是文化根植的杂糅性与多元性，即由于该文化圈包容之大，民俗内容与呈现形态多有杂糅多元倾向。

七、通过对伊斯兰教民俗文化圈的研究，认为青海回、撒拉族的人生礼仪、婚姻家庭、饮食卫生、丧葬习俗、节日庆典等民俗基本上都来源于伊斯兰教。伊斯兰教对该文化圈民俗的形成、流传、延续等起着决定性的作用，伊斯兰教不仅是他们宗教信仰的一部分，而且是他们长期遵从的日常生活方式。而共同的伊斯兰文化、生活方式使其民俗文化并没有脱离宗教意义，受到伊斯兰教的约束，这种约束使他们的风俗习惯相对长期稳定，因而该民俗文化圈在发展中保持着浓郁的伊斯兰文化特征。

八、青海伊斯兰教民俗文化圈有三点基本特征。一是稳固的宗教性与稳定性，由于其全民信教原因，其民俗文化深受伊斯兰教的影响，具有强烈的宗教色彩，且变异不大。二是浓郁的民族性与交织性，作为来源于中亚、西亚的回族、撒拉族，民俗文化始终彰显出其独特的民族风格，同时由于同样的宗教信仰，许多民俗事象不仅与伊斯兰教交织在一起，而且两个民族之间也多有交织，同属一个文化圈的特质更加鲜明。三是强烈的凝聚性与排他性，即具有以宗教信仰为情感纽带的文化特质。

九、青海儒释道民俗文化圈的民族并非是单纯的汉族，而是以汉族为主体，同时包含了东部农业区的部分蒙古族、藏族、土族等。该民俗文化圈既类同于汉文化，又具有鲜明的地方性。他们深受儒释道等多种宗教思想和原始多神崇拜的影响，同时又受特殊地理人文环境的制约，加之吸收了周边少数民族的文化，表现形态上呈现为多元化，形成了具有浓郁民族和地域文化特色的民俗形态。

十、儒释道民俗文化圈内的民众，在他们的民俗生活中，各种错综复杂的民俗现象和行为规范背后，是强大的儒释道文化传统，这些思想，民众不是被动地全部接受下来的，而是经过他们对现实生活的感悟和在社会实践中的体验，部分地选择了某些与世俗生活关系比较密切的思想观念或仪式行为。这是一种具有表示性意义的民俗文化圈，具有文化实践的伦理性和现实性、宗教义理的开放性和包容性、信仰追求的实用性和功利性等三个特征。

十一、青海各民俗文化圈之间存在着排斥、互渗、共享等关系。在两种以上文化在某一区域聚拢或者接触初期，因其文化差异而彼此间产生误会和隔阂，甚至造成一些冲突。但随着时间的推演，民俗文化圈间通过交流对话和磨合，达到沟通理解，彼此尊重，甚至深度融合或相互弥补。无论如何，各民俗文化圈之间始终处于互动状态。这种互动尤其是互渗共享，对青海多民族多元文化格局的形成与发展，促进各民族文化理解与认同发挥了重要作用。

十二、每一个民俗文化圈的生成和发展是一个不断演进的过程，是由核心文化吸附多种文化元素后，加以综合与提炼，并构成一个完整而和谐的文化圈体系。也正是与这些多元文化的互动和对这些多元化元素的吸纳，使得各民俗文化圈具有了程度不同的兼容性和开放性，相互之间能够共生共存，形成了独特稳定的民俗文化生态结构，促进了各民俗文化和美共荣，也防止了某一种民俗文化圈走向极端扩张的可能性。这是值得特别注意总结研究的。

十三、青海民俗文化圈的发展还与宗教文化、精英文化、政治文化、外来文化有着不能回避的关系。与宗教文化的互动主要表现在本地制度性宗教对民俗文化"自上而下"的影响和民俗文化对制度性宗教"自下而上"的影响。与文化精英的互动主要体现在学术文化界对民俗文化的价值和功能的肯定和提升上。政治文化的影响主要在于重新审视民族文化与民俗文化在国家文化安全与文化竞争、发展地方中的重要作用，并以体制性的功能推进民俗文化保护与利用。所以在民俗文化的研究中不能忽视这几种文化的意义。

十四、青海民俗文化圈具有开放的胸襟，与西域文化、其他民族如汉族、蒙古族、裕固族以及西南羌、彝、普米、纳西、门巴等民族文化的双向互动中互相影响，取长补短。在全球化语境下现代文化也悄然改变着青海乡村民俗与传统的民族民俗，体现了不同地域、不同民族民俗的结合、共享。青海民俗文化圈正在发生着传统民俗与现代文化的复合。

十五、整体而言，青海民俗文化圈有六个文化特征：①区域的独立性，是区域独特的自然环境为青海民俗文化圈的生成、演变提供了物质场所和物质基础，对于区域民俗文化的生成、传承以及与其他文化之间的交流起到重要影响。②信仰的和谐性，是俗民为了弥补自身本能的匮乏而创设的信仰民俗显示了信仰的功利性，实则是调和人与自然、人与人、人本身各种关系趋向和谐状态的一种民间途径。③样式的包容性，以多民族和谐共存的文化格局为基础，多民族民俗文化在发展过程中相互采借，呈现出独特的包容样态。④产品的共享性，分生产方面的共享性与生活方面的共享性、制度产品的共享、语言产品的共享。⑤形态的古朴性，包括生计方式的古朴性、信仰生活的古朴性、社会组织形式的古朴性。⑥时代的适应性，与时俱进，顺时而变，为了适应生产生活，积极吸纳时代产品为我所用，民俗不论从形式上还是内容上，都发生着重要变异。

十六、青海民俗文化圈是一个整合的系统形态，并在青海区域发挥整合的社会效用，这种整合力量主要由其自身的宗教性和多元共生性等文化特性来决定，这两个特性直接影响了民俗文化圈对青海区域社会的客观效用，并凸显了民俗文化圈在民众社会生活与文化系统中的位置。

十七、青海多元民俗文化圈有 4 个基本的文化功能：①民族文化的历史传承功能。宗教信仰作为文化传承的内在动因，不同文化圈的宗教色彩在很大程度上是各民族文化传承的主导性因素，对于各民族历史文化的传承内容主要体现在物质民俗、精神民俗和社会民俗三个方面。②他者特色的文化认知功能。在一定区域内，文化的交流与碰撞势必会产生他者与自我的区分，对于文化他者的确立有利于自我文化的认知，进而促进本族文化的认同。民俗文化圈的形成，离不开对他者文化的认知；反过来，多元民俗文化圈的多元共生加强了民族间的他者特色的文化认知。③区域社会的精神维系功能。青海多民族聚居、多元信仰并存、多种文化传统传承，不同文化的交流与碰撞形成了多种文化认同层级：最小层级为一个民族内部的文化认同；其次是不同宗教信仰形成的民俗文化圈内部的文化认同；然后是扩及整个青海区域的文化认同及中华文化的认同；最后上升为对中国的国家主权认同。④和而不同的文化构建功能。多元民俗文化圈的历史发展过程与民族多元、信仰多元、文化传统多元整合有关，其构建原则是"和而不同"。青海多元文化和谐共生的最基本构建模式为互补、互敬、借鉴、交融等。

十八、三大民俗文化圈在当代仍然有着顽强的生命力，并在非物质文化遗产保护中继续展演和延续，有传统民俗文化与现代文化完美结合的发展趋势。其中所蕴含的多民族多元文化精神，对于增强青海文化信心、彰显文化特色和实现文化自强、建设文化名省的重要意义。

十九、在青海社会文化的未来发展建设中，应充分挖掘和发挥民俗文化圈的文化价值和储能。①激发和培养各民族的民俗文化自信心理，挖掘青海民俗文化圈的优势文化资源，打造昆仑文化品牌，推动以昆仑文化为主体的多元一体民族文化的繁荣发展。②努力实现社会各阶层的文化自觉，用高度的文化自觉做好全球化视野下的民俗文化保护工作，大力推动民俗旅游村和民俗文化生态保护。③充分挖掘民俗文化圈中的和谐传统和特质，弘扬各民族长期积淀下来的民族内部成员之间、民族之间、宗教之间、人与自然和谐发展的内涵和优势，努力构建民族团结、宗教和睦、文化和谐的和谐社会。④突破观念，创新机制，在继承各民族优良传统的基础上进行民俗文化创新，实现青海民俗文化圈的可持续性发展。⑤树立文化名省战略，打造民俗文化品牌，努力构建现代民俗文化产业体系，培养复合型高素质的民俗文化人才，实现青海多元民俗文化走出去的跨越式发展。

二十、通过青海多元民俗文化圈的研究论述，可以清楚地认识到，民俗文化圈研究虽然刚刚起步，但仍然可以大有作为。本课题仅仅是一个拓荒性的学术实践探索，虽然以青海地区的多民族民俗文化为例，力图尝试出一个民俗文化圈研究的模式，初步构建起民俗文化圈研究的理论方法体系，但尚有许多问题有待于进一步细致辨析和深入分析。

参考文献

一　理论著作

1. 钟敬文：《民俗文化学：梗概与兴起》，董晓萍编，中华书局 1996 年版，第 8 页。

2. 钟敬文：《钟敬文文集·民俗学卷》，安徽教育出版社 1999 年版。

3. 钟敬文：《民俗学概论》，上海文艺出版社 1998 年版。

4. 林耀华：《民族学通论》，中央民族大学出版社 1997 年版。

5. 乌丙安：《民俗学原理》，辽宁教育出版社 2001 年版。

6. 叶涛、吴存浩：《民俗学导论》，山东教育出版社 2004 版。

7. 林继富、王丹：《解释民俗学》，华中师范大学出版社 2006 年版。

8. 刘守华：《中国民间故事类型研究》，华中师范大学出版社 2002 年版。

9. 孟慧英：《西方民俗学史》，中国社会科学出版社 2006 年版。

10. 费孝通：《中华民族多元一体格局（修订本）》，中央民族大学出版社 1999 年版。

11. 费孝通：《重建社会学与人类学的回顾与体会》，群言出版社 2005 年版。

12. 郑晓云：《文化认同与文化变迁》，中国社会科学出版社 1992 年版。

13. 汪民安：《文化研究关键词》，江苏人民出版社 2007 年版。

14. 王文章：《非物质文化遗产概论》，文化艺术出版社 2006 年版。

15. 翁独健：《中国民族关系史纲要》，中国社会科学出版社 2001

年版。

16. 乔健、潘乃谷：《中国人的观念与行为》，天津人民出版社 1995 年版。

17. 侯杰、范丽珠：《世俗与神圣——中国民众宗教意识》，天津人民出版社 2001 年版。

18. 李绪鉴：《禁忌与惰性》，国际文化出版公司 1994 年版。

19. 李亦园：《田野图像———我的人类学研究生涯》，山东画报出版社 1999 年版。

20. 郝苏民：《甘青特有民族文化形态研究》，民族出版社 1999 年版。

21. 云公保太：《漫谈民族文化交流》，青海人民出版社 2004 年版。

22. 鄂崇荣：《土族民间信仰解读——地方性信仰与仪式的宗教人类学研究》，甘肃民族出版社 2008 年版。

23. 丹珠昂奔：《藏族文化发展史》，甘肃教育出版社 2001 年版。

24. 班班多杰：《藏传佛教思想史纲》，生活·读书·新知三联书店 1992 年版。

25. 李安宅：《藏族宗教史之实地研究》，中国藏学出版社 1989 年版。

26. 才　让：《藏传佛教信仰与民俗》，民族出版社 1999 年版。

27. 丁守璞、杨恩洪：《蒙藏关系史大系》文化卷，外语教学与研究出版社 2000 年版。

28. 白寿彝：《中国回回民族史》，中华书局 2003 年版。

29. 喇秉德，马文慧，马小琴：《青海回族史》，民族出版社 2009 年版。

30. 芈一之：《撒拉族史》，四川民族出版社 2004 版。

31. 金宜久：《伊斯兰教史》，中国社会科学出版社 1990 年版。

32. 勉维霖：《中国回族伊斯兰宗教制度概论》，宁夏人民出版社 1997 年版。

33. 张宗奇：《伊斯兰文化与中国本土文化的整合》，东方出版社 2006 年版。

34. 喇秉德，马文慧：《青海伊斯兰教》，宗教文化出版社 2009 年版。

35. 南文渊：《伊斯兰教与西北穆斯林社会生活》，青海人民出版社 1994 年版。

36. 赵宗福：《青海史纲》，青海教育学院函授部 1992 年铅印本。

37. 王 昱：《青海历史文化与旅游开发》，青海人民出版社 2008 年版。

38. 崔永红、张生寅：《明代以来黄河上游地区生态坏境与社会变迁史研究》，青海人民出版社 2008 年版。

39. 秦永章：《甘青宁地区多民族格局形成史研究》，民族出版社 2005 年版。

40. 崔永红：《青海经济史》古代卷，青海人民出版社 1998 年版。

41. 张忠孝：《青海地理》，青海人民出版社 2004 年版。

42. 蒲文成：《河湟佛道文化》，青海人民出版社 2010 年版。

43. 赵宗福：《昆仑神话》，青海人民出版社 2005 年版。

44. 赵宗福：《花儿通论》，青海人民出版社 1989 年版。

45. 贺喜焱，马伟：《土族婚礼·撒拉族婚礼》，青海人民出版社 2010 年版。

46. 霍 福：《沉睡的记忆》，青海民族出版社 2010 年版。

47. 唐仲山：《热贡艺术》，青海人民出版社 2010 年版。

48. ［英］马林诺夫斯基：《文化论》，费孝通译，中国民间文艺出版社 1987 年版。

49. ［英］马林诺夫斯基：《巫术、科学、宗教与神话》，李安宅译，中国民间文艺出版社 1986 年版。

50. ［英］哈·麦金德：《历史的地理枢纽》，林尔蔚等译，商务印书馆 1985 年版。

51. ［英］弗思：《人文类型》，费孝通译，华夏出版社 2001 年版。

52. ［日］柳田国男：《传说论》，连湘译，中国民间文艺出版社 1985 年版。

53. ［美］克莱德·M. 伍兹：《文化变迁》，何瑞福译，河北人民出版社 1989 年版。

54. ［美］托马斯·F. 奥戴，珍妮特·奥戴·阿维德：《宗教社会学》，刘润忠译，中国社会科学出版社 1990 年版。

55. ［美］韩森：《变迁之神：南宋时期的民间信仰》，包伟民译，浙江人民出版社 1999 年版。

56. ［法］皮埃尔·布迪尼：《实践感》，蒋梓骅译，译林出版社 2003 年版。

57. ［苏］德·莫·乌格里诺维奇：《艺术与宗教》，王先睿等译，生活·读书·新知三联书店 1987 年版。

58. ［德］迪特·森格哈斯：《文明内部的冲突与世界秩序》，张文武等译，新华出版社 2004 年版。

二 史志典籍类

1. （南朝）范晔：《后汉书》卷 87《西羌传》，中华书局 2000 年版。

2. （北齐）魏收：《魏书》卷 101《吐谷浑传》，中华书局 1974 年版。

3. （唐）房玄龄等：《晋书》载记 26《秃发乌孤载记》，中华书局 2008 年版。

4. （宋）欧阳修等：《新唐书》卷 230《吐蕃传》，中华书局 1975 年版。

5. （元）脱脱等：《宋史·吐蕃传》，中华书局 2012 年版。

6. （明）宋濂：《元史·释老传》，中华书局 1976 年版。

7. （清）杨应琚：《西宁府新志》，李文实校，青海人民出版社 1988 年版。

8. （清）邓承伟等：《西宁府续志》，李文实校，青海人民出版社 1985 年版。

9. （清）龚景瀚：《循化志》，李本源校，青海人民出版社 1981 年版。

10. （清）梁份：《秦边纪略》，赵盛世等校注，青海人民出版社 1987 年版。

11. （清）杨治平：《丹噶尔厅志》卷 5，甘肃官报书局 1901 年排印本。

12. 米海萍：《二十六史志青海传校注》，甘肃民族出版社 1998 年版。

13. 智观巴·贡却乎丹巴绕吉：《安多政教史》，吴均等译，甘肃民族出版社 1989 年版。

14. 陈庆英、何峰：《中国藏族部落》，中国藏学出版社1991年版。

15. 青海省编辑组：《青海回族、撒拉族、哈萨克族社会历史调查》，青海人民出版社1985年版。

16. 《土族简史》编写组：《土族简史》，青海人民出版社1982年版。

17. 《撒拉族简史》编写组：《撒拉族简史》，青海人民出版社1982年版。

18. 朱世奎：《青海风俗简志》，青海人民出版社1994年版。

19. 赵宗福，马成俊：《青海民俗》，甘肃人民出版社2003年版。

20. 跃进：《青海海西蒙古族风俗文化》，青海人民出版社2009年版。

21. 吉狄马加，赵宗福：《青海花儿大典》，青海人民出版社2010年版。

22. 王昱、李庆涛：《青海风土概况调查集》，青海人民出版社1985年版。

23. 青海省地方志编纂委员会：《青海省志·民族志》，民族出版社2008年版。

24. 青海省地方志编纂委员会：《青海省志·宗教卷》，西安出版社2000年版。

25. 青海省地方志编纂委员会：《青海省志·农业志渔业志》，青海人民出版社1993年版。

26. 海南藏族自治州地方志编纂委员会：《海南州志》，民族出版社1997年版。

27. 黄南藏族自治州志编纂委员会：《黄南州志》，甘肃人民出版社1999年版。

三 论文类

1. 陈华文：《论民俗文化圈》，《广西民族学院学报》2001年第6期。

2. 马成俊：《论民俗文化圈及其本位偏见》，《青海民族研究》2000年第3期。

3. 班班多杰：《和而不同：青海多民族文化和睦相处经验考察》，《中国社会科学》2007年第6期。

4. 张　科：《和而不同：论青海多民族文化的鼎立与互动》，《青海民族研究》2007 年第 4 期。

5. 赵宗福、鄂崇荣：《对促进青海多民族文化认同的思考与建议》，《青海研究报告》（内部）2009 年第 16 期。

6. 王　昱：《论青海历史上区域文化的多样性》，《青海社会科学》1999 年第 6 期。

7. 胡　芳：《青藏高原多元民族文化与西部大开发》，《青海师范大学民族师范学院学报》2006 年第 2 期。

8. 赵世瑜：《祖先记忆、家园象征与族群历史》，《历史研究》2006 年第 1 期。

9. 周　星：《"民俗宗教"与国家的宗教政策》，《民俗研究》2006 年第 3 期。

10. 高丙中：《对节日民俗复兴的文化自觉与社会再生产》，《江西社会科学》2006 年第 2 期。

11. 刘永红：《传说与信仰的互动——宝卷〈金花仙姑成道传〉》，《青海师范大学学报》2012 年第 3 期。

12. 勉卫忠：《论清中前期青海地区民间商贸的兴盛》，《西北民族大学学报》2011 年第 6 期。

13. 赵宗福、鄂崇荣，解占录，霍福：《关于昆仑文化作为青海省标志性文化的思考》，《青海社会科学》2011 年第 3 期。

14. 赵宗福：《论昆仑神话与昆仑文化》，《青海社会科学》2010 年第 4 期。

15. 李晓燕：《青海非物质文化遗产保护现状与对策研究》，《青海社会科学》2011 年第 4 期。

16. 鄂崇荣、王文旭等：《青海少数民族非物质文化遗产保护与开发研究》，青海省社会科学规划办 2008 年项目（内部打印稿）。

17. 鄂崇荣：《密教护法神吉祥天女在青藏高原多民族民间信仰中的流变》，《首届中国密教国际学术研讨会论文集》（内部印刷），2010 年 4 月。

18. 史云峰：《略论藏族农耕民俗的生态文化学意蕴》，《西藏研究》2010 年第 4 期。

19. 旦木秋：《藏传佛教六字真言"嘛呢"及嘛呢调》，《民族艺术》1997 年第 1 期。

20. 范玉梅：《土族宗教信仰述略》，《世界宗教研究》1997 年第 1 期。

21. 才　让：《藏传佛教中的关公信仰》，《中国藏学》1996 年第 1 期。

22. 张建世：《藏族传统的游牧方式》，《中国藏学》1994 年第 4 期。

23. 敖　红：《藏族部落渊源及其文化初探》，《青海社会科学》1993 年第 3 期。

24. 林继富：《藏族本教信仰中的古老崇拜》，《青海社会科学》1992 年第 4 期。

25. 索瑞智：《卓仓藏族的几项婚俗及其文化内涵》，《青海民族学院学报》2001 年第 3 期。

26. 郭晓虎、郎维伟：《蒙藏关系下的文化变迁和民族认同——以青海省河南蒙古族为例》，《西藏研究》2009 年第 2 期。

27. 文忠祥：《民和三川土族"纳顿"体系的农事色彩》，《青海民族学院学报》2005 年第 4 期。

28. 文忠祥：《土族村落的空间结构及土族的空间观》，《青海民族研究》2007 年第 1 期。

29. 文忠祥：《论时间制度——以民和土族为例》，《青海民族研究》2010 年第 1 期。

30. 田娜、陈兴鹏、薛冰：《伊斯兰文化对西北少数民族地区经济发展和环境变化的影响分析》，《甘肃民族研究》2009 年第 2 期。

31. 马婧杰：《试析青海东部河湟地区民俗与道教——以民和、乐都两县民俗与道教为例》，《青海民族研究》2007 年第 1 期。

32. 马建春：《浅析族群关系中的文化认同——以河湟地区族群为例》，《西北民族大学学报》2005 年第 4 期。

33. 刘夏蓓：《青海隆务河流域的"六月会"及其文化内涵》，《西北民族研究》1999 年第 1 期。

34. 薛艺兵：《青海同仁六月会祭神乐舞的结构与意义》，《艺术探索》2003 年第 1 期。

35. 唐仲山：《青海省隆务河流域屯堡人端午节俗调查》，《民俗研究》2005 年第 2 期。

36. 马海寿：《隆务镇回族文化变迁的人类学思考》，《青海民族研究》2005 年第 3 期。

37. 马进虎：《河湟地区回族与汉藏两族社会交往的特点》，《青海民族学院学》2005 年第 4 期。

38. 马宏武：《信仰变异与民族特征——卡力岗回族民族特征浅议》，《青海民族研究》2002 年第 2 期。

39. 马生林：《托茂人及其宗教信仰》，《西北民族研究》2002 年第 4 期。

40. 刘夏蓓：《一个特殊回族群体的人类学调查——以卡力岗两个回族村为个案》，《回族研究》2004 年第 4 期。

41. 丁明俊、马亚萍：《青海托茂人族源与族群关系探析》，《宁夏社会科学》2005 年第 6 期。

42. 陶红、白洁：《回族服饰文化与伊斯兰教》，《青海民族研究》2002 年第 1 期。

43. 段继业：《青藏高原地区藏族与穆斯林群体的互动关系》，《民族研究》2001 年第 3 期。

44. 马文慧：《宗教文化与青海地区信教群众的社会生活》，《青海民族学院学报》2001 年第 1 期。

45. 贺喜焱：《青海饮食文化的区位研究》，《青海师范大学学报》2008 年第 1 期。

46. 刘永红：《青藏高原多民族民间故事刍议》，《中国土族》2008 年夏季刊。

47. 赵宗福：《西北花儿的研究保护与学界的学术责任》，《民间文化论坛》2007 年第 3 期。

48. 赵宗福：《西北花儿的文化形态与文化传承——以青海花儿为例》，《西北民族研究》2011 年第 1 期。

49. 毕艳君：《论"花儿"的超断代发展》，《青海社会科学》2000 年第 6 期。

50. 马梦玲：《青海多元文化交融下的语言接触现象》，《青海师范大学学报》2007 年第 6 期。

51. 邸平伟：《青海民俗文化的发掘与青海旅游业的发展》，《青海民族研究》2002 年第 3 期。

52. 格日勒扎布:《蒙古〈格斯尔〉的流传及艺人概览》,《民族文学研究》1992 年第 4 期。

53. 崔永红:《明代青海河湟地区屯田的分布和军户的来源》,《青海社会科学》1988 年第 6 期。

54. 孙岿:《中国突厥语诸民族文化发展研究》,博士学位论文,中央民族大学,2003 年。

55. 朱普选:《青海藏传佛教历史文化地理研究——以寺院为中心》,博士学位论文,陕西师范大学,2006 年。

56. 银卓玛:《神圣仪式与世俗情感——青海黄南民俗仪式及拉伊研究》,硕士学位论文,西北师范大学,2009 年。

后　记

　　本书的基础是我主持的一项国家社会科学基金项目。项目最初的名称是《青海高原多元民俗文化圈的形成发展与现实意义》，后来随着研究的进展和具体内容的调整，申请更名为《青海多元民俗文化圈研究》。

　　民俗文化圈是人类不同民族或族群在所居住的生态环境、生产生活方式和历史文化环境中逐渐形成的，具有鲜明的地域民族特色和社会文化功能。特别是多民族地区，民俗文化与多民族的团结进步、社会文化的和谐发展密切相关，但是学术界在这方面的研究还几乎是空白。

　　于是我们选择青海多元民俗文化圈为具体对象展开全方位的研究，首次提出青海民俗文化分为三个民俗文化圈的观点，并总结其多元共存、和谐共生的文化特征，以历时与共时比较、内部与外部比较的视角，对多民族区域中多元民俗文化圈进行整体性的学术研究，力图整体概括和再现中国多民族地区多元民俗文化圈的演化规律，争取从学术实践来提升文化圈研究的水平，丰富民俗文化圈理论，以裨益于民俗学和民族文化学的学科建设。

　　同时在方法上，我们试图突破以往学界仅从单一民族或文化事象进行宗教文化和民俗生活研究的窠臼，以宗教文化整合下的多民族民俗文化圈为立题之本，采用文献梳理与田野调查相结合、民俗文化学与民族文化学相结合、比较学与主题学相结合的方法，并从民俗学、文化人类学、宗教文化学等多学科角度，以更为开阔的学科与学术视角，来认识多民族多元文化并存区域文化格局与民族关系。

　　我们的研究预期是：以青海多民族地区的多元民俗文化圈为研究对象，试图从理论与实践上进行全方位的探索，以具体研究过程来构建起民俗文化圈的研究模式。同时在总结历史和现实的成功经验的基础上，着眼于多民族地区社会文化的未来发展，就如何合理利用和保护多元民俗文化圈资源，从而促进区域文化社会的建设，从理论与实践上作出思考和阐述。经过我们多年调研积累和集中研究攻关，完成了研究任务。课题在结项评审中，国内 5 位专家对其原创性和科学性以及学术规范方面给予了很高的评价，被评为优秀。这对我们是一个极大的鼓励。

选题立项后，首先由我和米海萍教授、胡芳副研究员、贺喜焱副教授、唐仲山教授、霍福研究员等分别赴青海互助、民和、湟源、湟中、黄南、玉树等地做了多次田野调查。在后期撰写中，我又邀请文忠祥教授、鄂崇荣研究员、李言统博士后、刘永红博士后、马文慧副研究员等人加盟。由我设计具体的撰写提纲和理论依据，并组织大家先后讨论三个半天，共计近 16 个小时，不仅讨论章节的合理性与科学性，甚至仔细地讨论了各章节下面的四级小标题以及各部分对材料的使用侧重。期间，课题组成员还针对具体内容分别赴青海海东、海南、海北、海西、黄南、果洛、玉树等州地，选择具有代表性的城镇和村落、部落进行田野调查，掌握了诸多第一手活态资料。同时我们还组织课题组成员系统查阅了有关青海民俗文化的文献资料。

初稿完成后，先后集体讨论修改两天，然后由我利用一周时间进行统稿，主要对具体内容以及文字表述进行把关，同时对一些章节进行了调整和完善。课题鉴定后，根据出版社的要求，又做了一遍修改，并先后由刘永红、霍福、张筠分别通览一遍。虽然我们尽了最大努力，但缺陷甚至错误肯定在所难免，希望得到读者的批评指正。

这里我要特别感谢课题组成员多年来的大力支持和积极配合。除了绪论、结论以及相关附件、统稿由我承担外，其他各章节依次由霍福、米海萍、唐仲山、马文慧、李言统、鄂崇荣、刘永红、文忠祥、贺喜焱、胡芳等同仁撰写。大家为这本书的最后形成付出了很多心血，也很难为他们了。有几位同仁撰写的初稿字数数倍于定稿，多次删改后才定稿；个别同仁修改文稿多达 5 遍以上。因为标准定得比较高，我三番五次地发回去要求再改，他们都是民俗学和相近专业博士硕士出身，好几位还已经是教授、研究生导师，但都任劳任怨地一遍遍修改，补充或删减，霍福还对书稿作了多次校对。正因为这样，才有现在这个成果。我十分钦佩同仁们的专业素养和团队精神，向他们表示崇高的敬意。

本书前期课题调查研究中还得到了青海社科规划办李世达主任、青海师范大学科技处鄢晓彬处长、青海师范大学人文学院邢海珍老师以及青海省社科院各位同仁的帮助，在此一并表示感谢。

最后还要感谢中国社会科学出版社的赵剑英社长、曹宏举副总编，他们十分关心本书和这套丛书的出版，从申报选题之初到出版发行都给予了极大的支持和具体的指导。尤其是责任编辑刘艳女士，在此书以及整个丛书的审读、完善和出版中付出极多，事无巨细，认真负责，加班加点地审读书稿，不厌其烦地联系沟通，以确保出版质量。对她的无私帮助和敬业精神，我只有由衷地钦佩和感激！

赵宗福

2012 年 12 月